董学与先秦儒学的去伪存真

张珂 著

中国社会科学出版社

图书在版编目（CIP）数据

董学与先秦儒学的去伪存真 / 张珂著 . —北京：中国社会科学出版社，2023.11
ISBN 978 - 7 - 5227 - 2355 - 6

Ⅰ. ①董… Ⅱ. ①张… Ⅲ. ①董仲舒（前 179 - 前 104）—哲学思想—研究 ②儒家—哲学思想—研究—中国—先秦时代　Ⅳ. ①B234.55②B222.05

中国国家版本馆 CIP 数据核字（2023）第 144932 号

出 版 人	赵剑英
责任编辑	朱华彬　李　立
责任校对	谢　静
责任印制	张雪娇

出　　版	中国社会科学出版社
社　　址	北京鼓楼西大街甲 158 号
邮　　编	100720
网　　址	http://www.csspw.cn
发 行 部	010 - 84083685
门 市 部	010 - 84029450
经　　销	新华书店及其他书店
印　　刷	北京君升印刷有限公司
装　　订	廊坊市广阳区广增装订厂
版　　次	2023 年 11 月第 1 版
印　　次	2023 年 11 月第 1 次印刷
开　　本	710×1000　1/16
印　　张	23.75
插　　页	2
字　　数	375 千字
定　　价	138.00 元

凡购买中国社会科学出版社图书，如有质量问题请与本社营销中心联系调换
电话：010 - 84083683
版权所有　侵权必究

自　序

本书是继《唯实主义》和《董学与孔学的正本清源》之后，"董学与儒学辨正系列"的第三部。

《董学与先秦儒学的去伪存真》对董学与被认为是先秦儒学的各个流派进行了系统的唯实比较，包括董学与曾子儒学、子思儒学、孟子儒学和荀子哲学等先秦儒学的唯实双构和唯实比较。

本书在方法论上与前两部是一致的，尤其是遵守和延续了《董学与孔学的正本清源》中的对不同哲学思想和体系进行系统的唯实比较的理论框架、方法和原则，是对唯实主义的进一步贯彻和实施。本书遵循了在唯实主义的原则下设立的对不同的哲学思想进行系统的唯实比较的理论框架，可谓是在同一理论框架之下灌装的又一瓶醇酒，体现了本系列即"董学与儒学辨正系列"在方法论上的一致性。

从总体上看，在董学与儒学辨正的框架内，相比于董学与孔学的唯实比较，董学与先秦儒学的唯实比较同样具有复杂性，虽然后者更多地集中于观念事实之上，而并没有过多地牵涉到意识形态。而在历史事实方面，则体现出了不同的时代背景和内容。对先秦各个时期的时代背景和历史事实的唯实重构是理解先秦儒学，尤其是理解董学与先秦儒学关系的重要方面。

从具体的方法上看，要将董学与先秦儒学进行系统的唯实比较，不仅要在观念事实上与被认为是先秦儒学的各个流派进行逐一比较，也牵涉到它们各自与儒学的源头和基石即孔学的比较，因此是一种双重的唯实比较。然而，由于先秦儒学各自在理论上比较单薄和其历史影响力无法与孔学相提并论，以及皇权主义意识形态对它们的意识形态作伪相对较少，尤其是在明确了它们各自的理论与孔学的观念事实之后其唯实身份便在很大程度上已经得以辨明，这些因素使得对于先秦诸儒家学派的双重唯实比较的工作量，较于董学与孔学之间的唯实重构的工作量有所减轻。但是，董学与先秦儒学的唯实比较仍然是十分重要的工作，是董学与儒学辨正系列的重要的有机组成部分，也是唯实主义重构中国哲学史的不可或缺的一环。

虽然本书的重点内容是董学与孟子儒学，尤其是与荀子哲学的唯实比较，然而董学与曾子儒学和子思儒学的唯实比较同样不可忽视。

孔子之后儒学的发展对孔学表现出了复杂的局面，各个弟子对孔学的传承出现了分化，有些严格地沿着孔子的路向，比较忠实地继承了孔子的思想，而有些则对孔子的方法和思想进行了较大的修正。

而在这种多元化的趋势之中，曾子被认为是最能体现孔学核心价值观的弟子。正因如此，曾子在孔学的传承过程中起到了承上启下的关键作用。然而即使如此，曾子儒学对于孔学也有所调整，而并不是对孔学的简单重复。曾子儒学侧重于个人道德的内在性的修养，提出了以慎独为中心的修心论，而并不重视外在性，不再以外在的闻达作为君子的衡量标准。

子思儒学是先秦儒学中唯一一个缺乏唯实史料的流派。由于缺乏唯实史料，严格地讲子思儒学仍然属于推测范畴之内，其真面目还没有显现出来。子思儒学唯实史料的缺乏是子思儒学研究的最大障碍。传统的观点认为《大学》和《中庸》由子思所著，它们体现了子思儒学的思想。然而，根据唯实主义的原则，这个观点是经不起推敲的。唯实主义通过对《中庸》所体现的观念事实的唯实解构和对《中庸》与董学的观念事实的比较，挖掘出了董学与《中庸》之间的关系，这同时也剥离了一直以来所认为的子思是《中庸》唯一作者的定论。根据唯实主义，《中庸》中虽然有子思儒学的成分，但其中也包含了其他观念，因而《中庸》并非子思一人所著，并且《中庸》一书在多方面体现了董学的观点。

对孟子儒学进行系统的唯实解构是本书的一个重点。在对孟子儒学的唯实解构中，我们发现在孟子儒学与孔学之间的关系是十分复杂的，这种复杂的关系体现为异同双重性，即两者既有相同或者相似的特性也存在着巨大的差异性。所谓"同"体现在两者在方法和价值观上的同一性，所谓"异"体现在两者在概念体系、内涵和逻辑上的差异性。

根据观念唯实主义的原则，孟子儒学对于孔学的深化和发展属于是对孔学的"相向衍化"，而不是在孔子去世之后被韩非子归纳出的其他几种"相异衍化"的支派。从孟子儒学本身的方法、理念和价值取向等核心方面来看，孟子儒学确实继承了孔学，是孔学在战国时期的新时代背景之下以另一种方式的再现。孟子儒学对于孔学在内容上的丰富和发展并没有打破、超越和否定孔学的基本方法和价值取向，而是牢牢地继承了孔学的价值观，即道德主体性之下的道德万能论和政治无为主义。

孟子儒学在理念、方法和价值观上与孔学的一致性并不代表它与孔学在内容和逻辑上是完全相同或者是对孔学完全亦步亦趋的。事实上，孟子儒学在内容和演绎逻辑上与孔学是有不同之处的。从其内容来看，孟子儒学在诸多方面丰富和发展了孔学，它吸收了子思儒学的一些营养，尽管在方法和价值取向上并没有突破和超越孔学。孟子儒学的概念体系与孔学并不相同，而其理念也与孔学有一定的距离，与孔学之间的关系或有忽略，或有延伸，或有疏离，或有独创。因此，孟子儒学可谓是在异同双重性之下的对孔学在战国新时期的延伸版和加强版。

性善论是孟子儒学的主要内容和理念之一。孟子儒学的性善论所要解决的命题是孔学提出的道德主体性的必要性和可能性的问题，也就是说，孟子儒学将道德主体性置于更为广泛和深刻的层面之上加以探讨，这是孟子儒学在哲学上超出孔学的一个要点。

对荀子哲学的定性问题是中国哲学史上的一个难点和未能解决的问题。虽然荀子哲学常被视为先秦儒学的一种，却一直存在着争议。而要解决围绕着荀子哲学的难点，还是要根据其哲学思想的观念事实为基础进行全面、系统和深入的判断。

先秦哲学思想经过数百年的碰撞和反思已经取得了很大的发展。作为先秦晚期的哲学思想，荀子哲学不仅在形式上更加完善，在理念上也更加成熟。理念的成熟性表现在具有更有说服力的内在逻辑的衔接，形成了比较成熟的体系性。这些方面的进步表明，荀子哲学在哲学的成熟度上已经超越了孔学和孟子儒学等先秦儒学。荀子哲学的主要理念包括形而上学、政治观、战争观、经济观、历史观和伦理观等诸多方面，其中政治观居于核心地位。相比于孔学和孟子儒学等先秦儒家思想，荀子哲学形成了以礼为核心概念的概念体系，在理念上不再以伦理学为核心，伦理学的地位变得相对较弱，被融入了政治观之中。荀子哲学与孔学和孟子儒学有着完全不同的价值观。荀子哲学的使命不再是后者的个人和君子的道德自我实现，而是要在现实主义基础之上正视和构建富国强兵之策，在个人的道德理想被纳入国家政治之后，君子的道德理想已经与国家政治发生了脱钩，不再主观地被混为一谈了。不仅如此，荀子哲学也确实提出了强调治国的系统性的一套国家行为模式，这就是其以君权主义为基础的一系列政治理念。孔孟儒学的方法论是绝对的个体化原则，其价值取向是以道德主体性主导之下的纯粹的个人伦理学，是个体化原则的社会化。相比之下，荀子哲学的方法论已经超越了道德主体性和个体性原则，而进化到了经验主义和现实主义，呈现出了明确的社会学和唯物主义的倾向，其价值观也因此具有了明确的国家主义的取向。

荀子对于孟子儒学持全盘否定的立场，而荀子对孟子儒学的彻底鞭挞在很大程度上是在否定和鞭挞孔学，虽然荀子对于孔子也不乏虚与委蛇的赞美之词。这表明，不仅荀子哲学的基本理念和价值观与孔学和先秦儒学相对立，荀子本人在主观上与儒家并没有起码的认同感，不但耻于认为自己是儒家的一员，还从各个方面十分激烈地甚至颇有恶意地批判儒家，如将孟子视为罪人。

这些根本性的不同体现了荀子哲学相对于先秦儒学的独立性，而这种独立性体现出了不同的价值取向。而与先秦儒学不同的价值取向证明了荀子哲学是独立的哲学思想，不应再被纳入先秦儒学范围。

虽然本书力图以新的哲学方法论来探讨中国先秦哲学史中的一些疑难问题，然而仍只是抛砖引玉之作。希望业内和各路方家不吝批评指正，为使中国哲学史建立在牢固的事实性基础之上而共同努力。

2022 年 12 月 8 日
于珂雪草堂

目 录

第一章 曾子儒学：保守内敛的孝悌伦理学 …………………… (1)
  第一节 曾子的生平和曾子儒学研究的唯实史料 …………… (2)
  第二节 曾子儒学的核心概念 …………………………………… (26)
  第三节 曾子儒学的主要理念 …………………………………… (31)
  第四节 曾子儒学的历史地位 …………………………………… (42)

第二章 子思儒学：头绪纷杂的半成品 …………………………… (46)
  第一节 子思的生平与子思儒学 ………………………………… (46)
  第二节 《中庸》传承考辨 ………………………………………… (56)
  第三节 观念唯实主义对《中庸》内容构成的唯实解构 ……… (57)
  第四节 对《中庸》的观念事实的唯实解构 …………………… (66)
  第五节 简帛《五行》考 …………………………………………… (80)
  第六节 董学对《中庸》的渗透 …………………………………… (83)
  第七节 《中庸》的方法、本质和意义 …………………………… (87)

第三章 孟子儒学：孔学衣钵的继承者和发扬者 ……………… (92)
  第一节 孟子的生平 ……………………………………………… (92)
  第二节 对《孟子》的考据与对其风格的分析 ………………… (94)
  第三节 孟子儒学的方法论 ……………………………………… (97)
  第四节 孟子儒学的核心概念体系 ……………………………… (97)
  第五节 孟子儒学的主要理念 …………………………………… (105)
  第六节 孟子儒学的主要理论 …………………………………… (111)
  第七节 孟子儒学的内在悖论 …………………………………… (138)

第八节　孟子思想在历史上的不同定位 ………………………（150）
　第九节　孟子儒学的本质 …………………………………………（162）
　第十节　董学与孟子儒学的尖锐对立 ……………………………（177）

第四章　荀子哲学：作为董学先音的政治哲学 ………………（206）
　第一节　荀子的生平 ………………………………………………（206）
　第二节　《荀子》的成书与流传 …………………………………（210）
　第三节　荀子哲学的时代性 ………………………………………（217）
　第四节　荀子哲学的核心概念体系和逻辑主线 …………………（218）
　第五节　荀子哲学的主要理念 ……………………………………（238）
　第六节　荀子与经书传承 …………………………………………（314）
　第七节　荀子哲学的本质 …………………………………………（318）
　第八节　荀子哲学的内在悖论 ……………………………………（326）
　第九节　荀子哲学不是儒家思想 …………………………………（332）
　第十节　荀子哲学与董学的唯实比较 ……………………………（348）
　第十一节　荀子哲学的意义 ………………………………………（360）
　第十二节　小结 ……………………………………………………（366）

主要参考书目 …………………………………………………………（370）

由于先秦儒学各自在理论上比较单薄和其历史影响力无法与孔学相提并论，以及皇权主义意识形态对它们的意识形态作伪相对较少，尤其是在明确了它们各自的理论与孔学的观念事实之后其唯实身份便在很大程度上已经得以辨明，这些因素使得对于先秦诸儒家学派的双重唯实比较的工作量，较于董学与孔学之间的唯实重构的工作量有所减轻。但是，董学与先秦儒学的唯实比较仍然是十分重要的工作，是董学与儒学辨正系列的重要的有机组成部分，也是唯实主义重构中国哲学史的不可或缺的一环。

董学与先秦儒学的辨正包括对曾子儒学、子思儒学、孟子儒学和荀子哲学等的唯实双构和唯实比较。

第 一 章

曾子儒学：保守内敛的孝悌伦理学

孔子是儒家的发起者和源头。然而儒家作为一个"学派"却是在孔子之后形成的。在孔子去世之后，孔子一些弟子散落各地，继续按照孔子的方法进行教学，使得孔学得以继承、流传和发展，儒家学派得以形成。

曾子儒学和子思儒学在继承了孔学的道德主体性的同时，都在不同层面上试图对孔学进行修正和突破，而这种修正和突破的力度是相当大的，甚至在观念事实上屡次突破了孔学的原则和底线。

从历史的视野来看，在经过了两百多年的流传和修正之后，先秦儒学在全国各地形成了多支多派。而作为孔子故地鲁国的曾子儒学、子思儒学和孟子儒学是先秦时期具有代表性的儒家思想。

在孔子去世之后，儒家无论是在思想领域还是在人员的传承上都出现了断裂，这种断裂造成了儒家思想的多元化甚至转向，于是各种儒学支派应运而生。有些支派能够继承孔学的衣钵和基本的核心价值理念，有的则开始偏离孔学的原则、理念和价值观。这种状况的出现与孔门弟子离开孔子各自返回故乡有关。由于每个弟子的理解能力、个人背景、与孔子的亲疏远近不同和受制于地理交通等原因而产生的沟通不利等因素，孔学出现这种状况是不可避免的。

而在这种多元化的趋势之中，曾子被认为是最能体现孔学核心价值观的弟子。正因如此，曾子在孔学的传承过程中起到了承上启下的关键作用。然而即使如此，曾子儒学对于孔学也有所调整，而并不是对孔学的简单重复。

第一节 曾子的生平和曾子儒学研究的唯实史料

关于曾子的生平资料并不多，主要载在《史记》一书中。而曾子儒学研究的史料，如《孝经》、《大戴礼记》和《大学》等，则充斥着文献学和理念上的争议。

一 曾子的生平

曾子名参，字子舆，他和其父曾晳都是孔子的学生，两人不应该被混淆。《史记·仲尼弟子列传》载：

> 曾参，南武城人[①]，字子舆，少孔子四十六岁。孔子以为能通孝道，故授之业。作《孝经》。死于鲁。

由此可见，出生和成长于山东费县的曾子被认为是孔子最得意的弟子之一，被公认为是能够继承孔子思想精髓的传人。司马迁对曾子作出如此评价的原因在于他认为曾子是孔孝的言传身教的楷模。曾子儒学十分强调孝，曾子本人也被公认为是中国历史上实践孝道的代表人物之一。

[①] 经考证，南武城即武城，今山东省费县。当时的武城属于曾国，曾国是个夹缝于强大的齐国和鲁国之间的弹丸小国。

这也从侧面证明了孔孝是孔学的核心理念的判断。

曾参与其父皆为孔子的弟子，但曾参的成就要比其父更为出色。据考证，曾子是孔子在晚年收的弟子，作为孔子的学生历时五年，直到孔子去世。这表明，曾子是在孔子周游列国返回鲁国之后成为孔子弟子的，孔子的晚年是他对其思想进行总结和提炼的时期，也是孔学最为成熟的阶段，这是勤思好学的曾子能够把握孔学精髓的重要原因。然而，作为后来者的年轻学生曾参并没有获得孔子的认可。《论语·先进》载：

> 子曰："德行：颜渊，闵子骞，冉伯牛，仲弓。言语：宰我，子贡。政事：冉有，季路。文学：子游，子夏。"

孔子通过各个方面来评价他有才能的弟子，但这四类之中并没有曾子。孔子最看重的弟子是早期的颜回。《论语·先进》载：

> 季康子问："弟子孰为好学？"孔子对曰："有颜回者，好学，不幸短命死矣，今也则亡。"

孔子认为颜回是他最好学、最得意的学生，在他死后便不再有好学的弟子了，并没有提到曾子。然而此时曾参或许还没有到孔门之下学习，或者刚刚到来。在孔子生前，他对于曾子的评价是"参也鲁"，即曾参比较鲁钝。从其弟子后来的发展来看，孔子并不真正了解曾参。曾参是善于思考而不轻易表现自己的内敛的思想者和君子，最能体现孔子所谓"君子欲讷于言而敏于行"（《论语·里仁》）和"刚、毅、木、讷，近仁"（《论语·子路》）等孔家君子所具有的特质。

在孔子去世之后，曾子便返回家乡开始以教学为生，从未入仕①。其间，曾子也曾到其他国家教学，但并未久留。曾子的学生众多，在战国初期十分活跃。据《论语》、《大戴礼记》、《孟子》和《礼记》等典籍记

---

① 先秦古籍中多有关于曾子曾经入仕为官的记载，但都经不起推敲，只是后人的臆测和附会。古籍中关于曾子的臆测是较多的。例如，《荀子·大略》中曾载晏子与曾子有所交往，这更加不足信，因为晏子的时代要早于曾子，两人不是同一时代之人。

载,曾子著名的弟子有乐正子春、单居离、公明仪、公明子高等,战国初期的军事家吴起也曾求学于曾子①。

古籍中并没有关于曾子去世的准确日期,后人推测或许在公元前436年或前432年②,而辞海称为前434。

二 曾子儒学研究的唯实史料

关于曾子的生平和言行的记载散见于《论语》、《史记·仲尼弟子列传》和《大戴礼记》之中。《论语》关于曾子的记载虽然不多,却句句都是点睛之笔,不仅能够体现出孔子对于曾子的评价,也折射出曾子对于孔学的深刻理解和高度的概括,而这对于孔学的理解和认定也大有裨益。但是这些记载只是只言片语,无法展示曾子的生平和思想全貌。《史记·仲尼弟子列传》关于曾子的记载如上所引,虽仅寥寥数语,却包含了丰富的信息量。

(一)《论语》中关于曾子的记载

作为孔门出色的弟子,在《论语》中有十三处关于曾子的记载。它们是:

> 曾子曰:"吾日三省吾身——为人谋而不忠乎?与朋友交而不信乎?传不习乎?"
> 曾子曰:"慎终,追远,民德归厚矣。"(以上出自《学而》)
> 子曰:"参乎!吾道一以贯之。"曾子曰:"唯。"子出,门人问曰:"何谓也?"曾子曰:"夫子之道,忠恕而已矣。"(《里仁》)
> 柴也愚,参也鲁,师也辟,由也喭。(《先进》)
> 曾子曰:"以能问于不能,以多问于寡,有若无,实若虚,犯而不校——昔者吾友,尝从事于斯矣。"
> 曾子有疾,孟敬子问之。曾子言曰:"鸟之将死,其鸣也哀;人之将死,其言也善。君子所贵乎道者三:动容貌,斯远暴慢矣;正颜色,斯近信矣;出辞气,斯远鄙倍矣。笾豆之事,则有司存。"

---

① 《史记·吴起列传》载:"吴起者,卫人也。好用兵,尝学于曾子,事鲁君。"
② 参见罗新慧《曾子研究》,商务印书馆2013年版,第73页。

曾子有疾，召门弟子曰："启予足！启予手！诗云：'战战兢兢，如临深渊，如履薄冰。'而今而后，吾知免夫！小子！"

曾子曰："可以托六尺之孤，可以寄百里之命，临大节而不可夺也——君子人与？君子人也。"

曾子曰："士不可以不弘毅，任重而道远。仁以为己任，不亦重乎？死而后已，不亦远乎？"（以上出自《泰伯》）

曾子曰："君子以文会友，以友辅仁。"（《颜渊》）

曾子曰："堂堂乎张也，难与并为仁矣。"

曾子曰："吾闻诸夫子：'人未有自致者，必也亲丧乎！'"

曾子曰："吾闻诸夫子：'孟庄子之孝也，其他可能也；其不改父之臣与父之政，是难能也。'"（以上出自《子张》）

这些记载即有孔子对于曾子的评价也有曾子本人的言论，它们从不同的侧面和层次反映了曾子的为人和思想，是研究曾子儒学的唯实史料。有些记载中的句子如"鸟之将死其鸣也哀，人之将死其言也善""任重道远""死而后已""以文会友"等已经成为成语和俗语，是中国文化中耳熟能详的箴言。这反映了曾子儒学不仅是《论语》的重要内容，也成为儒家思想的有机组成部分，是研究先秦儒学史不可忽视的内容。

（二）《曾子》与《大戴礼记》

与《论语》中关于曾子记载的明确性不同，《大戴礼记·曾子十篇》虽然与曾子儒学的关系密切，是研究曾子儒学的重要材料，但它却难以被完全认定为是唯实史料，这不仅是因为《大戴礼记》的流传历史极其漫长和复杂，更是因为其中所反映的观念事实体现了被董学渗入和国家编撰的各种痕迹。

1. 古籍中的《曾子》与《大戴礼记》

在先秦古籍中，关于曾子思想的唯实文献是复杂的。班固的《汉书·艺文志》在儒家类著录有"《曾子》十八篇"。可见在西汉时期曾有《曾子》一书流行于世。在《隋书·经籍志》载："《曾子》二卷，目一卷，鲁国曾参撰。"在唐代由魏徵所编撰的《群书治要》所录的《曾子》一书便只有十篇。可见，《曾子》一书原有十八篇，大约在隋唐之际已有亡佚，仅有十篇留世。在这种情况下，《曾子》十篇是否为《大戴礼记》

中的曾子十篇已然不得而知，成为了中国古代哲学史上的一个谜。有学者认为《曾子》十篇即《大戴礼记》中的曾子十篇①，《大戴礼记》中的"曾子"应为原书名，后两个字是篇名，如《曾子立事》一篇即《曾子》中的《立事》一篇，但这仅是一种推测。朱熹认为："而世传《曾子》书者，乃独取《大戴礼》之十篇以充之，其言语气象，视《论》、《孟》、《檀弓》等篇所载相去远甚。"也就是说，作为理学大家朱熹对于《曾子》与《大戴礼记》中曾子十篇的关系也无法厘清，甚至认为《曾子》来自《大戴礼记》，这使两者的关系发生了逆转，变得更加扑朔迷离。

2. 《大戴礼记》不是唯实文献

《大戴礼记》所载之曾子十篇主要记载了曾子的言论和一些生活情况，比较系统地阐述了曾子的思想。后来许多研究曾子的学者都将其作为重要的资料。虽然如此，但不能就认为《大戴礼记》中的曾子十篇便是完全可以信任的，因为《大戴礼记》的成书和流传情况是十分复杂的。

据史籍记载，除了占筮和医药之外的所有古书都在秦始皇焚书令的范围之内，关于先秦礼仪制度的典籍自然也在其中，仅仅因为个人的藏匿而在西汉初年才得以重见天日。然而这并不是说《礼记》在先秦或者秦朝时便已成书。据考证，《礼记》一书是"西汉初年搜集和发现的儒家著作的汇编，绝大多数为先秦古文，个别有汉初成篇的"②，因此《礼记》中文章的来源不仅十分复杂，而且不可考。正因如此，《礼记》从其成书之后便陷入争议，这体现在古文和今文之争上。郑玄认为："戴德传记八十五篇，则大戴礼是也；戴圣传记四十九篇，则此礼记是也。"③ 后来的《隋书·经籍志》又演绎成戴圣删减大戴之书的八十五篇成四十九篇的说法。这种说法遂成主流观点。但是，这种说法并无法令人信服。戴德是西汉元帝（公元前48年—公元前33年）时期的学者。西汉礼学家讲授礼学时还附带一些有关礼制的参考资料——"记"。在东汉时期，由于今文经学和古文经学不可避免地开始融合，各种"记"也受到重视，在书生之间传抄，但是各种记并没有单独而固定的版本，更没有单独成

---

① 参见罗新慧《曾子研究》，商务印书馆2013年版，第94—97页。
② 李学勤：《郭店简与〈礼记〉》，《中国哲学史》1998年第4期。
③ （清）王聘珍撰：《大戴礼记解诂》，中华书局1983年版，第1页。

书，世间流传着诸多的版本，传习者也非一时一地之人，其中难免错讹百出。《大戴礼记》和《小戴礼记》只是当时最流行的两种记的版本，并不存在戴圣删减大戴之书的事实。由于郑玄为《小戴礼记》作了注，并且独立成了书，遂成为更为广泛的版本。到了唐朝，政府把《小戴礼记》列为经书，成为十三经的一种，而《大戴礼记》则很少有人研读了。正因如此，《大戴礼记》在唐朝时期便佚失了四十六篇，留存至今的只有三十九篇了。由此可见，《大戴礼记》传承要较其他先秦古籍更加曲折，这使其内容并无法完全令人信服，后人伪作和窜入的可能性非常之大。

在《左传》、《孟子》、《吕氏春秋》和《荀子》等先秦古籍中也会偶尔涉及曾子，这些记载可与关于曾子的思想和生平进行交叉认证。

对于《曾子》的作者为何人同样有不同说法。《汉书·艺文志》认为是曾子所著，而以宋儒王应麟为代表的后人则更趋向于认为该书是由曾子的弟子所记录的曾子所言，这应更符合先秦古籍的成书过程。

因此，研究曾子思想和生平的唯实史料是《论语》和《史记》，《大戴礼记》则要谨慎对待，要有鉴别和有选择地加以使用。完全笃信《大戴礼记》而将其视为唯实史料并不是稳妥的做法。

除了《曾子》和《大戴礼记》之外，与曾子密切相关的著作如《孝经》和《大学》等也是研究曾子思想的重要文献来源，然而这些书里的内容十分复杂，仍然有如雾里看花般的不确定性。

3. 董仲舒与《大戴礼记》

作为先秦百家的集大成者和扬弃者，董仲舒对曾子儒学自然十分熟悉。他曾在其著作中几次引述曾子所言。如在《天人三策》中，董仲舒引述道：

> 曾子曰："尊其所闻，则高明矣；行其所知，则光大矣。高明光大，不至于它，在乎加之意而已。"

此段话出自《大戴礼记·曾子疾病》，意思是要使自己德操高明、学业广博，关键在于要加强自己的意志力，这是在鼓励汉武帝果断采取行动，进行变革。

在《春秋繁露·竹林》中，董仲舒引述道：

> 曾子曰："辱若可避，避之而已；及其不可避，君子视死如归。"谓如顷公者也。

此处所引曾子之言出自《大戴礼记·制言上》，是说君子如果可以避免遭受耻辱就要加以避免，如果无法避免就要视死如归。"顷公"是指春秋时期的齐国国君齐顷公①。

同样在该文中董仲舒说道：

> 故君子生以辱不如死以荣，正是之谓也。

这句话来自《大戴礼记·曾子制言上》，即：

> 富以苟不如贫以誉，生以辱不如死以荣。

此句所强调的是君子与其生活在耻辱之中不如死去以便获得荣誉，体现了曾子对士人气节的道德要求。

4. 上博《内礼》与《大戴礼记》曾子篇

上博楚简是1994年由香港人士捐赠给上海博物馆的1700枚竹简。这些竹简是在上海古玩市场上被发现的。简文总字数约有35000字，涉及约近百种战国古籍，内容丰富，有儒家、道家、兵家、杂家等著作，其中大多数为佚书，仅有不到十种能与流传至今的先秦古籍进行对照。② 上博中有十枚竹简记有《内礼》，《内礼》的内容与《大戴礼记》中《曾子立孝》和《曾子事父母》两篇的内容相互重合。如果上博简具有真实性的话，那么根据中国先秦典籍成文成书的过程和规律来看，上博简的形成时间应该要早于《大戴礼记》的曾子十篇。因此，上博简《内礼》有助于厘清先秦儒学的一些理念的形成过程，也可以根据对

---

① 据《左传》载，成公二年，齐晋战于鞍，齐军败阵而逃，齐顷公因与车夫调换了位置而得以逃脱，避免了被俘之辱。齐顷公是齐桓公之孙。

② 参见骈宇骞、段书安编著《二十世纪出土简帛综述》，文物出版社2006年版，第470—471页。

于观念事实的认定展示出董学对孔学及曾子儒学的渗透、改造和扬弃的具体做法。

(1) "爱"与"忠"的不同

《内礼》竹简载：

> 君子之立孝，爱是用，礼是贵。

《大戴礼记·曾子立孝》载：

> 曾子曰：君子立孝，其忠之用，礼之贵。

两句同样用来阐述立孝根据的话，出现了一字之差，由《内礼》的"爱"变成了《大戴礼记·曾子立孝》的"忠"。为何会有这样的差异？为何会用忠来代替爱，而不是用其他的字？"爱"在《论语》中也曾出现，是孔子用来描述仁的诸多概念之一，最著名的一句话是"仁者爱人"（《论语·颜渊》），其强度是十分大的。因此《内礼》以"爱"来规定立孝的根据是符合孔学的原则的。那么既然如此为何还要用"忠"来代替"爱"呢？观念唯实主义认为，以"忠"来代替"爱"并不是偶然所为，而是后人刻意为之，体现的是董学对于孔学的渗透和改造的努力。在《董学与孔学的正本清源》一书中我们已经解析到，孔学的"忠"具有特定的含义，是"孔忠"。"孔忠"是个人伦理学范畴，是君子的道德品质之一，指的是君子之间的诚挚的感情关系，相较于爱其内涵与定位本质上并无不同，且在力度上有所削弱，也就是说在孔学范围之内是没有必要用孔忠来代替爱的，如果要代替也会削弱孝的地位。[①] 因此，此处的"忠"只能从孔学之外寻找才更能解释这个替代的真正来源和目的性。由于在先秦百家中并没有关于"忠"的完善定义，而只有在董学中才有关于"忠"的明确而深入的定义，尤其是鉴于董学在确定五经之时对于先秦典籍的渗入、改造和扬弃，此处的"忠"应该是董学的"忠"。那么董学为何要用"忠"来代替孔学的"爱"呢？其目的是要将孔学和曾子儒

---

① 参见张珂《董学与孔学的正本清源》（下册），人民出版社2021年版，第531—539页。

学的个人伦理学层次上的孔孝纳入董学的伦理学,即三纲五常之中。三纲五常是国家主义的伦理学,其哲学基础是阴阳哲学。三纲五常是指君为臣纲,父为子纲,夫为妻纲。所谓纲就是绝对的主体,是被绝对忠诚的对象。三纲五常是为皇权主义服务的,重心在于臣子对于皇帝的忠。董学以"忠"代替"爱",正是体现了要以董学的核心概念来代替儒学的孔孝以便将其纳入董学的价值观的努力。

(2) 父子相隐观的改变

《内礼》竹简载:

> 父母所乐乐之,父母所忧忧之。善则从之,不善则止之。止之而不可,怜而任不可。唯至于死,从之。孝而不谏,不成孝;谏而不从,亦不成孝。

《大戴礼记·曾子事父母》载:

> 曾子曰:"父母之行,若中道则从,若不中道则谏;谏而不用,行之如由己。从而不谏,非孝也;谏而不从,亦非孝也。孝子之谏,达善而不敢争辩;争辩者,作乱之所由兴也。"

这两处在讨论父子相隐观时仍然在坚持子要为父隐,并且都强调子应该向"不中道"的父母进行力谏的观点,这要较《论语》中不留余地的父子相隐观有了松动,尤其是在《大戴礼记·曾子事父母》中提出"谏而不用,行之如由己"的观点。所谓"行之如由己"是指父母一旦做出了不正确的行为,孝子应该将责任揽到自己身上。这是在不得不承认孔学的父子相隐观的前提下对其所能作出的最大限度的修订了。从上文《孝经》中对父子相隐观的断然否定的观点,我们可以发现从《论语》中的绝对的父子相隐观,到《内礼》强调孝子对于父子劝谏的强调,再到《大戴礼记·曾子事父母》中的揽责观,最后到《孝经》中对父子相隐观的断然否认的变化轨迹。

如此我们看到了儒学对父子相隐观这个孔学的内在悖论的克服过程,直到对其的完全否定,这个过程为董学的渗入提供了可能性,并且最终在《孝经》中完成了对孔学的这个悖论的彻底否定。如在《董学与孔学的正本清源》中所述,父子相隐观这个内在悖论对于孔学的道德主体性具有根本性的破坏作用,在逻辑上对孔学的仁孝理念进行彻底的颠覆。①从内在理念和价值观的角度看,如果不对孔学的父子相隐观进行克服和否定,不仅孔学和儒学无法成立,它们更无法被融入董学之中,正是这个内在悖论得以逐渐被弱化、修订和否定之后,孔学和儒学才能够被有机地融入董学的体系之中。

(三) 与曾子思想相关的著作

经过对先秦古籍的考证,可以发现真正能够归属于曾子名下的著作并不存在,但与曾子发生密切关系的著作则有《孝经》和《大学》。而两本书的背景和情况也各有不同。

1.《孝经》

《孝经》是一部专门用来论述一个命题的古代典籍,这与其他绝大部分的以"杂论"和文件汇编等形态的其他古代典籍相比十分特别,足见先秦对于"孝"这个伦理学范畴和行为方式的重视。从战国时期开始,《孝经》历来便为各个王朝所重视,西汉从汉高祖刘邦开始打出了"以孝治天下"的方针和口号。但是《孝经》却并未被列为五经之一,宋朝的理学向原本的孔孟之道回归,但《孝经》也非四书的一种。

与所有先秦典籍一样,关于《孝经》的作者、成书日期和传承等都笼罩在层层迷雾之中。历来关于《孝经》作者的说法有孔子著、曾子著、孔子弟子著、曾子弟子们著、子思著、后人附会所成、西汉儒生著等八种之多②,成书日期也众说纷纭,聚讼不断。

(1)《孝经》真正作者的考辨

虽然场面混乱,但对《孝经》的考据却具有一些其他先秦典籍所不具备的标尺,为厘清其作者和成书日期提供了比较明确的线索。

其一是战国初期的魏国国君魏文侯对《孝经》曾作注。在汉朝和唐朝学者的著作中对魏文侯《孝经传》多有引述③,在多本典籍中都有引录。宋朝考据家王应麟认为:"蔡邕《明堂论》引魏文侯《孝经传》,该

---

① 参见张珂《董学与孔学的正本清源》(下册),人民出版社2021年版,第629—630页。
② 参见汪受宽《孝经译注》,上海古籍出版社2004年版,第6—8页。
③ 可参见《后汉书·祭祀志中》和贾思勰所著之《齐民要术·耕田》等典籍。

杂传之一也。"① 可见魏文侯曾为《孝经》作注著《孝经传》是个事实。由于魏文侯曾于公元前445年至前396年在位，这就将《孝经》成书的年代下限提到了公元前五世纪中期，即战国初期。

其二是《孝经》中的称谓。古人对于称谓十分重视，对于史书尤为如此，这应与孔子选编《春秋》所使用的笔法有关。在《孝经》中称孔子为"仲尼"和"子"，称曾参为"曾子"和"参"。这显然表明《孝经》不是孔子和曾子所作。既然称曾参为曾子，那么《孝经》的作者要么是曾子的弟子或者再传弟子，要么是后代的学人。考虑到曾子儒学以孔孝为核心概念和理念的观念事实以及古代学术家传的传统，因此《孝经》的作者只能是得到曾子真传的曾派儒学弟子。汪受宽认为，在曾子的弟子中最学有所成且与曾子关系最为密切的是孔子的孙子子思。因此，《孝经》的作者应该是子思，这与魏文侯作注的时间下限的标尺也是相符的。这个结论虽然有一定的道理，但仍然只是推测，不但没有事实的支撑，在其他古籍中也没有提及。然而，考虑到曾子儒学的观念事实和曾子与子思之间的师生关系，也不排除子思与《孝经》在其成书过程中发生过某种关系的可能。

《孝经》在成书初期的作者远不是问题的全部，而只是其中的一个环节。观念唯实主义认为，古籍尤其是先秦古籍的成文、成书、修改和定稿是个漫长的过程，一本古籍从成文到定稿的时间跨度可达数百年。流传至今的诸多先秦古籍的定稿绝大多数发生在汉武帝和董仲舒时期。因此，这个时期在中国古代文献学的历史上是个里程碑和分水岭。虽然《孝经》并没有被汉武帝认定为五经之一，然而作为先秦重要典籍之一它自然会受到皇权的特别关注而试图将其意识形态化，纳入广义的公羊学和经学之中。

(2)《孝经》与曾子儒学的关系

从其观念事实来看，不难发现《孝经》中的许多理念已经与孔学相去甚远，而与董学的国家主义伦理学的理念不仅契合，而且十分密切。而曾子儒学正是《孝经》的理念从孔学向董学过渡和转化过程中的一个

---

① （宋）王应麟：《汉制考·汉艺文志考证》，张三夕、杨毅点校，中华书局2011年版，第186页。

重要节点。

虽然《孝经》并不是曾子所著,然而该书的文体是以孔子与曾子之间所进行对话的方式进行的,曾子始终是主角,其中的观念既是孔子的也是曾子的,表面上曾子在传达孔学的孔孝观念,实际上其中不乏曾子儒学对于孔孝的理解。由于《孝经》与曾子儒学无法切割的关系,将《孝经》列为研究曾子思想的重要文献是有根据的。

(3) 董学与《孝经》

观念唯实主义对于中国传统的考据学和校雠学的贡献是根据观念事实来辨别某个观点、理念的真正属性、系统性的意义,以及概念和理念背后的价值观,这种方法可以为辨明某个观点或者某种古代典籍的出处和形成的时间提供线索。观念唯实主义对《孝经》的成书过程的考据,对该书的本质提出了新的解释。这种新的解释就是辨明了董学对于今本《孝经》的重要影响。

董学对《孝经》的重要影响主要体现在以下几点。

其一是对生性关系的事实认证。

《孝经·圣治章》载:

> 子曰:"天地之性,人为贵。"

"天地之性,人为贵"的观点是董学的天、地、人三维本体论的核心理念,是董学形而上学的重要组成部分。① 天人合一哲学和三维本体论是董学的核心思想和逻辑,在孔学中是不存在阴阳观和形而上学思想的,同样在战国初期尚未出现如此明确而成熟的哲学命题。在《中庸》中有"天命之谓性,率性之谓道"② 以及"诚者,天之道也;诚之者,人之道也"③ 的说法,前一句是中庸为道理念的表现,后一句体现了以诚为核心概念构建道德形而上学的努力。这表明,成书于战国初期的《中庸》在性与道以及天与人之间建立起了哲学联系,但尚未提出以天人合一哲学

---

① 参见张珂《董学与孔学的正本清源》(上册),人民出版社2021年版,第191—196页。
② (宋)朱熹:《四书章句集注·中庸章句》,中华书局1983年版,第一七页。
③ (宋)朱熹:《四书章句集注·中庸章句》,中华书局1983年版,第三一页。

为基础之天、地、人三维本体论。而只有董学的修改和窜入才能够合理解释《孝经》中哲学理念的"超前"现象。

其二是对《孝经》三才论的观念事实确认。

确认《孝经》是曾子儒学的唯实文献并不等于说我们今天所看到的文本就是魏文侯作注的文本。在今本中兼有今文版本和古文版本的观点，体现了在两汉时期激烈的古今文之争的痕迹，这种激烈的争辩也体现在内容上，留下了一些颇为令人费解和自相矛盾的地方。

在《董学与孔学的正本清源》一书中我们已经看到孔学并未涉及阴阳，所谓孔子作易之说已经被认为是缺乏事实根据的臆断。① 但在《孝经·三才章》中却出现了天、地、人三才的说法。该篇载：

> 子曰："夫孝，天之经也，地之义也，民之行也。天地之经，而民是则之。则天之明，因地之利，以顺天下，是以其教不肃而成，其政不严而治。先王见教之可以化民也，是故先之以博爱，而民莫遗其亲；陈之以德义，而民兴行。"

三才论首先是建立在阴阳观基础之上的理念。阴阳观认为，天为阳，地为阴，而人为天地之本。其次，三才论体现的是天人合一的哲学理念，即天、地、人是一体的思想。

另《孝经·感应章》载：

> 子曰："昔者明王，事父孝，故事天明；事母孝，故事地察；长幼顺，故上下治。天地明察，神明彰矣。"

这里将孝悌与天人感应观念结合在了一起，同样是与董学的天人合一哲学密切相关。由于孔学并没有说明孔孝的来源和根据，这种将孝与天人感应相结合的做法只能是后来人的窜入而非孔学的观点。

其三是对《孝经》教化论的观念事实确认。

在上述《孝经·三才章》的引文中有"先王见教之可以化民也"的

---

① 参见张珂《董学与孔学的正本清源》（上册），人民出版社2021年版，第489—497页。

说法，这是典型的教化论理念。在《董学与孔学的正本清源》一书中我们已经看到，孔学所提倡的是自发性的、以个体性为起点和核心的自下而上的教育观，主张士人可以通过自学而获得为政府服务的机会从而获得"铁饭碗"①，而通过国家权力自上而下地教育民众的思想是典型的董学教化论理论。

其四是对《孝经》父子相隐的观念事实认证。

在《董学与孔学的正本清源》一书中我们知道，父子相隐是孔孝的主要内容，孔子在《论语》中曾多次在不同的场合以激烈的言辞加以强调，父子相隐观也是孔学关于孔孝的内在悖论之一。所谓父子相隐是指在父子任何一方犯了法时另一方都要不惜代价地加以隐瞒。

而在《孝经》中，父子相隐观不仅不见了，而且发生了剧烈的反转。《孝经·谏诤章》载：

> 曾子曰："敢问子从父之令，可谓孝乎？"
> 子曰："是何言与？是何言与？……父有争子，则身不陷于不义。故当不义，则子不可以不争于父，臣不可以不争于君。故当不义则争之。从父之令，又焉得为孝乎？"

在此孔子不仅完全否定了其父子相隐观，反而义正词严地对其进行了谴责，其言辞之激烈令人咂舌。由于《孝经》晚出于《论语》，这表明了孔子强烈地否定其父子相隐观显然是后人所为。后人或许察觉了孔孝的逻辑悖论及其巨大的潜在社会危害，在《孝经》中故意以激烈的言辞来试图加以修补，但这也再一次印证了孔学关于孔孝的悖论是孔学的重大内伤。有人将董仲舒的三纲五常与父子相隐观画上了等号，实在是无知到了令人错愕的地步，也表明了中国哲学史在对基本的观念事实的把握上是何等的低级。②

其五是对孔忠的观念事实认证。

在《董学与孔学的正本清源》中可以看到，孔学关于忠的观念即孔

---

① 张珂：《董学与孔学的正本清源》（上册），人民出版社2021年版，第569—577页。
② 参见汪受宽《孝经译注》，上海古籍出版社2004年版，第71—72页。

忠是建立在"义"的基础上的，也就是说大臣缺乏对于国君的忠诚，只有在国君对大臣以义相待的前提下大臣才会作为回报对国君有一定程度的忠诚。① 这与董学的三纲五常国家主义伦理学下的绝对忠诚是完全不同的。但是在《孝经》中的"忠"却不再是孔忠。《孝经·广扬名章》载：

> 子曰："君子之事亲孝，故忠可移于君。"

此处所提出的大臣对于国君的忠来源于子对父的孝，这与《论语》中所表述的孔忠观念是不同的。由于《孝经》中的"孝"具有绝对性，因此它所提倡的"忠"也具有绝对性，这与董学的大臣对于皇帝的绝对的忠诚有异曲同工之妙。

另，《孝经·事君章》载：

> 子曰："君子之事上也，进思尽忠，退思补过，将顺其美，匡救其恶，故上下能相亲也。"

此处出现了"尽忠"的提法，与孔忠更是大相径庭，因为在孔学中根本不存在为国君尽忠的观念，为皇帝无条件地尽忠是典型的董学关于忠的理念和原则。不仅孔忠要以国君之义为前提，从孔子的行为来看则绝无为国君尽忠的痕迹。孔子周游列国的目的是"实现自我的价值"，而对于所要投靠的国家则并没有选择性，孔子并不在意为其他国家效力暗含着与其祖国鲁国对抗的现实可能性。

因此，《孝经》中的"忠"的观念应该来自董学，而与以国君之义为条件和被孔子的行为所表现出的孔忠完全不同。

对于以上所列举的《孝经》中这些来源于董学的观念事实上的认定，其唯一合理的解释是汉武帝时期在董学被设置为皇家意识形态之时董学门徒将董学思想渗入其中的结果，体现了当时"政治正确"的公羊学观点。虽然《孝经》并没有被列为五经之一，但是这并不排除作为皇家意识形态的董学和公羊学对古代典籍进行了大规模的修改，董学深入地渗

---

① 参见张珂《董学与孔学的正本清源》（上册），人民出版社2021年版，第531—539页。

入《孝经》便是一个典型的例证。如同经过董学和公羊学修订的五经和其他古代典籍一样，被董学与公羊学修订过的《孝经》是"今文《孝经》"，而未被官方正式修订过的、流传于民间的《孝经》是"古文《孝经》"，两者之间存在着巨大的差异，这也是后者在西汉后期不断地质疑和反对前者的主要原因之一。然而，由于现实利益的诱惑，也并无法排除古文《孝经》的部分观点被人为地进行过"政治正确性"的修改，这也为西汉末期刘歆被质疑伪造留下了口实。

另外，在《孝经·孝治章》中出现了"以孝治天下"的说法。"以孝治天下"是西汉初期的治国理念，为了提倡孝的作用，西汉初期的几位皇帝决定在每位皇帝谥号之前都加上"孝"字。该句的加入显然是西汉初期的汉儒在朝廷的授意或者学者为了迎合皇帝而为。

2.《大学》

对于《大学》的观念事实的认定不仅对于把握先秦儒家在孔学之后的传承和演变是一个重要环节，而且对于曾子儒学的内涵的唯实认定同样具有重要的意义。然而如其他儒家古籍一样，《大学》的成书过程以及其真正的作者、成书年代和成书过程等考据学和文献学问题仍然存在着问题，难以被完全辨清。虽然《大学》一书的观念事实比较简单，但对其儒家内部的流派归属的认定却仍然存在着困难。观念唯实主义为厘清这些问题提供了解决方案，提出了新的结论。

（1）历史上对《大学》真伪的考辨

《礼记》最初只是作为被汉武帝钦定的五经之一的《仪礼》的"参考资料"，《大学》本是《礼记》中的一章，是一篇"参考资料"。《礼记》的最初出处和作者不详，历来也颇多争议。而《大学》的情况同样混乱复杂。关于《大学》的作者，汉儒也不知为何人。东汉末期大儒郑玄曾为《礼记》作注，这极大地提高了《礼记》的地位，为其在唐朝被列为十三经之一奠定了基础。对于《大学》的作者，郑玄只说"《大学》者，以其记博学可以为政也"，并没有指明作者。

南宋理学家朱熹作《大学章句》，被认为是宋朝关于《大学》的最大权威。朱熹以《大学》首章为经，其后十章为传。《大学》的出处即使是在对其进行吹捧的理学家之间也存在着分歧。北宋的二程认为"《大学》,

孔氏之遗书"①，是孔子本人的作品，朱熹则认为《大学》与曾子有着密切的联系，但并不是曾子本人所撰。朱熹说道：

> （孔子）三千之徒，盖莫不闻其说，而曾氏之传独得其宗，于是作为传义，以发其意。②
> 其传十章，则曾子之意而门人记之也。③

一个"盖"（大概）字说明朱熹这些话只是猜测，而并无实据。虽然《大学》被南宋理学列为四书之一，被其视为是高于五经的经典，但是这种地位的获得更多地是得益于学术之外的原因。

虽然关于该书的具体作者的说法不同，但是它与孔学和曾子有着密切关系的说法一直没有受到质疑，包括疑古思潮开始萌芽和流行的宋朝。北宋历史学家司马光是第一个将《大学》从《礼记》中抽离出来，使之单独成书的学者。理学家们更是十分看重该书，不但将其列为四书之一，并且名列首位，排在《论语》和《孟子》之前。《大学》之所以享有如此高的地位是因为二程和朱熹等理学家认为该书反映的是上古时期的教学内容，是"史书"，孔子只是将其记录下来加以继承和推广而已。然而，这种说法显然只是宋儒们的向壁之言，缺乏历史事实的支撑，是经不起唯实主义的推敲的。

其实《大学》的内容十分混乱。根据朱熹的说法，该书"旧本颇有错简，今因程子所定，而更考经文，别为序次"④。也就是说，《大学》的内容在宋朝时仍然混乱不堪。这个现象折射出《大学》在汉武帝时期被编录《礼记》时当是更加粗糙不堪，因为《礼记》在唐朝被列为十三经时应当得以重新编订，即使如此仍然错漏不断。程子编订了《大学》中的传的部分，对经的部分也加以考订，并对全书进行了重新排序，我们现在看到的《大学》版本是经北宋程子所编辑而定稿的。该版本被

---

① （宋）朱熹：《四书章句集注·大学章句》，中华书局1983年版，第三页。
② （宋）朱熹：《四书章句集注·大学章句序》，中华书局1983年版，第二页。
③ （宋）朱熹：《四书章句集注·大学章句》，中华书局1983年版，第四页。
④ （宋）朱熹：《四书章句集注·大学章句》，中华书局1983年版，第四页。

"认定"为是正宗的版本，被视为孔子的遗作或者是曾子的作品。

虽然《大学》受到另眼相看，但是对于该书是伪书的质疑也开始出现。第一个指出该书是伪书的是清朝学者崔述。崔述在《洙泗考信录余录》中认为《大学》中有"曾子曰"内容，因此不可能是曾子所作，并且在《曾子篇》中也不曾记载过曾子著过该书。崔述认为该书应该是后人的衍文。

关于《大学》的作者和成书年代的争论在近现代仍然没有停息，新的看法仍在出现。中国哲学史家冯友兰认为该书是荀子所作（该观点载于其《大学为荀学说》）。冯友兰的观点大概是受到了清朝谢墉的影响。谢墉在《荀子笺释序》中认为"荀子所著，载于二戴记者尚多"。冯友兰或许是根据这个提示具体得出了《大学》为荀子所作的结论。[①] 这个观点值得注意，因为与许多学者的纯粹主观臆测不同，它是根据两种思想的观念事实作出的判断，具有观念唯实主义的影子。另外，郭沫若认为《大学》是孟子的弟子乐正子所作（该观点载于其《十批判书》）。或许是受到了对中国古典文化采取普遍的批判和打击的疑古风潮的影响，怀疑该书是伪书的学者在民国时期开始增多。

近年来由于简帛的出土，学术界对于《大学》的作者的研究再次展开，但是仍然难以得出确凿无疑的结论。这种状态反映出了这样一个事实，即基于现有的唯实材料及传统的考据方法还不足以对《大学》的作者为何人的问题给出最终的结论。观念唯实主义认为根据该书的观念事实进行进一步的分析以得出令人信服的结论是重要的甚至是唯一的方法。

然而有一点需要提醒注意，即董学对于《大学》所赋予的意义。作为孔子弟子所辑录的孔子言论集《论语》没有被列为五经之一，而对孔学进行提炼和概括的《大学》一文反而被载入《礼记》附文而被列入五经，其中必然包含着董学所要达到的某种政治目的。这也从另一个侧面折射出了董仲舒对于孔学虚与委蛇的真正态度。董仲舒或许认为相比于孔学的缺乏形而上学的思辨性和体系性的残缺，《大学》起码做出了构建形而上学和本体论的尝试，而这种努力在先秦儒学和先秦哲学中是值得注意的。

[①] 冯友兰：《中国哲学史》（上册），华东师范大学出版社2000年版，第278页。

(2)《大学》的名称和体制

相比于其他的先秦古籍和四书五经,《大学》的内容简短,所包含的理念也比较简洁。

①"大学"的含义

朱熹在《四书章句集注·大学章句序》中阐述了大学一词的含义。朱熹认为"大学之书,古之大学所以教人之法也",这说明大学是古时大学所教授的内容。朱熹认为上古存在由小学到大学的一整套教育体系,大学是针对特定对象的高级阶段,"及其十有五年,则自天子之元子、众子,以至公、卿、大夫、元士之适子,与凡民之俊秀,皆入大学,而教之以穷理、正心、修己、治人之道"①。

朱熹的这个说法并不能令人信服。首先,上古说法存在如朱熹所说的教育体系并没有唯实史料可以加以佐证;其次,朱熹关于上古三朝将孔学的仁义礼智等道德主体性原则作为教学内容的观点带有明显的主观色彩和臆断性,他将晚出的孔学的仁义礼智信等道德教条认定为从三皇五帝开始便被传授的公认的法则,这明显是在将孔学和儒家的道德主体性原则永恒化,将历史进程倒置,这显然是与历史事实不相符的。

从其内涵上来看,大学是指大人之学。而所谓大人就是君王,而根据孔学和儒家的逻辑,君王只能由君子来出任,这恰恰体现了孔学和儒家将君子伦理学和政治学一体化的一贯逻辑和主张。

②记言体

按照朱熹的分析,该书分为经和传两部分。第一章被认为是孔子的原话,是经;其后的各章被认为是曾子所作的传。这是春秋末期流行的记言体,与《春秋》三传的体例相同。

虽然承袭了春秋时期的记言体的总体结构,但《大学》在传部分的行文是一篇较为典型的政论文,在逻辑上环环相扣的同时,在义理上也抽丝剥茧般地逐层引申,要比《论语》散乱的结构严谨得多,体现出了战国时期哲学和政论水平的进步。

③《大学》的内容

《大学》的内容十分简单,经部是由事物的"三纲领"和"八条目"

---

① (宋)朱熹:《四书章句集注·大学章句序》,中华书局1983年版,第一页。

构成，传部则是对这些内容的解释和引申。

所谓三纲领就是：

> 大学之道，在明明德，在亲民，在止于至善。

所谓八条目就是：

> 古之欲明明德于天下者，先治其国，欲治其国者，先齐其家；欲齐其家者，先修其身；欲修其身者，先正其心；欲正其心者，先诚其意；欲诚其意者，先致其知；致知在格物。①

这八条目可分为两个类别。格物、致知、诚意、正心等四项都是修身的步骤，即前五个条目都是关于修身的，是君子伦理学范畴，齐家是个人行为在家庭和家族中的应用，仍然属于君子伦理学的范畴，治国和平天下则是政治学的范畴，人格主体也由士人和君子转变为君王，由个人行为转化为国家行为。

（四）对《大学》的价值观和方法论的唯实解析

如前所述，虽然朱熹将《大学》的内容视为上古时期的教学内容，是无法被其他史料所旁证的。这种说法的动机显然要将孔学的道德主体论思想历史化和固定化，将孔学的道德万能论视为历史的内在规律，这明显是违背了历史事实本身的，是荒谬的。

如果将该书的作者和真伪问题置于一侧，而根据唯实主义对该书的内容本身进行检验的话，我们就会发现《大学》一书所表达的完全是孔学的价值观和方法论，在最高的层次上体现了孔学的原则和理念，是一种原教旨的孔学。如果说《论语》通过孔子弟子之口记述了孔学的核心内容的话，那么《大学》则在抽象的层次上对孔学的价值观和方法论进行了提炼和升级，因此可以说《大学》出于孔学而在一定程度上又高于孔学，基本上已经超越了孔学的前哲学状态。

---

① （宋）朱熹：《四书章句集注·大学章句》，中华书局1983年版，第一页。

1. 《大学》是孔学的道德主体性的体现

修齐治平是对孔学的道德乌托邦主义的一种新的概括和阐释，将孔学的五美四恶论推向了新的高度，试图为以一种更为具有逻辑性和抽象性的方法将孔学的君子伦理学向政治学的递延提供再一次的正名。

从宋朝开始，"修身、齐家、治国、平天下"被认为是儒家对于士人人生的自我设计和最高的人生理想，而受到了学者的一致首肯和称赞。但是，这个对君子人生道路的设计是行不通的，因为这个价值观和方法仍然在重复着孔学内在的逻辑悖论，仍然在用道德乌托邦主义的幻想撞向现实政治的砖墙，仍然是逻辑上、价值观上和方法论上的死胡同。

（1）修齐治平的误区

唯实主义认为，《大学》中的修齐治平的理念混淆了个人和国家，个人伦理学和国家行为，是不符合历史事实的，在现实社会中是行不通的。

①混淆了个人伦理学和国家政治的界限

修齐治平的理念仍然是孔学的五美四恶论，仍然是试图将孔学的君子伦理学的道德原则平移到政治领域的方法，是孔学的道德主体性的延续和深化，这在理念上和方法上与孔学是完全相同的，其内在的逻辑悖论和道德主体性的误区更有扩大和蔓延之势。

"修身"和"齐家"属于个人行为，"治国"和"平天下"是政治行为，"修身"和"齐家"属于君子伦理学范畴，"治国"和"平天下"属于国家政治范畴。在修齐治平论中，这两个领域并不存在任何的障碍，而被人为地和主观地强行赋予了同一性。这实际上是将政治学纳入了君子伦理学范畴，从而否定了国家作为行为主体的独立性和独特性，暴露了孔学和曾子儒学对于国家和政治学本质的认知水平。

个人行为与国家行为是本质上截然不同的行为方式，不能用个人行为的方式来理解国家行为，更不能用个人行为的原则来指导国家行为。

这种差异首先体现在行为主体的选择性之上以及行为后果的严重性之上。个人对于自己的命运是具有选择性的，而在特定的历史情境下，一个国家的行为则是没有选择性的。个人对于自己的人生道路和人格结构具有多样化和自主化的人生选择，他可以选择成为不计较个人得失的君子，也可以选择成为锱铢必较的商人，等等，个人的利益得失和人生际遇只涉及自身、家庭成员和家族的存在方式，对于整个社会和国家则并不会产生直接的影响,因此个人对人生道路的选择是属于个人伦理学范围的,个人具有决策权和自主性。而国家则完全不同。国家对于行为方式的选择则不允许有多样化的余地,而是受到地缘政治、时代潮流和邻国国家行为方式的深刻而有力的钳制。因为一个国家只能在时代性中具体地存在,只能在与其他国家的行为互动中存在,如果其他国家都在"礼崩乐坏",都在进行战争或者战争准备,那么本国也不得不对这种局势进行互动,否则就意味着国家在竞争和对抗中受挫,而一旦受挫,就意味着国家利益的丧失,意味着王权的丧失,王位的转手,甚至国家存在的终结。在这种受到生存环境有力钳制的情境下,国家对于决策失误的容忍度和回旋余地是十分狭小的。因此,国家行为不得不深刻以国家利益为唯一的核心和着眼点,容不得超越时代性和地缘政治而追求任何的浪漫的非分之想。这样的混淆会导致何种结果已经由孔学和孟子儒学在现实政治中的彻底失败充分地说明了。

其次,个人和国家的目的性是完全不同的。按照孔学的君子伦理学,个人的最高理想是成为君子,君子的理想就是履行仁义道德。而国家则不可能以道德性作为其目的性,无论是什么形态的国家都不可能如此。保持国家的存在并且维护现实的国家利益才是,并且只能是国家最基本的目的性,孔学的道德主体性在现实中无法主宰国家行为,道德性与国家利益并没有直接的、必然的和固定不变的因果关系和联系。

最后,个人和国家政治所需要的技能是完全不同的。按照孔学的君子伦理学,君子的生存技能在于讲求道德性,在于履行五美四德,认为只要有了道德,便可以解决一切问题了,这就是道德万能论。而对于管理国家机器的政治家来说,在适当的情境下向适当的人群展示道德性虽然是一种必要的政治技能,但并不是他所需要的最重要的技能,更不是他作为君王和政治家所要最终达到的目的。

先秦儒学在现实中处处碰壁的一个重要原因就在于它基于个人伦理学和道德主体性来认识国家和政治,从而在这个混淆的过程中产生出了种种内在的悖论。事实证明,试图将国家行为与个人道德等同起来,试图用指导个人行为的君子伦理学来理解和主导政治学,将君子伦理学的道德主体性和个体化原则平移和泛化到国家政治层面的尝试,在现实政治中只能产生屡屡碰壁的结果。

② 个人伦理学的泛化

在《大学》中，曾子仍然试图将个人和国家两个截然不同的范畴强行地联系在一起，试图在个人行为和国家行为之间根据孔学的道德主体性和个体性原则建立起一种因果关系，这实际上是对个人伦理学的泛化，是将孔学和儒学泛化的最初的方式。

《大学》载道：

所谓治国必先齐其家者，其家不可教而能教人者，无之。故君子不出家而成教于国。①

国不以利为利，以义为利也②。

这种说法不仅在哲学上是站不住脚的，更是违背了常识的。因此，所谓修齐治平其目的无非是要再次证明孔学从君子伦理学向政治学是能够完成合理过渡的，并且只有变成了孔子所提倡的儒家式的君子才能够在政治上取得成功。也就是说，个人伦理学是士人取得政治成功的必要条件。从现实政治的角度来看，这显然是行不通的。孔子、孟子和其他先秦儒家人士屡次碰壁的经历证实了这一点。

③ "内圣外王"的伪逻辑

具体从行为主体分析，修齐治平中的行为主体实际上是指两类人，一类作为士人的君子和另一类作为君子的君王。修齐治平的逻辑是将这两类人不加区别地等同了起来。这实际上是在提倡这样一种逻辑，即只要士人能够成为君子，他就会成为君王。这就产生了儒家的内圣外王的观点。

对于孔学和曾子儒学的内圣外王的逻辑，存在着两种途径：一是从正向来看，即君子必然成为君王；二是从逆向来看，即君王必然来自君子。正向的君子必然成为君王的逻辑显然是荒谬的。一个士人可以通过自我修养而变成儒家的君子，但是儒家的君子绝不会变成君王，除了在孔学和儒家的道德乌托邦主义的主观构想之中，这种转换和过渡无论在

---

① （宋）朱熹：《四书章句集注·大学章句》，中华书局1983年版，第九页。

② （宋）朱熹：《四书章句集注·大学章句》，中华书局1983年版，第一二——三页。

任何层面上都是脱离现实的，在现实政治中都是要碰壁的。

而对于逆向的君王必然来自君子的逻辑，儒生则发现了更大的"发挥余地"，这就是通过在历史学中进行作伪来达到自己的目的。为了证明这个道德乌托邦主义的伪逻辑，儒生不遗余力地将上古的君王塑造成由君子而君王的楷模，尧舜被刻画成了由个人道德品质的优秀，如舜的孝，而转变为圣王的理想，是内圣外王的完美体现。但是，这种对上古历史人物的作伪是经不起历史事实的推敲和检验的。

由此可见，无论是从正向来看还是从逆向来看，君子与君王之间并不存在任何逻辑上的因果联系，所谓修齐治平只是儒生一厢情愿的道德万能论和道德乌托邦主义的想象。内圣外王的逻辑不仅混淆了个人伦理学与政治学的界限，是儒家的个体化原则的泛化，同时也是政治无为主义和道德乌托邦主义的宣传。

（2）功利性的提出

曾子儒学虽然严格坚守了孔学的道德主体性和君子伦理学，但是，《大学》在道德主体性上与孔学已经发生了变化。孔学的道德主体性和个体性原则是绝对的和没有余地的，表现在政治理念上就是将道德主体性视为单极的绝对的核心，而完全忽略和排斥功利性，这就是孔学的道德乌托邦主义。道德乌托邦主义并不是绝对地否定和拒绝功利性，而是不以功利性为直接的手段，是在道德性与功利性的因果关系中看待后者。也就是说，只要君王有了道德性，功利便唾手可得，道德性是因，功利性是果，任何功利都可以通过君子伦理学而轻易获得。由此，孔学基本上忽略了对功利性的探讨，而将讨论的重心完全放在了道德性之上。在《大学》中，修齐治平观则将功利性的问题单独提了出来，这就是治国和平天下的两个阶段。虽然曾子儒学仍然认为治国和平天下是要以前五个步骤和阶段为前提和基础的，君王的政治性只是君子的个人伦理学的平移和延伸，但是《大学》能够明确提出功利性的问题已经较孔学的道德乌托邦主义的绝对性打了一定的折扣，向与现实性的接轨迈了一大步，并且为君子树立了极高的目标。

（五）《大学》的理念与曾子儒学思想的唯实比较

虽然《大学》和曾子儒学在本质上都继承了孔学的道德主体性，但是两者的理念在程度上和方法上却是不同的。

《大学》中的三纲领和八条目所提倡的"内圣外王"理念包括内和外两个维度,在两个维度之间内圣是外王的根据,外王是内圣的外化和表现,这就是孔学的个人伦理学向政治学的平移的更具体的演化。但是,曾子儒学只有内的维度,而不再有外的维度。这表明《大学》与曾子儒学在观念事实上是无法完全重合的,是有差异的。

(六)《大学》不是曾子儒学的著作

在明确了《大学》和曾子儒学的观念事实之后,我们便可以对曾子儒学与《大学》的关系进行总结了。

《大学》与曾子儒学在理念上无法完全重合的观念事实说明:《大学》不是曾子儒学的著作,更不可能是曾子所著,而更有可能是曾子之后和孟子之前的先秦儒家的著作。在孔子去世之后,他的弟子各奔东西,其中许多人如子夏、曾子等人在各地以讲学为生,在孟子出现之前先秦儒学群龙无首,各取孔学之麟甲的状态,形成了多种流派。《大学》并不排除为其中某个流派所著,包括子思。但是,史籍并没有留下子思著《大学》的可靠线索,子思儒学与《大学》之间的关系仍然无法确定。

从《大学》的理念来看,该书接纳了曾子儒学的修心论,但又重新加入了君子伦理学的外在维度。如此一来,《大学》实际上是对曾子儒学进行了否定之否定,使先秦儒学在道德主体性的表现形式上回归到了孔学的轨迹上来。

第二节 曾子儒学的核心概念

作为孔学的继承者和传播者,曾子儒学的思想内容比较单一,这表现在比较简单的核心概念之上。但是,在对曾子儒学的概念进行唯实分析的时候需要注意的是,曾子儒学的概念并不是对孔学概念体系的简单重复和照搬,孔学中的一些重要概念如"孔礼"、"仁"和"德"等在曾子儒学中并不再占有核心地位,被曾子儒学所继承的概念也与孔学有所不同,辨明两者在使用同一概念时微妙的差异性是深入理解曾子儒学的重要方面,同时也不能夸大两者在概念使用上的差异性,因为作为孔学的继承者,曾子儒学的概念还没有与孔学的概念体系形成体系性壁垒,两者之间仍然在很大程度上具有在理念和价值观上的同质性。

一　孝

关于"孝"的地位，曾子在《大戴礼记·曾子大孝》中之所言具有代表性。曾子在该文中说道：

> 民之本教曰孝。
> 夫孝者，天下之大经也。
> 夫孝，置之而塞于天地，衡之而衡于四海，施诸后世，而无朝夕，推而放诸四海而准，推而放诸南海而准，推而放诸北海而准。
> 夫仁者，仁此者也；义者，义此者也；忠者，中此者也；信者，信此者也；礼者，体此者也；行者，行此者也；强者，强此者也。

可见，曾子儒学的核心概念是"孝"。虽然曾子将"孝"的地位提高到了较孔孝更高的地位，但曾子儒学的"孝"不是周朝作为意识形态支柱的宗法制度的"孝"，而是家庭伦理和君子伦理学范畴内的"孝"，即"孔孝"。孔孝是"本教"和"大经"，曾子儒学都是围绕着"孔孝"这个概念展开的。君子的其他的道德品质如仁、义、忠、信等都是从孔孝转化而来，孔孝也是君子的行为指南。虽然对孔孝强调的力度不同，然而曾子儒学对于孔孝的理解和定位与孔学的君子伦理学是完全一致的。

二　忠

《论语·里仁》载：

> 曾子曰："夫子之道，忠恕而已矣。"

可见曾子将孔学归纳为"忠恕"二字。在《大戴礼记·曾子十篇》中曾子对"忠"又进行了阐述：

> 忠者，其孝之本与！（《曾子本孝》）
> 君子立孝，其忠之用。
> 君子之孝也，忠爱以敬。

> 欢欣忠信，咎故不生。
> 致敬而不忠，则不入也。
> 敬以入其忠。（以上出自《曾子立孝》）

可见曾子对于忠是十分重视的，将其视为孔孝的根本和孔孝的应用。然而应该看到，曾子儒学的"忠"是孔忠，仍然是个君子伦理学范畴，与董学的作为国家伦理学的"忠"是不同的。

三 心

作为曾子儒学范畴的"心"虽然在《大戴礼记·曾子十篇》中被提到的次数不多，但却具有十分重要的地位。曾子认为：

> 著心于此，济其志也。（《曾子立孝》）

也就是说要成就君子的理性必须要专心于道德修养。围绕着"心"，这里所体现的是"修心论"的理念。从逻辑关系来看，"心"是曾子儒学修心论的"基地"和"发射器"。

关于修心论可见下文相关部分。

四 思

在孔学中亦有"思"这个概念。在《论语·里仁》中，孔子说道：

> 见贤思齐焉，见不贤而内自省也。

然而孔子对于"思"并不特别强调。《论语·颜渊》载：

> 子曰："非礼勿视，非礼勿听，非礼勿言，非礼勿动。"

但在此孔子并没有提到"思"，可见"思"在孔学中的地位并不高。相比之下，曾子对于"思"则更加重视。《大戴礼记·曾子立事》载：

> 君子之于不善也，身勿为能也，色勿为不可能也；色也勿为可能也，心思勿为不可能也。

曾子认为只有在思想这一阶段就阻止不良念头的产生才能在行为上加以杜绝。由此可见，曾子儒学的思要比孔学的思只在感官上避免产生不良念头的观点更为深入。曾子对于思的运用体现出曾子儒学的修心论的重要方面，即"思"是君子修心的方法。后来的孟子儒学提出"心之官则思"的观点，可以看出孟子是受到了曾子儒学的影响。

五 礼

相比于孔学，"礼"在曾子儒学中的重要性已经相对降低了，在《大戴礼记·曾子十篇》中曾子提及"礼"的地方并不多。但"礼"仍是曾子儒学的重要概念。曾子儒学的"礼"同孔礼一样，是君子伦理学范畴的"礼"。《大戴礼记·曾子制言（上）》载：

> 曾子曰："夫行也者，行礼之谓也。夫礼，贵者敬焉，老者孝焉，幼者慈焉，少者友焉，贱者惠焉。此礼也，行之则行也，立之则义也。……故君子不贵兴道之士，而贵有耻之士也。"

可见，曾子儒学对于礼的理解是在日常生活中敬老爱幼等层面的行为规范，只是曾子更加强调礼的内在道德性而缩减了孔学对于孔礼的社会性方面的功能。

六 仁

作为孔学的传承者，曾子儒学自然离不开"仁"。虽然在《大戴礼记·曾子十篇》中鲜有提及"仁"，曾子不再如孔子般言必称"仁"，然而曾子儒学仍然在必要之处提出"仁"的概念。例如：

> 曾子曰："君子以文会友，以友辅仁。"（《论语·颜渊》）
> 曾子曰："士不可以不弘毅，任重而道远。仁以为己任，不亦重乎？死而后已，不亦远乎？"（《论语·泰伯》）

> 冻饿而守仁，则君子之义也。
>
> 君子思仁义，昼则忘食，夜则忘寐。
>
> 是故君子以仁为尊。天下之为富，何为富？则仁为富也。天下之为贵，何为贵？则仁为贵也。[以上出自《大戴礼记·曾子制言（中）》]
>
> 凡行不义，则吾不事；不仁，则吾不长。[《大戴礼记·曾子制言（下）》]

从《董学与孔学的正本清源》中可以看出，孔学的"仁"实际上是所有道德品质的总汇，并且具有浓厚的道德乌托邦主义色彩。[①] 曾子儒学鲜有提及"仁"字并非曾子的疏漏，而是刻意为之，这一方面可以减轻孔学的道德乌托邦主义色彩，另一方面也可使儒学更具有现实性，而现实性的注入正是曾子儒学与孔学的差异性的体现。然而，这种差异性并不是绝对的，从上述的引文中可以看出，曾子儒学的"仁"有更多的现实性和实用性，更加强调君子的内在气节，然而曾子儒学对于"仁"的理解仍然具有理想主义色彩，对其使用并没有超出孔学和君子伦理学的范畴。

另外可以看出，曾子往往将"仁"和"义"并举，甚至出现了仁义连用的用法。从"君子思仁义"可见"仁义"一词并非如一些学者所认为的那样起始于孟子，而是在曾子儒学中便已经出现了。"仁义"对后来的孟子产生了巨大的影响，赋予了"仁义"以极高的地位。

七 耻

耻是孔学中所没有的概念，是曾子儒学所独创的概念。在《大戴礼记·曾子制言（上）》中，曾子说道：

> 故君子不贵兴道之士，而贵有耻之士也。夫有耻之士，富而不以道，则耻之；贫而不以道，则耻之。

可见，曾子认为"耻"是判定一个人是否能够正确对待贫富的重要

---

① 参见张珂《董学与孔学的正本清源》（下册），人民出版社 2021 年版，第 518—521 页。

标准，只有有耻之士才能够成为君子。只有具有一定道德修养的人才能够正确对待贫富，以符合"道"的方式来换取财富，这显然是孔学义利观的体现。"耻"在此代表着君子的道德观和价值观，具有个人性和内向性，是对君子内在素质的强调。

发轫于曾子儒学的"耻"被孟子儒学继承和发扬，形成了更加完善的羞耻观。关于孟子儒学的羞耻观可见下文孟子儒学部分。

第三节 曾子儒学的主要理念

从现有的典籍来看，曾子儒学的内容和结构都比较单纯，甚至比孔学更加简单。曾子儒学与孔学的关系十分密切，在内涵和外延上都没有越出孔学的范畴，相比于孔子之后的其他儒家流派，曾子儒学更多和更准确地把握住了孔学的核心内涵。认为曾子儒学继承了孔学的衣钵，是"正宗儒学"的观点是有观念事实基础的和合理的。然而，曾子儒学并不是孔学的简单重复，而是有它自己的侧重点。

一 曾子儒学的孔孝

曾子儒学的核心是"孝"，是孔孝。曾子儒学的这个观念事实是认定它是孔子之后孔学最忠实的衣钵继承者的最重要的根据。

曾子儒学不仅在理念上继承了孔学的孔孝，更从各个角度和层面上对其进行具体化和强化，形成了加强版的孔孝观。

（一）曾子儒学对孔孝的继承

曾子儒学包括了孔学对于孔孝的规定，而在细节上则做出了严格的说明。这体现在孝子出门在外要时刻把父母放在心里，不能冒险，不做侥幸之事，以免伤害到自己，让父母担忧和伤心。《大戴礼记·曾子本孝》载：

> 故孝子之事亲也，居易以俟命，不兴险行以徼幸。出门而使，不以或为父母忧也。险涂隘巷，不求先焉，以爱其身，以不敢忘其亲也。

孝子要以父母的忧乐为标准，而不应该有自己的忧乐。《大戴礼记·曾子事父母》载：

> 孝子无私乐，父母所忧忧之，父母所乐乐之。

除此之外，曾子认为孝子的行为要由父母决定。《大戴礼记·曾子本孝》载：

> 孝子之使人也，不敢肆，行不敢自专也。

孔学的孔孝只提到了子对父的孝，曾子则总是将父母并提，体现了曾子对于女性的评价要高于孔子。

不仅如此，曾子对父亲如何对待子女也提出了要求，这是孔学所未曾涉及的。《大戴礼记·曾子立事》载：

> 君子之于子也，爱而勿面也，使而勿貌也，导之以道而勿强也。

曾子儒学虽然并没有最终打破孔学的父子相隐观，然而对儿子的上谏则更加强调。可参见上文关于《孝经》的相关分析。

(二) 曾子儒学的孔孝与忠

曾子将"孝"与"忠"联系在了一起，认为"忠"是"孝"之本，"忠"与"孝"互为表里：

> 曾子曰：忠者，其孝之本与。（《大戴礼记·曾子本孝》）
> 曾子曰：君子立孝，其忠之用，礼之贵。（《大戴礼记·曾子立孝》）
> 事君不忠，非孝也。（《大戴礼记·曾子大孝》）

这种观点对于孔学的孔忠是个突破。从《董学与孔学的正本清源》中可以看出，孔子认为孔孝和孔忠是君子两个互不相交的品质，孔忠主要是指君子之间的忠实和诚挚的感情，并不涉及对于国君的忠诚。① 曾子则将两者进行了交叉和融合。曾子进一步说道：

> 未有君而忠臣可知者，孝子之谓也。（《大戴礼记·曾子立孝》）

（三）曾子儒学的孔孝的意义

综上所述，《大戴礼记·曾子十篇》基本上都是围绕孔孝来进行的，其中包含对孔孝所作的全方位的细化，对孔孝的强调远超于《论语》。由此可见，孔孝作为曾子儒学的理念核心是不容置疑的。曾子儒学的这个理念从逆向的角度证实了孔学的核心是孔孝，证明了孔孝是孔学的道德主体性的内在逻辑和理念支点和出发点。

二　曾子儒学的君子观

虽然曾子儒学继承了孔学的道德主体性和君子伦理学，然而曾子儒学对于君子的理解也有与孔学不尽相同之处。如果说孔学的君子观可以概括为"内修外达"的话，那么曾子儒学的君子观则只强调内修，而不在乎外达。

孔学的君子观涉及内修和外化两个方面，孔学所倡导的君子是能够将内在的道德性外化为官员的士人，即所谓"学而优则仕"。与此不同，曾子儒学的君子则不再以外化作为君子自我实现的维度和证明，而是要将内在的道德性修炼得完美的孝子，仕途不仅不再是君子的一个重要维度和表现，甚至被置于完全忽略的地步。在剪去了君子的外化维度的同时，曾子儒学对于内在道德性的强化也达到了新的境地，超过了孔学对君子内在道德修养的要求。曾子儒学对内在的道德性的强调是曾子儒学的重要特征，也是与孔学的一个重要的不同点。

在曾子儒学的君子观中，孝子与君子的关系占据着重要的地位，曾子多次将两者并举。

在《大戴礼记·曾子立孝》中，曾子说道：

> 孝子善事君，悌弟善事长，君子一孝一悌，可谓知终矣。

---

① 参见张珂《董学与孔学的正本清源》（下册），人民出版社2021年版，第531—539页。

曾子认为君子的内涵就是"孝悌","孝"不仅包含对于父母之孝，也包括对于国君的忠实，因为有了孝悌，仁、义、忠、信、礼等道德品质便随之而来。

曾子对于君子的规定虽然并没有完全脱离孔学的孔孝，然而却较孔学的孔孝有所强化，因为曾子改变和提高了君子的内在道德性的高度，这在《论语》中曾子的言论中得以体现：

曾子曰："吾日三省吾身——为人谋而不忠乎？与朋友交而不信乎？传不习乎？"（《论语·学而》）

曾子有疾，召门弟子曰："启予足！启予手！诗云：'战战兢兢，如临深渊，如履薄冰。'而今而后，吾知免夫！小子！"

曾子曰："可以托六尺之孤，可以寄百里之命，临大节而不可夺也——君子人与？君子人也。"

曾子曰："士不可以不弘毅，任重而道远。仁以为己任，不亦重乎？死而后已，不亦远乎？"（以上出自《论语·泰伯》）

《论语》中所载的曾子言论还比较笼统，而在《大戴礼记·曾子十篇》中则十分具体，体现了曾子儒学对于君子言行在各个方面和层次的严格要求。

例如，关于学习观，曾子说道：

君子爱日以学，及时以行，难者弗辟，易者弗从，唯义所在。日旦就业，夕而自省思，以殁其身，亦可谓守业矣。

君子既学之，患其不博也；既博之，患其不习也；既习之，患其无知也；既知之，患其不能行也；既能行之，患其能让也；君子之学，致此五者而已矣。

君子博学而孱守之，微言而笃行之，行必先人，言必后人，君子终身守此悒悒。（以上出自《大戴礼记·曾子立事》）

君子谨小慎微，孜孜以求以达博学不再是如孔学所追求的为了为官和"达人"，而是"行必先人，言必后人"，是个真正甘于寂寞的谦谦君子；君子通过学习所要达到的生命状态只是"终身守此悒悒"而已，而与功名和闻达毫无关系。在曾子眼中，完美的君子学习的目的没有任何外在的功利性而只在于内在的自我完善而已。

关于君子的功名观，曾子说道：

> 行无求数有名，事无求数有成；身言之，后人扬之；身行之，后人秉之；君子终身守此惮惮。（《大戴礼记·曾子立事》）

对于现世的功名，曾子并不主张去争取，也不去追求成功，而是要终生诚惶诚恐地履行道德原则，通过立言立行为后人树立道德榜样。

虽然曾子儒学眼中的君子并不是个没有气节的人，曾子儒学君子的气节表现在君子的生死观上。《大戴礼记·曾子制言（上）》载：

> 富以苟不如贫以誉，生以辱不如死以荣。
> 辱可避，避之而已矣；及其不可避也，君子视死如归。
> 父母之仇，不与同生；兄弟之仇，不与聚国；朋友之仇，不与聚乡；族人之仇，不与聚邻。

曾子认为，君子的标准不至于贫富和生死，这是对孔学义利观的继承。不仅如此，君子要珍惜生命，尽量避免无谓的牺牲，但是当牺牲无法被避免时，君子要视死如归。曾子在此强调了君子对于生死的灵活性，但仍然没有超出孔学舍生取义的范畴。

值得注意的是，此处表达了曾子儒学的复仇观。虽然曾子并没有君子要采取何种措施实施复仇，但君子要有明确而强烈的为父母、兄弟、朋友、族人复仇的意识则跃然纸上，曾子提出君子要尽其所能与仇人划清界限。可以看出，曾子儒学的复仇观仍然停留在个人层面之上，还没有上升到董学在国家层面上作为国家行为的"荣复仇"理念。

作为孔学的传承者，曾子儒学同样强调"仁"与"义"。曾子将两个概念连用，在儒学中第一次使用了"仁义"概念。在《大戴礼记·曾子制言（中）》中，曾子说道：

君子思仁义，昼则忘食，夜则忘寐。

由此可见，在曾子眼中君子废寝忘食、夙夜以求的"仁义"代表君子观的价值实现，是其君子伦理学的价值体现。

三　修心论

曾子儒学是对孔学君子伦理学的细化和深化对于君子标准的修正主要表现在其修心论上。

（一）修心论的内涵

从《论语》和《大戴礼记·曾子十篇》中可以看出，曾子儒学实际上重新规定了君子的内涵。曾子儒学对于君子的定义反映在各个层面和细节之上，要较孔学对于君子的规定更为细密、系统和严格。修心论正是被曾子细化和深化了的君子标准的体现。

修心论要求君子根据道德标准进行不断的内心的自我反思，将道德准则融入心灵，由心主导自己的每个言行，其要求十分严格甚至到了对自己的言行谨慎到谨小慎微的地步。这表明曾子儒学严格遵循了孔学个体性原则，将君子道德自我实现的方法和途径牢牢地系于个人的修行和努力之上，但在同时则不再重视甚至忽略孔学的外达的方面。

在曾子的言论中经常可以看到"慎独"一词。所谓慎独是人在独处的情况下的思想和行为。人在独处之时没有了外界的监督，所表现的状态最能体现人的道德本质。曾子强调人在独处时要特别谨慎地约束自己的行为等于是在最高层次上对君子提出了道德要求。慎独不是表现出来给别人看和评判的，而是在独处时对自己严格的道德戒律，是对君子的道德性在最高层次上的要求。曾子的慎独思想不仅是其修心论的重要组成部分，也为《大学》和《中庸》所继承和发扬，成为先秦儒学著名的慎独论。

实施孔孝是君子的重要体现，也是修心论的重要内容。孔孝是修心论的主要内容，修心就是要思考、感悟和实施孔孝。只是曾子儒学的孔孝不仅是子女对于父母尽孝的家庭内部的伦理，而更是君子的个体性道德实践的总体表现，并且曾子强调要将自己的道德修炼贯彻到日常的每一个点滴言行之中。

关于修心论的核心地位，曾子儒学从"达"与"守"两者之间的关系上进行了明确的解读。《大戴礼记·曾子制言（中）》载：

> 曾子曰：君子进则能达，退则能静。岂贵其能达哉，贵其有功也；岂贵其能静哉，贵其能守也。
>
> 是故君子思仁义，昼则忘食，夜则忘寐，日旦就业，夕而自省，以殁其身，亦可谓守业矣。

"达"即通过入仕而闻达，"守"即独处时对道德的坚守。在此，"达"与"守"是一对对应范畴，表现君子入仕和独居时的两种不同的生存状态，是曾子儒学对孔学的君子观的总结。在"达"与"守"之间，孔学强调的是"达"，曾子儒学侧重点则在于"守"。孔学认为君子只有"达"才能完成自我实现，才能体现出君子的价值，君子才是成功的；而曾子儒学中的君子自我实现则体现在守业上，虽然曾子儒学在字面上并不排斥"达"和入仕，但是曾子对于君子本质的规定与入仕所带来的闻达并没有建立起任何逻辑关系。

（二）修心论对孔学的方法的改变

在修心论中，我们可以看到，曾子儒学斩断了从个人伦理学向政治学的平移，对孔学的方法做出了改变。

通过对曾子儒学的核心理念的唯实解析，可以看出，在与孔学的关系方面，曾子儒学的修心论起到了两个作用：一方面强化了孔学的君子伦理学的个体性原则，另一方面则划定了与孔学的不同。

曾子儒学的修心论只强调内在的修行，君子的自我实现体现在这种内在性上，而不需要通过任何外在的标准加以表现、判定和衡量。在《董学与孔学的正本清源》中我们知道，孔学对于君子的要求有两个维度，其内在维度要求君子培养内在的道德性，外在维度要求治人，即要向德政观过渡。孔子的理想的君子是以仁为政和以德治国。孔学强调修身的目的是要实现外在的自我实现，其衡量标准在于外在的仕途上的成功。[1] 曾子儒学与孔学的重要不同之处在于前者只重视君子内在的修心，

---

[1] 参见张珂《董学与孔学的正本清源》（下册），人民出版社2021年版，第545—559页。

而不再提倡君子内在道德品质的外化表现，对于君子伦理学向政治学的平移则不再提及。曾子儒学的理想君子不是成功地以德治国的仁者，而是能够彻底地贯彻内在道德原则的布衣士人。

曾子儒学的单维度地注重内在性的修心论意味着曾子儒学对孔学的君子伦理学做出了重要的再选择。作为孔子的弟子，曾子生活的年代较孔子时期相差几十年，曾子对于孔子游学的遭遇和孔学的境遇有亲身经历。孔子在周游列国中所受到的挫折，尤其是孔学屡次被各国君王所拒绝以及孔门弟子无法实现孔子所设定的"学而优则仕"的理想的事实一定会对曾子留下难以磨灭的印象，这对曾子儒学的走向产生了巨大的影响。这种影响的理论结果就是曾子儒学放弃了孔学由君子伦理学向政治学的平移，因为他知道这种平移已经被证明是海市蜃楼。或许曾子认为外向性的自我实现在理论上仍然是必要的，但是孔学的道德主体性却割断了其现实中的可能性，曾子也不得不向现实低头，对孔学的标准打了折扣。

在《大戴礼记·曾子疾病》中曾子说道：

> 近者不亲，不敢求远；小者不审，不敢言大。
> 言不远身，言之主也；行不远身，行之本也。言有主，行有本，谓之有闻也。

这表明曾子主张君子修心在于细而不在高，在于求近而不在骛远，即追求功名和闻达。曾子的君子观显然远不如孔子的君子观志向远大，其境界和层次降低了不少。

曾子儒学的君子观并不再需要通过仕途来加以体现，君子的价值体现在尽孝和始终使自己的言行对于道德准则的严格恪守之上，而无须通过外在的成功来加以印证。有学者认为"儒家内省体察的修心论实由曾子开其端"[①]。曾子儒学的内向化标志着曾子对于孔学的君子伦理学的重要调整，是在先秦儒学发展史上的一个新的阶段。

曾子儒学对孔学的另一个调整发生在价值观领域。曾子儒学剪除了孔学的道德乌托邦主义和不切实际的理想主义色彩，只关注具体、实在

---

① 罗新慧：《曾子研究》，商务印书馆2013年版，第30页。

和具有可行性的道德原则的落实,曾子儒学把孔学从不切实际的道德乌托邦主义、政治无为主义和道德万能论中解脱了出来,现实性成为曾子儒学的基调。

四 曾子儒学中的阴阳观①

如在《董学与孔学的正本清源》中所述,孔子不曾"作易",也不曾作《易传》,而只在晚年开始"学易"②。曾子作为孔门弟子的五年是在孔子返回鲁国之后的五年,所接受的是孔子晚年时期的思想,即所谓后进弟子③,因此曾子是有可能从孔子那里接触到《易》的,这就在一定程度上解释了曾子儒学为何会出现阴阳观了。曾子曾经提到:"参尝闻之夫子曰:天道曰圆,地道曰方。"(《大戴礼记·曾子天圆》)其就是这种状况的反映。

(一)曾子儒学阴阳观的内容

《大戴礼记·曾子天圆》阐述了曾子儒学的阴阳观,其内容包括:

第一,对天圆地方进行了解释。该文载:

> 天之所生上首,地之所生下首。上首谓之圆,下首谓之方。如诚天圆而地方,则是四角之不掩也。

中国古代流传天圆地方的宇宙观,而对于为何天圆而地方则有不同的解释。曾子认为天是上首即人头,地是下首即人足,人头是圆的,人足是方的,因此天是圆的,地是方的。

第二,推出了神灵论。该文载:

---

① 对于曾子儒学的阴阳观的唯实解析是观念唯实主义根据观念事实来鉴别古籍观念的有效运用。观念事实不仅可以辨正古籍中所载的言论的真伪,也可以看清后人对于先秦思想尤其是儒学进行渗入和作伪的方法和目的。而后人在学术上的渗入和作伪很大程度上来自董仲舒和汉武帝时期的董学。
② 参见张珂《董学与孔学的正本清源》(下册),人民出版社2021年版,第489—497页。
③ 孔门弟子有先进和后进之分,这是以就学于孔门的时间先后为划定标准的。钱穆认为:"前辈问学于孔子去鲁之先,后辈则从游于孔子返鲁之后。"先进弟子被认为多重于事功,后进弟子则多致力于对孔学理念的传承。(参见钱穆之《先秦诸子系年》,中华书局1985年版,第80—82页。)曾子显然属于后进弟子之列。

> 阳之精气曰神，阴之精气曰灵。神灵者，品物之本也，而礼乐仁义之祖也，而善否治乱所由兴作也。
>
> 阴阳之气各从其所，则静矣，偏则风，俱则雷，交则电，乱则雾，和则雨；阳气胜则散为雨露；阴气胜则凝为霜雪。阳之专气为雹，阴之专气为霰，霰雹者，一气之化也。

作为阴阳之精气的神灵是万物的根本，是礼乐仁义的出处，也是国君能否有效治理国家所依赖的手段。

神灵论的理念十分深刻。神灵论实际上已经将哲学作为基础来解释自然现象、礼乐和道德尤其是国家政治了，其理念与董学的阴阳哲学极其相似。神灵论的深刻性不仅为孔学、子思儒学和孟子儒学所未见，并且也远超其他先秦流派所能达到的程度。这种现象表明曾子儒学的神灵论很有可能是董学在修订先秦典籍时被加入的。

第三，提出了圣人观。该文载：

> 圣人为天地主，为山川主，为鬼神主，为宗庙主。圣人慎守日月之数，以察星辰之行，以序四时之顺逆，谓之历；截十二管，以索八音之上下清浊，谓之律也。

曾子眼中的圣人的地位要高于神鬼，不仅主宰大自然也是人类的祖宗，这种圣人观已经超越了孔学以单纯的道德观为唯一标准的圣人观，与《易传》中的圣人如出一辙。由于《易传》在很大程度上体现了董学的观点[①]，其圣人观应该就是董学的圣人观，因此曾子儒学的圣人观也包含了董学的理念。

（二）曾子儒学阴阳观为后世修订的痕迹明显

《大戴礼记·天圆》载：

> 圣人立五礼以为民望，制五衰以别亲疏；和五声以导民气，合五味之调以察民情；正五色之位，成五谷之名。序五牲之先后贵贱，

[①] 参见张珂《董学与孔学的正本清源》（下册），人民出版社2021年版，第497—508页。

诸侯之祭。……此之谓品物之本、礼乐之祖、善恶治乱之所由兴作也。

此处虽然没有直接提出五行之名，但"五礼"、"五声"、"五味"、"五色"、"五谷"和"五牲"等显然来自五行，是对五行的实际推演和应用。也就是说，此处的理念已经将神灵论/阴阳观与五行观进行了结合，并用它们来解释客观事物、礼乐和治国了。

但是，这种将阴阳与五行结合的观点是先秦阴阳学派的理念。阴阳学说是由战国后期的邹衍提出的，西汉的董仲舒加以提升和完善形成了系统的阴阳五行哲学和与之相映的董学辩证法。① 也就是说，在曾子生活的春秋末期是不可能出现这种理念的，它们以比较成熟的形式出现在《大戴礼记》之中显然是后人窜入的结果，修订的痕迹十分明显。② 假如真的是由曾子率先提出了阴阳与五行相结合的观念，那么曾子就是阴阳派的创立人，而不是孔学的传承者，战国后期的邹衍便不会以阴阳学纵横于各国之间，也不会作为阴阳学的创始人而被司马迁载入《史记》了。

并且，从现有的先秦古籍和出土的简帛资料来看，曾子所在的春秋后期人们不仅不会将阴阳与五行相结合，甚至还没有通过阴阳的视角来解读《易》。因此曾子即使从晚年学易的孔子那里接触到了《易》，也不会从孔子那学到如此复杂而完善的阴阳哲学。

观念唯实主义认为，从哲学理念的内在逻辑关系来看，如果《大戴礼记·曾子天圆》中的阴阳五行观是曾子自己所"发明"的，那么作为形而上学的阴阳五行观必然会与作为伦理学的孔孝等道德观念发生紧密的逻辑关系，否则便不符合哲学发展的基本规律。而在曾子儒学中阴阳五行观与其以孔孝为核心的君子伦理学完全不发生逻辑和理念关联，两者互不关联，平行地并存于《大戴礼记·曾子十篇》之中，如果其中的阴阳五行观是曾子自发的思想，这种状态显然无法解释得通。

---

① 参见张珂《董学与孔学的正本清源》（上册），人民出版社2021年版，第169—178页。
② 有学者认为曾子儒学的"阴阳学说不仅是《易》学发展的里程碑，而且也是儒学在战国时期得以重大发展的基石"。（罗新慧：《曾子研究》，商务印书馆2013年版，第218页。）这种观点显然是将《大戴礼记·曾子十篇》当作了唯实史料，并通过该书来评判先秦儒学和哲学史，违反了观念唯实主义原则，从而造成了关于观念事实发展的历史次序的错误。

因此，对于曾子儒学的阴阳五行观的唯一合理的解释就是后来者的窜入和修订。而这些后来的修订者显然与董学密切相关，很有可能就是董门弟子所为。这个例证再次为董学系统地渗入包括《大戴礼记》在内的先秦典籍提供了有力的证据。

第四节　曾子儒学的历史地位

从发生学或者从传承的脉络来看，曾子儒学介于孔学和孟子儒学这两个先秦儒学的高峰之间，中间还有子思儒学，可以说在先秦儒学的历史传承上起着不可或缺的承上启下的作用。从儒学观念史上来看，曾子儒学对于孔学的核心概念和理念即孔孝起到了强化的作用，曾子的观点对于孟子儒学也有一定的启发。但是，通过以上的唯实解析可以看出，曾子儒学在一些方面并不盲目地追随孔学，而是与后来的现实进行了结合，并且在一些重要的理念方面有所改变，因此，将曾子儒学完全等同于孔学是不准确的。

一　曾子儒学的本质

曾子儒学继承了孔学的原则，但它并不是后者简单的重复。在理论内涵和价值观上，曾子对孔学都进行了调整。

（一）曾子儒学是对孔学的君子伦理学的继承和弘扬

通过对曾子儒学的唯实解析，我们发现，在观念事实上孔学所缺乏的曾子儒学同样缺乏，孔学所具有的曾子儒学并不全有，曾子儒学所具有的孔学都有。曾子儒学与孔学属于同样的理论层次，都是伦理学的一种，即个人伦理学，都还没有达到哲学的阶段，仍然处于前哲学阶段。与孔学一样，曾子儒学同样缺乏形而上学和本体论思想，由于斩断了与政治学的关联，它在方法论上则有所退步，但这种退步却体现了曾子修正孔学的尝试和努力。从理论和价值观内核来看，由于将孔孝视为核心，这便等于将道德当作其价值观的主体，也就是说曾子儒学继承了孔学的道德主体性。

（二）曾子儒学是孔学内容的简化版

拒绝将君子伦理学政治化而提出修心论是曾子儒学在内涵上对孔学

所做出的重要调整，因为这个调整曾子儒学在理念和价值观上都发生了变化。

通过对曾子儒学的唯实解析，从内容上看曾子儒学是孔学的局部和简化版。曾子儒学继承了孔孝这个孔学的核心概念并对其进行了细化和深化，然而它在概念和理念上并没有孔学的全面，这主要是由于曾子儒学削去了孔学的道德外化和政治学部分的结果。这种变化使曾子儒学在内容上要比孔学更加单薄，只是后者的部分再现。但是，曾子对于孔学在内容上的简化带来了曾子儒学在价值观上的重大变化，将现实性注入了与现实政治脱节而陷入理论悖论和政治困境的孔学。

（三）曾子儒学是具有现实性的儒学

曾子儒学虽然继承了孔学的道德主体性、君子伦理学和个体性原则，但是它并没有简单重复孔学的价值观，而是对孔学的价值观进行了相当大的调整。也就是说，曾子儒学虽然在观念事实上是孔学的局部，但在价值观上却与孔学划开了距离。

由于曾子儒学剪去了君子伦理学向政治学平移的内容，这相当于是放弃了孔学的政治理想，因此，孔学的道德乌托邦主义、政治无为主义和道德万能论等理念在曾子儒学中不见了踪影，代之以具体、实在和可实现的日常行为准则。如此一来，曾子儒学变得更加现实，而孔学的道德乌托邦主义和政治理想主义色彩被抹去了。曾子儒学的这个特征是它与孔学最大的区别，要特别加以注意。

（四）曾子儒学的方法

从曾子十篇等文章中可以看出，曾子儒学还没有方法论的自觉意识，在方法上也并没有新的创建，所采用的是以道德说教为主的方法。道德说教方法是孔子在《论语》中所采用的主要方法，完全是教师的口气，同样作为教师的曾子继承了他的老师的方法。但曾子儒学放弃了孔学将个人伦理学向政治学平移的方法。这种放弃使曾子儒学在方法上较孔学更加单纯和实在。

曾子儒学的这种单纯的道德说教方法与《大戴礼记·天圆》中的以思辨为主的抽象和概括的方法是不同的，这使得《大戴礼记·天圆》中思辨方法的出现在曾子儒学中十分突兀。这种在风格和方法上的"突变"在先秦古籍中是极其罕见的，对这种现象的唯一合理解释只能是后人的窜入和伪托。

由此可见，除了在理念上之外，方法上的不同也折射出了《大戴礼记·天圆》并不属于曾子儒学的观念事实。

（五）曾子儒学的过渡性

承上启下的过渡性是曾子儒学在儒家思想传承中的功能定位。

从内容上看，曾子儒学是孔子之后的儒学，作为其简化版对孔学进行了局部的继承和延续，它在一些原则和方法等问题上要较子夏儒学和子游儒学等孔子之后的儒学流派更加接近孔学。虽然在概念构成、理念和方法论上曾子儒学并没有创新，却由于将孔学的君子伦理学进行了概括，使得君子伦理学具有了理论和逻辑上的系统性和凝练性，比《论语》中的破碎和凌乱更有条理。

从先秦儒学的传承上看，作为孔子直系弟子的曾子所起的作用也不容小觑。曾子将他对于孔学的理解传给了孔子的孙子子思，由于子思儒学对于孟子儒学产生了影响，曾子儒学可以说是孔子和孟子之间的过渡环节，在先秦儒学的发展史上起到了承上启下的作用。虽然子思儒学和孟子儒学并不认同曾子儒学将对政治的关注从孔学中剔除，而恢复了君子伦理学向政治学的平移，尤其是孟子儒学重新拾起了孔学的政治无为主义和道德万能论，这种"否定之否定"似的反复也勾勒出了先秦儒学进行不断反思的思想轨迹。

因此，无论是从内容、价值观还是从先秦儒学的传承上看，曾子儒学在儒学观念史上都是不可忽视的一个环节。

二 关于曾子儒学的"正统性"

曾子儒学的正统性问题在宋朝时期是儒学研究的一个重要命题，当时颇有争议，最后以朱熹为代表的理学的观点占据了主导地位。

宋代的理学家如程氏兄弟和朱熹等以及心学家陆象山等人都认为曾子是继颜回之后独得孔学正宗的。朱熹勾勒出了孔子—曾子—子思—孟子的道统谱系。但是宋儒叶适则否认曾子为孔子正传，对曾子儒学加以鞭挞。虽然朱熹理学的道统论占据了主导地位，但是关于曾子儒学是否为儒学正宗的争论一直延续到近现代。郭沫若在《十批判书》中认为子游儒学是孔子之后的儒学正统。① 然而这种说法却难以令人信服。侯外庐认为曾子和子思与孟子儒学可以被视为一派，却并不承认它们与孔学形成一体，这就否认了曾子儒学是孔学的嫡传，剥夺了其正统性。②

观念唯实主义认为，对曾子儒学在定性上和对曾子儒学与孔学的关系的判断上出现的混乱体现了中国哲学在方法论上的贫乏，这种方法论上的贫乏在传统观念的陈陈相因的干扰下变得极度混乱和莫衷一是。事实上，判断两种思想之间的关系要摆脱意识形态化和政治化，要仅从各自的观念事实出发，将观念事实作为唯一判断的标准和原则；在观念事实基础之上才能对各自的价值观进行定性。从孔学和曾子儒学的观念事实和价值观来看，虽然曾子儒学在理念上对孔学有所削减和调整，然而曾子儒学是最接近孔学的价值观的先秦儒学，将其视为孔子之后的孔学正统流派是可以接受的。

---

① 从现有的史料来看，子游儒学侧重孔礼特别是葬礼，子游儒学是靠为富人操办葬礼来谋生的（可参见《礼记·檀弓》）。子游儒学的做派在先秦便受到诟病，《墨子》和《荀子·非十二子》更是对其进行了直接贬斥。根据先秦古籍所记载的情况来看郭沫若的观点是站不住脚的。

② 侯外庐：《中国思想通史》（第一卷），人民出版社1957年版，第360页。

第 二 章

子思儒学：头绪纷杂的半成品

作为被理学列为四书之一的《中庸》，其成书、作者和传承等历史与其他先秦典籍一样也充斥着各种疑点和传说，而该书的构成则要比其他典籍更为复杂纷乱，后人对该书与子思之间关系的误判也长期干扰和困扰了儒学史和中国哲学史。这些纷乱的现象对《中庸》的考据和准确定性提出了更多和更大的挑战。

传统的观点认为《中庸》由子思所著，《中庸》体现了子思儒学的思想。然而，根据唯实主义的原则，这个观点是经不起推敲的。唯实主义通过对《中庸》所体现的观念事实的唯实解构和对《中庸》与董学的观念事实的比较，挖掘出了董学与《中庸》之间的关系，这同时也剥离了一直以来所认为的子思是《中庸》唯一作者的定论。根据唯实主义，《中庸》中虽然有子思儒学的成分，但其中也包含了其他观念，故《中庸》并非子思一人所著，而《中庸》一书在多方面也体现了董学的观点。

本章根据观念唯实主义对子思儒学和《中庸》进行唯实解构，观念唯实主义关于观念事实的方法和原则将被付诸实践。

第一节　子思的生平与子思儒学

在《史记·孔子世家》、《荀子·非十二子》和《韩非子·显学》等典籍中都提及子思儒学，这证明子思儒学确是先秦儒学的一支。虽然如此，关于子思儒学的内容和理念却难以把握，这在先秦各儒家流派中是十分特别的一种现象。这种现象是由缺乏子思儒学的唯实史料造成的。传统观点将《大学》、《中庸》和《礼记》中的另三篇文章《坊记》、《表记》和

《缁衣》视为子思著作，但这只是传闻和推测，缺乏史料的支撑。因此，由于无法准确把握其观念事实，子思儒学只能处于模棱两可的状态。

一 关于子思儒学的唯实史料考辨

与子思和子思儒学相关的唯实史料极其稀少。关于子思的身世和他与《中庸》的关系主要来自司马迁在《史记·孔子世家》中的记载，这也是关于子思身世和他与《中庸》关系的最早的记载。《孔子家语》和《孔丛子》两书中有不少关于子思言行的记载。《孔子家语》原书由孔子十二世孙孔安国所著，凡二十七卷，《汉书·艺文志》中有记录，但该书亡佚已久。三国时期又出现了十卷本，被认为是三国魏的王肃伪造的。《孔丛子》假托秦末孔鲋所著，但该书仍被认定为是王肃所伪作。

（一）《礼记》四篇不是子思儒学的唯实史料

《汉书·艺文志》著录《子思》二十三篇，已失佚。传统上认为《礼记》中的《中庸》、《表记》、《坊记》和《缁衣》等四篇是《子思》中的作品。然而这四篇存在的诸多的疑点和谜团无法找到令人信服的答案，历时两千多年的争论也始终无法得到解决。只要这些疑点和谜团无法找到答案，这四篇文章与子思儒学的关系便无法明确地建立起来。

这些疑点和谜团表现在以下几个方面。

首先，它们与子思的关系不明。虽然传统观点认为《礼记》四篇是《子思》中的作品，但是这种说法只是传闻，古籍中并没有提供任何令人信服的实据。宋儒汪晫曾编《子思子全书》，认为《礼记》四篇皆出自《子思子》。但该书并未被认为是可靠的材料，恰如《四库提要》所指出的，其选材偏颇，引文窜乱且并未注明出处。

其次，它们的出处不明。《礼记》只是西汉所立的最初的五经的"辅助学习材料"，其文章的来源十分复杂，无人确切知晓它们出于何处。①正因如此，《坊记》、《表记》和《缁衣》中所指的"子曰"、"子云"和"子言之曰"中的"子"不知所指为何人。有的地方可以看出是孔子，但

---

① 《礼记》可分为《小戴礼记》和《大戴礼记》，被列为十三经之一的今本《礼记》是《小戴礼记》。关于《礼记》的传承历史和《小戴礼记》与《大戴礼记》之间的关系可见前文《曾子儒学》部分。

更多的时候其身份则难以确认,有人认为是子思,但这也仅是揣测。"子"的身份对于辨明这四篇的来源十分重要,正因如此古代学者争论了上千年,但却始终没有得出能够让人普遍接受的答案。

最后是它们的内容松散游离。在这四篇文章中,除了《中庸》的内容比较深入和广泛之外,其余三篇文章的内容都是在借"子"之口讨论君子伦理学的各个行为细节,相比之下《缁衣》① 专注于论述君王与臣民之间的关系,强调君王通过自己的言行来影响臣民共同向善,比较严谨。然而总体来说这几篇对于"子"的引言松散,对引言随后的解释更显随意,不时出现漏洞。例如,《坊记》中载:

> 子云:"君子弛其亲之过,而敬其美。"《论语》曰:"三年无改于父之道,可谓孝矣。"

此处的"子"是指孔子,并且将孔子与《论语》并提,但是孔子之时《论语》尚未成书,后人窜入的痕迹十分明显。

由于这些疑点和谜团无法得到解答,因此即使在唐朝被列为"十三经"之一后,历代学者仍然认为《礼记》中的文章多由后儒所伪托和伪作,对其可靠性的质疑仍然不绝于耳。② 古代学者的质疑并非空穴来风,其中有许多评价是基于各篇的内容所做出的判断。由于缺少基本的事实性,观念唯实主义认为这四篇是无法被视为唯实史料的。

(二)《大学》不是子思儒学的唯实史料

虽然传统观点认为《大学》为曾子或子思所著,但是这种观点只是推测。上文"曾子儒学"部分,通过对《大学》的观念事实的唯实解析推翻了传统

---

① 1993 年出土于湖北荆门郭店楚墓的竹简见文物出版社 1998 年版之《郭店楚墓竹简》)和二十一世纪初上海博物馆藏的楚竹书〔见上海古籍出版社 2001 年版之《上海博物馆藏战国楚竹书(一)》〕中都发现有《缁衣》,其内容与今本《礼记·缁衣》大体相同,这证明了今本《缁衣》作为先秦典籍的可靠性。然而这并不能证明该篇与子思儒学之间的关系。

② 清初学者王夫子的看法具有代表性。在评价《坊记》时王夫子说道:"篇内所引夫子之言,皆单词片语,而记者杂引《诗》《书》,参以己意以引申之。石梁王氏乃以是而疑其非圣人之书,则固矣。"在评价《坊记》和《表记》时进一步说道:"二篇皆游、夏之徒引所传闻夫子之言以发端,而杂引《诗》《书》以证之。其辞悉得之口授,断章櫽栝,文或不纯。"(见其所著《礼记章句·卷三十》)这种评价言之有据,是有道理的。

观点，确认了该书不是由曾子所著。将《大学》视为子思儒学的典籍缺乏史料支撑。对该书的唯实解构将在下文展开，同样将会得出否定的结论。

据司马迁的《史记·仲尼弟子列传》、《荀子》和《韩非子》等典籍记载，在孔子去世之后，孔门弟子各奔东西，子夏、子张、曾子等人在各地以讲学为生，先秦儒学陷入群龙无首之混乱状态，弟子们各取孔学之鳞爪，形成了多达八种流派。《大学》并不排除为其中某个流派所著，包括曾子的弟子子思。但是，史籍并没有留下子思作《大学》的可靠线索，子思儒学与《大学》之间的关系仍然无法明确地被建立起来。因此，将《大学》作为子思儒学的唯实史料也是不妥的。

(三)《中庸》也不是子思儒学的唯实史料

朱熹在《中庸章句》中说道：

> 中庸何为而作也？子思子忧道学之失其传而作也。①
>
> 然当是时，见而知之者，惟颜氏、曾氏之传得其宗。及曾氏之再传，而复得夫子之孙子思，则去圣远而异端起矣。子思惧夫愈久而愈失其真也，于是推本尧舜以来相传之意，质以平日所闻父师之言，更互演绎，作为此书，以诏后之学者。②

这些说法十分冠冕堂皇，显然是朱熹所勾勒的所谓儒家道统图示的展示，与其说是历史事实，倒不如说是朱熹自己对于道统的主观构想和对其的宣传。朱熹深信或者要让人深信子思是《中庸》无可置疑的作者，实际上朱熹在此是继承了自古以来的说法。在宋朝之前，受司马迁的影响，《中庸》始终被认为是子思所作，东汉末年的著名学者郑玄也认为《中庸》是"孔子之孙子思伋作之，以明圣祖之德"③。但这个结论在面临事实性时仍然十分脆弱。在宋朝之前虽然《礼记》始终受到学者的质疑，然而这些质疑并不是特别针对《中庸》的。从宋朝开始，《中庸》不仅被视为子思所作和子思儒学的不容置疑的著作，还逐渐升格直至四书

---

① （宋）朱熹：《四书章句集注》，中华书局1983年版，第一四页。
② （宋）朱熹：《四书章句集注》，中华书局1983年版，第一五页。
③ 孔颖达：《礼记正义》，《中庸》，《十三经注疏》（下册），中华书局1980年版，第1625页。

之一作为经典加以膜拜。

这种做法显然违背了唯实主义,所以逃不过治学严谨的学者的眼睛。在清朝,一些学者如袁枚、叶酉、俞樾等开始质疑《中庸》的作者并不是子思。如前所述,《中庸》中的一些内容被认为是由后人所为,《中庸》的作者也不是子思。由于言之有据,这些质疑被许多人接受,一直延续至今。

虽然《中庸》并不是研究子思儒学的唯实史料,然而这并不排除其中的一些内容来自子思儒学甚至是子思所作。因此,在对该书进行唯实解构的前提下,《中庸》仍然是研究子思儒学思想的重要史料。

(四)《大学》的八条目与《中庸》的九经之理念不符

按照史籍的记载和传统流行的观点,《大学》和《中庸》被认为是子思儒学的典籍。从价值观上看,两者在不同程度上继承和弘扬了孔学的道德主体性;但在表现方法和行文上两文并不相同。《大学》中的"八条目"与《中庸》中的"九经"是最能体现两文价值观的句子,但两处的行文却并不相符。

《大学》载:

> 古之欲明明德于天下者,先治其国,欲治其国者,先齐其家;欲齐其家者,先修其身;欲修其身者,先正其心;欲正其心者,先诚其意;欲诚其意者,先致其知;致知在格物。
>
> 物格而后知至,知至而后意诚,意诚而后心正,心正而后身修,身修而后家齐,家齐而后国治,国治而后天下平。[①]

这两段从不同的方向阐述了"八条目",体现了"内圣外王"的"修齐治平"理念,是对孔学将君子伦理学的道德原则平移至政治学的方法和价值观的经典表述。

《中庸》载:

> 凡为天下国家有九经,曰:修身也,尊贤也,亲亲也,敬大臣也,体群臣也,子庶民也,来百工也,柔远人也,怀诸侯也。

[①] (宋)朱熹:《四书章句集注·大学章句》,中华书局1983年版,第三—四页。

> 修身则道立，尊贤则不惑，亲亲则诸父昆弟不怨，敬大臣则不眩，体群臣则士之报礼重，子庶民则百姓劝，来百工则财用足，柔远人则四方归之，怀诸侯则天下畏之。
>
> 齐明盛服，非礼不动，所以修身也；去谗远色，贱货而贵德，所以劝贤也；尊其位，重其禄，同其好恶，所以劝亲亲也；官盛任使，所以劝大臣也；忠信重禄，所以劝士也；时使薄敛，所以劝百姓也；日省月试，既禀称事，所以劝百工也；送往迎来，嘉善而矜不能，所以柔远人也；继绝世，举废国，治乱持危，朝聘以时，厚往而薄来，所以怀诸侯也。①

这个九经阐述的同样是由内而外的将君子伦理学的道德品质外化和平移到君王身上的孔学道德主体性的方法和价值观，实际上也是修齐治平之道，但具体的步骤与所涉及的方面却与《大学》的八条目不同。

传统观点认为《大学》著于《中庸》之前，并且都是由子思所作。如果真乃如此，那么便无法解释为何在《大学》中已经被完美地归纳为八条目的"修齐治平"理念又被重新阐释在内容和逻辑上都存在较大差异的《中庸》中的九经，并且不厌其烦地加以刻意强调了。如果两文真皆为子思所作，这种情况自然不会发生。这两种说法更像是两派先秦儒家或者两位作者在内圣外王问题上所作的互不相让的据理力争。

因此，根据观念唯实主义对两者的观念事实上进行唯实解析和比较，可以看出《大学》和《中庸》两文并非出自子思一人之手，两者也无法被视为子思儒学的唯实史料。

（五）出土简帛《五行》的子思儒学的唯实史料

1973 年在湖南马王堆汉墓挖掘的出土文物中发现了《五行》帛书，1993 年在湖北郭店发掘出了竹简《五行》。据考古学考证证实，马王堆汉墓建于西汉中期，郭店楚墓则属于战国中后期，后者的年代要早于前者两百多年。简帛《五行》被命名为《五行》是因为文章的头两个字是五行，这种命名方法符合古代典籍的命名方法。楚简《五行》共有 1200 多字。马王堆《五行》帛书有经与说两部分，郭店《五行》只有经而没有

---

① （宋）朱熹：《四书章句集注·大学章句》，中华书局 1983 年版，第二九一三十页。

说。经确认，两者在经部虽然有行文顺序和个别文字的不同，但大同小异，基本上是相同的。然而令人遗憾的是，楚简《五行》仍然没有提供该文作者的确切情况，该文的作者也就无法最后确定。

作为先秦儒家失而复得的佚文，简帛《五行》的发掘出土为先秦儒学的研究提供了新的材料，为解决关于子思儒学的各种谜团提供了新的线索。例如，在《荀子·非十二子》中所提到的对"子思孟轲之罪"之"五行"思想的批判一直以来是个谜团，两千多年来无从知其所指，简帛《五行》被挖掘出来之后为解开该谜团提供了线索，但将两者画上等号仍然缺乏旁证的夯实。出土的简帛并不会对所有问题和谜团直接给出答案，对于简帛内容的研究仍然要谨慎而行，不可望文生义，草率得出结论。

简帛《五行》中的五行是指仁、义、礼、智、圣，是君子道德和行为的五个方面，可以视为是与金、木、水、火、土之传统五行观相别的新五行观，属于孔学的君子伦理学的范畴，该文也是围绕这五种道德品质展开的。因此《五行》应该是先秦儒家文献，但"它是否必定为子思之作，尚存疑问"[①]。

对简帛《五行》的观念事实的唯实解构可详见下文。

（六）古籍和简帛中关于子思的记载

除了以上所析之文献外，在古籍中还有一些关于子思言行的记载，包括《孟子》、《韩非子》、《尸子》、《礼记》、《说苑》、《盐铁论》、《中论》、《法言》和《论衡》等，有的讲了一个故事，有的只是顺便提及。在郭店楚简中也发现《鲁穆公见子思》等与子思直接相关的段落。

这些记载都是关于子思言行的具体事例，虽也能如管中窥豹般窥见子思的思想风貌，却有点片面，并不系统，尤其是它们都不知出处，可信度成疑。因此虽然它们可以作为参考资料，却都无法被视为子思儒学的唯实史料。

（七）子思儒学的尴尬

通过以上分析，我们知道了这样的事实，即子思儒学是先秦儒学中唯一一个没有唯实史料的流派。由于缺乏唯实史料，严格地讲子思儒学

[①] 丁四新：《简帛〈五行〉经说研究》，《郭店楚墓竹简思想研究》，东方出版社2000年版，第126页。

仍然属于推测范畴之内,其真面目还没有显现出来。子思儒学唯实史料的缺乏是子思儒学研究的最大障碍。

虽然有学者认为近来出土发掘出的《五行》与子思儒学有关系,可以在一定程度上进行参考,但仍然无法确定《五行》的作者身份。为了揭开子思儒学的面纱,唯有寄希望于简帛考古发现来提供更多的史料了。因此对子思儒学的研究仍然只能主要依靠对《中庸》的解析了,虽然《中庸》在多大程度上能够与子思儒学发生关系仍然是个问号。

二 子思的身世

关于子思的身世,《史记·孔子世家》载:

> 孔子生鲤,字伯鱼,伯鱼年五十,先孔子死。伯鱼生伋,字子思,年六十二。尝困于宋。子思作《中庸》。

可见,子思是孔子单传的嫡孙。除了司马迁对其血缘关系提供了明确的线索之外,后世关于子思的生平尤其是求学和讲学经历几乎一无所知。由于缺乏唯实史料,后来的学者对子思的生平只能通过想象来进行演绎,但显然这些演绎只属臆测,经不起推敲。

三 《中庸》与孔学的关系概论[①]

虽然子思儒学缺乏唯实史料,并且后人对子思对于先秦儒家发展中

[①] 有学者将子思儒学与孟子儒学并称为思孟儒学(可参见杜维明主编《思想·文献·历史:思孟学派新探》,北京大学出版社2008年版)。本书笔者认为这种提法在特定的场合下,如为了表述方便等,偶尔使用无可厚非,若将其进行学术分类则是不准确的。观念唯实主义认为将两种思想并提的唯一理论基础是观念事实以及建立在观念事实基础之上的价值观,其理论前提是各自的观念事实能够得到明确的确认,而不在于师承、传承或者其他关系。虽然孟子儒学的观念事实相对比较明确,但是子思儒学缺乏明确的观念事实,传统观点认为《大学》和《中庸》等为子思所作的观点皆经不起推敲,简帛《五行》等文也无法确认为是子思所作。即使在观念事实清楚的情况下,将两种思想并提也未必妥当,因为并提虽然能够强调两者之间的共性,却忽视或者弱化了它们之间重要的分歧和差异,这种情况对于涉及领域广泛的哲学思想尤其如此。因此,将不同的观点强扭在一起人为地组合成各种"学派"有失之于过于简单粗暴之嫌,其实这是中国哲学史研究中的"百家对座法"的一种延续。根据不同思想的本来面目将其置于其特定的历史条件之下,才能够更准确地展示其观念事实、价值观、历史定位和其相互关系。

所作出的贡献和在儒学史中的地位存在臆测和争议，但是子思是先秦儒家发展链条上的一个环节是无法否定的。虽然在哲学史上对于《中庸》是否为子思所著，以及子思在多大程度上"染指"了《中庸》仍然无法确定，然而《中庸》从第二章到第十九章中对于孔子关于中庸的引述如果不是子思或者其他后儒伪托孔子之名而作，就应该是子思或者后儒所辑录，如果是前者则说明子思或其他后儒对于孔学的理念有所发展，如果是后者则说明子思或后儒对于孔学的传承是作出了文献学上的贡献的。这表明，子思和子思儒学的影子始终萦绕在从曾子儒学到孟子儒学之间的过渡期中。

　　子思与《中庸》的关系是研究子思儒学的一个重点，也是一个充满了谜团的难点。与其他先秦典籍相比，《中庸》一书的构成更加混乱和复杂，所表现的观念事实缺乏逻辑上的连续性和一致性。《中庸》的前半部以孔子的口气陈述了孔学的一些理念，在它的后半部将则思考的重心转向了对孔学的内在性的挖掘，而在孔学所欠缺的形而上学和心性等维度进行了新的拓展，在概念应用和理念上与孔学不再相同，与孔学形成了一定程度上的体系性壁垒。《中庸》在理念上试图进行哲学创新，在体系上试图填补孔学缺乏体系性而留下的诸多空白，这种在理论上再创造的努力是《中庸》与《大学》的不同之处。《大学》只是对孔学的理念在更抽象的层次上进行了概括和总结，但在理念和价值观上并没有创新之处，相比之下《中庸》则试图在哲学层面上进行一些新的探索。

　　《中庸》与《大学》的出处是一样的，都是作为附件被载入由汉武帝钦定的五经之一《礼记》之中。然而，从战国后期一直到北宋时期，尤其是在汉代，作为孔子亲传的子思儒学却几乎无人提及，完全被打入冷宫，这与所谓"独尊儒术"的宣传大相径庭，若非宋学对它进行了再发现，子思儒学几乎仍然会被历史埋没。为什么会出现这种令人费解的现象呢？这是因为，根据在《董学与孔学的正本清源》一书中所考订，董仲舒的尊孔只是其托孔入世的手段，而绝非真正的尊孔，董仲舒和汉武帝只是将子思儒学看作孔学和儒学的一个分支，其地位如同众多的子学一样，而汉武帝推出孔子的目的同样并不是要真正地尊孔，而只是要将孔子代替失宠了的董仲舒，将其塑造成公羊模式的形象代言人。既然董仲舒并不理会子思儒学，汉武帝自然也不会去理会子思儒学，官学和民间学术也不理会子思儒学。

同时我们也应该看到，《中庸》虽然力图修正孔学，但是却仍然没有挣脱孔学的窠臼，在理论和价值观上仍然是在因循孔学。虽然《中庸》也曾做出努力要填补孔学的不足和缺陷，试图以"诚"和"中庸"为核心概念来构建先秦儒学的形而上学和道德本体论，但这种努力却显得单薄而牵强，并没有取得真正的哲学上的突破。这也是《中庸》无法在战国时期在学术界和政治界引起人们足够注意的重要原因。

观念唯实主义对《中庸》所作的唯实解构并不认同子思是该书作者的传统结论。观念唯实主义认为子思与《中庸》会发生一定的观念事实上的联系，但结果却是根据观念事实并无法得出子思是该书唯一作者的结论。也就是说，子思与《中庸》之间的关系只是部分的，并不能将《中庸》完全视为子思儒学的著作。子思儒学与《中庸》之间的关系比传统结论要复杂得多。而重要的要点则是在《中庸》中不时可以看到董学理念的渗入。

需要确认的是，能够部分地作《中庸》或者在一定程度上与《中庸》发生理念或者文献上的关系说明子思继承了家学。自20世纪70年代以来，陆续发现了与子思有关的帛书和竹简。它们的发现为子思和子思儒学的研究提供了新的线索和可能性。有学者们认定从马王堆和郭店发掘出的《五行》的作者是子思，由此人们对于从孔子到孟子的儒学传承关系获得了新的线索，也摸清了一些从孔学经过子思儒学发展到孟子儒学的情况。但这种结论仍然只是推测，还需要更多的观念事实的推敲和历史事实的交叉检验。

从史籍的有限记载中可以看出，作为孔子的嫡孙，子思并没有因为孔子的仕途蹭蹬和推广孔学失败而放弃家学，只是他吸取了孔子的教训，以祖父的失败为戒，不再去试图进行政治实践，在各国游说推行儒家思想，转而对孔子的思想本身进行进一步的反省和深思。在这点上子思的选择与曾子是相同的。

第二节 《中庸》传承考辨

与其他先秦典籍相比，《中庸》一书的构成更加混乱，而其构成的混乱背后所折射的是该书在成书、传承和定稿过程中的复杂性。

如同其他先秦典籍一样，《中庸》的成书和作者同样充满了不确定性和谜团，后人对这些谜团尝试过各种解读。由于缺乏唯实史料的支撑，绝大多数的解读都属臆测，因此本书不想对它们加以罗列，而只将具有代表性的朱熹的观点加以介绍。

关于该书的成书目的，朱熹在《四书章句集注·中庸章句序》中有明确阐述。朱熹认为：

> （孔学）惟颜氏、曾氏之传得其宗。及曾氏之再传，而复得夫子之孙子思，则去圣远而异端起矣。子思惧夫愈久而愈失其真也，于是推本尧舜以来相传之意，质以平日所闻父师之言，更互演绎，作为此书，以诏后之学者。

这段话说明了三层意思：其一是《中庸》和孔学之传承乃由曾子到子思；其二是子思是《中庸》一书的作者，这是肯定了司马迁在《史记》中的观点；其三是子思在继承了孔学的精髓之余，也将其他儒者的观点融入其中并且其所述也有"演绎"成分，也就是说子思并没有拘泥于孔学，而是加入自己的思想。朱熹的这些观点成为关于《中庸》作者和孔学传承的主流观点。

虽然司马迁和朱熹关于《中庸》为子思所作的观点具有代表性，但这并不意味着它是符合历史事实的。朱熹最大的漏洞就是没有对《中庸》的观念事实与董学进行唯实比较，与其他宋学学人一样想当然地延续着对董学的忽略和忽视。

第三节 观念唯实主义对《中庸》内容构成的唯实解构

观念唯实主义认为，对古代典籍的作者等问题的判定要根据观念事实进行深入的分析。观念事实能够为古籍提供其他考据方法所无法触及的领域，更具合理性、事实性和科学性，更可以针对古籍中经常会出现观念事实不一致、相反甚至相互对立的情况。这种现象折射出的是古籍在成书、编辑、流传和定稿过程中被反复编撰和再编撰的事实，这些可以通过历史唯实主义对历史事实的考证和检验进行补充。我们现在看到的版本即今本古籍都是经过后人反复加工和编辑的混合体，虽然在不同程度上仍然能够反映最初作者及其所代表的流派的思想，却也经常在一定程度上混入了其他流派的思想，尤其是董学的思想。这个原则和方法同样适用于《中庸》一书。

一 《中庸》的争议性

《中庸》扑朔迷离的情况在先秦古籍中也显得十分突出。有学者总结到，《中庸》的成书与真伪在历史上一直有争议，是经学思想史上的一大公案。"争议集中在两点：（1）《中庸》是否为子思所作；（2）《中庸》是否为一个整体，是否有后人增饰的成分。"[①] 其实这两个问题是密切相连的，通过观念唯实主义的唯实解构都可以加以解决，并且指出《中庸》的本质。

司马迁认为《中庸》是子思所作，并且这种观点得到了东汉末年的儒学大师郑玄和南宋理学大师朱熹等人的继承，成为历来的正统观点。但是，从北宋的欧阳修开始一直到清朝的崔述却一直对《中庸》的真伪有所质疑，提出过种种疑问，从内容、行文风格等方面认为该书是伪书。这些质疑虽然未必都成立，却发人深思。

1993年在湖北郭店地区发掘出大量的楚简，绝大部分是老子和儒学

[①] 姜广辉主编：《中国经学思想史》（第一卷），中国社会科学出版社2003年版，第639页。

的遗文，经鉴定属于战国中后期。这些楚简的出现为对先秦思想的研究提供了新的线索，一些学者也尝试做出新的探索。李学勤认为郭店楚简的发现"证实了《中庸》出于子思"①。虽然得出了如此肯定的结论，但他并没有提供任何可信的证据也没有展示论证的方法和过程，这就使得他的结论仍然属于臆测而非实证，仍然难以令人信服。

从其内容、成书年代和传承等线索来看，《中庸》的最初作者很有可能是子思，但是最终的版权却不是子思一人的，也就是说《中庸》的版权属于不止一个作者。由于各种观点的渗入，《中庸》几乎就是个"半伪书"。所谓半伪书就是书籍的确是存在的，但是却经过了其他人的修改和编辑，以至于最后的定稿与原书已经发生了很大的差异，甚至不排除在立意、行文等方面已经变得面目全非了。

（一）后人编辑的证据

观念唯实主义认为，从《中庸》的内容可以看出后人编辑的证据。后人编辑的最直接的证据有两种，其体现在行文的文字上和理念上。

1. 在文字上：统一之后的气象

清朝学者袁枚、俞樾等指出，在该书第二十八章中有"今天下车同轨，书同文，行同伦"的文字，这显然是在指秦朝和西汉初期的状况。战国时期各国的战车和其他车辆都有不同的轨距，车的大小和制式都不相同，这在《史记》《战国策》等史籍中有大量的记载，近现代以来的多处考古挖掘也证明了这一点。考虑到从西汉开始对秦朝的敌意和否定，这段文字出于西汉初中期的可能性更大。

冯友兰在《中国哲学史》中也认为"'今天下车同轨，书同文，行同伦'之言，所说乃秦汉统一中国后之景象"。郭沫若虽然试图推翻这个显而易见的结论，却拿不出有力的证据，这使其辩驳显得十分苍白无力。郭沫若辩称："'书同文，行同伦'，在春秋、战国时已有其实际，金文文字与思想之一致性便是证明，不必待秦、汉之统一。仅'车同轨'一语或有问题，但在目前亦尚无法足以断言秦以前各国车轨绝不一致。秦人统一天下之后，因采取水德王之说，数字以六为贵，故定'舆六尺。六

---

① 李学勤：《先秦儒家著作的重大发现》，《重写学术史》，河北教育出版社2002年版，第107页。

尺为一步，乘六马'（《始皇本纪》）。以此统一天下之车轨，此乃一种新的统一而已。故如冯氏所论，实不足以否定子思的创作权。"①

郭沫若的这段文字缺乏历史常识，且逻辑混乱。正是因为战国时期的分裂，战国各国在政治制度上打破了西周的统一局面，出现了文化上不同的发展趋势，各国的文字才会不同，各国的生活方式和道德水平才失去了统一的约束，出现了不同的伦理观和道德标准。郭沫若将因果颠倒，罔顾事实。然而，即使是郭沫若也不得不承认，"《中庸》经过后人的润色窜易是毫无问题的"②。

再如，《中庸》第三十一章载：

> 是以声名洋溢乎中国，施及蛮貊。舟车所至，人力所通，天之所覆，地之所载，日月所照，霜露所队：凡有血气者，莫不尊亲，故曰配天。

这段文字完全是在描述和称赞秦朝统一中国之后的大一统气象，应该是作于仍处于鼎盛的秦朝前期。因此，在秦始皇颁布焚书令之前的秦朝初期的学者，如秦朝诸多的博士之一，有可能是《中庸》的部分作者。然而，这种可能性在秦始皇颁布焚书令之后变得微乎其微，而另一种可能性则大大增加，那就是西汉初期的学者。《中庸》中这段文字对于大一统的称颂与西汉初期，尤其是强化了大一统的汉武帝时期的盛世气度也一脉相合。《中庸》与《大学》是五经之一的《仪礼》的补充材料，也就是说《中庸》的定稿时间与《仪礼》的定稿时间相同。因此，《中庸》后来的作者一定是在楚汉之际直到《仪礼》定稿之前这个时间段之内，不会早也不会晚。

除此之外，战国时期各国的文字也各不相同。王国维在《战国时秦用籀文六国用古文说》中考证道：

---

① 郭沫若：《儒家八派的批判》，《中国古代社会研究》，河北教育出版社2004年版，第586页。
② 郭沫若：《儒家八派的批判》，《中国古代社会研究》，河北教育出版社2004年版，第586页。

> 所谓秦文,即籀文也。……六艺之书行于齐、鲁,爰及赵、魏,而罕流布于秦,其书皆以东方文字书之。汉人以其用以书六艺,谓之古文。而秦人所罢之文与所焚之书,皆此种文字,是六国文字即古文也。……故古文、籀文者,乃战国时东西二土文字之异名,其源皆出于殷、周古文,而秦居宗周故地,其文字犹有丰镐之遗。……自秦灭六国,席百战之威,行严峻之法,以同一文字。凡六国文字之存于古籍者,已焚烧划灭,而民间日用文字,又非秦文不得行用。①

这个考证有大量的文献资料直接证明,又有其他文献中的记载作为旁证,此文发表之后,战国时期秦国用籀文,东方六国用古文的观点遂成为不刊之论。这两点成为证明《中庸》在秦朝或者西汉时期被后人修改的有力证据。

再次,《中庸》第二十九章载:

> 仲尼祖述尧舜,宪章文武;上律天时,下袭水土。

子思是孔子之孙,子思断不可称爷爷为仲尼。称孔子为仲尼之人当是后世儒家大家对先师的亲密称呼。这显然是《中庸》被后来者编辑在文字上的有力证据。

考虑到五经的性质,我们可以认为《中庸》后来的作者是董学家包括公羊学家,很有可能是董仲舒本人或者他的学生。在汉武帝制定五经的"撰书运动"② 中,民间众多的献书人为了获得官方和国家的承认而按照董学的原则和理念对原著进行了润色和修改,主动地加入了董学的内容,而董仲舒本人及其学生根据董学的原则对包括《中庸》在内的几乎所有的古代典籍进行了重新勘定和编撰,最终形成了定稿,并作为汉武

---

① 王国维:《王国维集》(第四册),周锡山编校,中国社会科学出版社2008年版,第52页。
② 所谓"撰书运动"是笔者根据观念唯实主义的发现,即董仲舒和汉武帝在指定五经时对诸多的先秦典籍进行整理、修改和定稿的时期。

帝制定五经博士制度的文献学参考。这份关于《中庸》的定稿就是我们现在看到的今本的基础。只是由于《中庸》并非五经博士制度所推行的重点，官学对其重视程度不及五经本身，使得该书的编纂和改写十分混乱，并且在没完成时便被匆匆作为附件发行了。

2. 在理念上：董学的理念

《中庸》中的君子观的内涵发生了重大的变化。孔学的君子是指士人，包括身居官位的士人和具有道德修养和追求的士人。孔子的伦理学就是为了士人量身定做的道德规范和行为准则，是以个人为对象的君子伦理学。孟子儒学的君子仍然是士人，只是孟子对于士人的要求比孔子更高了一个层次，从侧重士人自身内在的道德追求和完善过渡到了侧重士人兼济天下的境界，形成了大丈夫伦理学。但是无论是孔学还是孟子儒学，他们的主角和对象都是士人，他们的伦理学都属于个人伦理学。

而在《中庸》中，君子的身份却发生了矛盾。该书前半部的君子仍然是士人，无论是引述孔子的言论还是作者对君子之道的论述都是士人的道德追求。但在后半部分，君子的身份突然发生了巨变，变成了一国之君的君王，对君子之道的纯粹的道德说教变成了对君王的治国之道的探讨。例如：

> 故君子之道：本诸身，征诸庶民，考诸三王而不缪，建诸天地而不悖，质诸鬼神而无疑，百世以俟圣人而不惑。
>
> 是故君子动而世为天下道，行而世为天下法，言而世为天下则。

在《中庸》的后半部，出现了灾异论的思想。如：

> 国家将兴，必有祯祥；国家将亡，必有妖孽。祸福将至：善，必先知之；不善，必先知之。

作为先秦古籍其中有些自然现象与政治相关联的提法，但是此处的逻辑严丝合缝，将灾异与国家行为如此紧密地联系在一起，其用词与董仲舒在《春秋繁露》中之所用如出一辙，董学的痕迹十分明显。

《中庸》还出现了典型的董仲舒的天人合一理论：

> 唯天下至圣……天之所覆，地之所载，日月所照，霜露所队；凡有血气者，莫不尊亲，故曰配天。

在董仲舒之前，中国古代学术确实存在着天人感应的思想，但是这种思想仍然处于萌芽阶段，还无法上升到系统的理论层次，其表述也没有严密的逻辑性，这种状况在先秦儒学中尤其明显。对于天、神、国家等问题，孔学总是显得闪烁其词，缺乏明确的见解，如在《董学与孔学的正本清源》中所述，对于形而上学、宗教观和国家理论的缺乏是孔学致命的体系性缺陷，而在先秦其他子学系统中，对于这些命题的解答可谓是众说纷纭，相互冲突而不成体系。所以，断定说在缺乏哲学思辨传统和哲学系统性的先秦儒学或者先秦子学中，出现如此明晰而明确的政治哲学逻辑是不符合先秦的发展阶段的，是无法被哲学唯实史料所旁证的。

考虑到中国古代图书的形成过程和规律，尤其是董学作为汉武帝时期皇家意识形态的理论支撑的地位，后人将见解注入前代的著作中便是最有可能的结论。如此一来，在《中庸》的后半部出现了董仲舒在《春秋繁露》中的运笔方式和逻辑性这样的现象便可迎刃而解了，即这是汉武帝朝国家意识形态作伪现象的一种反映。也就是说，在《中庸》的后半部融入了董学的思想，如果不是董仲舒本人所作，那必定是董仲舒的学生或者是以董学的原则来修订先秦古籍的官方学者或者追随者和信奉者所为，他们如此行为完全是国家意识形态作伪的又一个具体案例。

3. 文字学的观点

当代学者刘笑敢在《庄子哲学及其演变》中提出了根据古文字的单复字来进行古代文献考据的方法，认为古汉语词汇的发展有着从简到复的规律，最早出现的是单字，其后才出现复合词，并且使用的范围逐渐扩大。据此，使用复字较少的古代文献必然是早出的，使用复合词较多的文献必然是晚出的。这个发现是具有创见性的，是符合中国从甲骨文、金文到后来的古文字和古代汉语的观念事实和发展轨迹的。

如果将这个方法应用于《中庸》的研究，不难发现，属于《中庸》原文的一文使用的单字较多，其用词与春秋时期的《论语》的用词方式和风格十分相近,而《诚明》一文使用的复合词较多,也就是说《诚明》一文要晚出于《中庸》原文。这个发现从文字学的角度证实了今本《中庸》的双文论(详见下文)。这个发现还证明,由于《中庸》中独特的概念体系都属于复合词,因此对孔学进行形而上学改造的努力应该晚于子思辑录孔子之言的时期,当然也不能排除子思在两篇具有不同性质的文章中使用不同文字风格的可能性。

(二) 朱熹的编纂

朱熹在《四书章句集注·中庸章句序》中阐述了二程对于该书的贡献:

> 故程夫子兄弟者出,得有所考,以续夫千载不传之绪,得有所据。

对于他自己的贡献,朱熹也加以陈述:

> 熹自蚤岁即尝受读而窃疑之,沈潜反复,盖亦有年,一旦恍然似有以得其要领者,然后乃敢会众说而折其中,既为定著章句一篇,以俟后之君子。

在《中庸》中,每章之前和之后都有引言和小结,这些都是朱熹所加。在这些地方朱熹都刻意将子思与行文紧密连接起来,以强化他的《中庸》为子思所作的观点,将其"强行"视为子思儒学的著作。

可见,今本《中庸》虽然在其被编录《礼记》是被定稿,但其编辑没有完成,还只是个半成品,以至于形成了前后两书共存的情况。北宋的二程兄弟对《中庸》的版本进行了文字上的修订,减少了一些错误,最后由南宋的朱熹进一步修订,形成了今本《中庸》。可见今本《中庸》是个融汇了先秦儒学、董学和宋学的"大杂烩",最终的定稿是由朱熹完成的,这与子思所在的战国时期相去已有一千四百年之久。在其漫长的流传过程中,并不排除其他朝代的儒生对其进行修改和编纂的可能。

二 《中庸》的双文论

一种观点认为今本《中庸》实际上是《中庸》原文和《中庸说》两书的混合体，即双文论。最先提出该说的是宋朝的王柏。他认为《礼记·中庸》是《中庸》之原文，为子思所作，另一部分为《汉书·艺文志》所列的《中庸说》，为秦汉人士所作。① 《中庸说》已经失传，但在汉代或许还会有人看到。王柏的这种观点得到了后来学者的响应，现代学者徐复观和冯友兰都支持此说。冯友兰进而认为两文之所以会被混在一起是因为在后来的誊抄过程中出现了技术性失误，从而形成了我们现在看到的今本《中庸》的底本。由于无法见到《中庸说》的文本，冯友兰的技术失误论只能算作假说。或许未来的考古会发现该文的简帛版，到时会提供新的线索。

如果根据观念事实对《中庸》的理念加以分析，我们的确可以发现今本《中庸》结构混乱，无论是在风格上、用词上，特别是在性质上和行文上，都"分裂"为两种截然不同的文章。纵观《中庸》全文，其结构明显不具有一脉相承的逻辑性和内容上的完整性，将对孔学一些观点的解读和论述与对诚明这个全新的概念的阐述放在了一起，好似两个平行线被并列在了一部书中，这与《大学》的经传泾渭分明的记言体完全不同。

因此，认为今本《中庸》是由两篇文章混合而成的结论即双文论的观点是有根据的。至于两篇文章被混合为一篇文章的原因，除了技术失误说之外，更有可能的是后人在对《仪礼》收集编撰参考资料时编纂匆忙，在未如期完成改写任务的情况下便被匆匆编录了《礼记》，作为定稿推出了。

按照王柏的划分，可分为《中庸》原文和《诚明》两部分。《中庸》原文部分是除去第一章的前二十章，第一章和二十一章之后的部分为下半部，是《诚明》篇。两篇文章的主题和内容完全不同，《中庸》原文篇是讲中庸的，《诚明》篇是讲诚明的；《中庸》原文是记言体，记录了孔

---

① 参见姜广辉主编《中国经学思想史》（第一卷），中国社会科学出版社 2003 年版，第 641 页。

子关于中庸的论述，《诚明》是思辨体，目的是要提出新的哲学思想。王柏的这个观点是按照观念事实来进行划分的，是有根据的。

三 《中庸》是"半伪书"

冯友兰等人认为，《中庸》真伪参半，是"半伪书"。实际上，对于以上两个要点，即《中庸》的作者和《中庸》是否为一个整体的争议已经证明了《中庸》的半伪书性质，只是对所谓半伪书要有正确的认识。我们现在看到的今本《中庸》经过后人的不断加工和编辑，并不完全是子思作品，然而这种状况恰恰体现了绝大多数古代典籍成书、传承、修改和定稿的复杂过程。

所谓半伪书就是书籍的确是存在的，但是却经过了其他人的修改和编辑，以至于最后的定稿与原书发生了很大的差异，甚至在立意、行文等方面已面目全非了。《中庸》最初的创作权很有可能是属于子思的，但是最终的版权却不是子思一人的，也就是说《中庸》的版权属于不止一个作者。也就是说，与几乎所有的其他先秦典籍一样，《中庸》也是个"半伪书"，只是其作为半伪书的成分要比其他的古籍要更多些。

如果按照现代的著作权的概念来理解先秦典籍的话，那么绝大多数的先秦典籍都应该是伪书或者半伪书。作为后来者我们的任务是要根据各种线索，包括对古籍版本和简帛的考据，根据其各自的观念事实对每部古籍进行唯实解构，以便尽最大可能来辨清其本来面目和厘清其成书、传承和定稿过程。这就是《董学与儒学辨正系列》要以唯实主义为方法论基础的根据所在。

四 《中庸》受到了董学的编撰

《中庸》作为"半伪书"的性质是不容置疑的，但是后来的编撰者的身份则同样是个未被解决的谜团。根据《中庸》尤其是最后从第二十三章至三十三章中所表现的观念事实可以明显看到董学的理念。详见后文"董学对《中庸》的渗透"部分。

五 《中庸》的历史际遇

司马迁认为《中庸》是出自子思之手，这个观点受到宋学尤其是理学的推崇。然而，在西汉至宋朝这一千多年中《中庸》并未受到特别的重视。在西汉至宋朝之间，作为《礼记》中的一篇《中庸》的地位和际遇是寄托在《礼记》之上的。《礼记》在唐朝被设为十三经之一，《中庸》开始受到了更多的注意，但这种注意仍然是有限的，其重视程度并没有超过《礼记》的范围。

宋学的兴起使《中庸》受到了空前的重视，司马光率先将它与《大学》从《礼记》中抽出来，单独成册。这两篇在汉唐并没有受到特别重视的文章开始在宋朝被奉为新的儒家经典，朱熹理学将之列为《四书》中的经典之一，取代了经学的正宗地位，可以说在经过了一千三百年之后，包括《中庸》在内的四部儒家书籍获得了复兴。在南宋灭亡之后，理学在元朝却受到了皇家的接纳和进一步的推广，理学与皇权完成了结合，理学获得了官方正统的地位，包括《中庸》在内的四书成为科举的内容，地位愈加隆盛。理学的官方地位在明朝和清朝得以延续，《中庸》等书始终享受官方地位。

从其历史际遇可以看出，《中庸》与其他的经书一样只是皇权主义意识形态的棋子，其使用价值是由皇权的政治需要来决定的。

第四节　对《中庸》的观念事实的唯实解构

在回顾了前人对《中庸》通过考据而得出的各种观点之后，对该书进行进一步的唯实解构是必要的。对该书的本质做出客观、准确而科学的判定的基础是其观念事实。

一　《中庸》所包含的几个理念

根据所表达的观念事实，《中庸》可分为四个部分：第一章至第十三章集中于对中庸的解释；第十四章至第十九章通过孔子之口对君子伦理学进行了散论；第二十章引出了三达德、九经和诚的本质这些内容；第二十一章至第三十三章对第二十章中的理念进行了进一步的展开和议论，是典型的政论文，试图以诚为中心建立道德形而上学，同时该部分的董学色彩十分浓厚。

二 《中庸》的主要概念分析

无论是与儒家著作相比,还是与先秦其他著作相比,《中庸》的概念体系都是独具一格的。它们不仅与孔学的概念体系完全不同,与曾子儒学的概念也不同,而在其后虽然也偶有提及"诚"等概念,但却鲜有真正的继承。

《中庸》存在大量的自身独有的概念,如"化育""经纶""洋溢""成己""成物""温柔""妖孽""高明"等,然而该书是围绕"道"、"中庸"和"诚"等概念展开的,也就是说,后者构成了《中庸》的核心概念。如果说《中庸》在价值观上进一步阐释和深化孔学的话,那么在概念和方法上它却是另辟蹊径,试图通过构建新的概念体系来弘扬与发展孔学。

(一)"中庸"的含义

关于中庸的含义历来多有不同的解释。

二程认为:

> 不偏之谓中,不易之谓庸。中者,天下之正道,庸者,天下之定理。①

这种解释继承了《中庸》一书中对"中庸"的界定,但这并不是孔学的中庸观念。为了说明孔学的中庸观念与《中庸》的中庸观念之间的差异,在此有必要再回顾一下孔学的中庸观。

在《论语》中也曾出现中庸的概念。《论语·雍也》载:

> 子曰:"中庸之为德也,其至矣乎! 民鲜久矣。"

此句是《论语》中唯一一次出现中庸这个概念。② 在《论语》的其

---

① (宋)朱熹:《四书章句集注·中庸章句》,中华书局1983年版,第一七页。
② 在经朱熹最后编订的今版《四书章句集注·中庸章句》中有"仲尼曰:'君子中庸,小人反中庸'";"子曰:'人皆曰予知,择乎中庸而不能期月守也'";"子曰:'回之为人也,择乎中庸'";子曰:'天下国家可均也,爵禄可辞也,白刃可蹈也,中庸不可能也'"等语,但是在《论语》中不见记载,不排除这些是后人伪托的可能。

他地方，中庸这个概念虽然没有出现，但是根据其内涵来判断显然是在讨论中庸，"中行""中权"等概念与中庸是可相互替代的同义词，可视为是对中庸的暗指。例如，

> 子曰："过犹不及。"（《先进》）
>
> 子曰："不得中行而与之，必也狂狷乎！狂者进取，狷者有所不为也。"（《子路》）
>
> 子曰："君子惠而不费，劳而不怨，欲而不贪，泰而不骄，威而不猛。"（《尧曰》）
>
> （子）谓："虞仲、夷逸，隐居放言，身中清，废中权。我则异于是，无可无不可。"（《微子》）

由此可见，无论是明指还是暗指，孔学的"中庸"都是指一种德行，一种被百姓久已忽略的道德品行。由此可以看出，孔学的"中庸"完全是君子伦理学的范畴，是君子所应该具备的温和适中，恰当把握分寸的道德标准和行为准则。

如果对孔学的"中庸"进行引申的话，它也可以被解读为一种君子为人处世的一种方法，一种行为的权重把握。为了做到不偏不倚、稳妥恰当，君子对事物的判断和言行就要具有分寸感，不走过和不及的两个极端，事事都要保持稳妥的中间路线。因此，孔学的"中庸"是君子的一种折中主义的安身立命的方法。

需要强调的是，孔学的"中庸"绝不是一种哲学方法论，而只是君子伦理学的一个道德范畴和君子做人的原则，孔子从来没有赋予"中庸"任何哲学上的功能和意义，也没有将其应用于对哲学命题的解决。①

而《中庸》里的中庸概念则与孔学的"中庸"发生了质的变化，已经脱离了孔子的原意。在层次上，《中庸》中的"中庸"或者"中和"，虽然仍是"喜怒哀乐"，但是它已经超越了伦理学的领域，变成了一个抽象的哲学概念，并且被置于形而上学的最高层次之上；在内容上，《中庸》里的中庸被转化成了另一个概念——"诚"，诚并不是孔学概念体系

---

① 参见张珂《董学与孔学的正本清源》（下册），人民出版社2021年版，第577—579页。

中的主要概念，而在《中庸》中诚不仅以全新的哲学概念出现并且被置于本体论的至高地位，与"道"等同。

《中庸》载：

> 喜怒哀乐之未发，谓之中；发而皆中节，谓之和。中也者，天下之大本也；和也者，天下之达道也。
>
> 诚者，天之道也；诚之者，人之道也。
>
> 唯天下至诚，为能经纶天下之大经，立天下之大本，知天地之化育。

这些提法严重偏离了孔学，事实上它们与孔学的偏离十分之遥远以至于几乎没有任何内容和理念上的联系了。这个被玄化了的新的"中庸"只是孔子之后的新的观点，与孔子本人和孔学没有关联。

需要强调的是，后来的读书人并不去辨别两个中庸概念的不同内涵和意义，笼统地将其看作儒家的中庸思想，甚至认为两者都是孔子本人的中庸思想，这违背了孔学关于中庸概念的观念事实，违背了观念唯实主义。这个混淆再次提醒人们，无论是研究孔学还是广义上的儒学都要根据观念唯实主义对中庸的概念进行鉴别和正名，否则就会望文生义，更不能不辨真伪、妄加混淆和以讹传讹。

对中庸理解上的另一个偏差是对其进行过渡引申，[①] 甚至将其变成了一个不可捉摸的玄而又玄的具有神秘主义色彩的概念。这与孔学和《中庸》的原意都是不相符的，同样违反了唯实主义的原则。

(二) 道

强调"道"是《中庸》的最重要的特征之一。与中庸一样，《中庸》中的道与《论语》中的孔学之道也是不同的"道"。如在《董学与孔学的正本清源》中所解析，孔学之道是形而下之道，孔子从来没有在形而上学的层次上来论道。[②]

[①] 作为对中庸的过渡引申的案例，可参见叶自成、龙泉霖《华夏主义——华夏体系500年的大智慧》，人民出版社2013年版，第207—220页。

[②] 参见张珂《董学与孔学的正本清源》（下册），人民出版社2021年版，第539—541页。

从文字上看，《中庸》实际上提出了三种道："中庸之道"、"诚明之道"和"天下之道"。然而，从内涵上看，中庸之道就是诚明之道，诚明之道就是天下之道，前两者被纳入了后者，后者成为包括前两者的共同内涵，而天下之道是最高级的"道"，是本体论层次上的"道"。

从这个意义上看，《中庸》明显地突破了孔学的道，并且将其重新定性和定义。而从某种程度上看，《中庸》的目的就是要将孔子的伦理学上升到形而上之道的层次上，通过形而上之道来归纳和总结孔学破碎而散乱的观点。这使得《中庸》对于"道"的应用与老子在《道德经》中对于"道"的应用同在一个层次上。

《中庸》载：

> 唯天下至诚，为能经纶天下之大经，立天下之大本，知天地之化育。

那么这个被置于最高层次的天下之道又是什么呢？与夏、商和周等上古哲学和西方哲学引入上帝的概念，将上帝和神灵视为天下之道不同，《中庸》认为"天命之谓性，率性之谓道"，即将人性看作"道"，将人性看作最终的哲学范畴。这在2400年前可谓是具有巨大超前性的哲学理念，体现了中国古代哲学的早熟性和先进性。

虽然如此，《中庸》却并没有进而提出人性论。令人遗憾的是，在获得了哲学突破之后，在关键之处，在最能体现新理论的价值之处，《中庸》的哲学创新却戛然而止了。这个缺憾使得《中庸》对于道的形而上学阐释和对孔学的形而上学上重建的努力变得近乎半途而废，在体系性上仍然是残缺的。如此一来，《中庸》的理论创新就难以自圆其说，令人信服。先秦儒学有比较成型的立论的人性论要等到孟子儒学出现时才得以提出。

《中庸》将"道"提到了更高的层次，与"天命"和"性"等同，具有了形而上学的色彩，这表明《中庸》已经达到了哲学的层次。在思想的抽象性和成熟性方面，《中庸》不仅已经明显地超越了孔学和曾子儒学，是对儒家思想进行哲学补救和改造的一种尝试，并且使先秦儒学也由此开始了形而上学的思辨，跨入了哲学的门槛。只是《中庸》所开辟的形而上学层次上的儒学并没有得到全面的继承，后来的孟子儒学又回到了孔学的道德乌托邦主义的老路上来。

（三）诚

"诚"在《论语》中曾经出现过，是孔子君子伦理学的道德品质之一。然而，在孔学包罗万象的道德品质之中，"诚"并没有获得特殊地位。而在《中庸》中，"诚"不仅受到了特殊的重视和强调，成为《中庸》中的重要概念，其内涵的规定性也发生了质的改变，成为《中庸》中最发人深省的概念。

《中庸》并没有对"诚"进行严格的定义，然而将"诚"与"中庸"相等同却是明确的。其文载：

> 诚者，天之道也；诚之者，人之道也。
> 诚者不勉而中，不思而得，从容中道，圣人也。诚之者，择善而固执之者也。
> 自诚明，谓之性；自明诚，谓之教。诚则明矣，明则诚矣。

"诚"在此处被赋予了两个层次的内涵：一是作为形而上学的核心概念，即"诚者"；二是作为道德主体性的核心概念，即"诚之者"。而两个层次的内涵在中庸之上得到了同一，也就是说，"诚"就是中庸，而道德主体性也就等同于哲学的最高层次即形而上学。

后来的《孟子》和《荀子》等书中也提及"诚"的概念，但其地位都已经发生了改变，在《荀子》中只是一笔带过。在《孟子》中"诚"虽然受到更多的重视，但已不再是核心概念，不再具有《中庸》中的形而上学的支柱地位。

（四）慎独

慎独并不是由许多人所认为的是在《中庸》中率先提出的概念，如前所述，慎独是由曾子第一个提出的，首次出现在《大戴礼记·曾子十篇》中。《大学》也有提及，而在《中庸》中被多次论及，成为《中庸》中的重要概念。《中庸》载：

> 莫见乎隐，莫显乎微，故君子慎其独也。

所谓慎独可以从两个层次上来界定。一是作为君子的内在道德要求，就是：

> 道也者，不可须臾离也，可离非道也。是故君子戒慎乎其所不睹，恐惧乎其所不闻。

二是从相对于与外界的关系来看。当一个人在摆脱了各种外在的影响和监督之后即在独处时，对于自己的言行仍然保持同样的谨慎的道德要求，只有这样才能够称为君子。慎独是君子对自己道德要求的一个情境，是对于自己的坚守，是一种最高端的个人伦理学境界。

与慎独相对应的是人前人后两副面孔的两面派，即人前的君子，人后的小人。曾子儒学和《中庸》提出这个伦理学概念是对孔学个人伦理学概念体系的补充，也可以说是看透了许多人对于道德和君子的虚伪态度。

三 《中庸》的主要理念

《中庸》所表达的理念可以分为两个部分：前一部分借孔子之口，提出了"中庸为道"的哲学命题，而其理念仍然是孔学的君子伦理学的道德主体性；后一部分则进入了形而上学层次，与孔学的联系消失了，代之以将孔学的道德主体性上升为道德形而上学的尝试。

（一）"中庸为道"

《中庸》的前十三章都是借孔子之口阐述"中庸为道"这个哲学命题。这个命题分为两个部分，即中庸部分和道的部分。对于中庸和道的概念解析可见上文。

关于中庸与道之间的关系，《中庸》的逻辑是这样的："天命之谓性，率性之谓道，"而"中庸"即"性"，并且是最高等和最难付之于行的"道"，即：

> 子曰："天下国家可均也，爵禄可辞也，白刃可蹈也，中庸不可能也。"[1]

---

[1] （宋）朱熹：《四书章句集注·中庸章句》，中华书局1983年版，第二一页。

中庸之所以难行是因为要履行中庸不仅要慎独，即在个人独处时无条件地贯彻道德原则，更需要超越境遇顺逆的毕生坚守。

《中庸》还借孔子之口说明君子如何才能履行中庸之道。这包括君子对生活方式的选择：

> 子曰："素隐行怪，后世有述焉，吾弗为之矣。"

孔子不赞成隐士的求道方式，也不推崇著书立说的学者，而只要求君子在日常生活中贯彻各种道德准则，这与孔学君子伦理学所提倡的个人行为方式是一贯的，也解释了孔子为何要坚持"述而不作"。对此，《中庸》做出了解释：

> 子曰："故大德必得其位，必得其禄，必得其名，必得其寿。"

孔子追求的是德，有德便会获得一切，这是道德万能论在个人层面上的再次体现，折射出孔学的道德主体性的价值观。《中庸》对此加以引述或者借孔子之口说出了这个观点，可见《中庸》继承了孔学的价值观。①

在君子求道的方式上，《中庸》载：

> 君子之道费而隐。

朱熹对这句话的解释是："君子之道，近自夫妇居室之间，远而至于圣人天地之所不能尽，其大无外，其小无内，可谓费矣。然其理之所以然，则隐而莫之见也。"② 这说明，君子对于道德和中庸的追求贯彻于日常生活中的各种关系中的每一个细节。

在求道的方式上，《中庸》进而载：

---

① 中国古代文人的价值观强调立功、立德和立言，孔学只强调立德，无立功，拒绝立言。这也证明了孔学在中国传统文明价值观中的有限性。

② （宋）朱熹：《四书章句集注·中庸章句》，中华书局1983年版，第二二页。

> 道不远人。人之为道而远人，不可以为道。

这是所引之上句的进一步解释。

（二）诚的形而上学和本体论地位

如在前文对诚的概念进行唯实解析时所示，"诚"在《中庸》中被赋予了最高的哲学地位，它凝聚了作为形而上学之诚与道德主体性之核心概念的两个层次的内涵。在《中庸》的最后政论部分，"诚"的地位进一步上升。《中庸》载：

> 诚者物之终始，不诚无物。
>
> 唯天下至诚，为能尽其性；能尽其性，则能尽人之性；能尽人之性，则能尽物之性；能尽物之性，则可以赞天地之化育；可以赞天地之化育，则可以与天地参矣。
>
> 唯天下至诚，为能经纶天下之大经，立天下之大本，知天地之化育。夫焉有所倚？肫肫其仁！渊渊其渊！浩浩其天！苟不固聪明圣知达天德者，其孰能知之？

在此，"诚"已经超越了道德性，变成了纯粹的形而上学实体，这体现了《中庸》要将孔学的道德主体性更进一步，要以"诚"为核心建立道德本体论的哲学尝试。

将"诚"这样的道德品质置于核心地位试图构建出形而上学，正是孔子之后的一部分先秦儒者要弥补孔学缺乏形而上学理念，而又不肯放弃孔学的道德主体性原则的一种折中表现，这在更深的哲学层次上表达出了"中庸"和"诚"这两个范畴的新的内涵。

但从纯粹哲学的角度来审视，这种努力并不成熟。以"诚"这般道德范畴来构建形而上学和本体论的努力始终是站不住脚的。[①] "诚"是个

[①] 不仅孔学如此，西方哲学同样曾经步入了道德形而上学的误区。例如，德国古典哲学家康德在批判了以亚里士多德为主线的西方传统形而上学的逻辑和方法之后，转向了构建道德形而上学以取代传统形而上学，但这种努力却由于种种缺陷并没有站得住脚。可参见康德的《实践理性批判》等书。

用来表示事物的状态和特征的形容词，即使当作名词来用也无法改变其对事物的特征进行主观描述的语言特征，而事物的状态和特征是无法用来描述事物的本质的，也就是说形容词传达的只是一种主观的感受，而并不是事物的客观本质。好比说某人是好人，这只是某个人或者某些人对于某人的主观的道德评价，另一些人或许会有完全相反的断语。因此，类似"诚"这样的概念是无法构成形而上学尤其是本体论的核心概念范畴的。①

也就是说，以某个特定的道德品质来建立形而上学，即所谓道德形而上学，在哲学上是无法成立的命题。道德评价的强烈的主观性无法转化为对事物的本质和属性的认知，而形而上学恰是对事物的本质和属性的高度概括。这个逻辑缺陷不仅发生在诚之上，任何道德形而上学都面临着同样的困境而无法立足和自圆其说。由此可见，战国时期的思想虽然较春秋时期有了进步，但是对于哲学概念的把握和定位仍然不够成熟，仍然处于探索阶段。

（三）《中庸》与孔学

《中庸》延续了孔学的道德理念，这是该书被认为继承了孔学以及宋学和理学，将其纳入先秦儒家经典的观念事实和价值观根据。从理念上看，《中庸》试图在逻辑上用个体化原则来理顺君子伦理学和政治学之间的关系，将个人范畴的道德品质平移到政治学领域，使两者具有同一性；从方法上看，这是在重复孔学的平移方法；正因如此，《中庸》也在重复着孔学的内在悖论。但是，必须看到，《中庸》并不是对孔学和曾子儒学的简单重复，在对核心概念和理念的理解和使用上与孔学和曾子儒学是有差异的，两者之间存在着一定的壁垒性。

1. 对孔孝的修正

《中庸》的"孝"并不完全是君子伦理学内的孔孝，而是被赋予了更大的外延。《中庸》试图用孝的概念来统一"德"和"礼"。《中庸》载：

---

① 在中国古代哲学史中，诚这个概念仍然被反复地使用，如《孟子》和北宋初期的理学开山周敦颐所著《通书》。周敦颐将诚置于至高的地位，认为"诚者，圣之本也"，"圣，诚而已矣"（《通书·诚上下》）。周敦颐实际上是将诚进行了分解，将其形而上学层次上的含义用无极来代替，而保留了诚作为道德主体论的核心概念的地位。但是即使如此改造，包括周敦颐在内的后世儒者试图以诚为核心来构建儒家形而上学的努力始终没有成型。

> 子曰:"舜其大孝也与!……故大德必得其位,必得其禄,必得其名,必得其寿。……故大德者必受命。"
>
> 子曰:"武王、周公,其达孝矣乎!夫孝者:善继人之志,善述人之事者也。……践其位,行其礼,奏其乐,敬其所尊,爱其所亲,事死如事生,事亡如事存,孝之至也。郊社之礼,所以事上帝也。宗庙之礼,所以祀乎其先也。"

在此,《中庸》首先明确提出了孔学德政观的本质在于行孝,孝即德,大孝就是大德,有大德者就会自然而然地成为君王;其次阐明了《中庸》对于孝的理解,其孝是西周宗法制度的翻版。可见,《中庸》一方面继承了曾子儒学将孝视为孔学和儒家核心的观点,另一方面却与西周一样赋予了孝以政治和意识形态色彩,而不再是孔孝,这是对孔学对西周的宗法制下的孝进行裁剪与隔离的反动。

从观念事实上看,这句话具有重要的意义,它一方面确认了孝是孔学的核心,一方面也对孔孝进行了修正,体现了《中庸》对孔学在继承的同时也要对其进行发展的意图。这句话显然也体现了《中庸》的局限性,即它仍然在重复着孔学将个人伦理学与国家政治学相等同的悖论,仍然在将个人伦理学的内涵和逻辑与政治学画上了等号。

2. 对孔礼的修正

同样地,《中庸》中的礼也不再是孔学的孔礼,而是被赋予了政治和意识形态的内容。《中庸》载:

> 子曰:"武王、周公,其达孝矣乎!……践其位,行其礼,奏其乐,敬其所尊,爱其所亲,事死如事生,事亡如事存,孝之至也。郊社之礼,所以事上帝也。宗庙之礼,所以祀乎其先也。明乎郊社之礼、禘尝之义,治国其如示诸掌乎。"

此处的礼首先是国家层面上的礼,是意识形态上的礼,而不是孔学的个人伦理学层面上的礼即孔礼;其次《中庸》所理解的国家礼仪制度的基础在于政治层面上的孝,行孝是礼的唯一动机和目的,礼只是君王行孝的行为和制度表现而已。《中庸》将礼与孝进行了有机的融合,互为内容，是对西周宗法制度的重复。

由此可见，《中庸》不接受孔子对于孝和礼的修正，否定了孔孝和孔礼，将孝和礼重新纳入了国家意识形态的领域，显然这种孝和礼的观念是对孔学将周礼进行割裂的一种修正。因此，《中庸》之孝和礼继承了周朝对于孝的意识形态层面上的理解和使用，而对孔孝和曾子儒学进行了再修正。

3. 君子观

《中庸》继承了孔学的道德主体性理念，同样是以孔学的君子伦理学为核心理念。然而《中庸》的君子观与孔学的君子观并不相同。孔学的君子观是以孝和仁为核心的道德网络，覆盖了几乎所有的道德品质，而《中庸》的君子观则以中庸为核心，紧紧围绕着中庸而展开，是以中庸为标准来看待其他道德品质的。

《中庸》载：

> 故君子尊德性而道问学，致广大而尽精微，极高明而道中庸。

这句话概括了《中庸》君子观的内涵，其他关于君子的评价，如"君子遵道而行，半途而废，吾弗能已矣""君子之道费而隐"等都是在说明君子观的实践方法。

4. 君子伦理学

《中庸》对孔学道德主体性的继承体现在将君子个人的道德品质归纳为三达德，这与孔学相同。《中庸》载：

> 知、仁、勇三者，天下之达德也，所以行之者一也。

《中庸》的君子伦理学道德品质的归纳与《论语》是一致的，却与简帛《五行》不同。《五行》对君子伦理学的归纳是仁、义、礼、智、圣新五行。三达德与八条目证明了《中庸》与简帛《五行》否定了两文同样出于子思的观点。

与《大学》一样，《中庸》同样宣扬由内在的君子伦理学向外在的政治学平移的方法和价值观，虽然思路相同，但《大学》的八条目和《中庸》的九经在理念和行文上却并不相同，这种观念事实上的差异否定了

《大学》和《中庸》都出自子思的传统观点。对两者的唯实解析可详见上文"关于子思儒学的唯实史料考辨"部分。

5. 忠恕观

如在《董学与孔学的正本清源》中所述，孔学的核心是君子伦理学，对等道德观是孔学君子伦理学的重要原则。① 曾子将对等道德观归纳为"忠恕"，这在《论语·里仁》中有所记载。《中庸》也提到忠恕观，但《中庸》的忠恕观与《论语》的忠恕观不同。

《论语》载：

> 子曰："参乎！吾道一以贯之。"曾子曰："唯。"子出，门人问曰："何谓也？"曾子曰："夫子之道，忠恕而已矣。"（《里仁》）

《中庸》载：

> 忠恕违道不远，施诸己而不愿，亦勿施于人。

两者对于忠恕的内容并无异议，都是认为"己所不欲，勿施于人"的对等道德观，它们的差异在于对等道德观与道的关系之上。曾子认为孔学的本质在于忠恕，忠恕是道；《中庸》却认为忠恕是对道的违背，虽然与道相差不远，却不是道。可见两者对于忠恕的定位可谓是有天壤之别。

《论语》与《中庸》相互对立的忠恕观对于宋朝的道学家来说如鲠在喉，因为如果解释不通，他们所建立的道学系统便无法自圆其说。理学家二程、陈淳、杨时和朱熹等对于这个差异进行了煞费苦心的解释，力图证明两者并无不同。在他们看来"违"不是违背之意，而是"去"，即相距之意。

朱熹认为：

> 忠便是一。恕便是贯。有这忠了，便做出许多恕来。

---

① 参见张珂《董学与孔学的正本清源》（下册），人民出版社2021年版，第654—658页。

忠、恕只是体、用，便是一个物事。

忠是本根，恕是枝叶。

天地是无心底忠恕，圣人是无为底忠恕，学者是求做底忠恕。

圣人之恕与学者异者，只争自然与勉强。圣人却是自然扩充得去，不费力。学者须要勉强扩充，其至则一也。①

朱熹试图从忠恕一体的角度来进行解释，认为孔学之忠恕是圣人之忠恕，《中庸》之忠恕是学者之忠恕，两者之间的差异只是道在不同层次上的表现而已，在本质上是一致的。按照理学的逻辑，这种说法似乎有一定的道理，但却仍然无法弥合两者之间的巨大差异。违字的分量是十分重的，是无法被模棱两可地粉饰和轻易篡改的。

那么两者为何会出现不同的忠恕观呢？观念唯实主义认为，这种巨大的差异表明作为孔子之后的先秦儒学的《中庸》要修正和改造孔学的努力。孔学的基本理念是道德主体性，孔学的道是形而下的道，孔学缺乏形而上学和本体论思想，在思想深度和广度上还没有达到哲学层次，仍然处于前哲学状态，由于各种缺失缺乏体系性；孔学不仅在现实中屡次碰壁，成为一种失败的思想；在思想层面与其他的先秦百家也处于劣势，例如老子哲学自成体系，以道为核心建立了包括形而上学、国家理论、人生等完整的哲学体系，墨子思想同样是具有形而上学思想、国家理论等思想的哲学理论，这些都折射出孔学在理论方面的严重缺陷。正因如此，《中庸》才要进行理论创新，试图将孔学提升到哲学层面，以诚为核心构建道德形而上学和道德本体论；也正因如此，《中庸》才会对孔学中的一些原则采取批判和否定的态度，认为自己的理论才是真正的道，《论语》中的思想和原则还达不到道的层次，甚至是对道的违背。两者在忠恕观上的巨大差异通过在观念事实上的不同体现了出来。

---

① （宋）黎靖德编：《朱子语类》（第二册），中华书局1986年版，第六七二页。陈淳与朱熹的看法相同，参见其所著之《北溪字义·忠恕》，中华书局1983年版。

第五节　简帛《五行》考

　　1973 年在湖南马王堆汉墓挖掘出的出土文物中发现了《五行》帛书，1993 年在湖北郭店发掘出了竹简《五行》。考古学考证证实，马王堆汉墓建于西汉中期，郭店楚墓则属于战国中后期，两者相距两百多年。马王堆《五行》帛书有经与说两部分，郭店《五行》只有经部而没有说部。①从先秦儒家文献传承和哲学观念史上看，经部要比说部更为重要，对经部的研究应该是简帛《五行》研究的重点。经对比发现，两者在经部虽然有行文顺序和个别文字的不同，但大同小异，只是两者的侧重点不同，楚简《五行》更强调"圣"，帛书《五行》更侧重"仁义"。

一　五行概念的新内涵

　　最初的五行是在先秦流行的五行概念，它们一直是指金、木、水、火、土五种自然界的要素，并且被赋予了形而上学色彩。在《荀子》中所提之五行观与此不同，可被视为"新五行观"。荀子所谓新五行观是指子思的五行观。关于新五行观有两个关键的谜团需要破解：一是新五行观的作者，二是新五行观的具体所指。

　　关于新五行观，《荀子·非十二子》载：

> 略法先王而不知其统，然而犹材剧志大，闻见杂博。案往旧造说，谓之"五行"，甚僻违而无类，幽隐而无说，闭约而无解，案饰其辞而祗敬之曰："此真先君子之言也。"子思唱之，孟轲和之……。是则子思、孟轲之罪也。

　　《荀子·非十二子》中所提到的子思和孟子的"五行"长期以来是个不解之谜，从古至今引发了诸多的猜测。简帛《五行》的发掘出土使人们为揭示子思的五行观提供了线索，虽然得出结论仍然为时过早。虽然

---

① 庞朴最先提出此观点，遂为学术界普遍接受。见庞朴《竹帛〈五行〉篇与思孟"五行"说》，《竹帛〈五行〉篇校注及研究》，万卷楼图书有限公司 2000 年版，第 100 页。

绝大多数学者认为此次发现的五行即为荀子所说的五行，但仍然证据不足，庞朴将简帛五行称为"思孟五行说"仍然只是推测。① 从逻辑上看，即然可以出现此版的新五行观，同样也会存在其他版本的五行观，而在孔子去世后先秦儒家分为至少八派和战国中后期百家争鸣思想开放的背景下尤其不能排除这种可能性。

因此，在简帛五行的真正作者被事实确认之前，将两个五行画上等号仍然操之过急。也就是说《荀子·非十二子》中的五行具体所指为何仍无从知晓，谜团仍然没有解开。或许进一步的简帛发掘会提供新的线索和旁证，有一天会真正解开这个谜团。

就其观念事实来看，新五行观并没有被先秦学界所接受，以至于在两千多年的学术讨论中鲜有人提及，在政治讨论和著述中则根本无人提及，若不是竹简与帛书的出土，它们已经成为被埋葬了的历史而会被彻底地遗忘。而即使是在今天，子思儒学的新五行观也仅仅具有中国哲学史上的考古学和哲学概念史意义而已。

二 新五行观是君子伦理学的道德原则

简帛《五行》的内容可分为四个部分：一为对五行与善德的概论，二为论圣、智、仁，三为论仁义礼，四为论心与慎独。全文都是围绕着五行来展开的。②

出土简帛的五行是指仁、义、礼、智、圣等，"新五行观"属于个人伦理学的范畴，与孔学和先秦儒家思想相近。新五行观可以看作对孔学的君子伦理学的道德原则的总结，仍然体现了孔学的道德主体性和道德

---

① 以庞朴、李学勤、饶宗颐、姜广辉和陈来等人为代表的学术界的主流认为简帛《五行》是子思的作品。饶宗颐认为："现在郭店简亦出现与此（帛书《五行》）文字相同的简册，在竹简开头标记着五行二字，大家无异议地承认它正是子思的作品。"见饶宗颐《从郭店楚简谈古代乐教》，《郭店楚简国际学术研讨会论文集》，湖北人民出版社2000年版，第3页。姜广辉认为："帛书《五行》篇过去人们多认为子思轫孟学派的门徒之作，郭店简的写作年代早于孟子，它应该是子思作品，当无疑义。"见姜广辉《郭店楚简与原典儒学》，《郭店简与儒学研究》，中国哲学二十一辑，辽宁教育出版社2000年版，第270页。参见陈来《竹简〈五行〉篇与子思思想研究》，《思想·文献·历史：思孟学派新探》，北京大学出版社2008年版，第13页。

② 对简帛《五行》内容的详细解读，见陈来《竹简〈五行〉篇与子思思想研究》，《思想·文献·历史：思孟学派新探》，北京大学出版社2008年版。

万能论。

三 简帛《五行》与《中庸》在观念事实上不符

除了简帛《五行》的作者无法被确认为子思之外，在观念事实方面同样存在着重要的问题。根据观念唯实主义，我们发现简帛《五行》与今本《中庸》之间存在着重大的差异。简帛《五行》中的五行是指仁、义、理、智、圣，它们是君子道德范畴中最重要的五种品德；而《中庸》对此却并不认同，反而提出了"三达德"的理念。《中庸》载：

> 知、仁、勇三者，天下之达德也，所以行之者一也。

那么这个三达德居于何种地位呢？朱熹做出了明确的说明。朱熹说道：

> 达道者，天下古今所共由之路，即《书》所谓五典，《孟子》所谓"父子有亲、君臣有义、夫妻有别、长幼有序、朋友有信"是也。知，所以知此也；仁，所以体此也；勇，所以强此也。一则诚而已矣。达道虽人所共由，然无是三德，则无以行之；达德虽人所同得，然一有不诚则人欲间之，而德非其德矣。①

由此可见，三达德是道德体系中的核心，是必不可少的道德品质。

也就是说，简帛《五行》和《中庸》各自所认为的核心道德品行是不同的。如果两者皆出于子思或者同一位思想家和作者，这种相互矛盾和拆台的情况断是不会发生的。由此可见，对简帛《五行》和《中庸》的唯实比较不同驳斥了两者都出于子思的观点，也证明了简帛《五行》和《中庸》都不是子思儒学的唯实史料的事实。

四 新五行观不是子思儒学的唯实史料

虽然出土简帛《五行》为发现新五行观与子思儒学之间的关联提供

---

① （宋）朱熹撰：《四书章句集注·中庸章句》，中华书局1983年版，第二九页。

了新线索，但仍然无法确认它们的作者就是子思。尤其是根据观念唯实主义将其与《中庸》中的相关内容进行唯实比较之后，便会发现它们与子思和子思儒学之间的关系难以确定。具体论证可见前文《出土简帛〈五行〉的子思儒学的唯实史料》所述。

也就是说，简帛《五行》仍然无法解决关于新五行观的两个谜团，即其真正的作者及其真正的内容。在这两个谜团被完全破解之前，关于子思儒学和新五行观的研究都缺乏唯实基础，仍然都是在黑暗中的猜测和摸索。

五　新五行观与孟子儒学

虽然简帛《五行》经部的作者无法确认为是子思，但帛书《五行》说部被认为与孟子儒学的观点十分相近，这也折射出在先秦儒学的发展史中，新五行观对于先秦儒学尤其是孟子儒学是具有影响力的。楚简《五行》体现出了承上启下的功能，在上承孔学的同时，它下启孟子的大丈夫伦理学。

第六节　董学对《中庸》的渗透

在《中庸》的观念事实中，我们可以看到诸多董学渗透的痕迹，这体现在包括《中庸》的后来编辑者和理念等诸方面。

一　董学是《中庸》成书之后的重要修订者和编辑者

冯友兰推测今本《中庸》的后来的编撰者"似秦汉时孟子一派之儒者所作"，这是有问题的。鉴于秦始皇曾经实行过严酷的焚书令，该书后来的作者是秦朝人的可能性是很小的。《中庸》与《大学》是五经之一的《仪礼》的补充材料，也就是说《中庸》的定稿时间与《仪礼》的定稿时间相同。因此，《中庸》后来的作者一定是在楚汉之际直到《仪礼》定稿之前这个时间段之内，不会早也不会晚。考虑到五经的性质，我们可以认为《中庸》后来的作者是董学家，即公羊学家，很有可能是董仲舒的学生。在汉武帝制定五经的"撰书运动"中，民间众多的献书人为了获得官方和国家的承认而按照董学的原则和理念对原著进行了润色和修改，主动地窜入了董学的内容，而董仲舒本人及其学生根据董学的原则对包括《中庸》在内的几乎所有的古代典籍进行了重新勘正和编撰，最终形成了定稿，作为汉武帝制定五经博士制度的文献学参考。经过被董学渗入和修订处理的这份关于《中庸》的定稿就是我们现在看到的今本版本的基本内容。

《中庸》又经过南宋朱熹的修订和编撰，进入了二程和朱熹本人等宋朝理学家们对于孔学和儒学的理解，明显地打下了理学和朱熹本人的烙印。包括《中庸》在内的四书在元朝被钦定为科举的指定版本，这种做法在明清两朝被继承，从而使被朱熹编订的《中庸》成为今本《中庸》。

二 《中庸》中的董学理念

从观念事实上看，《中庸》中存在诸多的董学理念，主要表现在灾异论、圣人观、君子观和天人合一哲学思想上。

（一）灾异论

《中庸》中有明确的灾异论的理论。该书载：

> 至诚之道，可以前知。国家将兴，必有祯祥；国家将亡，必有妖孽；见乎蓍龟，动乎四体。祸福将至：善，必先知之；不善，必先知之。故至诚如神。

如在《董学与孔学的正本清源》中所析，在先秦时期已经有将自然现象与政治进行类比和联系的观点，但仍然处在粗糙的天人感应阶段，尚未出现理念清晰且具有明确逻辑性的灾异论哲学思想，灾异论思想的系统形成和提出是由董仲舒完成的，并将其纳入天人合一和授命论政治哲学的重要组成部分。[①] 成书于战国初期的《中庸》中的灾异论思想所反映的是董学灾异论的理念。

（二）圣人观

虽然在先秦百家中多处存在关于圣人的讨论和观点，然而在《中庸》

---

① 参见张珂《董学与孔学的正本清源》（上册），人民出版社2021年版，第149—153页。

中体现的则是董学的圣人观。《中庸》载：

> 大哉圣人之道！洋洋乎！发育万物，峻极于天。优优大哉！礼仪三百，威仪三千。

如在《董学与孔学的正本清源》中所析，孔子眼中的圣人是完美道德的化身，实际上是个超越现实的非存在，即使受到孔子特别推崇的尧舜等上古贤王也无法达到孔子的圣人标准，孔子也从来也没有将圣人与天联系起来，这在《论语》中都得到明确的表现。[①]《中庸》中的圣人观则将圣人与天紧密联系起来，认为圣人的超常能力和品格皆来自天，圣人所具有的哲学思想和所指定的各种制度都是对天的规则的反映，因此世间万物的生成发育和人间的礼仪制度都来自天。这种圣人观虽然不是孔学的圣人观，而与作为董学天人合一哲学思想的圣人观如出一辙。

关于圣人与天之间的联系，《中庸》从君子观的角度同样加以阐述，再次明确体现了天人合一的哲学理念。《中庸》载：

> 故君子之道：本诸身，征诸庶民，考诸三王而不缪，建诸天地而不悖，质诸鬼神而无疑，百世以俟圣人而不惑。质诸鬼神而无疑，知天也；百世以俟圣人而不惑，知人也。是故君子动而世为天下道，行而世为天下法，言而世为天下则。
>
> 唯天下至圣……天之所覆，地之所载，日月所照，霜露所队；凡有血气者，莫不尊亲，故曰配天。

由此可见，《中庸》的基于君子观的圣人观与孔学的圣人观有着极大的反差。孔学的圣人观虽然也是道德主体性的体现，却与君子观并不发生逻辑上的递进关系，因为在孔子看来圣人是君子所达不到的虚拟的道德完人，在现实中并不存在，也就是说孔学的君子和圣人缺乏共同的载体，这与董学将君子与圣人同样视为天道的不同层次的体现者的理念是不同的。而《中庸》此处的圣人则是居于最高端的君子，是知天知地、

[①] 参见张珂《董学与孔学的正本清源》（上册），人民出版社2021年版，第390—394页。

洞悉天道的顶级君子，君子和圣人虽然层次不同，却共同处于天人合一理念的轨道之上。因此，《中庸》的君子观和圣人观不是孔学的君子观和圣人观，而是董学天人合一哲学之下的君子观和圣人观的再现。这个观念事实为董学对《中庸》的渗透再次提供了证据。

三 董学对《中庸》渗透的有限性

通过其观念事实的唯实解析，《中庸》与董学之间在哲学理念上的密切联系被揭示了出来。然而，我们同时也发现这样的观念事实：《中庸》虽然含有董学的要素、概念和理念，然而它与董学在价值观上并不相同。也就是说，《中庸》虽然被渗透进了董学的理念，但这种渗透并不彻底和全面，因此《中庸》不是严格意义上的董学著作。

《中庸》试图以"诚"这个概念来构建儒学的形而上学和本体论，从而对残缺的孔学进行哲学思辨和体系上的修补。但是，如前所述，这种尝试是不成功的。"诚"作为一个伦理学概念并不是具有事实性内涵的实体性概念，而是一种对道德品质或者道德期待的描述，并不具有实在性和现实性，而以形容词或者伦理学的概念作为核心来构建本体论本身是无法成立的。《中庸》将诚等同于天地与性，但是并没有对性进行哲学探究和展开，这使得其欲构建道德本体论的努力更加难以深入而令人信服，仍然如同在沙滩上建立城堡一般玄虚。相比之下，董学的形而上学和本体论哲学是建立在天、地和人这些实体性概念之上的，具有坚实的事实性内涵，建立在它们之上的形而上学和本体论哲学因而具有坚实的概念和理念基础，其理论是具有生命力的。

《中庸》虽然试图在形而上学和本体论上进行一些创新尝试，但并没有试图推翻和重建孔学的价值观，其目的是弥补孔学在体系性上的空白和对孔学进行哲学包装和升级，它的价值取向与孔学是完全一致的。也就是说，《中庸》在价值观上仍然在延续着孔学的道德主体性、道德乌托邦主义和政治无为主义，这与董学的天人合一的形而上学和天、地、人的三维本体论思想以及皇权主义的政治哲学是完全不同的。

董学对《中庸》的"浅尝辄止"的渗透方式折射了这样的事实：在对包括《中庸》等比较次要的先秦儒家古籍进行改写和修订时并没有给予充分的重视，或许在人力和精力投入上不够充分，以至于在按照汉武帝和董仲舒的要求定稿时仍然没有完成或者达到令人满意的程度，于是便出现了有渗透但没有完成对其进行实质性改变的"夹生饭"情况。

第七节 《中庸》的方法、本质和意义

在对《中庸》进行了多方位的唯实解构，挖掘出观念事实和价值观之后，该书的本质便呈现在了人们的眼前。

一 《中庸》的方法

虽然《中庸》仍然没有方法论的自觉和高度，但已经要较《论语》更为成熟。它采取了两个方法，即以经代传方法和哲学思辨方法来阐述其思想。

与许多先秦古籍一样，《中庸》的一部分采取了在战国中后期开始被普遍使用的以经带传的方法，这主要体现在第一部分，即从第一章至第十九章。在这部分分为原文和传两部分，原文部分记载了孔子的言论，[①]紧随其后的便是传，即对孔学的言论加以解读、说明和补充，并且以定义的方式对其中的一些观点进行概念化和固化，以克服孔学中的许多概念在内涵和外延界定上的随意性和模糊性。

但在第十九章之后的《诚明》部分以经代传的方法被放弃了，行文完全脱离了孔子的言论，哲学思辨成为论述的方法，按照另一条思路和逻辑来阐述与孔学不同的观点。哲学思辨方法的使用赋予了《中庸》真正的抽象性和概括性，摆脱了《论语》"就事论事"的方式，也较曾子儒学的说教方法更具哲学色彩。

二 《中庸》的本质

虽然根据观念唯实主义我们断定《中庸》并不是子思儒学的唯实文献，但该书的观念事实和所体现的价值观表明它是一部典型的儒家著作，代表了先秦儒学在曾子儒学之后和孟子儒学产生之前的一个重要的过渡

---

① 此处所引的"子曰"言论是否真正地出于孔子之口仍然无法确定。在新的证据出现之前，本书仍然假设它们是孔子之言。

阶段。

(一)《中庸》是先秦儒家著作

认定《中庸》是先秦儒学著作的原因在于该书的理论基础仍然是道德主体性，仍然是以个体伦理学为基本内容，是对孔学的继承和发展。说《中庸》继承了孔学是因为它继承道德主体性的核心原则和基本理念；说它发展了孔学，是因为它试图将道德主体性推到了形而上学和本体论的高度，力图对残缺的孔学进行一些纯哲学上的补充。但这种发展仍然主要体现在对孔子观点的整合和进一步阐释之上，虽然在个别理念如忠恕观上对孔学有所否定，但从基本的价值观层次来看，《中庸》只是在试图将孔子的观点系统化和逻辑化，对于孔学的核心价值观则并没有完全摒弃，只是在更高的哲学层面上对其进行了重新审视，这种方法与曾子的《大学》是基本相同的。

《中庸》是对孔学的修订，而这种修订实际上就是要对孔学进行哲学化的改造。在对孔学进行哲学化改造过程中，《中庸》提出了一些新的概念如诚等，改变了一些孔学概念的内涵如中庸、君子和圣人等，这些创新和改变扩展了先秦儒学的视野，提高了其层次，一些营养被后来的孟子儒学所吸收，成为先秦儒学的重要一环。

然而，作为孔学补充的《中庸》，它无力改变孔学的道德乌托邦主义、政治无为主义和道德万能论的性质、特征和方法，也无力提出完整的和全新的政治哲学。

《中庸》是对曾子儒学对于孔学的修正的反动，这使得被曾子儒学删掉了的孔学内在的诸多悖论得以复活和保存。

(二)《中庸》缺乏体系性

虽然《中庸》在一定程度上弥补了孔学在理念上的肤浅性和在体系性上的破碎性，试图将孔学的道德说教上升到哲学的高度，但是它并没有形成哲学体系。

在《中庸》中，孔学的基本价值取向并没有抛弃，仍然紧随孔学的个人伦理学和道德主体性的基本理念、方法论和价值观，试图以诚为核心构建道德形而上学和道德本体论。但是如前所述，"诚"作为一个描述道德品质的形容词是缺乏事实性和实体性的，是无法完成作为形而上学和本体论核心的使命的。同时，《中庸》也缺乏构建哲学体系的方法论。

在方法上，虽然在一定程度上采用了思辨的方法，促使先秦儒学在方法上堪称是个进步，但《中庸》仍然因循了孔学试图将个人伦理学上升为政治学的方法和途径，仍然试图要将君子伦理学的道德说教强加在国家政治之上。这种努力与《中庸》试图将形而上学和本体论建立在诚这个道德品质之上具有相通性，只是要在更高的层次上供奉孔学所设定的道德主体性、道德万能论和道德乌托邦主义的种种理念，这是无法成立的。另外，《中庸》对于道德形而上学和道德本体论并没有展开论述，而是"浅尝辄止"，没有深入地展开其哲学构想，如此一来，《中庸》的体系性便更加无法建成了。

因此，《中庸》虽然试图弥补孔学在体系性上的支离破碎，但它所取得的效果却是十分有限的，无法如老子的《道德经》般形成先秦哲学中完整而博大精深的哲学体系。

（三）《中庸》不是子思儒学的唯实史料

从传统的考据学层次上看，将《中庸》视为子思儒学的观点已经难以成立，而在将其进行观念唯实主义的唯实解构之后，我们确信《中庸》并非子思或者子思一人所作，该书也无法被接纳为子思儒学的唯实史料。当将《中庸》中的观念事实与董学的观念事实进行唯实比较之后，我们发现了董学理念的渗入。观念唯实主义的应用解决了过去无解的谜团，为辨明《中庸》的本质及其成书过程提供了新的合理的答案。

三 《中庸》的意义

尽管《中庸》的成书和作者归属存在着诸多的谜团，但是它的影响已经在很大程度上超越了这些技术问题，在儒学观念史和宋朝以来的中国历史中起到了重要作用。而准确认定《中庸》的意义要从其观念事实，考据学和对于历史的影响这些角度来加以综合判断。

（一）《中庸》代表着先秦儒学发展的一个阶段和形态

从内容来看，《大学》更侧重于政治方面，"三纲领"和"八条目"集中于阐述君子如何成为君王的步骤和过程，实际上是在说明君子伦理学向政治学的过渡命题；《中庸》更侧重于哲学和伦理方面，试图将孔学的道德主体性推高到哲学层次，以构建儒学的形而上学甚至本体论。然而两者有着共同的理论基础，那就是孔学的道德主体性和君子伦理学，前者探讨的是孔学道德主体性中内在的道德性向外在的政治性的转化，后者则试图将孔学哲学化，使孔学的道德主体性理念上升到形而上学的层次上。也就是说，虽然《大学》和《中庸》的侧重点和目的不一致，但两者都是建立在孔学的理念和价值观之上并且加以展开的，都是对孔学理念的再加工。《大学》是对孔学既有理念的提炼和延伸，《中庸》则是在坚持孔学的基本理念和价值观的前提下试图对孔学进行改造，弥补孔学在体系性上的漏洞，从形而上学和纯哲学的角度对孔学进行补充和创新。

从其观念事实来看，《中庸》包含了董学的灾异论和天人合一哲学等理念，这些是《中庸》被董学学者重新编辑和审订过的先秦儒学著作的证据。

从唯实主义的原则来看，子思儒学与《中庸》之间还没有建立起确定的从属关系，没有充分的证据可以证明《中庸》是子思所作，如此一来，认为《中庸》是子思所作的传统观点便失去了事实依据。同样的情况也适用于简帛《五行》。事实上，被视为先秦儒家学派之一的子思儒学是后人思想考古的结果，即它由后人所命名的一个"人为的"流派。① 这种做法在哲学史研究中是常用的一种方法，本无可厚非，只是这种方法要以观念事实为依据。对于子思儒学的命名是在没有确定的观念事实的前提下进行的。而由于缺乏充分的观念事实的支撑，即使人们承认子思儒学的确存在，其内容仍然是个谜团。

在中国哲学史上，如同曾子儒学一样，《中庸》只能在中国哲学观念史中才会有其位置，在董学和公羊学对于公羊模式的构建和中国古代意识形态史中并不会有其地位。虽然在宋朝时期《中庸》被列为四书之一而广受儒生推崇，但说它已然成为南宋的意识形态则并不确切。在元明清时期官方将四书列为科举考试的必读书。四书的政治功能与汉武帝和董仲舒时期的五经是一样的，是公羊模式下皇权笼络和衡量读书人的杠

---

① 在《荀子·非十二子》中荀子虽然将子思与孟子并提，但并没有提出"思孟儒学"流派的概念，尤其是在《大学》、《中庸》和简帛《五行》都无法确认是子思所作的前提下，"子思儒学"的内容到底为何仍不得而知。在此情况下，对子思儒学所进行的各种命名和解读都是缺乏观念事实基础的，都是无法令人信服的。

杆，真正的意识形态理念仍然是董学和公羊学。也就是说，虽然四书是科举考试的必读书，这也并不能说明它们已然成为当时意识形态的一部分或者四书已经取代了五经重新构建了新的官方意识形态。①

曾子儒学和《中庸》在先秦儒学发展史中起到过渡性的功能，《中庸》相对于孔学的独立倾向要大于《大学》，这种儒学内部"相异衍化"逐渐明显的现象使其成为孔学向孟子儒学过渡的一个环节，在儒学观念史上起到了承上启下的作用。

（二）作为历史文化现象的《中庸》

如果抛开考据学和观念唯实主义严格的视角和标准，从更加广阔的历史视角来看，如同其他古代典籍一样，千百年来《中庸》本身已经被视为一本成书和经典，对于中国古代文化，特别是宋朝以来的科举和读书人/士人文化造成了难以磨灭的影响。这种状态就如同孔子在中国古代文化中的地位一样：孔子并不是中国古代哲学的主流思想和意识形态的贡献者，而只是皇权主义所刻意塑造的一个形象代言人，但是从西汉董仲舒和汉武帝时代开始孔子在两千多年中对中国古代文化产生了重要的影响，孔子已经成为中国古代文化的组成部分，其印记和影响是难以被抹杀和完全否定的。同样地，作为后来人我们可以根据考据和观念事实将《中庸》与子思儒学之间的关系加以隔离，但同时也不可否认《中庸》一书已然形成了一种观念事实和历史事实，是先秦儒学和宋朝以来的中国历史的重要组成部分。

---

① 诗歌在唐、宋都曾是科举考试方式，但我们并不能说诗歌是当时的国家意识形态，同样的道理也适用于四书。

第 三 章

孟子儒学：孔学衣钵的继承者和发扬者

先秦儒学在孔子去世之后陷入了长期的低迷之后，于战国中后期迎来了又一个高潮。孟子儒学的出现掀起了这次高潮，孟子也是这个高潮的代表人物。经过孟子的宣传和发展，先秦儒学再次引起了当时学界的广泛关注，成为战国百家思想的一个重要流派。

孟子儒学与孔学的关系是本书的一个重点，它是唯实解析孟子儒学与董学关系的基础。研究孟子儒学的意义在于厘清它与未来的中国传统文明的意识形态即董学之间的关系，这对于认清先秦儒学的本质和真正的历史和哲学价值，以及再次确认董学的哲学史价值和历史地位具有重要的意义。

第一节　孟子的生平

对于孟子生平的记述最早载于司马迁的《史记·孟子荀卿列传》。该文载：

> 孟轲，邹人也。受业子思之门人。道既通，游事齐宣王，宣王不能用。适梁，梁惠王不果所言，则见以为迂远而阔于事情。…天下方务于合从连衡，以攻伐为贤，而孟轲乃述唐、虞、三代之德，是以所如者不合。退而与万章之徒序《诗》《书》，述仲尼之意，作《孟子》七篇。

邹是今山东邹县。经考证，战国时期的邹是个独立的国家，并不是鲁国的下邑。① 但是邹县与孔子的故乡曲阜相距不远，处于孔学的辐射范围之内，孟子从青少年时期就能够接触到孔学，这是孟子得天独厚的人文优势。

除此之外，司马迁在《史记·六国年表》中也记述了孟子周游列国时的一些时间节点和与君王的对话，都寥寥几笔，十分简单。

司马迁的记述虽然十分简略，却指出了孟子师承子思门人的战国时期儒学的传递脉络，也勾勒出了孟子以孔子为榜样，重复了他所最敬重的孔子的人生轨迹，再次游走诸国，试图再次将孔学的道德乌托邦主义付诸政治实践而又屡次碰壁的人生轨迹。至于被一些学者所纠缠的门人是指弟子还是再传弟子等问题其实并不十分重要。至于后儒对于孟子的先祖、父母和其子的"考察"，都应视为臆想而不可轻信。

可见，关于孟子生平的唯实史料是严重缺乏的。除了《史记·孟子荀卿列传》之外，另一个相对比较可靠的资料来源就是孟子自著的《孟子》一书了。但是由于该书是孟子自著，其中自然会有粉饰的成分而失于客观。然而，自宋朝以来的一些学者，尤其是清朝学者，如周广业、崔述和阎若璩等，以及现代学者钱穆等，还是根据《孟子》中的记述，并且参照了《史记》等书中的其他文献和记载，进行了详细的考证和钩沉，勾勒出了孟子周游列国的大致轨迹以及与此相关的孟子的生平故事。据此，我们得知，孟子"四十始仕"，最早接触的是祖国邹国，在其仁政论不被采纳之后便去了齐国、宋国、梁国、鲁国和滕国等，最终如孔子一样在经历了三十年的游历之后于晚年返回祖国，在邹国度过人生最后岁月的同时，在弟子的帮助下完成了《孟子》的写作和编纂。孟子在所到之国虽然无不在政治上碰壁，也屡遭不快之事，但是所到之国的国君仍然能够以礼相待，赐予重金，在二次游齐时还取得了卿的地位，已经不再是"丧家之狗"了，这是孟子比孔子幸运之处。孟子与孔子的相似之处在于他们的道德乌托邦主义的仁政论和德政论都被无情地拒绝了，儒家始终无法完成梦寐以求的与国家权力的对接。

但是，关于孟子生平的一个基本问题，即其生卒年份，却异议颇多。据杨泽波之《孟子评传》统计，历史上关于孟子的出生年份共有9种说

---

① 杨泽波：《孟子评传》，南京大学出版社1998年版，第9页。

法，从公元前 444 年至前 372 年，相差 72 年之多；关于孟子的年寿共有七种推测，从 74 岁到 97 岁，相差 13 岁；由于出生年份和年寿无法确定，孟子的卒年自然无法确定。造成这种混乱状况的原因自然是唯实史料的严重缺乏。司马迁在《史记·孟子荀卿列传》中的记述过于简略，《孟子》中也没有透露出准确的信息，而后来的相关书籍则舛误甚盛，各种主观臆测不可相信。由此，在现有条件下，孟子的生卒年只能是个无法破解的谜团。然而，孟子的高寿却是有共识的，他最短也生活了 74 年，而按照主流的说法则是 84 年，这在先秦时期是不折不扣的高寿之人了。

第二节　对《孟子》的考据与对其风格的分析

相比于孟子之前的先秦儒家典籍，孟子儒学的唯实史料和文献相对简明，没有太多和太大的考据学和观念事实上的谜团。

一　孟子儒学的唯实材料考辨

除了司马迁的《史记》是关于孟子生平的唯实史料之外，目前考究孟子儒学的唯一唯实文献是《孟子》一书。

然而，《孟子》一书除了司马迁所说的七篇，是否还有"外篇"呢？外篇之说并非空穴来风，而是来自西汉后期的著名学者刘歆，他首先提出《孟子》共有十一篇，即还有另外四篇"外书"。刘向是西汉皇族，特受皇命整理皇帝的私人典藏，写成了《别录》，这是他根据皇家典藏所进行的摘录，专门供皇帝阅览。其子刘歆对《别录》进行了删减，编成了《七略》，这是中国古代文献史上十分重要的文献，它们为东汉著名史学家班固所继承，是其《汉书·艺文志》的文献学基础。由于无论是在社会地位还是在治学能力上刘向绝不是一般的学者，他的研究成果是直接呈给皇帝的，要直接对皇帝负责的，因此不大会妄言，所言定会有所依据。令人遗憾的是，《别录》已经失传，如果刘向也说《孟子》存在四篇外书的话，那么这个说法极可能是可信的。东汉学者赵岐提出他见过该四篇外书，并且明确地指出这四篇是《性善辨》、《文说》、《孝经》和《为政》。赵岐对这四篇进行过认真的研读，最后认为它们的风格与《孟子》内篇风格不一致，怀疑它们是伪书。外书是否伪书是另外一个问题，由于无法看到文本无从判断。只是这四篇外书从汉武帝时期开始的文献史上便始终没有与《孟子》的七篇结合在一起，在东汉之后便散佚失传了。因此，我们只能无奈地接受《孟子》只有七篇的事实。

然而，既然《孟子》有十一篇，而从西汉武帝时期流传下来的版本为何只有七篇呢？虽然我们没有直接而明确的证据来加以考据和甄别，但是根据汉武帝的意识形态和文化大一统政策，皇权主义根据董学和公羊学的原则和标准来裁定先秦古籍的做法不难想象。

从观念事实的角度来看，孟子儒学的思想具有明显的反王权思想，是以士人为主体和出发点的思想。也就是说，同孔学的以君子为主体的君子伦理学一样，孟子儒学仍然是从士人出发的，是一种在战国时期的新的历史条件下加强版的君子伦理学，王权只是这个价值体系中的一个外在要素，个体性原则和道德主体性才是孟子儒学的核心价值观。如同在《董学与孔学的正本清源》一书中所指出的那样，这种政治理念与董学和公羊学所提倡的皇权主义和国家主义是正面冲突的。① 在《孟子》七篇中应该有进一步激进的反王权思想，在董仲舒及/或其弟子对古代文献的审订中没有通过官方审核而被舍弃。也就是说，董仲舒等人并没有抛弃《孟子》，而是保留了皇权主义意识形态能够容忍和加以利用的那部分即《孟子》七篇，而将其余四篇打入冷宫，置于皇家秘藏，秘不示人，任其自生自灭。

在宋朝和清朝期间，有学者在民间声称发现过四篇外书中的一篇和全部四篇，但都真假难辨，最后也不了了之。

二 《孟子》的作者问题考辨

《孟子》通过记录孟子在周游列国时与不同君王的谈话及与弟子公孙丑和万章的问答，全面而系统地记述了孟子的思想，虽然在许多问题上仍然失于简略，然而其系统性与完整性要高于凌乱的《论语》许多。

虽然《孟子》七篇是研究孟子儒学的唯一的可靠文献的看法没有争议，但关于《孟子》一书的真正作者的身份在历史上却仍然存在争议。

---

① 参见张珂《董学与孔学的正本清源》（下册），人民出版社2021年版，第705—708页。

争议主要围绕着三个观点展开：一是认为该书是孟子和万章等弟子所共同完成，这个观点出自司马迁的《史记·孟子荀卿列传》，也是关于这个问题最早的观点；二是认为该书是由孟子本人完成，明确提出该观点的是东汉学者赵岐，他的观点得到了南宋朱熹和王应麟的附和；三是认为该书由孟子的弟子或者再传弟子所追述，最早提出此观点的是唐朝的韩愈，清代的崔述则力挺此观点，近人章太炎也力主此说。

这三种观点争论的要点有二。一是称"子"问题。《孟子》全书称孟子为子，并且称孟子的弟子也为子。这显然不可能是孟子本人所著的有利证据。按照古代的行为方式，在身份和地位平等的人们之间不会称活人为子，更不会称自己的弟子为子。二是谥号问题。《孟子》全书对于与孟子进行过对话和交往的君王，如齐宣王、梁惠王、梁襄王、滕定公、滕文公、鲁平公等，皆以谥号相称。按照古代礼制，谥号只能在君王死后才能被授予，这显然是后世人所著的证据。

但是，如果据此就认为《孟子》完全是由其弟子或者再传弟子所追述，又难以解释书中孟子与君王对话的详细和准确性。显然，任何人尤其如孟子这样游历广泛的布道者，与君王对话是具有高度私密性的，孟子的学生和外人是不可能全部知晓对话的内容并加以详尽辑录的，因此《孟子》在成书过程中有孟子本人的直接参与和编纂是确定无疑的。

因此，能够说得通的最佳方案就是《孟子》一书是由孟子及其弟子，主要是公孙丑和万章，在孟子晚年一起写作和编纂成书的。孟子根据自己的记忆或者会议记录亲自撰写了与君王的对话部分，对于另外一些问题对两位弟子进行口授，由他们刻录在案。也就是说，司马迁在《史记·孟子荀卿列传》中的说法是最接近实际的。如此一来便解决了称子问题、谥号问题和与君王对话的详尽问题。关于称子问题，作为弟子公孙丑和万章对孟子以子相称是理所当然的，而他们出于尊重和谦虚称孟子的其他弟子为子也是可以的；关于谥号问题，由于孟子长寿，据说年逾八十而终，要较与其有过交集的君王长寿得多，在孟子晚年对他们以谥号相称是理所当然的。

三 《孟子》与《论语》风格的不同

如前所述，《孟子》一书是孟子晚年与弟子们共同编著完成的。写书是孟子的主动行为，他的目的是要为后世留下自己的思想。也就是说，孟子是"述并作"的，这与孔子"述而不作"不同。

《论语》是孔子的弟子们为了追忆先师而自发性地编纂汇集而成的孔子的言论集，孔子本人并没有参与编纂。成书目的和过程的不同决定了两书在风格上的不同。《论语》具有很强的随意性，每章没有一个明确的主题和线索，如"天女散花"般简短和凌乱。相比之下，《孟子》虽然也是主要采取对话和问答形式，但是每段的篇幅都较长，基本上每章都集中于一段孟子与某个君王的对话或者一个具体的命题，通过孟子本人系统的阐述和论证往往能够得出一个相对明确的结论。因此，如果说《论语》是一部见闻录和听课笔记的话，那么《孟子》则是一部政论文的汇编。

第三节 孟子儒学的方法论

虽然在思维的广度和理念的深度上孟子儒学在一定程度上突破了孔学，但是方法论仍然是孟子儒学的一个短板。如同孔子一样，孟子还没有明确的方法论意识，而是基本上仍然继承了孔学的思路，即以个体性原则为基础试图通过自下而上的路径将个人伦理学平移到政治领域中去。

方法论上的类同是判定孟子儒学与孔学关系的一个重要方面。

第四节 孟子儒学的核心概念体系

从《孟子》可以看出，孟子并没有提出新的哲学概念，因此孟子儒学的概念体系并不复杂。孟子对于重要概念的使用基本上是对孔学概念体系的继承和在一定程度上的深化和重新定义。也就是说，孟子仍然沿用了孔学的核心概念体系，仁、德、道、义和利等概念并没有与孔学产生体系性壁垒。相比之下，心、性、情和才等概念在孟子儒学中获得了更多的重视，也被赋予了更多和更深的内涵。之所以如此是因为这些概念都是围绕着孟子儒学的性善论展开的,是为性善论服务的,是孟子为了发展其性善论而被注入了新的内容的孔学概念。

一 心

在孔学中,"心"并不是个重要的概念,在《论语》中只出现六次。但"心"却是孟子儒学中的核心概念,据统计,在《孟子》中出现达一百二十一处之多。

在先秦哲学中,"心"已经是个常见常用的概念了,百家流派都会使用它,有的用其来指认知,有的来指道德,而在指道德之时可善可恶,并没有严格的规范。在孟子儒学中,心却有了特别的内涵,用来专指善心。孟子的四端说其实就是四个善心:

> 恻隐之心,仁之端也;羞恶之心,义之端也;辞让之心,礼之端也;是非之心,智之端也。(《孟子·公孙丑上》)

可见,心就是仁、义、礼、智四种善良的道德品质。

孟子对于心的典型应用还可见于此处:

> 孟子曰:"大人者,不失其赤子之心者也。"(《孟子·离娄下》)
>
> 孟子曰:"君子所以异于人者,以其存心也。君子以仁存心,以礼存心。"(《孟子·离娄下》)

这些段落都是阐述孟子儒学思想的核心段落,最能体现孟子对"心"这个概念的使用本意。

孟子还将"心"称为"良心":

> 虽存乎人者,岂无仁义之心哉?其所以放其良心者,亦犹斧斤之于木也,旦旦而伐之,可以为美乎?(《孟子·告子上》)

孟子还将"心"称为"本心":

万钟则不辩礼义而受之。万钟于我何加焉？为宫室之美、妻妾之奉、所识穷乏者得我与？……此之谓失其本心。（《孟子·告子上》）

虽然"良心"和"本心"在《孟子·告子上》中各只出现一次，但是对于彰显孟子儒学对于"心"的概念的应用是具有重要意义的。有学者认为"抽去了'心'字，《孟子》就不成其为《孟子》了。如果说心是孟子整个思想大厦的基石，那是一点也不为过的"。①

在许多地方，孟子使用"心"的概念时赋予了它客观的功能性，主要是指大脑，"心"实际上类似于西方哲学中的 mind。例如：

孟子曰："我四十不动心。"（《孟子·公孙丑上》）
予三宿而出昼，于予心犹以为速。（《孟子·公孙丑下》）
世子谓然友曰："昔者孟子尝与我言于宋，于心终不忘。"（《孟子·滕文公上》）

但是，这并不表明孟子将"心"用作认知器官，将其进行认识论领域的发掘，纵观《孟子》全书，将"心"赋予认识论功能的连一处也没有。相反地，孟子只是强调"心"的道德感悟力即道德和伦理学层次上的认知功能和能力。

孟子对其思想的核心概念的使用折射出了孟子儒学的基本走向，即孟子儒学仍然以孔学的道德主体性为主要的价值观，只是将心的概念向中心位置进行了移动，旨在进一步强化道德主体性。

孟子心的概念对于后继儒者起到了启迪的作用。宋明的心性之学追认孟子为其思想之源头，这是不准确的。孟子的"心"和"性"只是道德和伦理学意义上的概念，而并不是认识论的范畴，宋明之学对于孟子的"心"的本质显然有所误解。然而，在另一方面孟子对心性思想起到过一定程度的鼓舞和启发的作用却是不可否认的。

---

① 杨泽波：《孟子评传》，南京大学出版社 1998 年版，第 306—307 页。

二 性

人性论是孟子儒学中最具创造力的理念，也在孟子儒学中占有举足轻重的地位，这自然就凸显了"性"这个概念的重要性。在孟子儒学中，性是一个重要的核心概念，《孟子》提及性达三十七次之多。

与天命一样，"性"在《论语》中也是个边缘概念，因为孔子"从不言性与天命"，这是孔学缺乏人性论和形而上学的重要表现。孟子对于"性"不仅注入了新的内涵，也对"性"与"命"两个概念进行了演绎。因此，"性"的概念是孟子儒学对孔学的突破的一部分。

关于"性"，《孟子·告子上》中记载了孟子与告子的多次针锋相对的激辩，而此处的"性"是指人性之性，即人的内在本质。① 而最能体现孟子关于性的理解的是《孟子·尽心下》中的一段话：

> 孟子曰："口之于味也，目之于色也，耳之于声也，鼻之于臭也，四肢之于安佚也，性也，有命焉，君子不谓性也。仁之于父子也，义之于君臣也，礼之于宾主也，知之于贤者也，圣人之于天道也，命也，有性焉，君子不谓命也。"

于此，孟子将"性"分为两种：生理之性，或自然之性，是指五官所被先天所赋予和能够在生理上感受到的特质；道德之性，是指仁义礼智等道德范畴。孟子儒学对于"性"与"命"的演绎有玄学的特征，似乎可以解读为：生理之性都是天性，但是由命运决定，君子并不将其视为命运中的必然性；道德之性由命运决定，它是生命的特质，但是君子并不强调其命运的必然性。

---

① 有学者认为孟子所讲之性只是指人的某种属性，而并不是人的本质，这个判断是准确的（见杨泽波著《孟子评传》，南京大学出版社 1998 年版，第 298 页）。孟子用道德性来试图阐释全部的人性在理念上是片面的，在方法上是错误的。但是这种理解只是后人的判断和评价而已，对于孟子来说他所说的被道德所规定的性就是人性本身。在此，观念唯实主义的哲学史观是关键。观念唯实主义所要发掘的是历史上的哲学家对于他们所使用的概念的理解，即发现其观念事实，这是第一个步骤，下一个步骤才是后人如何根据不同时代的认知程度来解读这些概念的问题，即对观念事实的评价。两者既不能混为一谈，也不能相互取代。

从这段话可以看出，孟子的人性论实际上是在"性"与"命"的演绎中完成的，所谓"性"并不代表他的人性论中的全部，而应该被理解为是"性"与"命"的演绎的一个维度。

在关于"性"与"命"的演绎中，一方面，孟子儒学再现了孔学的宿命论，但是这种宿命论也加入了人的能动性的成分，人有了后天的选择权，而不再如孔学中的人一样在宿命面前完全是被动的。孟子儒学的这种观念是与其性善论一脉相承的。

另一方面，除了"命"之外"性"的概念也牵涉到"情"的概念。需要注意的是，按照东汉许慎的《说文解字》中的解释，"性，人之阳气"，"情，人之阴气"。另外东汉学者赵岐认为："性与情，互为表里"①。也就是说，按照阴阳哲学的逻辑，"性"与"情"是一对阴阳相对的范畴，但是孟子并没有将"性"与"情"相对应，而是与"性"与"命"相对应，这与阴阳哲学是不相符的，由此透露出了孟子儒学与先秦的阴阳哲学并没有交集的观念事实，或者可以理解为孟子是不接受先秦的阴阳哲学的。

三 仁与义

如在《董学与孔学的正本清源》中所述，"仁"是孔学的核心概念之一，然而孔子对于"仁"并没有作出明确的定义，在使用时十分宽泛和随意，以至于"仁"在孔学中实际上是泛指君子所应该具备的所有道德品质。② 这种对于"仁"的宽松的使用，埋下了孔学诸多内在悖论的种子。

相比之下，孟子则对"仁"进行了明确的定义，这在先秦儒学观念史上是第一次。《孟子·告子上》载：

> 孟子曰："仁，人心也；义，人路也。"

孟子认为，"仁"就是人心，就是四端，而"义"则是"仁"之外在表现，即人的行为方式和道德实践。在《孟子》中"仁"与"义"经

---

① 转引自《孟子评传》，杨泽波著，南京大学出版社，1998年，第299页。
② 参见张珂《董学与孔学的正本清源》（下册），人民出版社2021年版，第518—521页。

常被并提,这在《论语》中是没有的。有学者统计仁义在《孟子》中被并提的次数有二十七次之多。①

孟子将"仁"与"义"并提理顺了这两个重要的儒学概念之间的关系,将两者互为表里地加以阐释和使用形成了孟子儒学和先秦儒家明确的仁义观,在逻辑上和理念上较孔学更进了一步。

孟子儒学的仁义观是建立在其性善论之上的,两者之间的内在逻辑关系与孔学不同,要较孔学关于"仁"和"义"的观点更加深入和系统。

四 才

才是孔学中不存在的概念,它不仅是孟子儒学中少有的创新概念,而且是其性善论的逻辑链条中的重要一环。

据许慎的《说文解字》,"才,草木之初也",这是事物的初始状况,用于人时才类似于孟子儒学所说的自然/生理之性,体现着先天的性质和特征。这一方面是指人的先天潜力,同时也暗示着人在后天的可塑性。例如:

> 孟子曰:"若夫为不善,非才之罪也。……或相倍蓰而无算者,不能尽其才者也"。
>
> 孟子曰:"富岁子弟多懒,凶岁子弟多暴,非天之降才尔殊也,其所以陷溺其心者然也"。(以上出自《孟子·告子上》)

从以上段落可以看出,在孟子看来,人都是具有先天的善端,后天如果能够得到充分的发育的话,就可以成为圣贤,所谓"人人皆可为尧舜也";如果人不能成为圣贤,那是因为先天的"才"没有得到充分的发展所致。

孟子对于"才"的规定和使用似乎对于董仲舒有所启发,在一定程度上继承了"才"的理念,发展出了董学的"性三品"的人性理论。②

---

① 鲍鹏山:《鲍鹏山说孟子》,浙江古籍出版社2012年版,第112页。
② 参见张珂《董学与孔学的正本清源》(上册),人民出版社2021年版,第285—306页。

五 反

"反"即"返",意思是"返回",这个平常的字被孟子赋予了重要的内涵。在孟子儒学的性善论中,反意味着人通过反省自问而返回到良心本心,是向善过程中的一个不可或缺的步骤。在孟子看来,既然人皆有善端,都有才,那么后天的培育关乎才是否能够得到充分的培育和发挥,而要培育和发挥才则主要通过自我的教育来完成,这样"反"便变得十分重要。例如:

> (孟子)曰:"自反而缩,虽千万人,吾往矣。"(《孟子·公孙丑上》)
>
> 孟子曰:"爱人不亲,反其仁;治人不治,反其智;礼人不答,反其敬。行有不得者皆反求诸己,其身正而天下归之。"(《孟子·离娄上》)
>
> 孟子曰:"君子必自反。"(《孟子·离娄下》)

在孟子儒学中反与思是同义词,思就是反,反就是反思。例如:

> 孟子曰:"至于身,而不知所以养之者,岂爱身不若桐梓哉。"
> 孟子曰:"人人有贵于己者,弗思耳矣。"(以上出自《孟子·告子上》)

六 气

关于孟子对于气的看法,可见后文《大丈夫伦理学》部分。

七 诚

如前所述,"诚"是在《中庸》中被首次提出的概念,孟子继承了这个概念。"诚"在《孟子》中出现过二十二次,孟子对它的使用具有多层次性的特点。首先,"诚"的基本含义是"诚心、真诚",这是在一般意义上的使用。其次,孟子将"诚"与其性善论相结合,将诚引申为反回良心和本心之意,属于君子伦理学范畴。最后,孟子继承了《中庸》对于诚的使用和定位，仍然具有一定的形而上的内涵。

《孟子·离娄下》中的这段话集中体现了孟子对于诚的伦理学和形而上这两个层次上的使用：

> 悦亲有道，反身不诚，不悦于亲矣。诚身有道，不明乎善，不诚其身矣。是故诚者，天之道也；思诚者，人之道也。至诚而不动者，未之有也；不诚，未有能动者也。

据此，孟子认为，一个人即使能够处理好家庭关系，如果他不能真心地躬身自省（诚身），也无法真正能够处理好家庭关系。而"诚身"的本质在于能够为善（明善）。"是故诚者，天之道也；思诚者，人之道也。"这句话直接引自《中庸》。关于孟子对于"诚"的形而上使用的进一步分析可见下文《天命观》部分。

八　天与命

见下文《天命观》部分。

九　礼

孟子儒学沿用了"礼"的概念，但是孟子儒学的"礼"与孔学的孔礼不再相同。对于孟子来说，"礼"只是"辞让之心"而已，即仅指行为举止上的礼貌，属于一般的社会伦理范畴，而这只是孔礼的最低层次而已。可以看出，孟子顺应了时代的发展，摒弃了孔学中不符合时代主题的内容，对孔礼进行了简化，使礼的概念更加通俗化了。

十　耻

如前所述，"耻"是曾子率先提出的概念，曾子儒学中有"有耻之士"的理念作为对君子的内在道德的自我要求和约束。孟子继承了这个概念，并将其进一步发展。例如：

> 孟子曰："人不可以无耻；无耻之耻，无耻矣！"
> 孟子曰："耻之于人大矣；为机变之巧者，无所用耻焉。不耻不

若人，何若人有？"（以上出自《孟子·尽心上》）

孟子曰："孔子曰：人役而耻为役，由弓人而耻为弓，矢人而耻为矢；如耻之，莫如为仁。"①（《孟子·公孙丑上》）

孟子对"耻"用十分重的语气加以强调，体现了孟子对于"耻"的重视。羞耻心的产生是在与其他人进行比较并且认识到自己的差距之后而产生的自愧不如的自我谴责。孟子对耻的重视是因为他认为羞耻心是个人追求仁德和成为君子所必须具备的内在动力。这是羞耻心的正面功能。

除了强调羞耻心的正面功能之外，孟子也对于缺乏羞耻心的状况进行了剖析。《孟子·离娄上》载：

孟子曰："自暴者，不可与有言也；自弃者，不可与有为也。言非礼义，谓之自暴也；吾身不能居仁由义，谓之自弃也。仁，人之安宅也；义，人之正路也。旷安宅而弗居，舍正路而不由，哀哉！"

根据孟子儒学的道德主体性的价值观，可以看出孟子认为缺乏羞耻心的人是自暴自弃者，而所谓自暴自弃就是舍弃仁义。从另一个角度来看，如果一个人要克服自暴自弃，就必须要有羞耻心，在知道自己的不足之后要通过学习和自我完善去努力上进和追赶上那些言行仁义的君子。对孟子儒学羞耻观的进一步论述可见后文《大丈夫伦理学》部分。

孟子儒学关于"耻"的观点上承曾子儒学，在其后没有其他的儒家对其进行深化，这表明孟子儒学关于"耻"的观点在儒家思想中占据着制高点。

第五节 孟子儒学的主要理念

相比于之前的儒家思想，孟子儒学的理念更为系统和深刻，其理念的阐述更为细致和全面，具有一定的思辨性。孟子儒学的主要理念包括

---

① 此处所引孔子之言在《论语》中并无记载。或为孟子所发挥，或为《论语》所漏。而孟子发挥更为可能。

天命观、四端说、义内说和义利之辨等。

一 天命观

先秦哲学的形而上学是通过天学/宇宙观、阴阳观和五行观等观念来体现的。如在《董学与孔学的正本清源》中所述，形而上学是孔学没有涉及的领域。① 孟子儒学仍然没有触及形而上学命题，也没有继承《中庸》试图构建儒学的形而上学和宇宙观的努力，因此孟子儒学并不存在形而上学理论。

孟子虽然提及天的概念，但这并不意味着孟子涉及了形而上学，孟子儒学对天的使用仍然没有突破孔学宿命论的藩篱。这表现在《孟子》对天的使用之中，例如：

> 孟子曰："天下有道，小德役大德，小贤役大贤；天下无道，小役大，弱役强。斯二者，天也。顺天者存，逆天者亡。"（《孟子·离娄上》）
>
> 君子不怨天，不尤人。（《孟子·公孙丑下》）
>
> （孟子）曰："吾之不遇鲁侯，天也。"
>
> 孟子对曰："若夫成功，则天也。"（以上出自《孟子·梁惠王下》）

可见，孟子对于"天"这个概念仍然没有明确的哲学规定，他所指的天仍然是超越人而又控制人的不可知的神秘力量，仍然是孔学的宿命。正因如此，孟子儒学的"天"经常是与"命"并列而提的，例如：

> 孟子曰："莫之为而为者，天也；莫之致而致者，命也。"（《孟子·万章上》）

这是孟子为"天"和"命"所做出的明确的规范了，可见它们仍然是在宿命意义上的范畴。除此之外，虽然在《孟子》其他地方也多次提及天命，都没有超过这个规范的范围。因此，根据其行文逻辑所表达的

---

① 参见张珂《董学与孔学的正本清源》（下册），人民出版社2021年版，第586—591页。

观念事实来看，孟子的天命观仍然是个宿命论，与后来董学作为形而上学的"天"的概念是完全不同的。

在孟子眼中，这个宿命的"天"是一种在人力之外发挥作用的神秘力量，并且能够主宰事物的结局的超然力量，是决定人类历史进程的最终力量。在《孟子·万章上》中，孟子对于具有超然性的历史力量的"天"做出了阐述：

> 万章曰："尧以天下与舜，有诸？"
> 孟子曰："否。天子不能以天下与人。"
> "然则舜有天下也，孰与之？"
> 曰："天与之。"
> "天与之者，谆谆然命之乎？"
> 曰："否。天不言，以行与事示之而已矣。"

在此，孟子认为君权是天所赋予的，具有君权天赋的观念，但是"天"与君王和人之间的内在关联并没有建立起逻辑关系，"天"与王权与人间是相互缺乏互动性的两个完全独立的领域，"天"是凌驾于人和政治之上的神秘力量，"天"与人互动的义理和逻辑规律并没有建立起来，仍然属于先秦天人感应的范围。这与董学建立在天人合一哲学之上的授命论还无法同日而语。

孟子继而认为，人是无法抗拒命定的"天"的力量的，只能接受和顺从。《孟子·尽心上》载：

> 孟子曰："莫非命也，顺受其正，是故知命者，不立乎岩墙之下。尽道而死者，正命也。"

这样命便成了与人相独立的外在力量，天命的运行与人的运行是不发生交叉的。

关于"天"与人之间的关系，孟子也提及"诚"这个概念：

> 孟子曰："诚者，天之道也；思诚者，人之道也。"（《孟子·离娄上》）

孟子所说的这句话直接引自《中庸》，但孟子并没有对"诚"具有何种内在的规定性加以任何的说明和规范，这种含糊性与《中庸》如出一辙。如同《中庸》一样，在孟子看来，"诚"是"天之道"与"人之道"之间的媒介，但是在孟子并未将"天"与人之间建立起逻辑关系的前提下，"诚"如何能够成为两者之间的媒介是个重大的哲学命题，遗憾的是孟子只是一笔带过地重复了《中庸》的说法而并没有给予任何的诠释。

《孟子》在形而上的层次上提到诚的只有这一处而已。可见，孟子并无意沿着《中庸》的思路，继续按照《中庸》的概念体系和逻辑来建立儒家的形而上学体系。虽然孟子并不否认天人之间存在着某种联系，但是这种联系是十分模糊的，只是对先秦天人感应观念的继承，还不是严格意义上的天人合一哲学。现在仍然有学者将后来才出现的董学的天人合一的形而上学理念强加到孟子儒学之上，这种观点显然是不符合孟子儒学的观念事实的。①

有学者认为孟子继承了孔子的"理性主义"，这同样是不准确的。如在《董学与孔学的正本清源》中所述，孔学的天命观只是一种宿命论。②孟子儒学继承了这种观点，孔孟儒学的天命观虽然在一定程度上摆脱了宗教的束缚，但其根本理念是道德主体性，并不是符合近代西方的理性主义观点。

二　四端说

孔学和《中庸》对于君子的要求可以概括为仁、智、勇的三达德，而孟子对于君子的界定则出现了变化，这就是"四端说"。《孟子·公孙丑上》载：

> 孟子曰："恻隐之心，仁之端也；羞恶之心，义之端也；辞让之心，礼之端也；是非之心，智之端也。人之有四端也，犹其有四体也。"

---

① 参见杨国荣《善的历程——儒家价值体系研究》，华东师范大学出版社2009年版，第42—43页。

② 参见张珂《董学与孔学的正本清源》（下册），人民出版社2021年版，第588—589页。

四端说实际上就是四心说。四端说是道德先验论，是人与生俱来的本质。四端说在孟子儒学中具有特别重要的逻辑和理念意义，它是孟子儒学的性善论和大丈夫伦理学的理念基础。从其理念的本质和哲学结构上看，作为道德先验论的四端说代替了孔学的孔孝而成为其道德主体性的基本概念和出发点，因此可以说，四端说居于孟子儒学的理念和逻辑的核心地位。由此可见，四端说所体现的道德先验论表现出孟子儒学与孔学在道德主体性的范畴之内的理论差异。

除此之外，四端说也体现了孟子儒学对于"心"与"性"之间关系的规定性。孟子最接近直接说明两者关系的论述在《孟子·尽心上》载：

> 孟子曰："君子所性，仁义礼智根于心。"

根据孟子儒学对于"心"和"性"之应用，根据孟子的逻辑厘清两者之间的关系也并不困难。如果四端是仁义礼智之心，而四端说是人性论的内核，那么"心"就是"性"的内在根据，"性"就是"心"的外在表现了。如此这般，孟子儒学的心性观便变得更加明晰了。

三 义内说

在孟子看来，四端就是四心，心就是良心和本心，良心和本心就是义。因为人人都有心，人人就有良心和本心，也就都有义。也就是说义是基于人的内心的，是与生俱来的，是内在的，这就是孟子儒学的义内说。在《孟子·告子上》中，孟子对其进行了反复的阐释。阐释的方法有两种，其一是通过直接的说明：

> 孟子曰："仁义礼智，非由外铄我也，我固有之也，弗思耳矣。故曰：'求则得之，舍则失之。'或相倍蓰而无算者，不能尽其才者也。"

其二是通过孟子两个弟子的一场辩论引出了孟子对于义内说的再一次解答：

> 孟季子问公都子曰："何以谓义内也？"
>
> 曰："行吾敬，故谓之内也。"
>
> "乡人长于伯兄一岁，则谁敬？"
>
> 曰："敬兄。""酌则谁先？"
>
> 曰："先酌乡人。"
>
> "所敬在此，所长在彼，果在外，非由内也。"公都子不能答，以告孟子。
>
> 孟子曰："敬叔父乎？敬弟乎？彼将曰，'敬叔父。'曰，'弟为尸，则谁敬？'彼将曰，'敬弟。'子曰，'恶在其敬叔父也？'彼将曰，'在位故也。庸敬在兄，斯须之敬在乡人。'"
>
> 季子闻之，曰："敬叔父则敬，敬弟则敬，果在外，非由内也。"
>
> 公都子曰："冬日则饮汤，夏日则饮水，然则饮食亦在外也？"

孟子的意思是说，虽然因为对象的不同恭敬的内容不会相同，但是恭敬的标准和根据只能在人的内心，而不会在人心之外。由此可以得出这样的结论：在孟子看来，仁义道德的根据在于人心本身，而不是由外力所加的。孔学认为其君子伦理学的根据在于孔孝，这实际上也是将道德主体性的根据置于人的内在性，只是孔子并没有明确阐明。孟子将其明确化说明孟子儒学较孔学的思辨性有了提高。

与此同时，孟子儒学的义内说直接关乎大丈夫的实现手段的问题，这将会在下文进一步解析。

四 义利之辨

在《论语》中已经有关于义利之辨的论述，如何处理"义"与"利"的关系是孔学关于君子的人格结构的重要组成部分。然而，孔学的义利之辨只局限于对君子的人格结构的塑造之上。[①] 孟子延续了孔子的思路，同时提高了义利之辨的层次性。孟子儒学在君子伦理学层面继承了孔学观念的同时，还将其作为一个独立的政治命题提炼了出来，使之上升到国家行为的层次上。这个思路是孔学将个人伦理学向政治学进行平

---

① 参见张珂《董学与孔学的正本清源》（下册），人民出版社2021年版，第559—560页。

移的方法的沿用，如此一来义利之辨便成为孟子儒学仁政观的重要组成部分。因此，孟子儒学的义利之辨即对君子个人行为的道德塑造的内容，也成为孟子儒学政治理念的重要组成部分。

通观《孟子》可以看出，孟子对于义利之辨是十分重视的，《孟子》的开篇段落便是孟子向梁惠王强推其义利的理念。《孟子·梁惠王上》载：

> 孟子见梁惠王。王曰："叟，不远千里而来，亦将有以利吾国乎？"
>
> 孟子对曰："王何必曰利？亦有仁义而已矣。王曰，何以利吾国，大夫曰，何以利吾家，士、庶人曰何以利吾身，上下交征利而国危矣。……苟为后义而先利，不夺不餍。未有仁而遗其亲者也，未有义而后其君者也。王亦曰仁义而已矣，何必曰利？"

孟子用数个排比句来反复强调"何必曰利"，其语气之重只有他在后来强调"仁者无敌"时可以相比。由此可见，孟子的义利之辨是重义轻利的理念。他鄙视重利的国家、大夫、士人和百姓，鄙视"上下交征利"的行为方式，实际上是将义和利对立了起来。从内在的价值取向上看，重义轻利的义利之辨是与孟子儒学的仁政观相符合的，前者是后者的重要组成部分。一个国君和个人对于义利的态度成为一个国家和个人是否为仁的判断标准。

孟子儒学的义利之辨将孔学的义利观推向了新的高度，对于后世的儒学，尤其是宋学和理学，产生了巨大的影响。

第六节　孟子儒学的主要理论

建立在其核心概念体系和理念的基础之上，孟子儒学形成了具有思辨性的理论，使得孟子儒学在技术上较孔学有所提高。孟子儒学的主要理论包括人性论、大丈夫伦理学和仁政观等。这些理论在先秦儒学史中都占有重要的地位，影响颇大。

一 人性论

人性论的提出是孟子儒学的重要特色和标志，也是先秦儒学最具特色和惹人注意的部分。孔学从不讲"性与天道"，并没有形成人性论。①从儒学的传承来看，性善论是孟子儒学对孔学的一个重大的补充和突破，可以说是填补了孔学在体系性上的一大空白。在中国哲学史上，虽然在孟子之前已有关于人性的讨论并且形成了不同的观点，然而孟子是第一个明确而比较系统地提出了人性论的思想家。从中国的人性哲学史上看，孟子的性善论堪称具有划时代的意义，它第一次将人性论作为一个重要的哲学命题和研究领域放在了中国哲学观念史的版图之上。

（一）性善论

孟子摆脱了孔子对人性命题的规避，较为系统地提出了"性善论"的人性论。孟子儒学的人性论思想在《孟子·告子上》中得到了集中的阐述。《孟子·告子上》载：

> 孟子曰："乃若其情，则可以为善矣，乃所谓善也。若夫为不善，非才之罪也。恻隐之心，人皆有之；羞恶之心，人皆有之；恭敬之心，人皆有之；是非之心，人皆有之。恻隐之心，仁也；羞耻之心，义也；恭敬之心，礼也；是非之心，智也。仁义礼智，非由外铄我也，我固有之也，弗思耳矣。故曰：'求则得之，舍则失之。'或相倍蓰而无算者，不能尽其才者也。"

孟子在此明确指出他的性善论中的"善"是指仁、义、礼、智等四端。可以说，承认了四端说即承认了性善论。而承认了性善论便是承认了人性为善是内在的和天生的，因为人的四端是内在的和与生俱来的。

（二）孟子人性论的方法论定位

从《孟子》中可以看出，孟子儒学的性善论单纯是从道德的视角来审视人性的，是对人性的道德评价。而道德评价的标准是"应该"，而不是事实性，在本质上是主观性的，缺乏客观性和实在性的充分支撑。这

---

① 参见张珂《董学与孔学的正本清源》（下册），人民出版社2021年版，第592—597页。

种方法虽然可以对人性问题提出一定的洞见，但却无法全面而科学地揭示人性的本质，作为方法论其先天的不足和缺憾是明显的。而孟子儒学性善论的不足之处的根源就在于缺乏事实性的充分支撑。从《孟子》中可以看出，孟子虽然反复强调性善论，却始终无法提出性善论的事实根据，而只能从比喻法和类比法等方面来加以说明。虽然比喻法和类比法并不是严格意义上的比较法，然而它们的思路与比较法是一致的，可以粗略地算是比较法的一种，这种情况在古代哲学尤其是先秦思想中应用得十分普遍，这种情况也适用于孟子对性善论的论证。但是根据唯实主义的标准，这些粗线条的比较方法还都不是有效的比较方法，都无法进行有效的比较，也无法得出可靠而有效的结论。

孟子儒学的性善论实际上是在说性善是符合道德原则的，是君子和君王所应该做出的道德选择。这种思路表明，孟子儒学考辨人性论的方法是在缺乏事实性的前提和基础的情况下所进行的价值选择。这种方法是一种"跳跃性"的思路，是与唯实主义的价值选择必须建立在事实性基础之上的原则相违背的。

从更深的层次上看，孟子儒学的性善论的人性论的方法论在于孟子仍然是从道德主体性的原则，而不是从客观的实在性的角度来看待人性问题的。也就是说，孟子将道德主体性原则带入了人性论的考察之中，实际上是用道德原则取代了客观性和实在性。事实上，单纯从道德视角来探讨和评价人性的方法在先秦百家中的共性。[①]《孟子·告子上》中所列举的当时三种人性观点，即"人性无善恶"、"人性可善可恶"和"人性有善有恶"，都是从道德角度来评价人性的。孟子儒学则将这个方法推演到了极致，并且对于儒家思想和中国文化产生了重要的影响，因此孟子儒学的性善论的人性考辨方法在先秦百家中是具有代表性的。如果说在人性理论的发展上孟子儒学对孔学形成了突破的话，那么在方法和价值观上孟子儒学的人性论实际上仍然是对孔学道德主体性价值观的延伸。孟子儒学的这种方法论和价值观定位深刻影响了后来的儒家思想，以至于儒家始终没有摆脱以道德的视角和原则来审视人性这种方法的窠臼。

董仲舒对于孟子儒学在人性论上的错误洞若观火，董学的人性理论

---

① 参见张珂《董学与孔学的正本清源》（上册），人民出版社2021年版，第285—286页。

摒弃了孟子的这个做法，不再拘泥于道德观的窠臼，以客观性和实在性的原则和路向来探讨人性问题，从而完成了中国古代哲学史上对于人性理论的一场革命性的变革。关于两者的唯实比较可见后文。

(三) 人性的平等和自我实现

虽然方法论上的局限限制了孟子对人性论的完善，然而孟子儒学的性善论仍然具有深刻的潜在意义。可以说，性善论为人性的自我实现和仁政观的政治理念埋下了逻辑伏笔。

1. 人性的平等

孟子儒学的性善论就是人的四端说，而四端说是内在和天生的，在个人之间是没有差异的，这就等于承认人性在道德天性上是没有差异的，是平等的。这较孔子所谓"性相近习相远"更进了一步。孔学只是说人性是"相近"的，而不是相同的，因此人性在平等性上虽然相近，但还是有差异的。在孟子儒学中则不再是相近的了，而是相同和平等的了。因此，孟子的四端说实际上是肯定了人性是具有先验的同一性的。

既然人性是平等的，那么人在社会性和政治上最终也应该是平等的，这实际上暗含着对社会和政治等级论的否定。从孟子儒学的内在逻辑上看，孟子确实是遵循这样的思路的，这从他的民本思想、反王权论和革命观的仁政观的政治思想中得以表现。

2. 人性的自我实现

关于人性的自我实现，《孟子·告子下》载：

> 曹交问曰："人皆可以为尧舜，有诸？"
> 孟子曰："然。"

孟子认为，因为人性是善的和平等的，每个人的基础都是相同的，每个人都有资格触及道德的最高点，完成自我实现。也就是说每个人都有成为君子、伟人和圣人的内在潜质，而能否达到道德的最高点则要仰赖后天的熏陶和努力。

(四) 人与动物的区别

如前所述，孟子论述性善论的方法是包括类比法在内的粗线条的比较法，将人与动物进行类比也是其中的一个视角。

《孟子·梁惠王上》载：

> 君子之于禽兽也，见其生，不忍见其死；闻其声，不忍食其肉。

在此，人与禽兽的差别就是恻隐之心，就是四端了，人与禽兽的差别实际上被纳入了孟子儒学的性善论之内。

《孟子·离娄下》载：

> 孟子曰："人之所以异于禽兽者，几希。庶民去之，君子存之。"

孟子认为，人与动物的区别是很少的，而人与禽兽之间的区别完全是道德性的，完全属于伦理范畴，而与生理性无关。两者的区别就在于善，虽然善是内在和先天的，但这个善的基础是十分脆弱的，善要通过后天的教化才能够发扬壮大。

> 孟子曰："人之有道也，饱食、暖衣、逸居而无教，则近于禽兽。"（《孟子·滕文公上》）

孟子说，人与禽兽的差别在于道，如果人不知道而只满足于饱食穿衣和逸居而没有教化，便近于禽兽了。那么什么是道和教化呢？孟子认为人与人之间的人伦关系和君臣之间的义便是道，便是教化。

除了在个人层面上将人和动物进行类比之外，孟子还将这种类比引入了其政治观念之中。在《孟子·滕文公上》中，孟子说道：

> 人之有道也，饱食、暖衣、逸居而无教，则近于禽兽。圣人有忧之，使契为司徒，教以人伦：父子有亲，君臣有义，夫妇有别，长幼有序，朋友有信。

同样地，《孟子·梁惠王上》载：

> （孟子）曰："疱有肥肉，厩有肥马，民有饥色，野有饿莩，此

率兽而食人也。兽相食，且人恶之；为民父母行政，不免于率兽而食人，恶在其为民父母也？"

在孟子看来，不实行仁政的君王与禽兽无异。

除此之外，孟子还将人与野兽的类比作为特定的道德标准来使用，将其引入了与其他学派的辩论之中和对其政治观的推广之内。《孟子·滕文公下》载：

> 杨氏为我，是无君也；墨氏兼爱，是无父也。无父无君，是禽兽也。

孟子以好辩闻名，对于当时的显学杨朱和墨子的学说，孟子冠之以禽兽。这是因为杨墨之说违反了孔孟儒学的道德主体性，与其大丈夫伦理学相悖。

孔学没有明确的人性论，曾子儒学、《大学》和《中庸》等也没有提出人性论，也并没有从人和动物的区别的角度将两者进行比较。孟子儒学的性善论显然不仅弥补了孔学和在孟子之前的儒家思想在人性论上的缺失，将道德主体性引入了人与动物区别的领域，也将其推向了新的高度，在孟子儒学之后的儒家思想继承和沿用了这些观点，"禽兽不如"成为儒者一种极端的咒语和"骂人话"。

（五）心学

孟子儒学关于"心"与"性"的论述是中国哲学史上关于这两个概念和范畴的最早的系统论述，孟子也因此被看作宋明心学的远祖，这也是孟子儒学在两宋能够获得空前重视的重要原因之一。如前所述，孟子儒学完全是从伦理学的角度来看待心和性的范畴的，而没有在认识论的层面上来探讨这些范畴。正是受到孟子儒学的影响，宋明心学关于"心"与"性"的思考仍然主要在伦理学领域徘徊，只是对孟子的阐释和引申，在继承孟子儒学的同时在许多方面并没有超出孟子。

二 大丈夫伦理学

如同孔学一样，孟子儒学仍然是以个人伦理学作为核心的伦理学理论，其逻辑和方法仍然是试图将个人伦理学平移到政治领域中去。这不仅使孟子儒学与孔学具有价值观和方法论上的同一性，也表明孟子儒学在内容上的创新仍然无法摆脱孔学的藩篱。

孟子的目的是要继承孔学，要在战国的新时代背景之下再次复兴孔学。了解这一点，对于理解孟子儒学十分重要，因为了解了这一点就可以知晓孟子儒学的出发点和最终目的了。当然，作为一个具有出色思辨能力的哲学家，孟子的思想并不是对孔学的简单重复，虽然他并不想刻意突破孔学而另立门户，然而孟子儒学在许多方面提出了具有独创性的新思想元素。因此，孟子继承了孔子的君子伦理学，并且对其进行了重要的补充和强化，发展出了具有自身特点的大丈夫伦理学。

大丈夫伦理学是孔学的君子伦理学在战国时期的升级版和加强版。从儒学观念史的角度来看，孔子的君子伦理学和孟子的大丈夫伦理学构成了先秦儒学的个人伦理学的核心内容。在孟子的大丈夫伦理学中，士人已经不再满足于将士人塑造为一名寻求为国君青睐的谦谦君子，而是要做一名"顶天立地"、具有独立人格和追求的新型士人即大丈夫。也就是说，孟子儒学的大丈夫是孔学的君子的人格类型的加强版，而以大丈夫为核心的大丈夫伦理学则是孔学的君子伦理学的升级版。

孟子儒学的大丈夫模型是由大丈夫的人格类型，浩然之气和君子的历史责任感等几个部分组成的。

1. 大丈夫的人格类型

孟子对大丈夫的规定颇为耐人寻味。这表现在，一方面大丈夫要尊礼。《孟子·滕文公下》载：

> 景春曰："公孙衍、张仪岂不诚大丈夫哉？一怒而诸侯惧，安居而天下熄。"
>
> 孟子曰："是焉得为大丈夫乎！子未学礼乎？丈夫之冠也，父命之；女子之嫁也，母命之，往送之门，戒之曰：'往之女家，必敬必戒，无违夫子！'"

孟子在此否认了著名的纵横家公孙衍和张仪是大丈夫，虽然他们呼风唤雨，能够左右政局和战和之局，但他们并不知礼尊礼。孟子在此否定了纵横家，实际上是认为立功并不是大丈夫的标准。

而另一方面大丈夫却不能拘泥于礼。该文载：

> 以顺为正者，妾妇之道也。

孟子认为，完全按照礼来行事，或者逆来顺受，是妇人之道，更不能是大丈夫的标准。这表明，大丈夫是具有反叛精神的，反叛性可以说是大丈夫最重要的特性之一。

既然大丈夫不能不尊礼又不能完全尊礼，那么大丈夫的标准到底是什么呢？对此，《孟子·滕文公下》给出了明确的答案：

> 孟子曰："居天下之广居，立天下之正位，行天下之大道；得志与民由之，不得志独行其道；富贵不能淫，贫贱不能移，威武不能屈，此之谓大丈夫。"

在此孟子明确规定了大丈夫人格类型的道德标准，它们包括三个方面：第一是大丈夫要行仁义，孟子认为"仁，人之安宅也；义，人之正路也"（《孟子·离娄上》），只有行仁义才能代表天下之绝大多数人，代表天下之正统，行天道，而非处于个人或者少数人的私利；第二是大丈夫在得志即成为政府高官之时要代表百姓的利益行使权力，而在不得志即无法担任政府高官时，仍然要坚守自己的信条，孟子虽然没有提到曾子、《大学》和《中庸》中的"慎独"，但其内涵甚为相近；第三是个人的品行不受其在世间的存在状态的变化所左右，即所谓"富贵不能淫，贫贱不能移，威武不能屈"，这是孟子儒学对大丈夫品格所做出的高度概括，所发出的慷慨激昂的最强音。

从以上孟子对于大丈夫的规定性上可以看出，虽然孔学的君子和孟子儒学的大丈夫都属于士人的范畴，但是后者的大丈夫显然要比前者的士人的档次要高出许多，大丈夫可谓是士人中最有能力和魄力的一小部分精英。这些大丈夫已经不再如孔学的君子般，旨在通过个人的品性在政府谋个差事，也不再以满足于孔学的"克己复礼"为目标，而是要在追求内在的人格完善的同时，寻求外在的建功立业，已经有了立功于天下的功利要求。同时，孔学的君子与孟子儒学的大丈夫在个性上有着强烈的反差，孔学的君子是温良恭俭让的谦谦君子，孟子儒学的大丈夫是锋芒毕露、咄咄逼人和言辞激烈的"汉子"。显然，孟子儒学的大丈夫伦理学相对于孔学的君子伦理学在境界上是个巨大的提升。

2. 浩然之气

浩然之气是孟子儒学所独有的创新，是其大丈夫的人格类型的表现和核心组成部分。《孟子·公孙丑上》载：

> （公孙丑）问："敢问何谓浩然之气？"
> （孟子）曰："难言也。其为气也，至大至刚，以直养而无害，则塞于天地之间。其为气也，配义与道；无是，馁也。是集义所生者，非义袭而取之也。行有不慊于心，则馁矣。"

孟子解释道，浩然之气首先是气，气充斥于天地之间；对于人来说气是内在的，不是外在赋予的，只有当它与道义相配时才会有力量，如果没有道义的配合，气便失去了力量。因此，所谓浩然之气就是出自人的内在性的道德力量，这与四端是相对应的。而要拥有和发挥浩然之气，人就必须成为君子，而只有大丈夫才能将浩然之气发挥到极致。因此在孟子看来，浩然之气在个人品德上就是指以"富贵不能淫，贫贱不能移，威武不能屈"为代表的自尊自贵的道德品格，是大丈夫所必备的不同凡响的气度和气概。

3. 君子的历史责任感

历史责任感是孟子儒学大丈夫人格的重要组成部分，也是浩然之气的来源之一。

《孟子·公孙丑下》载：

> 五百年必有王者兴，其间必有名世者。由周而来，七百有余岁矣。以其数，则过矣；以其时考之，则可矣。夫天未欲平治天下也；如欲平治天下，当今之世，舍我其谁也？

孟子通过其治乱交替的历史观推算出中国历史上每隔五百年是一个

轮回，将由大乱而达大治，而距下一次大治的时间已经超过命定规定的时间达二百年，因此，孟子认为天下达到大治的际遇已经到了，而能够完成这一次乱治轮回的圣人就是孟子儒学所说的大丈夫。

4. 实现大丈夫的手段

与孔学一样，孟子儒学认为实现道德完成的手段在于内在性即自我修炼，而不在于外在的引导和教化。但是，孔子的内在性表现为一种持之以恒的自学精神，而学习的内容则是孔礼。如前所述，孟子儒学已经不再重视礼了，礼在孟子儒学中已经被边缘化。孟子儒学的内在性在于对自身良知的自我发现，在于自己悟出人性的四端。如此一来，孟子儒学并不如孔学般重视教育和学习，在《孟子》中不见了在《论语》中孔子不厌其烦地劝说弟子们要孜孜以求、诲人不倦的教师精神。

孟子认为要成为大丈夫，就要"诚身"。《孟子·离娄上》载：

> 孟子曰："悦亲有道，反身不诚，不悦于亲矣。诚身有道，不明乎善，不诚其身矣。是故诚者，天之道也；思诚者，人之道也。至诚而不动者，未之有也；不诚，未有能动者也。"

由于孟子认为浩然之气是大丈夫的重要组成部分，因此君子如何养成浩然之气也是实现大丈夫的有机组成部分。《孟子·公孙丑上》记载了孟子关于如何实现浩然之气的方法：

> （浩然之气）是集义所生者，非义袭而取之也。

孟子认为，浩然之气是由内在积聚起来的义派生出来的，而不是由外而内所能够获得的。

但是，内在的浩然之气仍然处于精神层面，还并不充分，要真正变成大丈夫必须要经受痛苦挫折的磨砺。

《孟子·告子下》载：

> 孟子曰："舜发于畎亩之中，傅说举于版筑之间，胶鬲举于鱼盐之中，管夷吾举于士，孙叔敖举于海，百里奚举于市。故天将降大

任于是人也，必先苦其心志，劳其筋骨，饿其体肤，空乏其身，行拂乱其所为，所以动心忍性，曾益其所不能。"

然后知生于忧患而死于安乐也。

这是在整部《孟子》中最令人印象深刻的一段文字之一，千百年来激励着有志之士去藐视困难和命运蹉跎向自己的理想砥砺前行。

5. 大丈夫的反面

如同孔学一样，孟子儒学一样善用类比来阐述其伦理学观点。孔学对君子的表述是在对小人的鞭挞中展开的，同样地，孟子儒学对大丈夫这个理想人格类型的提倡是在与"贱丈夫"和"小丈夫"的讽刺中进行的。

在孟子看来，贱丈夫就是贪图富贵和官职并且不择手段的人。孟子为此举了一个"子叔"的例子，其文可见《孟子·公孙丑下》。

孟子眼中的小丈夫就是自己不做相应的努力却要享受富贵和虚荣的人。孟子为此举了一个"齐人"的故事，可详见《孟子·离娄下》。

大丈夫与贱丈夫和小丈夫的境界反差如此之大在很大程度上是与羞耻心密切相关的。孟子认为，人生下来是善良的，但这并不等于人的道德境界是先天而成的，后天能否做出努力至关重要。那些看到了自己与高人的差距而感到羞耻并且能够持之以恒地做出努力的人最后会弥补差距，也会成为大丈夫；那些看不到差距或者感觉不到羞耻而拒绝做出努力并采取各种苟且方法进行"自娱自乐"的人，只会沦为贱丈夫和小丈夫，为世人所耻笑和唾弃。

6. 大丈夫的意义

大丈夫是孟子儒学的一个体系性存在，具有多方面的意义。

第一，大丈夫是孟子儒学所欲塑造的理想的人格类型，是孔学的君子的升华版。大丈夫是孟子儒学伦理学的核心所在，孟子欲用大丈夫来超越和代替孔学的君子，因此它标志着孟子儒学在伦理学层次上对孔学的君子伦理学的继承、深化和突破。

第二，大丈夫是孟子儒学性善论自我实现的结果。孟子儒学提倡性善论的人性论，认为只有经过后天的努力，人才能将善在现实中加以体现，实现理想中的人格即成为大丈夫。人若没有天生的善的基础，或者缺乏后天的努力和学习，都不会成为大丈夫，两者缺一不可，因此大丈夫是性善论的人性论自我实现的结果。

第三，大丈夫是"内圣"的体现。孔学中已经有了"内圣外王"的思想，但仍然处在萌芽阶段，《大学》对孔学的这个思想进行了概括和总结，提出了系统体现内圣外王观点的八条目或修齐治平理念。孟子继承了内圣外王的思想。虽然在《孟子》中并没有直接和正面对其进行阐述，但孟子儒学的结构准确地反映了内圣外王的结构。如果说大丈夫表现的是孟子儒学的"内圣"方面的话，那么其仁政观则是"外王"的体现。

第四，大丈夫是实现孟子儒学仁政观的人格依托。有了大丈夫的内在人格依托，孟子提出的仁政观便有了内在的根据。大丈夫与仁政观于内于外形成了表里关系，大丈夫是实现仁政观的前提和基础。

大丈夫与仁政观的关系体现的仍然是孔学的将个人伦理学向政治学平移的方法，由此可以看出孟子儒学虽然在具体的概念表述和逻辑路径上与孔学不同，但所使用的方法和体现的理念和价值观仍然没有超越孔学。

三 历史观

孟子儒学是有历史观的，这集中表现在《孟子·滕文公下》之中。该章节载：

> 孟子曰："天下之生久矣，一治一乱。"

一治一乱概括了孟子对历史运行规律的概括，在孟子看来历史是围绕着一治一乱运行的，而围绕着整个轴心孟子展开了他的历史观。可以说，孟子儒学正是根据孟子对于历史的治乱反复的理解来构建其政治理念和展开其政治逻辑的。

（一）中国历史上的治乱交替

关于中国历史的规律，孟子在《孟子·滕文公下》中说道：

> 当尧之时，水逆行，泛滥于中国，蛇龙居之，民无定所，下者为巢，上者为营窟。……使禹治之。禹掘地而注之海，驱蛇龙而放

之菹;水由地中行,江、淮、河、汉是也。险阻既远,鸟兽之害人者消,然后人得平土而居之。

尧舜既没,圣人之道衰,暴君代作,坏宫室以为污池,民无所安息;弃田以为园囿,使民不得衣食。邪说暴行又作,园囿、污池、沛泽多而禽兽至。及纣之身,天下又大乱。周公相武王,诛纣伐奄,三年讨其君,驱飞廉于海隅而戮之,灭国者五十,驱虎、豹、犀、象而远之,天下大悦。……

世衰道微,邪说暴行有作,臣弑其君者有之,子弑其父者有之。孔子惧,作《春秋》。《春秋》,天子之事也;是故孔子曰:"知我者,其惟《春秋》乎!罪我者,其惟《春秋》乎!"

这几段长篇的论述集中体现了孟子的循环论的历史观,治乱相间,有治必有乱,有乱必有治,而由乱而治的枢机在于圣王的出现,尧舜、禹和周公都是这样扭转乾坤的圣王。

孟子儒学循环论的历史观是建立在孟子主观判断基础之上的,是其仁政观在历史观中的反映。孟子关于孔子作《春秋》的说法阐释了《春秋》的政治和历史意义,《春秋》实际上是被孟子视为其仁政观和历史观的基础,是其循环论历史观的依据。由此可见,孟子儒学在价值观上是对孔学的继承和延伸。

(二)战国时期的时代主题

根据其治乱交替的历史规律,孟子得出了战国时期的时代主题。在孟子看来,在经历了几百年的天下乱局之后,中国应该走向治世了,而所谓治世就是中国的统一。在《孟子·梁惠王上》中孟子直截了当地表达了这个思想:

(梁襄王)卒然问曰:"天下恶乎定?"
吾对曰:"定于一。"

梁襄王问孟子天下如何才能安定呢?孟子回答说只有统一才能安定。

孟子对于战国时代主题的看法是符合战国的实际情况的,这说明孟子对于时代主题并没有采取完全回避的态度,其关于时代性的判断是具有政治现实性成分的。

（三）实现天下统一的人的身份

对于梁襄王关于何人才能够实现天下之统一的提问，孟子也给出了明确的答案。《孟子·梁惠王上》载：

> （梁襄王问）"孰能一之？"
> （孟子）对曰："不嗜杀人者能一之。"

孟子所谓"不嗜杀人者"就是儒家，就是大丈夫，就是孟子儒学的仁政的实施者。可见，孟子乐观地认为，只有孟子儒学的大丈夫才能够实现天下的大治和统一。这与孟子所豪言的"如欲平治天下，当今之世，舍我其谁也？"是一脉相承的。同时，这句话也体现了孟子对战国时期各国之间频频发动战争，大兴屠戮的行为方式的批判。

四　王霸观

基于其治乱交替的历史观，孟子总结出了王霸观。王霸观是孟子儒学的一个具有创造性的历史和政治理论，对后世的政治思想产生了重要的影响。

（一）王霸观的内涵

孟子的王霸观即关于王道和霸道的观念，它是孟子儒学政治思想的重要内容，后世的政论者乐此不疲地加以引用，俨然成为判断君王性质和君王治国手段的一个标准。孟子的王霸观可以从多个层面加以审视和解读。它一方面是孟子儒学的民本思想和反王权观的反映，另一方面是孟子儒学的义利观在政治领域的延伸。

《孟子·公孙丑上》载：

> 孟子曰："以力假仁者霸，霸必有大国；以德行仁者王，王不待大，汤以七十里，文王以百里。以力服人者，非心服也，力不赡也；以德服人者，中心悦而诚服也，如七十子之服孔子也。"

在此，孟子对霸道和王道进行了明确的定义。所谓霸道就是通过暴力来称霸的大国；所谓王道就是通过实施仁政而称王的国家，实行王道的不一定是大国，小国也可以实行王道而强盛起来。孟子认为霸道和王道是有明显区别的：霸道虽然可以称雄，但其他国家并不会在心底里认同它，因为力量是不足以征服人心的；王道可以以德服人，其他国家会心悦诚服。

《孟子·告子下》载：

> 孟子曰："五霸者，三王之罪人也；今之诸侯，五霸之罪人也；今之大夫，今之诸侯之罪人也。"

可见在孟子眼中，春秋五霸是实行霸道的代表。对于春秋五霸，孟子口不择言地进行了抨击。孟子所说的"春秋无义战"就是针对春秋五霸而言的。

孟子为什么会认为"春秋无义战"并且要称春秋五霸是罪人呢？孟子在《孟子·告子下》中给予了明确的解释：

> 孟子曰："……天子适诸侯曰巡狩，诸侯朝于天子曰述职。春省耕而补不足，秋省敛而助不给。入其疆，土地辟，田野治，养老尊贤，俊杰在位，则有庆；庆以地。入其疆，土地荒芜，遗老失贤，掊克在位，则有让。一不朝，则贬其爵；再不朝，则削其地；三不朝，则六师移之。是故天子讨而不伐，诸侯伐而不讨。五霸者，搂诸侯以伐诸侯者也，故曰，五霸者，三王之罪人也。"

孟子认为五霸的行为方式违背了西周礼制关于天子与诸侯之间各自所应具有的行为方式的规定。根据西周礼制，天子对于不服从的诸侯只发令讨伐，而不会亲自出兵去攻伐；诸侯只奉天子之命攻伐不服从天子的诸侯，而不会对别的诸侯发号施令，加以声讨。五霸则如天子般发令声讨诸侯又直接出兵攻伐，集天子与诸侯的职责于一身，完全破坏了国家礼制，因此是不义，而是罪人。

在现实后果上，孟子认为实行霸道不仅是缘木求鱼，而且会"后必有灾"。《孟子·梁惠王上》载：

> 孟子曰："缘木求鱼，虽不得鱼，无后灾；以若所为，求若所欲，尽心力而为之，后必有灾。"

据此，孟子明确地反对霸道，提倡王道，认为王道是实现平治天下的正确方法。《孟子·梁惠王上》载：

> （孟子曰）："今王发政施仁，使天下仕者皆欲立于王之朝，耕者皆欲耕于王之野，商贾皆欲藏于王之市，行旅皆欲出于王之途，天下之欲疾其君者，皆欲赴愬于王。其若是，孰能御之？"

这段话表明，孟子儒学的王道就是要实行国内各阶层民众，包括士人、农民和商人等的安居乐业，如果君王能够使国内民众安居乐业，那么君王便可以"仁者无敌"了。因此王霸观也是对孟子儒学的仁政观的表现和儒家的道德主体性和道德万能论的一种理论推演，是将个人伦理学平移到国家政治的一种表现。

必须看到的是，王霸观背后的分野在于对内政的治理方式，更在于孟子儒学所理解的战争观，正是对战争功能的价值判断促使了王霸观的形成，这说明王霸观是与孟子儒学的战争观一脉相承的。孟子眼中的力实际上就是指战争，霸道就是国家通过战争手段来实现自身利益和迫使其他国家臣服的行为方式。通过霸道所获得的是短期的政治和军事利益。对霸道的谴责实际上就是对战争的谴责。

如果说孟子儒学的仁政观是孔子的道德主体性的政治理念的直接延续的话，那么其王霸观则是对孔子的政治理念在战国时期的发展和进一步的理论概括。不论孟子儒学的王霸观是否合理和有效，它的提出本身意味着先秦关于国家行为方式的思考进入了一个新的层次。

对于战国时期各国之间的战争，孟子更是极力谴责。《孟子·离娄上》载：

> 争地以战，杀人盈野；争城以战，杀人盈城，此所谓率土地而食人肉，罪不容于死。

而对于向君王推举霸道的大臣，孟子则怒骂他们是民贼（见下文对《孟子·告子下》的引文和分析）。

孟子儒学眼中的德实际上就是其仁政，王道就是国家通过实施仁政来使国家强盛的行为方式。王道就是以民为本，实行"民为贵"的政策，已经是实行仁政。王道着眼的是国家的长期利益，是为了获得民心，而不是短期利益。在孟子看来，只有获得了民心，国家才能够长治久安，才能够实现中国的统一。

由此可见，在孟子看来王道和霸道观是关于君王的两种迥然不同的治国方式，两者的不同在于是否实施了仁政。

（二）作为道德乌托邦主义的王霸观

孟子的王霸观在现实中是儒家的道德乌托邦主义的体现。《孟子·梁惠王上》载：

> （孟子）对曰："今夫天下之人牧，未有不嗜杀人者也。如有不嗜杀人者，则天下之民皆引领而望之矣。诚如是也，民归之，由水之就下，沛然谁能御之？"

此段话表现出孟子儒学仁政观在理想与现实之间的悖论，孟子在此脱离实际却振振有词。虽然仁政观在道德上无懈可击，在现实政治中却无容身之地。不言而喻，孟子儒学的王道是孔学的道德乌托邦主义、道德万能论和政治无为主义的翻版。仁政观的核心是关于国家内政治理的理论，孟子却将关于国家内政治理的观点延伸到了国家的对外关系之上，将两者混为一谈。但是孟子或许不了解，国家的内政治理虽然是国家的对外关系的重要基础之一，但是它毕竟不是国家的对外关系本身，改变和改善国家的存在状态一定要通过国家的对外关系来直接地加以实现。在国家间的战争为时代主旋律的情况下，孟子儒学的道德乌托邦主义只能给国家的存在状态带来悲剧性的改变和冲击，会弱化国家存在的根基。这就是孟子的主张在各国屡遭碰壁的根本原因所在。

五 仁政观

孟子儒学的政治理念是仁政观。与孔学的德政观由后人命名不同，孟子儒学的政治理念被称为仁政观来源于孟子自己。在《孟子》中，孟子本人将"仁"和"政"并用，用以称呼他的政治思想，形成了仁政观。这体现了孟子对于自己的政治思想要较孔学具有更进一步的自觉意识。

孟子儒学将仁政观置于极高的地位。

《孟子·离娄上》载：

> 孟子曰："三代之得天下也以仁，其失天下也以不仁。国之所以废兴存亡者亦然。天子不仁，不保四海；诸侯不仁，不保社稷；卿大夫不仁，不保宗庙；士庶人不仁，不保四体。今恶死亡而乐不仁，是犹恶醉而强酒。"

孟子认为，"仁"不仅对于一般人的安身立命具有决定性作用，对于天子、诸侯、卿大夫等在政治上的成败同样具有决定性意义。这种逻辑和方法显然是对孔学将个人伦理学平移到政治学的重复，仍然在用个人伦理学来规定政治学和国家政治。

> 孟子曰："尧舜之道，不以仁政，不能平治天下。"

孟子认为仁政观是尧舜之道的核心，这种解读表面上是孟子对于尧舜之道的阐释，实际是把仁政观置于尧舜之道之上。

孟子的仁政观是以天下观为基础的。虽然《孟子》中提及它的次数有限，然而却可以看到比较清晰的天下观。《孟子》中有"天下归一""一"等政治概念，这是对时代主题的正视和接受，然而孟子儒学却并没有对天下等概念进行明确的哲学上的规定。这表明孟子儒学的天下观只是对战国时期的统一战争这个时代主题的一种被动的折射。这从孟子与齐宣王的对话中得以表现。

《孟子·梁惠王上》载：

> （孟子）曰："然则王（齐宣王）之所大欲可知已，欲辟土地，朝秦楚，莅中国而抚四夷也。以若所为，求若所欲，犹缘木而求鱼也。"

"辟土地，朝秦楚，莅中国而抚四夷"正是完成对中国的统一，这是战国时期的时代主题，而孟子对此则嗤之以鼻，认为是缘木求鱼，是不可能实现的。历来认为这是孟子对霸道的否定，实际上这段话反映出的更多的是孟子对于时代主题即中国统一的认知，因为战国时期的齐国已经不是齐桓公时期的霸主，齐宣王也不是霸道的代表人物。

孟子认为，君王得失天下的关键在于所采取的治国手段。《孟子·离娄上》载：

> 三代之得天下也以仁，其失天下也以不仁，国之所以废兴存亡者亦然。天子不仁，不保四海；诸侯不仁，不保社稷；卿大夫不仁，不保宗庙；士庶人不仁，不保四体。今恶死亡而乐不仁，是犹恶醉而强酒。

孟子认为手段的正确性必然会带来结果，正确的政治手段就是实施仁政：实施仁政就可以让一国得天下，不实施仁政便会让国君失天下。

仁政观的内涵

虽然孟子儒学的仁政观与孔学的政治无为主义不尽相同，但在方法论上孟子儒学仍然没有摆脱孔学的窠臼。孟子儒学仍然试图将孔学的仁再次从伦理学范畴平移到政治领域，将两者混为一谈，实际上仍然是在倡导要用道德主体性来主导国家政治。

具体来讲，孟子儒学的仁政观在以下方面强化和丰富了孔学的德政主张。

1. 仁政观的经济基础

孟子儒学的仁政观是建立在他对于他理想中的经济形态的理解之上的。关于政治与经济之间的关系，孟子的认识也更加深刻。在《孟子·滕文公上》中孟子说道：

> 夫仁政必自经界始。经界不正，井地不均，谷禄不平，是故暴君污吏必慢其经界。经界既正，分田制禄可坐而定也。

孟子在此提出了经济基础对于国家政治稳定的决定性作用，是关于经济与政治之间关系的深刻理解,已经具有了"经济基础决定上层建筑"理念的萌芽。

在此之上,孟子在《孟子·梁惠王上》中进一步阐述道:

> (孟子)曰:"无恒产而有恒心者,惟士为能。若民,则无恒产,因无恒心。苟无恒心,放辟邪侈,无不为已。"

孟子认为对于一般民众来说要让他们安定地生活而心无反念就要有恒定的资产,这在当时条件下是指土地而言,也就是说民众要安定地做"顺民"就要获得属于自己的一份土地。

但是,孟子理想中的经济形态是上古时期的井田制,而不是在战国时期已经在现实中被广泛采用的小农经济形态。孟子在《孟子·滕文公上》中对井田制进行了具体的描述:

> 方里而井,井九百亩,其中为公田,八家皆私百亩,同养公田;公事毕,然后敢治私事。

在这段话中孟子并没有指明其出处,以至于后来的学者对于中国上古时期是否实施过井田制进行了长期的探讨和辩论,对于中国古代经济史产生了重要的影响。① 但是,孟子没有看到战国时期正是从对井田制的淘汰中走出来的,是建立在新兴的自耕农基础之上的经济体制,孟子强调恢复井田制实际上是在提倡经济复古,与孔学提出的复礼观点遥相呼应,有异曲同工之妙。

与井田制直接相关联,孟子提出了新的赋税制度,即要由"贡"改变为"助"。《孟子·滕文公上》载:

---

① 除了《孟子》之外,其他先秦典籍如《易》、《尚书》、《诗》和《管子》等对于井田制都有所记载。近来的考古发现已经证实了中国在上古时期其实存在过井田制的事实,能够与先秦典籍的记载相互验证,符合二元验证法。参见曹毓英《井田制研究》,华中师范大学出版社2005年版。

孟子曰："夏后氏五十而贡，殷人七十而助，周人百亩而彻，其实皆什一也。彻者，彻也；助者，藉也。贡者校数岁之中以为常。乐岁粒米狼戾，多取之而不为虐，则寡取之；凶年粪其田而不足，则必取盈焉。为民父母，使民盻盻然，将终岁勤动，不得以养其父母，又称贷而益之，使老稚转乎沟壑，恶在其为民父母也？夫世禄，滕固行之矣。惟助为有公田。由此观之，虽周亦助也。"

"贡"是指国家每年按照定额向农民征税，而不考虑年成的丰歉；"助"则是指要用力役抵地租，即由耕作公田来代替从私田中取出一定比例的粮食作为赋税。孟子认为，实施了助税便可以使百姓安居乐业了，君王便可以做到"与民同乐"和"为民父母"了。

2. 仁政观的政治内容

孟子儒学的仁政观具有丰富的内涵，涉及了诸多的方面，而以民本思想、反王权观和革命观的"三段论"为逻辑主线。孟子儒学仁政观的政治基础是民本思想。民本思想在中国西周时期便已出现萌芽，在春秋时期仍然存在，而孟子儒学则将这种思想推到了新的高度。在中国古代哲学的哲学观念史上，孟子儒学的民本思想是个绝响。在孟子儒学将源自西周时期的民本思想萌芽推向新的高点的同时，其后的中国古代哲学思想再也没有达到它的高度。

（1）对商鞅模式的批判

孟子儒学的仁政观包含了孟子对于解决当时时代问题的看法，这种看法首先是以他对秦国和楚国等国家行为方式的认知为基础的。孟子对于这些国家尤其是对秦国的商鞅模式的评价是极为负面的看法和完全否定的。

《孟子·梁惠王上》载：

彼夺其民时，使不得耕耨以养其父母。父母冻饿，兄弟妻子离散。彼陷溺其民，王往而征之，夫谁与王敌？故曰："仁者无敌。"

此处的"彼"是指秦国和楚国等。孟子认为秦国实行的是彻头彻尾的暴政，其人民处于水深火热之中，是被逼而走上战场的。只要实行仁政的其他国家的国君振臂一呼，以解放者的姿态君临秦国，秦国那些饱受压迫的人民便会揭竿而起，推翻秦国，加入该国。

这段话是违反秦国的事实的。孟子没有看到商鞅模式下的秦国民众对于国家政策具有高度的认同，秦国的军功爵制是秦国民众获取功名和安居乐业的快车道，秦国民众绝非被迫走上战场，而是带着即刻便可以兑现的富贵梦想一次次地踏上征途的，而广大民众的强烈支持是秦国军队成为战无不胜攻无不克的虎狼之师的最重要的原因之一。

这段话暴露了孟子对于商学和秦国时政的判断严重违背了事实性。孟子要么没有对秦的内部状态获得准确的第一手资料而形成了歧见，要么是他拒绝正视现实而选择了偏见。孟子认为某国的政府只要实现了"仁政"，天下百姓便会蜂拥而至，只要实行了"仁政"的国家便可以统一天下，实现孟子所说的归"一"。这表明，孟子儒学的政治逻辑是个典型的道德乌托邦主义，仍然没有脱离孔学的道德万能论的幻想本质。

一个对现实政治满怀歧见和偏见的人怀揣着改变世界的梦想周游列国，如果能够成功就可成为童话了。列国的国君拒绝了孟子道德说教的事实说明当时的君王和政治家起码在对于时政的了解和对于国家行为的认识上要比孟子准确和深刻得多，他们拒绝孟子的游说也说明他们并不是如孟子般地拒绝直视政治现实的鸵鸟，他们或许无法富国强兵和统一天下，但起码是脚接地气的现实中的人。

而对于能够为国君提供现实主义的治国方法的士人，孟子则进行了极尽恶毒的攻击。《孟子·告子下》载：

> 孟子曰："今之事君者皆曰：'我能为君辟土地，充府库。'今之所谓良臣，古之所谓民贼也。君不乡道，不志于仁，而求富之，是富桀也。'我能为君约与国，战必克。'今之所谓良臣，古之所谓民贼也。君不乡道，不志于仁，而求为之强战，是辅桀也。由今之道，无变今之俗，虽与之天下，不能一朝居也。"

孟子眼中的民贼显然是指商鞅等商学、纵横家、兵家和法家等讲求实效的学派和政治家。可见，孟子逆时代潮流而动，认为能够治国安邦的现实主义政治家都是民贼，在表明了他对于仁政的推崇已经到了极致，对于道德乌托邦主义的盲目崇信已经到了歇斯底里程度的同时，也暴露了他与时代潮流的脱节已经到了不可理喻的地步，较孔子更加偏激。

孟子看不到商鞅学说的积极性和有效性以及建立在其上的秦国的商鞅模式的强大生命力，一味地批判其穷兵黩武的负面阴影而忽视了其正面效果，失去了作为一个哲学家的客观和公正立场，这也不可避免地削弱了孟子儒学的合理性。

(2) 民本思想

作为其经济观的延伸，孟子得出了以民为本的政治观念即民本思想。孟子儒学的民本思想将国家权力的来源和基础明确地放在了民众之上，提出了政出于民的"民权观"。孟子提出民本思想是基于他对国家要素的认识之上的。孟子认为，在战争频仍的情况下保持国家存在的最重要的途径便是获得更多的人口，而要获得更多的人口便要君王实施仁政。

《孟子·离娄上》载：

> 孟子曰："桀纣之失天下也，失其民也；失其民者，失其心也。得天下有道：得其民，斯得天下矣；得其民有道：得其心，斯得民矣；得其心有道：所欲与之聚之，所恶勿施尔也。"

这段话概括了孟子儒学对于民本的重要性的认知，也形成了其民本思想的基础。能否得民是一个国家能否得天下的关键之所在。可以说，孟子儒学民本思想是具有一定的现实性的，反映了当时的时代特征，但却并不全面。

从纯粹的政治理论和哲学观念史的角度上看，孟子的民本思想是一种理论上的突破，是一种早熟的政治理念，也是具有世界意义的国家权力观。西方文明直到17和18世纪启蒙运动时期才明确地提出了主权在民的权力观念。法国哲学家卢梭在18世纪才在《社会契约论》(*The Social Contract*)中明确表达了主权在民的政治哲学，这要较孟子的民权观整整晚了两千多年之久。虽然孟子和卢梭的政治逻辑和政治目的是根本不同的，但就国家权力来自人民这个结论本身却是相同的理念。

实际上，如果将眼光从王权的合法性和正统性上移开，可以看出孟子儒学对于民众功能的认识也具有一定的现实主义基础。在孟子眼中民众的重要性来自他这样的认知,即民心向背可以决定国家的强弱,可以决定国家间战争的胜负,可以决定天下的统一。

《孟子·梁惠王上》载:

> 孟子对曰:"地方百里而可以王。王如施仁政于民,省刑罚,薄税敛,深耕易耨;壮者以暇日修其孝悌忠信,入以事其父兄,出以事其长上,可使制梃以挞秦、楚之坚甲利兵矣。"

孟子认为如果梁惠王实施仁政,弱小的梁国百姓用棍棒便可以打败强大的秦国和楚国了。

在《孟子·公孙丑下》中,孟子提出了著名的"天时不如地利,地利不如人和"以及"得道者多助,失道者寡助"的论断,认为民心的向背是可以决定战争胜负的最重要的因素。

不仅如此,统一天下的秘诀就在于得民心。

《孟子·离娄上》载:

> 孟子曰:"得天下有道,得其民,斯得天下矣。"

民心向背是决定政权合法性的一个重要因素,但民心向背并不是一句空洞的口号,也不是一个简单的道德理想,其基础是对于民众利益的公平分配、管理和保护,是一个复杂的政治系统。孟子儒学大谈仁政、道和人和,却脱离了政治现实,无法为王权和民众指出一条具有现实性的政治理念。在战争中,人和民心向背是个重要的因素和背景条件,但并不是唯一的决定因素,而只是国家和军队的实力的因素之一。也就是说,无论是在政治层面上还是在战争层面上,民心向背是个必要条件,而不是充分条件。孟子儒学的民本思想恰恰是混淆了两者之间的关系,将民心向背视为充分条件而不是必要条件,从而产生了悖论。

在战国时期,一个国家最重要的资源是人口和土地数量的多寡,相比于土地孟子如孔子一样则更加看重人口数量。人口数量代表着一个国家的实力,体现在经济实力、军事实力和政治实力,人口是具有流动性的,因而孟子试图通过提倡仁政观和民本思想来诱导民众向实施仁政的国家流动；而现实中的君王则更加看重土地，由于土地不具备流动性，因此战国时期的君王们便要通过战争来开疆辟土，将其他国家的土地据为己有。实际上，单纯强调人口或者土地都有失偏颇，人口土地并重，并将两种最重要的资源和国家要素加以有机组合的方法才是平衡的治国之策。孟子只看到了人口的重要性，而忽视了土地，这种认知上的失衡和偏差使孟子并不理解各国君王为何要发动战争，对于热心于争夺土地的君王和大臣进行恶毒的攻击，也导致了他对时政理解的严重误差。

作为民本思想的内容，孟子儒学提出了"与民同乐"的主张。在《孟子·梁惠王下》中孟子说道：

> 乐民之乐者民亦乐其乐，忧民之忧者民亦忧其忧。乐以天下，忧以天下。

这句话是《孟子》中引人注目的句子，多被后人所引述。

从中国古代哲学观念史的角度来看，孟子儒学的民本思想发前人所未发，有人认为是"民本思想的顶峰"①，这是值得商榷的。董学的天人合一哲学和天、地和人三维本体论的最后落脚点在于人与民，是一种更加深刻和合理的民本思想。

(3) 反王权观

按照孟子儒学的逻辑，既然得天下的决定因素在于百姓，在于民心向背，在于得民心，君王的地位和作用便大打折扣了。孟子的反王权观于是顺势而出。反王权观是民本思想在逻辑上的对应物和逻辑延伸，有了民本思想自然会有反王权观。

与孔学在关键理念上善打"太极"不同，孟子儒学更有战斗精神，即使在涉及王权问题上也毫不含糊，体现之一就表现在孟子儒学具有明确的反王权观。事实上，建立在民本思想之上的孟子儒学的仁政观就是鲜明的反王权观。孟子儒学的民本思想是以限制、削弱，甚至牺牲王权为条件的，没有对王权的反动便无所谓民本思想，也就不会形成仁政观，对此，孟子儒学的表达十分明确、直接和犀利。孟子说道：

---

① 鲍鹏山：《鲍鹏山说孟子》，浙江古籍出版社2012年版，第147页。

> 民为贵，社稷次之，君为轻。是故得乎丘民而为天子，得乎天子为诸侯，得乎诸侯为大夫。诸侯危社稷则变置。（《孟子·尽心下》）
>
> 君之视臣如手足，则臣视君如腹心；君之视臣如犬马，则臣视君如国人；君之视臣如土芥，则臣视君如寇仇。（《孟子·离娄下》）

"民为贵""君为轻"这些观点在先秦时期是十分大胆的言论。孟子的这些观点具有国家主义的成分，但是孟子儒学的国家主义是从其民本思想延伸而出的。强调民本思想并没有使孟子走上反国家的极端，孟子提倡民为贵的目的就是要强化国家的存在，然而在这个政治逻辑中却使王权的地位受到了排挤。因此，孟子儒学的仁政观是将国家主义与王权对立了起来，在提倡抬高民众地位的民本思想的同时，形成了反王权观的政治思想。

（4）革命观

按照孟子儒学仁政观中的民本思想和反王权思想这个逻辑再走下去，下一步便会发展到革命观这个在战国经常被讨论的命题。在孟子儒学的政治理念中，说革命观成了其仁政观的必要组成部分。孟子儒学的革命观是指在君王拒绝实施仁政的情况下，民众所应该采取极端的行为，即通过自下而上的暴力革命来推翻这个君王。

《孟子·梁惠王下》载：

> 齐宣王问曰："汤放桀，武王伐纣，有诸？"
> 孟子对曰："于传有之。"
> 曰："臣弑其君，可乎？"
> 曰："贼仁者谓之贼，贼义者谓之残。残贼之人谓之一夫。闻诛一夫纣矣，未闻弑君也。"

这段对话在《孟子》中非常有名，因为它提出了一种极其激进的革命观。孟子认为商汤放逐夏桀，周武王讨伐商纣都是合法的，因为他们拒绝实施仁政，已经变成了独夫民贼，不再是王了，臣民通过暴力手段推翻和杀死他们是完全合法的。

许多学者对这个观点赞赏有加，认为革命观体现了孟子儒学的民主精神，与西方近现代的意识形态颇为相近。但是，孟子儒学的革命观实际上是个偷换概念的悖论。历史唯实主义认为，民本思想的主体是民，即民众，是指以劳动人民为主的臣民，他们与君主是一种下对上的关系，而在"汤放桀"和"武王伐纣"这两个例子中并不适用于孟子儒学的民本思想。夏朝虽然被后世称为"帝国"，实际上却是个由不同的部族组成的松散的邦联式的政体，不同的部族接受夏朝的管理，任其为王，但它们是具有相当自主性和自治权的政治实体，商是这样的一个北方部族。因此，商汤取代夏桀虽然具有以下克上的性质，但更多的是相对平行的政治实体之间发生的旨在改变相互的从属关系的战争，其性质更接近王朝战争，其性质不能视为来自民众的造反，民众并不是这场战争的主体和发起者。后来的周武王讨伐商纣也是同样的情况。孟子儒学在将其仁政观和民本思想应用于对中国历史中的政治斗争的解读时实际上是犯了偷换概念的逻辑错误。

孟子儒学所举出的两个例子恰恰证明了作为政治理念的孟子儒学的革命观是难以在现实中成立的。根据历史和观念唯实主义的原则，在对特定的政治理念进行判断和评价时必须要将其置于它所处的时代性之中。在把孟子儒学的革命观放在战国中后期的时代环境之中后，我们就会发现，孟子的革命观在战国时期并不是个建设性的理念，反而具有破坏性，并且是不成熟的。在战国时期，承认了民权观无异于拒绝承认各国王权的合法性和正统性，而公开宣传其革命思想无异于是在颠覆战国时期王权的权力基础。在当时条件下，民权是个过于超前和十分不成熟的概念，与当时的政治经济发展水平严重脱节，它不仅受制于严格的社会等级，而且缺乏最基本的社会和文化基础。孟子儒学将这样一个"悬浮于空中"的理念视为其政治主张的基础，不仅与孔学的道德万能论同样不成熟，更为重要的是在当时的历史条件下承认了民权是王权的基础无疑是承认了任何王权都没有明确和可靠的基础，自然会导致革命，这就自然为自下而上的社会动乱提供了理论基础。

3. 义利之辨

义利之辨是孟子儒学对于孔学义利观的继承和发展，孟子儒学的义利之辨要更为完整，实际上已经达到了理论的层次。关于义利之辨的相关内容和辨析可见上文《孟子儒学的主要理念》部分。

4. 尚贤观

孟子儒学的尚贤观是在富国强兵的目的性下发展起来的。孟子认为，尚贤是富国强兵的关键，只要能够尚贤便可以夺取天下。孟子说道：

> 不信仁贤，则国空虚。（《孟子·尽心下》）

尚贤观是孟子儒学的将君子伦理学向政治平移的方法的组成部分，只是在此孟子提倡要从君王自上而下地招纳贤人君子，丰富了孔学的观点和方法。同时孟子儒学的尚贤观与其民本思想和反王权观是一脉相承的。这实际上是在抬高士人阶层的地位。通过尚贤观，孟子提出了他对士人的道德界定，丰富和发展了孔子的君子伦理学。

六　战争观

孔子对于战争问题始终是采取回避和逃避的态度的，这使得孔学没有战争观。相比之下，孟子儒学开始直视战争，第一次形成了先秦儒家思想的战争观。关于孟子儒学战争观的具体内容可见下文《孟子儒学对孔学的继承与深化》部分。

七　孟子和孟子儒学的政治际遇

孟子不仅在价值观上继承和发展了孔学，在个人的行为方式上也效仿孔子去周游列国，向诸多国家推销被自己更新和强化了的儒家的君子伦理学和仁政论的治国理念。可悲的是，孟子与孔子遭受了同样的冷遇，孟子儒学与孔学一样获得了同样的政治结局：虽然孟子在所到国家所受的待遇要好于孔子，一些君王能够耐心地倾听孟子的滔滔雄辩，但是仍然没有一个国家接受孟子的学说，如同孔学一样孟子儒学仍然无法完成与国家权力的结合，更无法上升为国家意识形态。

第七节　孟子儒学的内在悖论

孟子儒学继承了孔学的价值观和方法，这意味着孟子儒学也继承了孔学的内在悖论，并且有将其激化的倾向。在《孟子》中有些悖论在重复孔学的悖论，有些则是孟子儒学所自有的。

一 道德乌托邦主义与现实政治之间的悖论

如同孔学一样，孟子儒学悖论的根源在于由其道德主体性所演化出来的道德乌托邦主义和政治无为主义等与现实政治之间的脱节。

从纯粹的观念上看，相较于孔学，孟子儒学对于道德乌托邦主义理念的恪守在有些方面有所减弱和松动。如对于战争和王权等问题不再完全否定和回避，但是如果将其置于战国时期群雄逐鹿的时代背景之下，便可发现孟子儒学不但没有突破孔学的道德乌托邦主义，而且仍然在极力地强调道德万能论和政治无为主义，甚至其程度有所强化，而被强化了的道德主体性仍然是孟子儒学不容置疑的价值观。孟子儒学对于道德主体性的恪守也加剧了从孔学开始的道德乌托邦主义与现实政治之间的各种悖论。

二 关于孔子为圣人的悖论

孟子对孔子的评价极高，甚至将孔子提高到空前的高度，与远古时代的大禹和周公相并列，将他们并称为三位圣人。《孟子·滕文公下》载：

> 孟子曰："……昔者，禹抑洪水而天下平，周公兼夷狄，驱猛兽而百姓宁，孔子成《春秋》而乱臣贼子惧。……以承三圣者。"

但是，这三个人的身份却是完全不同的：大禹是夏朝的缔造者，是名正言顺的君王，周公虽然没有君王的名号，却是周朝的意识形态和国家体制的制定者，是摄政王，也就是说大禹和周公两人都是实际的国家权力的掌握者，都是卓越的政治家。相比之下，孔子则是一位贫寒的私塾教师，一介落魄的士人，是个备受政治界排斥和抵制的草根人士。除了在鲁国主持了三个月左右的礼仪职权之外，孔子从来没有握持过国家权力，孔学也从来没有与国家权力发生过真正的接轨。可以说，孔子和孔学一直被排斥在政界之外。孟子对于孔子的圣化并不是如对于大禹和周公般建立在历史事实的基础之上，而是建立在对其人格和思想观念的推崇之上的，然而这种推崇并不具有客观性，主观色彩十分浓厚，实际上是刻意的拔高和偷梁换柱的做法。虽然在不同的历史时期和根据不同的需要，采用不同的标准来设定圣人在逻辑和方法上是可行的，但是孟子拔高孔子的目的却是与大禹和周公相同的，是服务于同样的政治目的的，这样一来就要在逻辑上保持通顺，就应该采取相同的标准和原则。因此，将孔子与大禹和周公并列来阐释其政治理念和对其进行历史定位，这种做法也将形成了一个令人无法信服的悖论。

三 关于人性论的悖论

从纯哲学的视角来看，中国先秦哲学的人性论具有三个核心的特征：其一是将人看作具有纯粹自然属性的人，是客观存在的人，而不是神学框架下的、作为上帝或者神灵附庸的人；其二是将道德作为评价人性论的唯一标准，将人性命题完全置于道德审视之下；其三是将人性论作为国家决策的哲学和心理学根据，要求国家权力的运用要符合人性，要建立在人性的基础之上。

中国先秦时期的人性论已经摆脱了神学的桎梏，这是中国文化与世界其他文化的重要区别之一，也是中国文化早熟的表现。而这种状况的形成与中国上古历史经历了从商朝的神权向西周的宗法制的世俗性国家权力的转变密切相关。这种历史发展轨迹表明，中国先秦人性论之早熟的重要推动力是中国文明政治思想的早熟。古代的统治者为了设计出合理而有效的治国安邦的经世的政治手段，很早便开始将对人性的研究与政治学和国家权力建立起了直接的互动逻辑关系。

先秦百家普遍地将道德评价作为探索人性问题的重要标准，而将人性的客观内涵置于无足轻重的地位。根据这个标准和价值取向，先秦时期形成了以孟子儒学为代表的性善论、以荀子哲学为代表的性恶论、以世硕为代表的有善有恶论和以告子为代表的无善无恶论等关于人性论的四种主要观点。[①] 而孟子儒学的性善论对后世的影响尤其巨大。

但是，必须阐明和强调的是，将道德作为判断人性的唯一标准在逻辑上是有缺陷的。根据唯实主义的方法论，只有在对事物的事实性获得

---

① （东汉）王充：《论衡·本性》，上海人民出版社1974年版，第四三—四五页。

了充分的认知之后才能对事物的性质做出合理的价值判断，脱离了事实性的价值判断实际上是"偷工减料"和僭越，无法形成真正有效的价值判断。先秦的人性观在不去探讨人性的事实性的前提下便跃入了价值判断的领域，打破了思维的规律，违反了唯实主义的原则和标准。因此，以孟子儒学为代表的将道德标准视为对人性进行先入为主的价值判断的唯一方法在逻辑是上无法成立的，其所得出结论的有效性是无法完全立足的。如此一来，孟子儒学的以道德主体性为唯一判断标准的性善论与客观和具有科学性的人性论之间便形成了悖论。这个悖论在西方的中国古代哲学史研究者中同样受到了注意。①

虽然将政治学置于人性论的基础之上是个正确的取向，但在将人性论与政治哲学相结合方面先秦诸家并不成熟。孟子儒学的人性论仍然无法演变为令人信服的政治哲学，虽然孟子本人信心满满，但是战国时期的各个国家都将精力集中于如何在激烈的国家之间的战争中保持生存，如何在国家竞争之中胜出，而对孟子儒学的以道德主体性为价值取向的人性论及其仁政观敬而远之，孟子儒学仍然无法改变作为民间学术的定位。

四 义利之辨的悖论

孟子儒学的义利之辨延续了孔学关于义与利的观念，认为君子应该只讲义而不讲利，将义与利割裂开来，置于对立的只能二选一的地位。可见，孟子儒学将义与利完全对立起来的义利之辨将孔学的义与利的观念发展到了极致。孟子儒学不仅在个人伦理学的层面上强调其义利之辨，在国家政治层面上同样如此。《孟子》开篇一章是《梁惠王上》，在此篇中孟子明确地阐述了其义利之辨：

　　孟子见梁惠王。

---

① 例如，著名的美国汉学家安乐哲（Roger T. Ames）认为孟子的"性"并不应该被翻译成代表普遍本质的 nature，而建议直接用拼音来翻译孟子儒学的"性"。在此，安乐哲看到了孟子儒学的人性论并不是建立在客观事实基础上的人性，而只是体现了其中的一部分特性。实际上这恰恰反映出了西方汉学家对于以道德规定性来代替客观人性的研究方法的质疑。见［美］江文思、安乐哲编：《孟子的人性概念：它意味着人的本性吗？》，载《孟子心性之学》，梁溪译，社会科学文献出版社2005年版。

王曰:"叟,不远千里而来,亦将有以利吾国乎?"

孟子对曰:"王何必曰利?亦有仁义而已矣。王曰,何以利吾国,大夫曰,何以利吾家,士、庶人曰,何以利吾身,上下交征利,而国危矣。

万乘之国,弑其君者,必千乘之家;千乘之国,弑其君者,必百乘之家。万取千焉,千取百焉,不为不多矣。苟为后义而先利,不夺不餍。

未有仁而遗其亲者也,未有义而后其君者也。王亦曰仁义而已矣,何必曰利?"

将义利之辨作为《孟子》的开篇章节显然体现了孟子对于义利观的极度重视和它在孟子儒学中的重要地位,通过义利之辨孟子为《孟子》一书奠定了牢固的价值观基调。在孟子看来,义与利是对立的,君子和国家只应讲义即道德,而不应该讲利即利益;一个国家应该只讲义,而不必讲利,否则便会亡国。

然而,在涉及具体的利益时,孟子又有了另一番逻辑。《孟子·滕文公下》载:

彭更①问曰:"后车数十乘,从者数百人,以传食于诸侯,不以泰乎?"

孟子曰:"非其道,则一箪食不可受于人;如其道,则舜受尧之天下,不以为泰,子以为泰乎?"

曰:"否,士无事而食,不可也。"

曰:"子不通功易事,以羡补不足,则农有余粟,女有余布;子如通之,则梓、匠、轮、舆皆得食于子。于此有人焉,入则孝,出则悌,守先王之道,以待后之学者,而不得食于子;子何尊梓、匠、轮、舆而轻为仁义者哉?"

曰:"梓、匠、轮、舆,其志将以求食也;君子之为道也,其志亦将以求食与?"

---

① 彭更是孟子的弟子。

曰:"子何以其志为哉?其有功于子,可食而食之矣。且子食志乎?食功乎?"

曰:"食志。"

曰:"有人于此,毁瓦画墁,其志将以求食也,则子食之乎?"

曰:"否。"

曰:"然则子非食志也,食功也。"

孟子在此大谈食利的合法性在于食功,不至于食志,其实不论如何,孟子是在为君子食利寻找理论依据。孟子认为,孟子因其向诸王推广其理论而获利是合理合法的,就如同匠人因其手艺而受到补偿一样。如此一来便透露出了孟子心底里的小算盘,即他要通过在满世界宣讲"义"而获得利益。在此,孟子儒学所谓"仁义而已矣,何必言利"便显得如此虚伪和无法令人信服。

同样地,《孟子·尽心上》载:

公孙丑曰:"《诗》曰:'不素餐兮!'君子之不耕而食,何也?"

孟子曰:"君子居是国也,其君用之,则安富尊荣;其子弟从之,则孝悌忠信。'不素餐兮',孰大于是?"

在孟子看来,君子讲孝悌忠信就是要成为官员或者"公务员",不需耕作而能满足生计需求。显然,如同孔学一样,孟子儒学满嘴讲仁义道德实际上就是为了获得一个名利双收而又无须劳作的政府饭碗,所谓义只是谋求利的手段而已。这不仅阐明了孔孟儒学义利之辨的本质,也说明了其君子伦理学的目的恰恰是在于谋利。如此一来,孟子大讲的义利之辨便成为一个伦理学和道德上的悖论。[①]

[①] 孟子儒学的义利之辨宋朝以来的儒者都奉为圭臬,而对于其内在的悖论和虚伪则要么无所察觉要么视而不见。然而并不是所有的学者都如此。北宋初期的李觏在其《富国策》中便指出:"愚窃观儒者之论,鲜不贵义而贱利,其言非道德教化则不出诸口矣。"他继而明确指出治国之本在于聚财,"是故贤圣之君,经济之士,必先富其国焉"。[见(宋)李觏《李觏集》,王国轩点校,中华书局1981年版,第一三八页。] 只是这种现实主义的义利观被淹没在了后来盲目尊孟的政治运动之中。

五　仁政观的悖论

孟子儒学的仁政观是孔学的道德万能论和道德乌托邦主义在战国时期的新版本。孟子儒学在将孔学关于道德的一切幻想皆推到了极致的同时，也使孔学的道德主体性的内在悖论得到了强化。

（一）经济上的乌托邦主义

从古籍史料和考古发现中可以看出，井田制是上古时期中国所实行的主要的农业经济制度，是分封制的经济基础。① 随着周朝封建体制的"礼崩乐坏"，井田制也逐渐分崩离析，被自耕农的个体农业经济形态所取代，春秋后期的鲁国颁布了"初税亩"，在法律上承认了个体农业经济形态即自耕农经济，从此以后自耕农经济开始在战国各个国家落地生根，标志着井田制正式退出了历史舞台，被前者所全面取代。但是，孟子仍然固守刚刚被淘汰的井田制，将其视为其仁政的经济基础，显然是在逆历史潮流而动。孟子提出恢复井田制和赋税制度，主张以井田制为基础为民众分配一定的土地作为生产资料，提倡所谓"制民之产"，但是这种经济形态在现实中却是无法实行的，只能是空中楼阁。

孟子儒学对于井田制的期盼与经济改革是不同的。经济改革是在现有体制下对一些不尽如人意的制度和方法进行修正，孟子儒学所提出的则是要改变否定当时的以自耕农为主体的农业经济体系和制度，而要建立起已经被历史所淘汰的井田制。这是一种历史倒退，也是一种缺乏现实可行性的乌托邦式的幻想。可见，从一开始孟子的仁政观便是建立在海市蜃楼的经济基础之上的。逻辑前提的错谬导致了孟子以后一系列的错误推断，使孟子儒学的经济观成为一种理念上的乌托邦主义，形成了悖论。

---

① 近现代以来，有人否定上古存在井田制，认为它只是孟子的乌托邦式的臆想，并且试图通过孟子对于井田制的不完全的表述来达到否定上古存在井田制的目的。这种倾向的代表人物是胡适，载于其《井田辨》一文。这完全是对中国历史的无知。在五经和先秦文献中存在着大量的关于井田制的方方面面的记载，如《易》、《书》、《周礼》、《管子》和《公羊传》，等等。另外，考古发现也证实了上古井田制的存在。在中原地区已经发现了大量的沟洫，而沟洫就是井田之间的疆界，是井田制的必要组成部分。参见曹毓英《井田制研究》，华中师范大学出版社2005年版。《孟子》对于井田制的表述绝不是先秦文献中唯一关于井田制的记载，实际上相比于其他文献《孟子》的记载并不完善。

(二) 仁政观缺乏制度支撑

孟子在所到之处对所有人都大谈仁政观，可是他却并没有设计出一套实施仁政的国家制度体系和结构，这是孟子儒学仁政观的最大的漏洞之一。孟子儒学的民本思想、反王权观和革命观都缺乏逻辑上的有效性和现实中的可行性以及经济基础，这些缺陷都使孟子儒学的仁政观缺乏制度支撑，都无法在现实政治中有效地立足，而孟子在高调倡导这些理念时对于仁政观之下的制度设计闭口不言，这使得其仁政观成为空中楼阁。在此情况下，孟子儒学只是寄希望于在现行体制下通过实行仁的政策来推行仁政，而现行体制正是孟子所要建议"革命"的对象，如此一来孟子儒学的仁政观便成为一种内在的悖论。

作为成熟的政治哲学，与政治理念相配套的制度设计是不可或缺的一环，这在商鞅的商学、董学的皇帝制度以及西方近现代与自由主义思想相适应的代议制政体等都有充分的表现，而这些显然是孟子儒学的仁政观所欠缺的。因此，孟子儒学与孔学一样仍然停留在政论阶段，孟子与孔子一样并不是个成熟的政治思想者。

(三) 关于王权的悖论

如前所述，孟子儒学的仁政观的核心政治理念是民本思想、反王权观和革命观。对此孟子说道：

> 民为贵，社稷次之，君为轻。是故得乎丘民而为天子，得乎天子为诸侯，得乎诸侯为大夫。诸侯危社稷则变置。(《孟子·尽心下》)
>
> 君之视臣如手足，则臣视君如腹心；君之视臣如犬马，则臣视君如国人；君之视臣如土芥，则臣视君如寇仇。(《孟子·离娄下》)

作为一个民间的政治观念这种说法无可厚非，但是作为严谨的政治哲学理念，这种观点便是个漏洞百出和不负责任的悖论了。

如果君王没有实施孟子所说的仁政，那么臣子便可以名正言顺地"视君如寇仇"，这便为颠覆现政权提供了合法性。但是，孟子在此对于许多至关重要的问题却并没有做出回答，例如，如何颠覆现政权，是要通过暴动和政变的手段来实施吗？如果暴动和政变成功地推翻了现政权，那么由谁来担任新的君王和组建新政府，是参加谋反的大臣和诸侯直接担任新王，还是在皇族/贵族中推举新王？推举新王的手段是权臣举荐，还是全面公投？新王的合法性又将建立在何种意识形态之上呢？如果新王的合法性在于实行孟子所说的仁政，那么仁政的标准又是什么呢？仁政要采取何种政策才能说服自耕农放弃自己的土地去拥护井田制，政府采取如何补偿措施才能确保井田制能够重新落实呢？如果仁政没有明确的令人百姓普遍接受的标准，那么所谓仁政便只是见仁见智的政见，而建立在政见基础上的仁政也只能是一句空谈和颠覆政权的借口。如此这般，不管如何上位的新王仍然是如坐针毡，无法稳固和合法地把持王位，国家权力便失去了稳固的基础，王权会一直处于动荡之中。也就是说，孟子儒学在表面上似乎是通过提倡仁政而占领了道德高地，而实际上是在颠覆和破坏国家政权，这些不切实际的道德乌托邦主义只会将国家带入更加深刻和难以自拔的政治危机之中，在战国时期国家战争频仍的情况下这无异于亡国之策。因此，孟子儒学的仁政观、民本思想和反王权论只是一种变相的孔学的道德万能论和政治无为主义的变种，是在以更极端的方式重复着孔学的政治悖论。

（四）关于民本思想的悖论

如前所述，孟子儒学的民本思想极度夸大了民意的作用，将作为必要条件的民心向背视升格到充分条件，从而产生了逻辑悖论。

孟子儒学关于民本思想的悖论还体现在对于王权基础的观点之上。孟子在否定了非民本的王权的同时，却并没有表明他理想的王权的基础到底应该是什么。如果根据其民本思想来假定孟子儒学的王权基础是民权的话，那么他没有涉及该如何明确和准确地界定民权的命题，同时，孟子也没有说明该如何在政治实践中通过何种体制和程序来体现这种建立在民权基础之上的王权。如果缺少了这些必要的构建而奢谈政治理念，包括以道德主体性为基础的政治理念，只能是一种空谈。也就是说，孟子的政治思想仍然没有跳出孔学道德乌托邦主义的窠臼，仍然在重复孔学的道德乌托邦主义、道德万能论和政治无为主义的悖论。

关于孟子儒学民本思想的悖论将在下文的董学与孟子儒学的唯实比较部分中进一步进行解析和阐述。

（五）仁政观的不成熟性

唯实主义认为，历史中的观念事实是具有客观性的，人类的行为事实也是事实的一种，对其认知和把握同样要遵循唯实主义关于事实性的原则和方法。也就是说对于战国时期的时代主题和国家行为方式的认知同样要建立在事实性的基础之上。

孟子儒学提倡仁政的政治背景是在战国时期，之所以被称为战国是因为这个时代的最重要的主题就是国家间的激烈竞争，而政治和军事对抗是国家间竞争的最重要的方式。此时的国家意识形态就是要不择手段地以牺牲他国为代价来立功得利和立足，此时的国家行为是赤裸裸的力的较量。秦国能够全盘接受和实施商鞅变法，将国家改造成一个高效率的战争机器，就是这个时代的精神最彻底和最典型的反映。而在这种时代背景之下，孟子提倡以道德主体性为核心的仁政观无疑包含着反时代潮流的精神，是对当时的国家行为方式的谴责和否定。孟子儒学是要劝导国家另辟蹊径，通过弘扬道德来实现国家的富强，并最终实现"天下归一"的目标。

孟子儒学仁政观的不成熟性是一种反时代的政治主张。孟子儒学要求各国在你死我活的国家间对抗是国际政治的常态，以及国家之间的战争已经成为国家交往的主要方式的情况下要求改变行为方式，要实现他所主张的仁政，这就等于是要求各国弱化甚至放弃军备，回避战争，这无异于一种政治无为主义和弱化版的投降主义。孟子在各国冒着被虎视眈眈的其他国家征服和吞并的现实威胁之下大谈仁政，幻想着"仁者无敌"，显然是一种道德乌托邦主义的一种极端形态，是不成熟的，进一步加深了孔学的道德乌托邦主义与现实政治的脱节程度，被各国君王所拒绝是理所当然的结果。

同样根据唯实主义，人类的行为并不是"完美的"，事实性的展开是一个动态的过程，其中包括各种力量的参与，人类行为形成行为事实的过程是个多种理念、行为和力量博弈的结果。也就是说，孟子儒学对于当时国家行为方式的谴责和否定是具有道德层面上的合理性的，作为舆论、建议和观点是"可以"的，孟子儒学的政治主张被所有国家拒绝的根源在于仁政观不具有现实政治上的合理性和可行性，是与现实政治相脱节的幼稚的政治观点。

六　关于大丈夫的悖论

孟子对于自己和儒家的历史使命深信不疑，他认定了大丈夫是下一个圣人或者"名世者"，将把自春秋以来已经延续了数百年的乱世再次整治为治世，而实际上孟子本人就是这个大丈夫，对此孟子深信不疑，他当仁不让、舍我其谁的历史责任感。从个人伦理学或者个人志向的层次来看，这是无可厚非的，是值得肯定的，但是这种理想是否恰当，能否实现则是另外一个问题了，而孟子儒学恰恰是在可行性上出现了问题。如前所述，孟子儒学延续了孔学的道德乌托邦主义，试图仍然用道德主体性来否定战国的战乱状态，以道德为手段来实现中国的统一，完成这个艰巨的时代主题。

对时代进行道德审判在个人层次和伦理学层面上无可厚非，可在将其基于大丈夫伦理学的仁政观平移到政治领域之后，孟子儒学便碰壁了。如同孔学一样，孟子儒学的道德万能论再一次剧烈地撞在了现实政治的墙上，道德主体性再次撞得头破血流，孟子也重复了他所崇拜的先师孔子的周游列国而无功而返的政治命运。于是乎，孟子儒学的大丈夫伦理学在个人价值和时代使命面前变成了又一个悖论。

七　关于王霸观的悖论

由于孟子儒学采取的是与孔学一样的平移法，即将个人伦理学向政治学进行平移，将个人伦理学的道德说教平移到国家政治和国家行为之上，将其视为指导国家政治的方法和原则。因此，孟子儒学关于王霸观的理念和原则是建立在其个人伦理学之上的，是以道德准则尤其是其义利之辨为唯一标准的。

孟子谴责霸道，提倡王道的王霸观集中体现的是孟子儒学对于道德万能论的歌颂和对于战争的否定和鞭挞。但是，孟子忽略了一个明显的事实，那就是被他奉为王道典型的商武王和周文王都是通过王朝战争来实现所谓王道的，他们发动的反叛战争规模浩大，手段残忍，是典型的暴力实施，而绝非仅仅依靠道德手段获得了胜利，建立了王朝，赢得了天下。也就是说，孟子儒学的王霸观是不符合历史事实的，是违背了历史唯实主义的不实之论。

孟子儒学的王霸观是悖论的历史事实无论在孟子生前还是身后都有力地驳斥了孟子儒学王霸观的悖论。在现实政治中，孟子对于王道和霸道的理解是错位的，是与战国时期的政治潮流逆道而行的。战国政治的本质是各个国家关于国家存在的竞争。战国时期的各国的最高政治目的是要在国家竞争中获得有利国家存在的方式，这一方面意味着保持国家的生存，不至于被其他国家所吞并和征服；另一方面则意味着国家能够获得良好的国家存在环境，在群雄竞争中处于有利的位置，对于一些强国来说则意味着统一六合，建立起统一的帝国。而霸道则是直接关乎国家存在的国家行为方式，核心是国家的外向权力的意识形态和行为方式，是战国群雄最需要的政治理论和国家意识形态。而孟子的主张恰恰是反其道而行之，依靠道德是无法完成时代使命的。孟子否定以战争为主要行为手段的霸道，转而提倡以道德万能论为主导的王道，要用王道来代替霸道，用仁政来取代战国诸国之间的兼并和统一战争，战国时期的结束方式证明了孟子儒学王霸观的错谬。由此可见，对于孟子儒学的王霸观来说，历史事实的客观性是有力的雄辩。

八 政治目标与实现手段之间的悖论

孟子儒学明确地将"一"看作政治目标，这一方面表明孟子认识到战国时期的时代主题是中国的统一，同时也反映出孟子并没有与现实世界彻底失去联系。然而，孟子儒学的道德主体性和道德乌托邦主义仍然使其盲目地信奉道德万能论，即所谓"仁者无敌"，这样便导致了孟子儒学的政治目标与实现手段之间的悖论。

"仁者无敌"是孟子儒学在道德万能论上的堪称极致的观点，也是孟子儒学的内在悖论的一个典型表现，其错谬的程度甚至超越了孔学。仁者无敌是王霸观的组成部分，体现了孟子对于实施仁政的政治后果有着十分乐观的期待。他认为，在实施了仁政之后，士人和其他各国的百姓必将蜂拥而至，天下归心，富国强兵指日可待，并且可以基本上兵不血刃地实现天下统一。

孟子认为：

> 尊贤使能，俊杰在位，则天下之士皆悦，而愿立于其朝矣；市，

廛而不征，法而不廛，则天下之商皆悦，而愿藏于其市矣；关，讥而不征，则天下之旅皆悦，而愿出于其路矣；耕者，助而不税，则天下之农皆悦，而愿耕于其野矣；廛，无夫里之布，则天下之民皆悦，而愿为之氓矣。信能行此五者，则邻国之民仰之若父母矣。率其子弟，攻其父母，自有生民以来未有能济者也。如此，则无敌于天下。无敌于天下者，天吏也，然而不王者，未之有也。（《孟子·公孙丑上》）

残酷的国家间的生死较量在孟子眼中如同儿戏一般轻松写意，最为离奇的是别国百姓会视另一国家的君王"为父母"，在战争中会有如同"攻其父母"一般的罪恶感，可见在孟子眼中人性、国际政治和战争都是浪漫的天方夜谭。稍有政治经验的人都会知道，国内民众的安居乐业并不等同于有效的战争能力，并不能等同于孟子所期待的"人和"，将国内的政治资源转化为战争能力是个十分复杂的系统工程，绝非简单的一句仁政便可以实现的，更不存在所谓仁者无敌这种简单的等同关系。孟子儒学的这种天真烂漫的战争观在战国时期残酷的战争环境下，显得有些匪夷所思。

孟子儒学的仁政观开始于井田制的逻辑假设，结束于不着边际的浪漫，这些都说明孟子儒学的政治观是脱离现实的道德万能论的本质属性。

第八节　孟子思想在历史上的不同定位

孟子儒学出现在战国中后期，是先秦百家的一个重要思想流派，无论是在儒学史还是在中国哲学观念史上始终占有一席之地。然而一直以来，人们对于孟子思想的理解却并不相同，这也导致了孟子儒学在中国历史的不同时期的地位截然不同，在中国哲学史中的定位也多处变化之中。孟子思想在历史长河中地位的起起伏伏是孟子思想的一个重要方面，也是其重要特征之一，其变化折射了各个历史时期的政治和思想状况。

孟子儒学的本质的理解中，它与孔学和董学的关系是基础和关键，而西汉的董仲舒、唐朝的韩愈和北宋的王安石和南宋的朱熹等人对孟子儒学起伏不定的历史地位的变化起到了至关重要的作用。

一　战国时期

先看孟子儒学在孟子生前所处的地位。孟子儒学产生于战国中期，孟子曾如孔子般周游列国，推广他的主张，但是所有的君王都拒绝接受其主张。有些君王对孟子礼遇有加，甚至许以高官厚禄，例如齐宣王。然而这种举动却是醉翁之意不在酒，并非表明他们认可了孟子的主张，而只是在向天下士人作秀，告诉士人阶层即使如孟子这样的人我也会善待的，将孟子作为自我宣传和希冀广招天下能臣贤将的"活广告"。

那么，孟子儒学在战国中后期的学者和士人阶层中的地位如何呢？虽然当时并没有客观的哲学史评价，但是从古籍的零星的间接记载中也可以从侧面露出些端倪。一是孟子的"好辩"之名。孟子在当时以好辩著称，这点孟子自己也承认。《孟子·滕文公下》载：

> 公都子曰："外人皆称夫子好辩，敢问何也？"
> 孟子曰："予岂好辩哉？予不得已也。"

孟子的这句话说明，孟子本人并不是天生好辩之人，他好辩是不得已而为之。为什么如此呢？因为其他士人和学者并不认同他的言论，对其多有非议和讥讽，孟子才不得不反唇相讥，与所有人展开口舌之战。从《孟子》中可以看出，孟子斥责过陈相，讽刺过杨墨，批驳过告子，训斥过众弟子，当然也与许多君王进行过辩驳。虽然孟子不惜与所有人辩论，看似不落下风，但是他的主张仍然没有被接受，他的道德乌托邦主义和政治无为主义几乎毫无例外地到处碰壁，这种状况折射出了孟子儒学在战国时期的需要获得肯定和认可的民间思想的地位。

二是孟子儒学在部分士人之中仍有一些追随者。《孟子·滕文公下》中记述了孟子周游时"后车数十乘，从者数百人，以传食于诸侯"的"盛况"。战国后期的韩非曾著《韩非子·显学》，将孟氏儒学作为孔子之后儒家分化后的八个流派之一，这也折射出孟子儒学已经作为先秦儒家的一个流派独立存在的事实。

因此，对于孟子儒学在战国时期所处地位的客观评价是：孟子儒学是作为诸多百家之中的一个并不出色和出众的民间思想流派而存在的。

如同孔学一样，孟子儒学的地位和影响力上不及商学和法家能够作为富国强兵的意识形态而被君王所接受，从而能够与国家权力进行正面接轨；下不如老子和庄子哲学能够成为隐士和逍遥派士人的精神归宿，中不如墨家成为游侠之士的组织纲领而在战争中对国家行为能够施以一定的影响。① 孟子儒学仅仅作为变得支离破碎的先秦儒家的一个流派而在一些士人中存在于百花齐放的先秦思想的一个角落。

二 《孟子》在秦朝的地位

孟子儒学在战国后期的式微地位在秦始皇统一中国之后进一步变得衰落了，孟子儒学几乎被朝廷、学者和士人阶层所完全忽略以至于已经跌出了公众的视野之外。这种状况的产生与孟子儒学的理念是直接相关的。孟子儒学的反王权观主张民贵君轻，其建立在道德乌托邦主义的仁政观和政治无为主义与秦朝奉行的强化版的商（鞅）学意识形态是水火不容的，孟子儒学的传人自然不敢再发其声了，以至于孟子儒学几近灭迹于思想界，在民间也似乎停止了传播，社会中几乎没有任何影响力了。孟子儒学处于这种地位的最明确的证据是《孟子》并没有被列入焚书之列。众所周知，秦始皇的焚书令包括除了种树、卜筮、医药和秦国本国的历史书之外的所有书籍，而先秦百家书籍更是重中之重。但是从现存史料中可以看出，《孟子》并没有被列入焚书之列，可见它已经消失于公众的视野之中，变得可有可无了。

三 《孟子》在汉朝的地位

相比于秦朝，《孟子》在汉朝开始受到一些关注。这是西汉初期的皇帝为避免重蹈秦朝速亡的教训开始重视借鉴先秦百家思想的结果，在先秦儒家重新被重视的同时，作为孔学延续的孟子儒学的地位也自然得到提升。但孟子儒学并没有受到另眼相看，受重视的程度远不如孔学。虽然官方的认可如昙花一现，学者的关注也是凤毛麟角。在西汉时期，孟子儒学与董学开始正面交锋，董学的兴起及成为官方意识形态而直接与

---

① 在战国时期，墨家曾经是"显学"，众多的侠义之士皆以其为圭臬。墨家长于设计制造各种器械进行防守，在战国时期的战争中是一股力量。参见《史记》等史籍。

孟子儒学的地位有着直接的关系。

（一）西汉前期的地位

在西汉初期，陆贾是汉高祖刘邦的谋士，作为儒士的陆贾曾经向刘邦力荐儒家的仁义道德之说，其意在于提醒刘邦治理国家不能再只靠暴力手段了，而要文武并用。① 陆贾著有《新语》一书，是他向刘邦和诸功臣宣讲文武治国之道的演讲集，其中的《辨惑》、《无为》、《慎微》和《思务》等文章多次征引孔子的事迹和学说，但对孟子则一字未提。这种状况一方面表明在西汉初期孟子仍然是默默无闻，另一方面也表明即使如陆贾这样的读书人知道孟子，但仍认为孟子之说不足以服人，所以他对孟子绝口不提。

在汉文帝朝，孟子儒学的地位有所上升，《孟子》与《论语》一道被官方设置了传记博士。这种现象应该与西汉初期在刘家基本上稳定了政权之后，探讨治国之道，避免重蹈秦朝的覆辙有关。在官场和学界反思秦朝速亡的过程中，所有人都将矛头指向了秦朝过于严苛的严刑厉法，而作为其对立面的强调道德万能论的孔孟儒学自然被纳入了讨伐秦朝官员的视野之中。然而，《孟子》的地位仍然不高。所谓传记是作为经学研究的附属材料，也就是说，西汉初期官方是通过经学来间接地看待《孟子》的，属于第二梯队。在汉武帝接受董仲舒的建议设置了五经博士之后，《孟子》的传记博士设置就被取消了。

（二）董学对于孟子儒学地位的影响

董学的横空出世对于孟子儒学是个严重的打击。作为现实主义的政治哲学，董学对于孔学和孟子儒学的道德乌托邦主义和道德万能论自然是无法接受的，而董仲舒对于孟子儒学则给予专门的"照顾"，直接进行了批驳。在《春秋繁露·深察名号》中，董仲舒对孟子儒学的性善论的人性论就进行了直言不讳的批驳，这种以指名道姓的方式直接批驳一个先秦流派对于董仲舒来说是十分罕见的，这足以说明了董仲舒对于孟子

---

① 陆贾与刘邦有一段针锋相对的辩论，对刘邦产生了深刻的震撼，不仅从此改变了他对于读书人的歧视，也对汉朝国运的安定很有贡献。"陆生时时前说称《诗》《书》，高帝骂之曰：'乃公居马上而得之，安事《诗》《书》！'陆生曰：'居马上得之，宁可以马上治之乎？且汤、武逆取而以顺守之，文武并用，长久之术也。'"[（西汉）司马迁：《史记·郦生陆贾列传》，浙江古籍出版社2000年版，第819页]

儒学的排斥力度。

既然如日中天的董学对于孟子儒学采取了如此严厉的批判态度，孟子儒学在汉武帝朝自然是迅速地进入了低潮，人们刚刚兴起的对于《孟子》的一些兴趣马上又被扑灭了。

董学对于孟子儒学的立场从一个侧面强有力地说明了董学与孔学和先秦儒家根本对立的价值观，说明了所谓"罢黜百家，独尊儒术"的口号是不准确的。这些事实都说明将董学强行纳入儒家思想是违背了观念事实和历史事实根据的。

1. 司马迁的"孟荀齐号"①

从西汉中期开始，中国哲学史存在一种将孟荀并提的观点，即将孟子儒学和荀子哲学相提并论。这种观点来自司马迁。在《史记》中，司马迁著有《孟子荀卿列传》一章，后来者于是便将两人相提并论了，形成了"孟荀齐号"的观点。实际上司马迁将两者纳入同一个章节里立传并不代表两人的思想是相近的，因为在同一章里司马迁还用更多的篇幅记叙了道家和其他先秦流派的代表人的传记。也就是说，司马迁在《史记》中将孟子与荀子"并列"是从观念史的角度来记叙的，司马迁将两者并列反映出作为历史学家的司马迁认为孟子和荀卿两人都是在孔子之后对儒家思想的传播产生过重要的影响。实际上，从两者的观念事实来看，它们传播儒学的方法是不同的。孟子儒学是继承了孔学的道德主体性的价值观，荀子哲学则是对孔子本人表达了高度的敬仰但在思想上则脱离了孔学的轨迹。然而，司马迁能为孟子作传也是对孟子儒学在哲

---

① 根据观念唯实主义的原则和标准，就孟子儒学和荀子哲学的观念事实和价值观而言，两者都是不可同日而语的。两者虽然在尊孔上是一致的，都自称志在继承孔学，但是两者的观念事实却是大相径庭，甚至是针锋相对的。孟子思想和荀子哲学的核心概念和概念体系及观念体系是完全不同的，尤其重要的是，建立在迥异的观念事实基础之上的两者的价值体系也是完全不同的，这决定了孟子思想和荀子思想无法被笼统地置于孔学继承者的地位。虽然孟子儒学的核心概念和概念体系与孔学不同，其演绎的逻辑和深度等也与孔学不同，但是其核心价值观仍然是孔学的道德主体性和个体伦理学，以及在它们主导之下的道德乌托邦主义和政治无为主义，而与战国时期的现实政治不发生实际的联系。荀子哲学则已经脱离了孔学的道德主体性原则和个体伦理学，形成了自己独特的荀礼观念，对国家和社会提出了具有独创性的社会学的解读，能够正视战国后期的政治现实和时代主题，已经不具有孔学和先秦儒家的基本要素了。对于荀子哲学的唯实解构可见本书后文。

观念史中的地位的一种肯定，这为后来孟子儒学的升格埋下了伏笔。

孟子儒学与荀子哲学在观念事实和价值观上的差异和对立并没有逃过汉朝和后来学者的眼睛，孟荀齐号的观念并没有固定下来。实际上，从汉朝开始学者更多地开始将孟子思想与孔学相提并论，开始了孔孟并列的先例。

2.《孟子》开始受到西汉后期学界的一些关注

虽然孟子儒学被官方意识形态所排斥，但在民间再次开始获得一定的关注，孟子儒学作为民间学术的形象再次出现。

(1)《孟子》受到民间儒生的重视

在西汉后期霍光主政时期，霍光策划了著名的盐铁会议。在会上《孟子》曾被一些贤良文学引用，这表明孟子儒学在西汉民间获得了儒生不小的关注。盐铁会议是托孤大臣霍光以汉昭帝的名义进行的一次规模盛大的辩论会，辩论的一方是由桑弘羊为代表的支持汉武帝政策的政府高级官员，实际上是由汉武帝构建起来的公羊模式的维护者；另一方则主要由民间的贤良文学，实际上是儒家思想的维护者。在辩论中，贤良文学多次引用《孟子》，以孟子儒学的民本思想、王道论和性善论等观点来对公羊学的观点发难。据统计直接引用达十处之多。显然，贤良文学是把孟子看作儒家思想的代表人物。这次重要的会议对西汉后期和东汉时期增加学者对《孟子》的关注度起到了促进作用。①

西汉后期的学者开始对《孟子》进行注释。从现有史料来看，最早为《孟子》作注的学者很有可能是刘向。据记载，刘向曾著有《孟子注》，可惜该书已经失传。汉朝为《孟子》作注的有五部，流传下来的仅有东汉赵岐的《孟子章句》，但据考证该书很有可能已不是原貌。虽然这几本注释与汉朝学者对官方经书汗牛充栋的注疏相比几乎不值一提，但已然开启了为《孟子》作注的先河。

西汉后期的著名学者扬雄和东汉的著名学者王充和赵岐等对孟子的评价都较高。扬雄认为孟子是孔子的真正传人，并据此认为孟子的地位

---

① 有学者认为盐铁会议中"孟子思想取得了主导地位"，是"孟子思想的崛起"。这种观点是有些过于夸大了孟子儒学在该会中的作用的。参见金春峰著《汉代思想史》，人民出版社1987年版，第304页。

要高于先秦诸子，并且扬雄本人也曾自比于孟子。① 扬雄对孟子的评价显然是在将孔子圣化的前提下得出的结论。在两汉所有孟子儒学的研究者中，东汉的学者赵岐对于孟子的评价是最高的，他率先提出了孟子是"亚圣"的观点。东汉的思想家王充则是从对儒家的批评中将孔孟并提，这也从反面确认了孟子在先秦儒家中仅次于孔子的地位。② 只是他们的看法仍然仅存于民间，扬雄虽然在朝廷做官，在官方意识形态上却并无地位，他的研究和著述仍然只是个人行为，而王充虽然是位出色的思想家，却一生布衣，无缘为官。

可见，在整个两汉时期，官方只是在西汉初期对孟子儒学短暂地进行过一定程度上的关注和认可，而在董学和公羊学被确定为官方意识形态之后，孟子儒学的地位便从官方的视野中消失了。在盐铁会议上，贤良文学利用孟子儒学来攻击公羊学恰恰表明了其影响力仅限于民间的儒生，并且与官方意识形态处于对立的地位。而在两汉时期重视孟子儒学的学者除了刘向之外也全部来自民间。③

（2）孔孟并提的基础

西汉学者对于孟子地位的认可是通过孔孟并提的方式来进行的。而孔孟并提也是对曾经流行一时的孟荀齐号的观点的一次修正。

孟荀齐号的提出者是司马迁，而孔孟并提也是由司马迁提出的。司马迁认为，孔孟对于义利等观念的看法是一致的，并且两人周游列国而皆遭失败的经历也相似，这实际上是肯定了孟子儒学在观念事实和行为方式上是与孔学具有一致性的。

如前所述，虽然孟子儒学的道德乌托邦主义色彩在某些问题上较孔学有所减弱，试图更加关注现实政治问题，但在一些问题上孟子儒学的道德乌托邦主义色彩却更加浓厚，因此孟子儒学在理念、价值观和方法论上与孔学是具有高度同一性的，这点被司马迁捕捉到了。正是孟子儒学在道德主体性上对于孔学的坚守使它被认为是对孔学的继承和发扬以

---

① 参见扬雄著《法言》中的《君子》等篇。
② 参见王充著《论衡》中的《问孔》和《刺孟》等篇。
③ 扬雄虽然一直在朝廷当差，但只是微不足道的小官，是皇帝欣赏他在作赋方面的才华才让其留在朝廷，他的学术研究完全是他的个人行为，与官方并无关联。

及孔孟并提的根本原因，这是符合孔学与孟子儒学的观念事实和价值观的。

四 《孟子》在魏晋南北朝和隋朝的衰落

东汉末期进入了三国时期，魏蜀吴三国分别建立起了割据政权，内战横行。西晋虽然统一了三国，但是这种统一的局面很快便在八王之乱中再次被打破，中国进入了长达近三百年之久的分裂和内战局面之中，这就是魏晋南北朝时期。这个时期王朝的更迭十分频繁，为了夺取国家权力王族内部的尔虞我诈、篡权和谋杀行为成为家常便饭，公羊模式下的国家制度和天下秩序被破坏，董学所建立起来的功利性和道德性之间的平衡性被彻底打破和践踏，各种势力奉行的是暴力和没有道德约束的急功近利，儒家所倡导的以道德主体性为核心的价值观更是无人问津。由于汉朝的察举制度等从士人和读书人中选贤举能制度的废止，读书人失去了通过读经而进仕的渠道。表现在学术界则是对于所有经学经典研析的停滞，而本身并不是经学经典的《孟子》自然更是几乎无人问津了。"这一时期，研治《孟子》的著作只有一部，是晋朝綦毋邃为《孟子》作的注。"①

在这个时期，孟子儒学的衰落与整个儒家的式微是密不可分的，而儒家的式微与释道的流行密切相关。一方面，长期的战乱给国家和百姓造成了深重的苦难，而强调来世和转世的佛教在中国的传播也因此不断扩大和深入。现实世界的灾难促使人们将眼光转到了来世，这是宗教得以快速传播和普及的普遍规律，这点在魏晋南北朝时期体现得十分典型。另一方面，佛教与中国本土的哲学融合之后所产生的禅宗教派等诸多本土化了的佛教教派也不断应运而生，这种嫁接大大地强化了佛教思想在中国土壤上的生命力。而作为中国本土的道家思想也受佛教的影响加速了宗教化的进程，形成了道教，要与佛教和儒家思想一争高低。从政府层面上看，虽然也时有发生灭佛等实践，但佞佛仍居于主流，而灭佛恰恰折射出佛教过于强大的事实。这使得佛教和道家在整个魏晋南北朝时期处于上升势头，对于国家、社会、学界和百姓的影响也日益壮大，相

---

① 周淑萍：《两宋孟学研究》，人民出版社2007年版，第38页。

比之下董学和公羊学则明显地衰落了，除了意识形态和皇帝制度等国家层面之外在学者和民间读书人之间则几乎无人继承了。同时，主要在民间读书人阶层传播的儒家思想也日益衰落。

另外，中国哲学本身在魏晋时期也出现了变化，这主要体现在玄学的兴起。玄学讲究纯粹的思辨，"贵无"和"贵玄"，对于官方的经学和儒家不以为意，甚至发起直接的非难。当时著名的士人和学者阮籍、嵇康和哲学家王弼等都是魏晋玄学的代表人物，在士人阶层中具有巨大的影响力。

然而，必须看到，虽然在这近三百年的分裂时期许多珍贵的古籍都在无数次的战火和多次大规模的逃亡路上遗失，《孟子》却仍然能够得以完整保存，这也反映了当时的政府和读书人对它还是给予了一定的重视的。不仅如此，在当时的文人墨客遗留下来的文章中也经常直接或者间接地引述其中的言辞和观点。可见，《孟子》在当时更多的是作为古代文化典籍被保存和利用的。

五　唐朝对于孟子儒学的观点

唐朝是中国历史上又一个公羊模式复兴并得以比较彻底的贯彻的朝代，这使得中国文明和文化进入了一个新的兴盛期，形成了以"贞观之治"为起点的盛唐景象。这表现在，唐太宗李世民重新采取了崇儒的政策，在民间重塑注重道德的伦理道德观念；在学术上规范和统一了对经学典籍的注疏，由孔颖达主持撰成《五经正义》；在各地投入巨资设立官学，教授经学典籍，经学典籍也成为政府设科取士的标准。在唐朝初年，经学和儒学呈现出了一片繁荣的景象。

但是，唐朝儒学的复兴并没有涉及孟子儒学。《孟子》仍然只是被看作诸多子学中的一部。纵贯整个唐朝，无论是朝廷还是士人阶层对于孟子儒学仍然采取了冷落的立场。直到唐朝中期才有人呼吁重视孟子儒学。韩愈曾上书力主提高孟子儒学的地位，呼吁朝廷重视《孟子》。但是朝廷并没有采纳，在民间学术中除了晚唐的皮日休等人之外，士人之中对韩愈的呼吁也是和者寥寥。

韩愈认为孟子继承了儒家思想的道统，是孔子之后孔学的真正传人，在儒家思想发展史中起到了承上启下的关键作用。韩愈在《读荀》① 中说道：

> 始吾读孟轲书，然后知孔子之道尊，圣人之道易行。
> 以为孔子之徒没，尊圣人者，孟氏而已。
> 孟氏醇乎醇者也。②

生活在中唐时期的韩愈推崇孟子儒学与当时的思想和意识形态的混乱有着直接的关系。唐朝初期唐太宗李世民虽然实行了崇儒政策，但是对于佛教和道教的传播并没有禁止和限制，以至于它们一直处于发展和蔓延的状态之下；到了唐朝中期，上到皇帝大臣下到读书人和普通百姓的佞佛现象已经十分严重，出现了取代经学和儒家的态势。韩愈对此极为不满。为了使儒家思想重获活力他才将目光投向了孟子儒学。除此之外，孟子对于杨朱等人的批判也被韩愈视为是反对异端思想的榜样。

六 两宋的孟子升格运动③

虽然唐朝中后期的韩愈和皮日休等的挺孟主张在唐朝后期曲高和寡，并没有得到朝廷的认可和士人的接受，却启迪了宋朝的学者，并以此为源头展开了一场贯穿北宋和南宋的尊孟和抬孟运动。值得注意的是，宋朝学者对于孟子儒学的重视和推举并不限于宋学的个别流派，而是所有宋学流派的共识，无论是以王安石为领袖的新学，以二程和朱熹为核心的理学还是以苏轼为主的蜀学等都对于孟子儒学推崇有加。这使得孟子儒学的升格获得了学界的广泛支持。

由于宋朝的印刷业已经出现和重视文化的氛围，许多宋代的史料得以保存至今，今人有幸可以比较具体地勾勒出宋朝尊孟和抬孟的各个方

---

① 韩愈力挺孟子的文章还有《送王秀才序》、《与孟尚书书》和《原道》等。可参见《韩昌黎文集注释》（上下册），阎琦校注，三秦出版社2004年版。
② （唐）韩愈：《韩昌黎文集注释》（上册），阎琦校注，三秦出版社2004年版，第52页。
③ "孟子升格运动"是现代学者周予同首次提出的概念，见《周予同经学史论著选集》，上海人民出版社1983年版，第289页。

面和孟子儒学提升的轨迹。

(一) 孟子儒学在宋朝地位的巨大提升

孟子升格运动意味着孟子儒学在宋朝的地位得到全面的巨大提升。具体来说这种升格主要表现在以下三个方面。

第一，对孟子儒学的内涵的再认识和其在道统中的地位的重新定位。

虽然宋初三先生即胡瑗、孙复和石介等对于孟子儒学也十分尊重，承认它在道统中的地位，但是他们并没有赋予孟子儒学以独特的地位，而是将其与一众其他的古代儒者如荀子、扬雄、王通、韩愈等相提并论，这反映出他们的重点仍然在孔学，孟子等人只是他们抬升孔学地位的陪衬。

随着王安石的新学和二程朱熹理学的崛起和形成，孟子儒学逐渐被赋予了特殊的地位。二程认为：

> 孔子没，曾子之道日益光大。孔子没，传孔子之道者，曾子而已。曾子传之子思，子思传之孟子。孟子死，不得其传，至孟子而圣人之道益尊。①

如此一来，孟子便是孔学道统的最后一位传继者，一千多年来无人能够续其前音，这样孟子的地位便远远超过了其间的其他所有儒者，成为在道统中继孔子之后位居第二的重要人物。以此为基础，宋学对孟子地位的各种提升便有了道统的依据。

第二，孟子本人的政治待遇得到了官方的认可，孟子开始被封爵并配享孔庙。

在宋学取得了孟子在孔学道统中具有独特地位的观点达成共识之后，官方的接纳和封赏也随之而至，于是孟子得到了各种官方荣誉。宋神宗熙宁四年（1071年），《孟子》首次被列入科举考试的科目中。② 元丰六

---

① （宋）程颢、程颐：《畅潜道录》，《二程集》，王孝鱼点校，中华书局1981年版，第327页。

② （宋）李焘：《续资治通鉴长编》，中华书局1979年版，第5334页。

年（1083年），孟子首次受到官方封爵，获封"邹国公"。① 元丰七年（1084年），孟子获许配享孔庙。② 宋徽宗政和五年（1115年），官方承认衮州邹县所建的孟子庙。③

第三，《孟子》一书被纳入经典，成为"十三经"之一，列为官学，并被并入"四书"。

经过张载、二程等人的铺垫，四书即《大学》、《中庸》、《论语》和《孟子》等在北宋期间已然成型。南宋的理学集大成者朱熹将这四本书编辑成册，加以重新编排和汇注，形成《四书集注》，将《孟子》的地位固定了下来。从此以后，四书的地位超越了五经，成为主流的儒家经典受到学子们研读取仕的必读书。

在宋徽宗宣和年间《孟子》首次被列为儒家经典，刻为石经，成为"十三经"之一。④ 如此一来，曾经被视为普通的子书、被冷落和遗忘一千多年的《孟子》完成了华丽的转身，实现了戏剧性的逆袭。

（二）王安石新学对于孟子地位提升的决定性作用

韩愈在北宋初中期的影响十分巨大，被视为在儒释道博弈中高举儒家传统的旗手。或许是受到了韩愈的影响，在北宋初期具有重要影响的胡瑗、孙复和石介等宋初三先生对于孟子儒学的作用和地位给予了重视。北宋的张载和二程对于孟子儒学也都青睐有加，前者首次提出了四书的概念，后者则从这些哲学上提高了孟子儒学在儒学中的地位。然而，这些推举还都局限于民间学界，并不能代表官方的认同。官方对孟子儒学的正式接受是由王安石推动和完成的。

在北宋时期对孟子儒学的升格发挥出最重要作用的是王安石及其新学，这个观点是有事实根据的。从其个人的哲学发展历程来看，王安石从早期开始便对孟子儒学的心性观点十分推崇，在他出世之后，他的重点转到了孟子儒学的外在方面即仁政观上。正是在王安石出任宰相的宋神宗时期，官方最终接纳了孟子儒学，开始给予孟子封爵和配享孔庙等

---

① （宋）李焘：《续资治通鉴长编》，中华书局1979年版，第8186页。
② （宋）李焘：《续资治通鉴长编》，中华书局1979年版，第8291页。
③ （元）脱脱等：《宋史·礼八》，中华书局1977年版，第105卷。
④ （宋）晁公武：《郡斋读书志校正》，孙猛校，上海古籍出版社1990年版，第418页。

特别待遇。因此可以说，是王安石一手完成了孟子儒学与国家权力的连接，完成了一千多年前的孟子一生孜孜以求而未得的夙愿。

南宋的朱熹则在学术上完成了对《孟子》一书地位的定格。他所撰写的《四书章句集注》在南宋后期成为儒生研读的标准版本，为四书替代传统的五经起到了重要的作用。在朱熹去世之后，《四书章句集注》的影响力不但没有削弱，反而继续扩大，在元明清三朝，七百多年间都成为科举应试的必读之书。孟子在元朝时被官方证实列为"亚圣"，历时三百年孟子升格运动以最强音圆满结束。

孟子儒学在升格运动中的地位获得了全面的提升，这种做法是否妥当不是本书的议题。孟子升格运动的实质是对孟子儒学与孔学的同一性的确认。根据观念唯实主义，这种认识和定位是有观念事实基础的。然而，我们必须看到这样的现象，即这种观点虽然是有一定观念事实基础的，但是从韩愈、王安石和朱熹等在内的中国古代学者的思维方式和逻辑来看，中国古代哲学史的研究还没有形成一种方法论上的自觉，以至于他们往往有时能够说出其然，却并不能道出所以然，朱熹在《四书章句集注》中的许多观点和结论都是主观臆断，缺乏观念事实的支撑，后来各朝对于四书和朱熹理学的推崇也具有意识形态性质而缺乏哲学观念史的充分证据。中国古代哲学史中再次出现违背唯实主义的现象不断地提醒我们在中国哲学史研究中要率先确立方法论的必要性、重要性和迫切性。

第九节　孟子儒学的本质

作为一种先秦思想，孟子儒学无论是在官方层次还是在民间层面，在历史中都经历了跌宕起伏的历史地位的变迁。自从孟子儒学在战国中期入世以来，官方和学者对它的认识便差异巨大。直到唐朝，《孟子》仍然被视为先秦子学的一种，虽然民间的学者并没有中断对于《孟子》的研读，将孔孟并提，有的学者，如东汉的赵岐和中唐的韩愈等，对其评价还相当高，但是《孟子》始终没有得到官方的承认，在总体上仍然处于被冷落的地位。而从宋朝开始，学者对于《孟子》中的观念事实进行了重估，对于孟子在儒家思想传统中的地位进行了系统的重构，展开了跨越两宋的"孟子升格运动"。

造成这种状况的根本原因之一是对于孟子思想的本质即其观念事实和建立在它们之上的价值观的理解存在着分歧，而这与中国哲学史上缺乏研究和判断哲学思想的方法论直接相关。不同朝代和不同的学者采用不同的标准和原则来分析孟子思想自然会导致不同的结论，会导致孟子思想在哲学史中被置于不同的地位。另一个重要的原因在于皇权和意识形态的干预。中国传统文明是由皇权主导的文明形态，皇权是国家和社会的利益分配者、管理者和决断者，皇权渗透于国家和社会的各个层面和角落，而对于极其重要的关乎社会认知和舆论走向的哲学思想，各朝各代的皇权自然会给予特别的重视和干预。孟子儒学能在北宋开始得到前所未有的"升格"的直接原因在于曾经作为国家主导思想的王安石新学的认可和大力扶持。

一　孟子儒学对孔学的继承

根据《史记·孟子荀卿列传》的记载，孟子是孔子的孙子子思门徒的学生。然而，师门关系并不是决定孟子与孔子关系的唯一或者是具有决定性的依据。出于同一师门而思想迥异的现象无论是在中国哲学史上还是在世界哲学史上皆屡见不鲜。根据观念唯实主义，在哲学思想发展过程中后来者能否继承先师的思想，或者在多大程度上继承师门的思想，并不具有必然性，关键还是要看各自的思想性质本身。如果我们赋予思想者以个体的独立性，那么决定两种哲学思想是否具有同一性的要点就要看它们在方法上是否具有一致性，理念上是否具有同质性，尤其是在价值观上是否具有同一性。

在方法上，孟子儒学围绕着个人伦理学加以展开，采用的仍然是孔学的个体性原则，试图将个人伦理学的理念平移到政治领域之中，将政治作为伦理学的附庸。孟子儒学在外向性和内向性两个方面都对孔学的个体性原则进行了扩展和深化。在个体性原则的外向性方面，孟子将孔子的德政观扩展为具有丰富内容的仁政观，从而将孔学中仍然处于相对朦胧状态的政治观加以明确化，形成了较成体系的孟子儒学的政治观。

在理念上，孟子儒学仍然将个人伦理学作为其核心。孟子儒学继承了孔学的这个基本的理论定位，继续以"仁"对士人的人格类型和行为规范的塑造即道德主体性作为思想内核，将孔学的君子伦理学发展成大丈夫伦理学。虽然后者相对于前者有所升级，然而这并不妨碍两者在理念上的一致性。孟子儒学的大丈夫伦理学在理论上的新意只是对孔子君子伦理学的一种延伸和深化而已。

在价值观上，虽然孟子儒学在道德主体性的具体内容上已经突破了孔学，其具体的演绎内容也发生了巨大的变化，为孔学的道德主体性开辟了新的方向，在许多方面推向了新的高度，但是孟子儒学仍然牢牢地遵循着孔学的道德主体性，将道德置于最高端，将道德原则视为解决一切问题的出发点和根本原则。孟子对于孔子的道德主体性的继承是孟子儒学与孔学形成一体性关系的最重要的依据。

根据观念唯实主义的原则，孟子儒学对于孔学的深化和发展属于是对孔学的"相向衍化"，而不是在孔子去世之后被韩非子归纳出的其他几种"相异衍化"的支派。从孟子儒学本身的方法、理念和价值取向等核心方面来看，孟子儒学确实继承了孔学，是孔学在战国时期的新时代背景之下以另一种方式的再现。孟子儒学对于孔学在内容上的丰富和发展并没有打破、超越和否定孔学的基本方法和价值取向，而是牢牢地继承了孔学的价值观，即道德主体性之下的道德万能论和政治无为主义。

二 孟子儒学与孔学的不同之处

孟子儒学在理念、方法和价值观上与孔学的一致性并不代表它与孔学在内容和逻辑上是完全相同或者是对孔学完全亦步亦趋的。事实上，孟子儒学在内容和演绎逻辑上与孔学是有不同之处的。从其内容来看，孟子儒学在诸多方面丰富和发展了孔学，它吸收了子思儒学的一些营养，尽管在方法和价值取向上并没有突破和超越孔学。因此，孟子儒学可谓是孔学在新时期的延伸和加强版。

（一）概念体系不同

孟子儒学在概念体系上与孔学不尽相同，甚至可说是"另起炉灶"。孟子儒学不再以孔孝为其基石性的核心概念，而代之以人性论中的四端，也就是说，孟子儒学是以四端为其基石性的核心概念来建立起概念体系的。同时，孟子儒学也发展出了一些自己独有而孔学所没有的概念，如性，善、反和才等；并且对孔学中的一些概念进行了自己的解释，如心等；同时孟子儒学还吸收了曾思儒学和《中庸》中的一些概念，如诚等。

虽然孟子儒学奉行了孔学的方法和价值观，然而孟子儒学的概念体系和逻辑演绎却另起炉灶，与孔学有较大的差异。与孔学在概念体系和逻辑演绎上的差异性是孟子儒学与孔学之间关系的一个应该引起人们注意的特征，也是前人没有加以充分注意的一个方面。

(二) 内容不同

孟子儒学与孔学在内容上存在着巨大的差异性。

首先，道德主体性的主体不同。孔学的核心概念是孔孝，是仁，对这些概念的诠释构成了孔学的核心内容，相比之下孟子儒学的核心概念却是四端，是性和善，这是孟子儒学的核心概念体系，对这些新概念的演绎构成了孟子儒学的核心内容。孔学和孟子儒学两者虽然都以道德主体性为价值观的基石，但道德的主体却并不相同，这是两者在观念事实上的重大差别。

其次，平移的内容不同。虽然孟子儒学和孔学一样都采用了平移法，但两者平移的道德品质却并不相同，孔学要平移的是孔孝和仁，而孟子儒学要平移的是人性善和四端。

最后，道德乌托邦的理想不同。虽然孟子儒学和孔学都是以个体性原则为根本的道德乌托邦主义，但是它们的道德内容和理想却并不相同，孔学的个体性原则是通过克己复礼的君子加以体现的，而孟子儒学则塑造了不复礼而向心性四端的大丈夫。

(三) 人性论的成型

如前所述，孔学的个体性原则包括内向性和外向性两个方面，而孟子儒学在继承孔学的个体性原则同时对内向性的深化具有开创性，这就是孟子儒学的人性论。孟子儒学的人性论不仅在儒学史上，在整个中国哲学史上也具有开创性之功，不仅突破了孔学，也可以被看作中国人性史论的一个重要标杆，具有里程碑的意义。

孟子儒学在人性论上有两点对孔学实现突破：

第一点是提出了明确的人性论。可以说，孟子的人性论是孟子儒学最核心的内容。人性论是孟子儒学与孔学在内容上显著的不同之处，也是孟子儒学对于先秦儒学最重要的理论贡献。孟子儒学的人性论是孔学的道德主体论原则的体现，孟子不是从实证论的角度，而是从道德评价的角度来提出其人性论的，这个方法在很大程度上影响到了中国哲学和文化后来关于人性的观念和人性理论的走向，这种影响即使在董学提出了新的人性理论之后仍在延续。

虽然在《中庸》中提到了"心"和"性"等哲学概念，将其视为天地之道的内涵，但其是在本体论的层面上来提及这两个概念的，而孟子则第一次明确地将它们视为人性论范畴加以探究，赋予了其新的哲学意义。从哲学史的角度来看，孟子人性论中的心性观成为后来宋明心学的先声。

第二点是赋予了人性论极其重要的理论功能。虽然孟子儒学与孔学的本质都是道德主体性，其逻辑都是由内而外的递延和平移法，但是孟子儒学的人性论代替了孔学的孔孝作为逻辑原点和核心内容来演绎儒学的道德主体性。两者的方法是相同的，目的也是一致的，即都要以道德救世，但是它们所走的路径和遵循的逻辑却并不相同。

(四) 对道德主体性的深化

孔学的价值观是道德主体性，认为人的道德观的出发点在于孔孝，孔孝的外化形成了以仁为核心的道德体系。然而孔学并没有探讨道德主体性的更深一层的问题，这些问题包括道德主体性的人性根据。孟子儒学提出了性善论的人性论是对孔学的道德主体性的补充和深化，虽然孟子并没有将孔孝与四端进行比较，但孔孝与四端十分接近，都出自人的内在本性，是同源的。孟子儒学的性善论所要解决的命题是道德主体性的必要性和可能性的问题，也就是说，孟子儒学将道德主体性置于更为广泛和深刻的层面之上加以探讨，这是孟子儒学在哲学上超出孔学的要点。

孟子儒学认为，道德主体性的必要性是因为人性本初就是善的，人成为君子实际上就是"成人"，是对人的本质的认同，人不行善就是在否定和对抗自己的人性，就是在扭曲自己。道德主体性的可能性在于人性是平等的，人人生来都有四端，若经过后天的自我教育，则人人都可以成为君子和圣贤。

由此可见，在孟子儒学的性善论之中已经包含了人生而平等的理念，虽然这种平等所针对的是人的道德性，而不像西方近代哲学中所针对的是人的政治和社会"权力"。中国哲学思想的早熟性在孟子儒学的性善论中再次耀眼地体现了出来。

（五）孟子儒学的仁政观与孔学的德政观在政治理念上的差异

在政治学层面上孟子儒学与孔子的德政观有同有异，这是孟子儒学与孔学异同双重性在政治学上的反映。两者之同在于对道德主体性向政治学的转化，其政治观念的核心是君子伦理学的道德原则，孟子儒学要较孔学更为深入，可以说孟子儒学将孔学的德政观发展为更为系统的仁政观。相比于孔子模糊而过于简单的德政观，孟子提出了更加明晰的仁政观。

两者之异在于政治理念和政治逻辑上出现了差异。虽然孔学对政治十分重视，但其德政观仍然具有笼统和不全面的特性，更多的是在强调政治作为君子实现自身价值的外在平台功能，完全是从君子伦理学的角度来看待政治的。孔学的德政观的重心在君王和加入政府为官的君子，而从来不是民众和百姓，实际上孔子对于民众一直持有鄙视的态度，将劳动者视为小人。① 相比之下，孟子儒学则更加丰富。一方面孟子儒学的仁政观同样是其大丈夫伦理学向政治学的平移，其仁政观是大丈夫伦理学在政治上的体现；另一方面孟子儒学的仁政观明确提出了民本思想，将政治的基点寄托在民本之上，民本的重要性要高于君权，即所谓"民为贵，社稷次之，君为轻"，君权只有为民本服务才具有合法性，而一旦君王背离了民本思想，民众便有权推翻君王，实现革命。这个政治逻辑不仅已经超越了孔学的德政观，并且与之已截然不同，孟子儒学在将道德主体性向政治学平移方面代表了先秦儒学的极致，具有明显的激进特征。有学者认为："盖孔子取人民之观点以言政，孔荀则倾向于君主之观点也。"② 不仅如此，孟子儒学还有"与民同乐"的思想，这是其民本思想的进一步延伸。这种理念对于鄙视民众的孔学来说是不曾有过，也不可能出现的。除此之外，孟子儒学较孔学更具有现实性。从《孟子》对经济问题的重视可以看出孟子儒学十分强调"养民"，认为百姓的安居乐

---

① 参见张珂《董学与孔学的正本清源》（下册），人民出版社2021年版，第575—576页等。

② 萧公权：《中国政治思想史》（上册），商务印书馆2011年版，第92页。他还认为："孟子之政治思想遂成为针对虐政之永久抗议。"见该书第94页。

业是实现仁政的经济基础，这要较孔学对于经济问题基本上采取回避的态度不仅是个重要的补充，更是理念上的进步。

虽然在概念体系和逻辑上孟子儒学与孔学出现了较大的差异，但是孟子儒学仍然在以个人伦理学为基础来推演其政治观，仍然在重复孔学的道德本体论的谬误和悖论，在价值观上是相同的，可谓是"旧瓶装新酒"。因此，孟子的仁政观只是孔学的道德万能论和政治无为主义的一个加强版而已，也将道德乌托邦主义的悖论更加激进化。

同孔学的德政观一样，由于缺乏形而上学根基，孟子儒学的仁政观缺乏真正的哲学基础。尽管孟子将其仁政观置于其性善论的人性论和大丈夫伦理学之上，但是它们仍然不足以充任仁政观坚实的哲学基础。相比于孔学，孟子的政治理念更关注现实政治，但是他仍然没有超越孔子以道德万能论来代替现实政治的道德乌托邦主义的思维方式和方法，仍然幻想着按照预先设定的先验的道德理想模式来人为地裁剪现实政治和改造世界。如此一来，如同孔学一样，孟子儒学的政治理念便处于在哲学和现实之间都无法找到坚实根基的两面悬空的尴尬状态之中。

然而应该看到，孟子儒学的道德乌托邦主义的程度要较孔学有所削弱。与孔子完全回避现实和单纯要复礼的政治理想不同，孟子开始将目光投射到战国时期的政治生活中去，开始直视现实中的种种政治现象和行为，这使得孟子儒学对于现实政治问题的解决方案的重视要远远高于孔学。孟子已经开始从国家主义的视角来看待许多问题，包括君子伦理学在内的思想出发点不再如孔子般只是为了让士人走上仕途以便得以安身立命，而是有了大丈夫要兼顾天下的豪情；孟子也试图为现实政治提出解决方案，虽然这些方案的基调仍然是道德万能论和政治无为主义，但其中的现实主义因素要比孔学更多和更为具体。

虽然孟子儒学的许多理念仍然与孔学有着"血缘关系"，但是也因为他的一系列具有独创性的政治理念而取得了相对的独立性。例如，虽然仍然拘泥于道德主体性，孟子儒学却不再以孔孝为核心而是代之以性善论的人性论来展开，而性善论的基础则是"四端论"，不再是孔孝；孟子儒学不再回避和逃避战争，而是开始讨论战争问题，将战争纳入了道德主体性的领域之内，试图对国家间的战争进行道德上的规定而加以约束，这就等于接受了战争的事实和有条件地接受了战争的合法性，认识到了战争对于国家存在的重要性。基于这些深化和创新，孟子儒学将孔学的德政观发展成更为系统和内涵更加丰富的政治理念，形成了仁政观。孟子主动地将仁政作为系统的国家行为方式来加以宣传，作为解决战国时期各国混战的政治解决方案呈现于各国国君，不再是为了复礼而是为了将仁政观作为统一中国的手段，使天下归一，完成战国时期的时代使命。

从先秦儒学观念史的角度来看，孟子儒学仁政观的提出是对孔学德政观的政治理念的一个丰富和发展。相对于孔学的德政观的种种内在悖论和不足，可以说孟子儒学的仁政观是对孔学在新时期的延续和重要补充，不仅促进了先秦儒学的发展，也使先秦儒学从低谷中走了出来，再次受到世人的注意。但是也必须看到，孟子儒学的仁政观并没有消除孔学德政观的悖论，反而产生了新的内在性悖论，这表明孟子儒学仍然没有彻底摆脱孔学的道德乌托邦主义和道德万能论的窠臼，仍然在理念和价值观上重复和深化着孔学的谬误。

（六）战争观上的进步

如在《董学与孔学的正本清源》中所析，孔学缺乏战争观。[①] 孔子对于战争始终采取完全回避和逃避的鸵鸟立场。孔子缺乏战争观的事实既是孔学道德乌托邦主义与现实政治脱节的一个典型表现，也是孔学被春秋各国的国君和政治家所排斥的一个重要原因。

孟子儒学对于孔学关于战争的立场有所继承也有所发展。从上文对于孟子儒学的王霸观的分析中可以看出，孟子儒学对于战争仍然是否定和谴责的，但是面对战国时期变得异常频仍的国家间战争这样的政治现实，相对于孔学对于战争极度的非理性的逃避，孟子也不得不加以正视，因此孟子儒学对于战争的观点是有所松动的，形成了自己的战争观。虽然战争观仍然不是孟子儒学的重点领域，但是能够正视战争已经是孟子儒学相对于孔学和在它之前的曾子儒学等的一个进步了。

孟子儒学的战争观主要表现出两个方面的特征。

一是将道德观引入对战争的定性之中。最能体现孟子战争观的一个典型事例就是孟子二次游齐时的"止君取燕"事件。《孟子·梁惠王下》

---

① 参见张珂《董学与孔学的正本清源》（下册），人民出版社2021年版，第617—623页。

记载了孟子与齐宣王关于伐燕的对话。孟子说道：

> 今燕虐其民，王往而征之，民以为将拯己于水火之中也，箪食壶浆以迎王师。若杀其父兄，系累其子弟，毁其宗庙，迁其重器，如之何其可也？天下固畏齐之强也，今又倍地而不行仁政，是动天下之兵也。

这段话典型地阐述了孟子儒学的战争观。孟子不再如孔子一般对于战争闻之色变，并且为了逃避战争的话题而不惜落荒而逃，而是将战争行为设定了道德的内涵，即他认为解救民众的战争是可行的，而旨在屠杀劫掠和侮辱性的战争则是不可行的，后者必然会招来天下之兵的军事抵抗。孟子对战争进行了划分，其划分的标准便是战争的道德性，类似于后来的正义战争和非正义战争之分。孟子将战争的道德化视为其战争观的基本原则。按照这个原则，符合道德原则的战争，是可以发动的，而违反了道德原则的战争则是不可以发动的。对战争进行判断的道德原则是孟子儒学的仁政观。

但是，孟子儒学对于战争的正视和条件地接纳仅仅体现在认知层次上，还没有将战争视作国家重要的行为方式。这种微妙的差异在《孟子·公孙丑下》中体现无遗：

> 沈同以其私问曰："燕可伐与？"
> 孟子曰："可。"
> ……
> 或问曰："劝齐伐燕，有诸？"
> 曰："未也。沈同问'燕可伐与'，吾应之曰，'可'，彼然而伐之也。彼如曰，'孰可以伐之？'则将应之曰，'为天吏，则可以伐之。'今有杀人者，或问之曰，'人可杀与？'则将应之曰，'可'，彼如曰，'孰可以杀之？'则将应之曰，'为士师，则可以杀之。'今以燕伐燕，何为劝之哉？"

在此，孟子在玩弄文字游戏，否认曾经劝导齐王伐燕，推说燕可伐，但不是由齐来伐。这一方面表达出了孟子对于战争的接纳,另一方面却在坚持只有以正义之国来讨伐暴虐之国才是符合其以道德原则为基础和原则的战争观,这等于是将其战争观停留于纸上谈兵,而并不主张在国家行为上实施战争。也就是说,孟子儒学的战争观是要将自己变成一个战争的道德观察者和评判者,而不是一个战争的参与者和实施者。

二是强调人的意志力量。从孟子的以上言论还可以看出,孟子并不主张进攻性的战争,即使是"正义性"的战争,即符合其仁政和道德主体性主张的战争,也不提倡。而对于防御性的战争即反侵略的被动性战争,孟子则并不回避。在《孟子·公孙丑下》中,孟子对如何有效地进行防御性战争的问题做出了回答:

> 孟子曰:"天时不如地利,地利不如人和。三里之城,七里之郭,环而攻之而不胜。夫环而攻之,必有得天时者矣;然而不胜者,是天时不如地利也。城非不高也,池非不深也,兵革非不坚利也,米粟非不多也;委而去之,是地利不如人和也。故曰:域民不以封疆之界,固国不以山溪之险,威天下不以兵革之利。得道者多助,失道者寡助。寡助之至,亲戚畔之;多助之至,天下顺之。以天下之所顺,攻亲戚之所畔,故君子有不战,战必胜矣。"

孟子在这里提出的"天时不如地利,地利不如人和"和"得道者多助,失道者寡助"等论断广为人知,成为著名的成语,是有一定道理的。然而,孟子提出这些论断的目的是证明其仁政观,而过分强调仁政在战争中的作用则是其道德万能论的再次使用,并无法客观地体现战争的客观性和战争本身的规律。

众所周知,战争是个由诸多要素和子系统所组成的复杂的系统工程,士气固然在战争中会起到重要的作用,在关键的节点上还会起到关键性的作用,但士气仅仅是一种精神要素,战争行为所涉及的诸多要素中的一个而已。而为了赢得战争的胜利,物质要素,包括兵革、粮食饲料等战争物资的数量和质量,以及战略和战术的制定和实施,士兵的素养、训练水平、纪律性等,都是制约战争走向和胜负的重要要素。如果因为自己有了"人和"而忽略了对物质性的储备和战略的制定和战术的演练,那么战争行为就无法拥有一个运转有效的系统，仍然是无法长期地抵御其他国家的军事入侵，保持国家的长久独立和富强的，更不要枉论统一天下了。

另外，孟子并不将战争视为有效的行为手段，而只是在强调被动地接受战争，这点虽然较孔学逃避战争的观点有所进步，但仍然是与战国时期以战争作为实现国家利益的最重要的手段的时代性相脱节的。

三　孟子儒学与孔学的同异双重性

通过对孟子儒学的唯实解构中，我们发现在孟子儒学与孔学之间的关系是十分复杂的，这种复杂的关系体现为同异双重性，即两者即有相同或者相似的特性也存在着巨大的差异性。所谓"同"体现在两者在方法和价值观上的同一性，所谓"异"体现在两者在概念体系、内涵和逻辑上的差异性。

孟子儒学继承了孔学的以君子伦理学为核心的道德主体性，以及由此所派生出来的道德乌托邦主义和政治无为主义，形成了道德至上的价值观，这使得孟子儒学与孔学形成了在价值观上的一致性，这种一致性是如此深刻和协调以至于达到了同一的程度，这种价值观上的同一性是中国哲学史从西汉中期便开始形成的孔孟并提的观点的根据。然而，孟子儒学与孔学的差异性是巨大和多方面的，它们表现在孟子儒学的概念体系、内涵和逻辑演绎过程与孔学完全不同。也就是说，孟子儒学和孔学的理论终点都是道德主体性，但是他们达到这个目标所选择的概念载体和逻辑路径却是不同的。

在中国历史的不同阶段对于孟子儒学的评价之所以忽高忽低恰恰是对于它与孔学的同异双重性的认识不同所致。《孟子》从先秦一直到北宋的漫长历史时期中被纳入子学，而没有被视作儒家正统是因为人们看重的是孟子儒学与孔学的差异性，而相对忽视了两者的同一性。北宋之前对于孟子儒学的评价从之前的侧重孟子儒学与孔学之间的差异性转而过渡到注重两者在价值观上的一致性和同一性，而对于两者在观念事实上的差异性则有所忽略，出现了矫枉过正的现象。

事实上，从韩愈开始一直到整个宋朝，官方和学者们便编制了诸多版本的孔学道统的"家谱"，将孔子之后的各种与孔学有所关联的古人进行合并同类项。然而，这些家谱基本上都是脱离了观念事实的臆测而已。例如，北宋三先生中的孙复将董仲舒列为"道统传人"①，这显然是没有看到董学与孔学截然不同的观念事实和价值观所致。石介反对将董仲舒列为道统传人，却由荀子取而代之，② 这同样也是违反了荀子哲学和孔学之间所存在的在观念事实和价值观上的差异性。可见，由于缺乏研究哲学史的成熟的方法论，宋学关于道统的研究和排列只是缺乏严格唯实比较和论证的臆断，主观随意性是很大的，而要克服和避免这种主观随意性就必须以观念事实为方法论的基础和原则。

在理解孟子儒学与孔学的关系时要把握住两者之间同异的双重性，这点对于准确地理解孟子儒学的本质十分重要。而对孟子儒学与孔学所进行的唯实比较是深入认知孟子儒学本质的一个十分有力的切入点和视角。更为具体地讲，孟子儒学的概念体系与孔学并不相同，而其理念也与孔学有一定的距离，或有忽略，或有延伸，或有疏离，或有独创。虽然在更深的层次上并没有脱离甚至偏离孔学的道德主体性和道德乌托邦主义，然而孟子儒学的逻辑起点和内核不再是孔孝，而是人性内在的四端说，孔孝的地位已经大大下降，而以四端说为基础的性善论的人性论是孟子儒学的核心理念，以此为起点孟子儒学的伦理逻辑也与孔学的君子伦理学有所不同。也就是说孟子儒学的性善论人性论与缺乏人性论的孔学在道德根据和伦理逻辑上的差异变得十分明显。

在对道德主体性的纵向发掘上，孟子儒学更加深入，其重要表现之一在于孟子儒学将道德标准渗透到了人与动物的区别之上，认为人之所以为人是因为有了仁义，有了道德观念。这不仅在儒学史和中国哲学史上，而且在世界哲学史上都是一个具有创新性的论断。

孔学的道德主体性是要将以孔孝为基础的对等道德观平移到政治领域中去，提倡德政观；而孟子儒学的道德主体性则是要将人的内在的性善平移到政治上去，提出了仁政观，仁政观试图促使国家行为与内在的人性观相辅相成。

在方法论上，孟子儒学与孔学一样，仍然将道德作为主体，坚持道

---

① 《孙明复小集》，文渊阁《四库全书》本，第173页。
② 《徂徕文集》，文渊阁《四库全书》本，第265页。

德主体性的价值观，认为政治是要服从伦理学，政治的功能在于体现和实现人内在的道德性。在伦理学层面上，孟子儒学仍然恪守了孔学的道德至上的原则和对等道德观，却在具体的内容和逻辑演绎上摆脱了孔孝而另辟蹊径，用内在的人性论代替了孔学的孔孝。

在将个人伦理学向政治学的平移过程中，孟子儒学的道德乌托邦主义和政治无为主义色彩得到了削弱，这是孟子将战国时期的现实政治主题更多地纳入了其政治视野的结果。对现实政治命题给予一点程度的正视促使孟子儒学在一些理念上突破了孔学的藩篱，最典型的表现是孟子儒学在战争观上的进步和对民生命题的关注，虽然这些进步是很微小的且往往经不起认真推敲的。

在理论的目的性方面，孟子儒学已经不再将恢复周礼作为自己的政治理想，孟子儒学的仁政观已经脱离了周礼的脐带，将目光更多地对准了战国时期的政治现实和时代主题，孟子周游列国的目的是向各国国君兜售其通过仁政来实现统一天下的药方。虽然在价值观和手段上仍然与孔学具有同一性，但是孟子儒学已经与为了恢复周朝社会秩序的孔学的政治理想有所不同了。时代的改变不可避免地在孟子儒学上打下了烙印。

从体系性上看，虽然已经上升为一种哲学思想，孟子儒学仍然难以构成一个完整的哲学体系。相比于孔学，孟子儒学在理念上更加细腻、具体和深入，并且在人性论问题上取得了重要的突破，但是由于形而上学和本体论等根本性哲学命题的缺乏，孟子儒学仍然处于哲学层次上的较低端。说孟子儒学已经上升到了哲学层面，并不是因为其形而上学和本体论思想，而是因为其人性论思想，但是这并不能掩盖孟子儒学缺乏形而上学和本体论思想的观念事实。这些缺乏是孟子儒学思想的重大缺陷，这妨碍了孟子思想的完整性，因而无法形成哲学思想体系。①

由于缺乏形而上学和本体论思想，这使得在将孟子儒学与其他百家思想相比较时尤其显得刺眼。在战国百家争鸣的学术背景之下，孟子显

---

① 有学者认为孟子创立了"本心本体论"，即将本心置于了本体论的地位（参见杨泽波《孟子评传》，南京大学出版社1998年版，第311页）。这是不准确的。这种观点误解了本体论的内涵和本质，孟子没有认识论，没有关于世界本原等根本问题的回答，是无法构成本体论的。同时，孟子儒学的本心只具有道德属性，并不具备客观性和实证性。因此，孟子儒学的心性观和人性论仍然只是道德主体性的一种形式，还没有上升到形而上学和本体论的层次之上。

然有大量的机会接触到阴阳哲学,接触到《易》,接触到老子哲学,而作为曾子和子思的弟子或者门徒,他更有机会延续《中庸》以"诚"为核心来构建先秦儒学形而上学的尝试和探索,令人遗憾的是孟子对此都完全漠视,在《孟子》中绝口不提阴阳与《易》,对于"诚"的概念也仅仅一笔带过。孟子儒学的这种缺失或许与孟子囿于学派之争有关。好辩的孟子在对其他学派进行猛烈的攻击和批判的同时忽略了对其合理要素的吸取,这对他思想的发展和成熟造成了损害。

孟子儒学按照孔学的价值取向和方法对一些新的命题进行了探讨,在内容进行了革新,并在一定程度上拓展了孔学过于狭窄的视野和过于频繁的内在悖论,在一些问题和观念上有所细化和明确化,在理论上对孔学是有所丰富和突破的。但是这些仍然属于技术上微调的层次,无法在价值观、方法论和体系性上根本性地改进孔学,无法将先秦儒学带到一个儒家所热切期盼达到的政治层面之上。孟子儒学在价值观和方法论上都延续了孔学,在这两个重要的维度上孟子儒学与孔学是具有同一性的。

虽然具体的内容和逻辑有所不同,但是孟子儒学仍然在重复着孔学的道德乌托邦主义和政治无为主义;政治学仍然处于个人伦理学的边缘,作为实现个人伦理学的一个手段而存在着,虽然孟子儒学的个人伦理学变成了大丈夫伦理学,要较孔学的君子伦理学在道德气度上更进一步。

从先秦儒学内部的传承来看,孟子儒学在先秦儒学的诸多支脉中是最忠实地体现孔学精髓的一支。如前所述,如果说孟子儒学在一些具体的概念和命题上有所突破和发展的话,那么在方法和价值观上则可谓是孔学在战国时代的一个翻版,这使得孟子儒学作为先秦儒学的正宗性而受到了宋儒的认同。而孟子本人的生活经历也几乎与孔子相同。孟子将成年的时光全都用在了周游列国之上,而他几乎被所有的试图游说的君王所拒绝的经历也是孔子的人生经历的再现。

这种在理念上和政治际遇上的同质性得到了历史事实的证实,忠实地继承了孔学价值观的孟子儒学再次上演了孔学完败的命运。与孔子的颇有悲剧意味的遭遇一样,孟子仍然没有完成儒学与现实国家权力的结合,他的仁政主张无法被他所接触到的任何一位君王所接受。孟子空有大丈夫的抱负和"当今之世,舍我其谁"的气势与冲天的自信,但是孟子儒学仍然重蹈了先师孔子的覆辙和悲剧，孟子儒学并没有完成孔学要与国家权力接轨的使命，孟子儒学仍然只是民间的学说，仍然对战国时期的政治没有发挥任何明显而明确的政治功能，更没有如其所愿对当时各国的国家行为施以任何有效的影响。这也再次证明了儒学无法作为有效的政治观在现实政治中生存的窘境。

然而，在哲学观念事实和哲学史的层次上，需要对孟子儒学与孔学的异同双重性加以强调，在看到孟子儒学对孔学的同质性的同时，仍然要重视孟子儒学与孔学在内容和逻辑上所存在的巨大的差异性。

四　孟子儒学和孔学在风格上的差异

除了孟子儒学与孔学的异同双重性之外，孟子与孔子的个性也是迥异的。孔子是个谦谦君子，有着温良恭俭让的个性，在遇到逆境时宁可选择忍让也不做出正面的对抗和引起冲突。他所创立的孔学反映了孔子的个性，是一种温和和充满妥协性的君子伦理学，即使对于与己不同的观点孔子都是选择回避和逃避，而不去进行直面的反驳和争论。在《论语》中多次提到在面对隐者的当面非议时，孔子毫无例外地都选择了回避，也禁止弟子与他们进行争辩，而反过头来还对隐者多有理解和褒词；当有君王向孔子询问有关富国强兵和战争问题的时候，孔子选择了逃避，带着弟子第二天便逃跑了。相比之下，孟子则是个极度自负之人，性情火暴，不能容忍不同意见。他的学说也折射出了他的个性，是一种充满战斗力的大丈夫的伦理学思想。孟子说："夫天未欲平治天下也；如欲平治天下，当今之世，舍我其谁也？"（《孟子·公孙丑上》）这种顾盼自雄的自恋体现了极度的自负和无与伦比的傲气，已经到了目中无人和刚愎自用的地步，在中国历史上敢发如此"豪言壮语"者仅孟子一人而已。正是在这种极端傲慢的性格驱使下，孟子对于与己相左的观点无一例外地要去进行争辩，以至于孟子获得了"好辩"的名声，在《孟子》中有许多关于孟子与包括君王、思想者、弟子等在内的各种人进行激烈争辩的记载。

虽然孔学和孟子儒学都是以道德主体性为价值观，但两者的表现方式却大相径庭。孔学所提倡的实现君子理想和德政观的方式是循循善诱，"温水煮青蛙"式的，而孟子儒学所倡导的实现大丈夫理想和仁政观的方式是激烈对抗的，舍生取义是大丈夫精神的基调，对于没有实施仁政观的君王也要考虑通过暴动和革命加以推翻，这种激烈对抗的方式对于自认为是"丧家之犬"的孔子是不可想象的。

第十节 董学与孟子儒学的尖锐对立

孟子儒学与孔学的唯实比较有助于发现孟子儒学的本质以及与孔学的关系，但是，要真正透视孟子儒学还需将其与董学进行系统的唯实解构。与董学的唯实比较不仅可以完成对孟子儒学本质的挖掘，也可以在中国哲学史的动态发展和中国传统文明的意识形态构成中看清孟子儒学的真正定位。

由于孟子儒学与孔学在方法和价值观上具有同一性，因此在《董学与孔学的正本清源》一书中关于董学与孔学的唯实解构同样适用于董学与孟子儒学，只是在具体的观念载体和逻辑上需要进一步的澄清和强调。

一 针对董学与孟子儒学之间关系的错误认知

对于董学与孟子儒学之间的关系，古人及当今学者也有论及，但令人遗憾的是这些观点都是不准确的。也就是说，在中国哲学史上董学与孟子儒学之间的关系仍然是个还没有被厘清的盲点。

（一）古人对董学与孟子儒学之间关系的看法

关于对董学与孟子儒学之间的关系的看法在传统的中国古代哲学史中并不是个重要的问题，古代学者直到清朝才有所涉及。这个状况折射出中国古代哲学史的不健全，但更深层的原因在于古代学者对于作为皇家意识形态的董学的回避。在中国古代哲学史研究中，对董学的研究，包括对董仲舒所著的《公羊学》和《春秋繁露》等书的研究基本上是个空白，直到清朝嘉乾时期对董学的研究才起步，但仍然处于粗放型的初级阶段，与对其他古代典籍所做的研究的差距十分巨大。而作为董学研究的其中一个方面，董学与孟子儒学的关系的研究无人问津则是必然的现象。

如在《董学与孔学的正本清源》一书中所述，中国古代哲学史具有二元结构，一元是以董学和公羊学为核心和基础的皇家意识形态，它被认为是帝王之学,被皇家和上等贵族所垄断,而民间学者则避而远之;学者们所能论及的只是另一元即以孔学和儒学为主的被官方允许的以儒学为中心的哲学研究。中国古代哲学史对董学与孟子儒学之间关系研究的缺乏体现了中国古代哲学史的二元之间所存在的隔绝和缺乏沟通的现象。

清朝学者苏舆是中国古代哲学史中第一个对《春秋繁露》进行详细注释的学者,他也是第一个对董学与孟子儒学之间的关系做出评价的古代学者。苏舆说道:"西汉时未尊孟子,而董引孟子说凡再见,其他义与之相合者亦多。是自汉以后,孔孟之隆,胥由董子矣。"①

董仲舒在《春秋繁露·深查名号》中的确提及孟子,但并不是要挺孟子儒学,恰恰相反,董仲舒对孟子儒学的人性论进行了直接而激烈的批判。考虑到两者在诸多理念和价值观上的根本差异和对立,苏舆的说法显然与董学的本意背道而驰。

(二) 现当代学者的看法

有学者认为"董仲舒继承孟子学说最突出的体现即在于他以'仁'为治首,以仁义为本的仁政思想"②。这短短的一句话中充满了对董学和孟子儒学的观念事实的不了解和错判。首先,董仲舒从来没有"继承"孟子学说,董仲舒利用孔子作为其哲学的"形象代言人",对于孟子则进行完全的抵制和批判,采取的是"托孔不托孟"的策略。其次,董学中的确有仁义思想,但董学的"仁"与"义"和先秦儒学的"仁"与"义"有着完全不同的规定性,两者之间存在着体系性壁垒。③ 虽然董学的"仁"与"义"仍然是道德概念,但董仲舒使用它们的逻辑已经发生了改变。最后,基于对"仁"与"义"的不同规定和使用逻辑,董学中从没有"仁政思想",董学的政治哲学是皇权主义和在其指导下的善治思想,尤其重要的是董学虽然强调道德在治国中的作用,却已完全摒弃了道德主体性的窠臼,主张立德和立功之间的平衡。

---

① (清) 苏舆:《春秋繁露义证》,中华书局1992年版,第447页。
② 李峻岫:《汉唐孟子学述论》,齐鲁书社2010年版,第71页。
③ 董仲舒在《春秋繁露·仁义法》中说道:"仁之法在爱人,不在爱我;义之法在正我,不在正人。"这与孔孟儒学的仁义观是完全不同的。关于董学的政治哲学可参见《董学与孔学的正本清源》,张珂著,人民出版社2021年版,第十一章和第十二章等部分。

在战争观上，有观点认为董仲舒"发挥了孟子'春秋无义战'的思想"①，这也是对董学理念的错误判断。《董学与孔学的正本清源》一书中对董学的战争观首次进行了系统的考证和阐释，第一次厘清了董学关于战争的观念事实。② 从中可以明确看出，基于其皇权主义的立功理念和对荣复仇的提倡，董学有系统的战争哲学，认为战争是实现大一统的重要手段，是体现皇权主义的不可或缺的行为方式，这种理念与孟子儒学有限的战争观是完全不同的。董仲舒虽然也谴责战争对于民众的伤害，但这与他在政治哲学高度把握战争观是两个不同的命题。战争观的差异体现了董学与孔孟儒学在理念和价值观上的重要分歧。

在伦理学上，有观点认为董学的仁、义、礼、智、信的五常思想吸收了思孟儒学的伦常思想而发展出来的，③ 这同样是不符合两者的观念事实的。董学的伦理学是"三纲五常"理论，是严格的国家主义伦理学。三纲是核心，是五常的指导原则。三纲是董学的天人合一形而上学在伦理学中的具体应用，体现的是阴阳哲学理念。董学虽然使用了仁义礼智信等先秦儒家伦理学范畴，但董仲舒对它们进行了重新定义，赋予了它们全新的内涵，使这些范畴与先秦儒学概念形成了体系性壁垒。④ 这与孟子儒学的基于四端的、以个体性为原则的君子伦理学在内容和逻辑上是完全不同的，尤其是在价值观上两者是对立的。

从体系性上对董学和孟子儒学进行唯实比较不仅是一个重要的视角，也能透析出两者本质差异的要点。从对孟子儒学结构的分析中可以看出，虽然还没有形成体系性，但相较于孔学，孟子儒学在内容上更加丰富，其观点也更加明晰和具有针对性，与现实之间的距离被缩短了。孟子儒学的核心和最重要的理论贡献是其人性论以及建立在其人性论基础之上的仁政论，因此对董学与孟子儒学进行辨正的重点是董学性三品的人性理论与孟子儒学的性善论，以及董学的皇权主义的权力哲学与孟子儒学的反王权观和革命论的政治思想之间的唯实比较。

---

① 李峻岫：《汉唐孟子学述论》，齐鲁书社2010年版，第73页。
② 参见张珂《董学与孔学的正本清源》（上册），人民出版社2021年版，第339—361页。
③ 李峻岫：《汉唐孟子学述论》，齐鲁书社2010年版，第78页。
④ 参见张珂《董学与孔学的正本清源》（上册），人民出版社2021年版，第307—338页。

(三) 判断错误的根源

如前所述，古代和现当代学者对董学与孟子儒学之间的关系一直存在错误的认知。唯实主义认为，这些错误的认知主要来自方法论的错误。后来的分析者和研究者仅看到了董仲舒的个别言辞，而没有看到其理念的全貌，即仅看到了部分的观念事实，而部分的观念事实说明董学的观念事实的整体性还没有被把握，同时，董学的真实性也无法体现出来。在缺乏对观念事实的把握的前提下不仅无法准确理解董学的理念和逻辑，对于其价值观的判断就难免会出现重大失误了。

有学者认为："阴阳五行说对先秦儒家的歪曲其实仅限于它的超越的哲学根据一方面，至于文化价值，如仁义礼智信之类，则汉儒大体上并没有改变先秦旧说。"① 这个观点完全不理解哲学体系的内在规律，犯下了低级错误。对于任何哲学体系来讲，形而上学思想是哲学体系的根据，它规定着其他分支的理念和原则，只有这样哲学体系的不同子系统之间才会表现出同一性和一致性，哲学体系才会成为哲学体系。董学的形而上学的根据是天人合一哲学，主要的方法论是阴阳辩证法，核心是皇权主义政治哲学，其三纲五常的伦理学是与这些理念和原则一脉相承的，是具有高度同一性的。这个观点将董学的形而上学和伦理学对立起来，对董学的观念事实，内在逻辑和价值观完全视而不见，是十分令人遗憾的。

传统观点总是将董学削足适履地纳入儒学的窠臼之内的现象体现了后来的论者在方法论上的迷茫和迷失。对于董学与孟子儒学之间的关系的判断错误是传统中国哲学史对于董学的不理解和误解在具体问题上的延续。这种错误再次提醒遵循观念唯实主义的方法论在中国哲学史研究中的重要性。

二　董学与孟子儒学的本质差异

根据观念唯实主义，我们发现，作为两种哲学思想董学与孟子儒学无论是在伦理学上、人性论上还是政治理念上这些对于古代哲学至关重要的领域都截然不同，并且它们的许多观点、理念和理论都处于相互对

---

① 余英时：《士与中国文化》，上海人民出版社2003年版，第127页。

立的两极。在董学上升为国家意识形态和发展成广义公羊学之后，这种对立变得更加尖锐。

（一）两者的哲学构成完全不同

一种哲学思想和体系的构成是指其概念体系、重要理念、方法论和体系性，它们是一个哲学思想和体系在技术层面上的表现形式，因此可称其为哲学思想的技术构成。通过对董学与孟子儒学的概念体系的分析可以看出两者的技术构成是完全不同的。

第一，它们的概念体系完全不同。

董学的核心概念是天、阴阳、大一统、皇帝等；而孟子儒学的核心概念是四端，是仁、义、大丈夫等，两者虽然在仁和义等个别概念上有所交叉，但是这种交叉是极其有限的，并且所交叉的概念的哲学内涵是完全不同的，存在着顽固的体系性壁垒，这与董学与孔学在仁和义上的不同的本质规定性是相同的。

第二，两者的重要理念完全不同。

概念体系的差异是两者完全不同的哲学理念的反映。董学的核心理念是政治哲学，它建立在其他重要的理念体系之上，包括天人合一的形而上学，是皇权主义的政治哲学，是国家主义的伦理学，是教化论，等等；孟子儒学的核心理念是性善论的人性论，是大丈夫伦理学，政治理念则是其君子伦理学的一种延伸。

第三，两者的方法论完全不同。

如在《董学与孔学的正本清源》中所述，为完成对先秦百家的哲学整合和进行哲学创新以建立自己的哲学体系，董仲舒发展出了复杂而多种化的方法论体系，包括阴阳辩证法、系统论、辞指论等都在中国哲学史上达到了顶峰，前无古人后无来者；[①] 孟子儒学采用的仍然是孔学的由内而外的个体性原则和简单的平移法，相较于孔学在方法论上没有任何创新。

第四，两者在体系性上的差距巨大。

董学是由多个子系统组成的庞大的哲学系统，通过以天人合一理念为理念和逻辑线索，以阴阳辩证法和系统论等为方法论，将各个子系统

---

① 参见张珂《董学与孔学的正本清源》（上册），人民出版社2021年版，第434—460页。

结成了一个环环相扣的有机的哲学体系，是中国哲学史上最系统的和全面的哲学体系；相比之下，虽然孟子儒学在哲学思辨上的进步为先秦儒学在内容上带来了丰富性，在一定程度上深化和发展了孔学，但是孟子儒学仍然没有达到哲学体系的高度，仍然是以个别零散的理念为主的松散的哲学思想和观念。因此，同与孔学一样，董学无法与孟子儒学进行体系性层面上的唯实比较。

（二）孟子儒学没有形而上学

董学与孟子儒学在形而上学上的差异性是十分明显的，两者之间是有与无之间的差距。这种差距不仅决定了两者作为哲学思想的素质，也决定了两者不同的政治命运。

董学是对中国先秦哲学的一次深入和全面的整合，更是一次壮观而系统的哲学创新。董仲舒站得更高，看得更远，他对所有的先秦百家思想都有深入、细致和客观的创造性研究，对它们进行了合理的扬弃，这为董仲舒系统地整合先秦哲学打下了坚实的基础。董学的天人合一的形而上学贯穿于整个中国古代哲学，是中国整个传统文明的形而上学基础。在天人合一哲学基础之上，董学发展出了天、地、人三位一体的本体论，天道认识论和皇权主义的政治哲学，各个子系统和理念之间环环相扣，相互支持。由于董学的哲学理念和结论都具有强大的形而上学支撑，根基牢固，这个特质决定了董学能够与国家权力完成对接，上升到国家意识形态，并且能够对其皇帝制度的国家体制设计提供牢固的哲学支撑。

相比之下，孟子则意气用事，囿于己见，与所有人陷入争辩之中，这使孟子无法客观地看待先秦百家思想，也妨碍了其思想的完整性和层次性上的发展。与孔学相似，孟子儒学仍然没有发展出形而上学思想。孟子儒学将自身置于先秦形而上学思想之外，对于先秦哲学围绕天的哲学探讨并没有介入，对于以五行的演绎也持否定态度，这从孟子儒学试图用仁义礼智信等五种道德属性来代替金木水火土五种客观物质可见一斑。孟子儒学对于孔子之后发生在儒学内部的形而上学重建尝试也并不认同。如前所述，《孟子》虽然也偶尔提到过《中庸》中的"诚"等概念，但是并没有对其进行拓展和发挥，更没有将其置于重要地位，也就是说孟子并没有延续《中庸》创建儒学形而上学的尝试，这标志着先秦儒学构建形而上学的努力的一种倒退和挫折。从这个角度来看，孟子儒学主要继承了孔学的传统,而并没有直接延续曾思儒学的新的方向,这就为近来认为孟子儒学直接来源于子思儒学,① 并将两者合称为思孟儒学的提法提出了问题。缺乏形而上学使得孟子儒学无法上升到哲学体系的层次,其伦理学和政治学理念也失去了坚实的哲学支撑,以至于孟子儒学仍然停留在就事论事的政论层面之上。哲学上尤其是形而上学层面上的单薄使孟子儒学在漫长的历史时期中始终无法服众,也无法与国家权力进行接轨。

(三) 董学的国家主义伦理学与孟子儒学的大丈夫伦理学完全不同

董学的皇权主义的教化论和国家主义伦理学和孟子大丈夫伦理学是正面直接相冲突的,集中体现了两者在政治理念和价值观上的根本对立。

伦理学是董学的重要组成部分。董学的伦理学是国家主义的伦理学,其出发点是国家利益,将个人的理想和价值实现置于国家需要的前提之下。与孔学一样,伦理学仍然是孟子儒学的思想核心。孟子儒学的伦理学仍然是个人伦理学,体现的是个体性原则,而将国家仅仅视为实现个人理想和体现个人价值的一个外在平台。

董学在国家主义伦理学之上进一步提出了教化论的教育模式。董仲舒是要通过五经、董学和公羊学对在西汉前期已经呈现出游离于皇权和国家之外的士人阶层进行外在性的,自上而下的在道德、价值观和政治上的改造,将士人洗脑并且改造成屈服于皇权主义意识形态大一统并且通过攻读五经而力图博取功名的读书人,成为皇权主义下的忠臣和顺民,这是他在教化论指导下的驯民政策的核心内容。相比之下,独立自由、藐视王权和桀骜不驯的孟子儒学的大丈夫的人格类型、价值观和行为方式与董仲舒的这个制度计划完全是背道而驰,正面冲突和对立的。孟子儒学的伦理学仍然延续着孔子个人伦理学的价值取向和方法论,只是将孔子的君子伦理学进一步抬高,上升为大丈夫伦理学。孟子儒学以做大丈夫为楷模的士人观,仍然要通过个人的内在努力来提高修养,仍然致力于将个人伦理学的道德原则平移到国家政治的层面之上,仍然要将国家利益看作个人理想和价值的一个延伸。这样一来,孟子儒学所提倡的

---

① 如前所述,所谓子思儒学的内容为何仍然缺乏经得起考证的文献的支撑,目前仍然是个"虚拟"的命题。

士人自我实现的手段与董学的士人观和教化观发生了严重的冲突。

（四）董学的人性理论与孟子儒学的性善论的本质不同

孟子儒学的核心理念是性善论的人性论，董学的人性理论是性三品的人性理论，人性论在各自的哲学思想中都占有重要的地位，是理解两者的一个要点。但是，两者的人性论却是完全不同的，无论是在核心概念体系还是在理念上都存在着根本的分歧。

1. 核心概念的不同构成和规定性

与孟子儒学一样，董学人性理论同样是以性、情和善为核心构成了概念体系，但这些概念的内涵却不相同，与孟子儒学存在着体系性壁垒。

（1）性

虽然董仲舒继续使用了先秦的"性"的概念，但是董学的"性"与孟子儒学的"性"却具有不同的内涵，两者存在着体系性壁垒。董仲舒对"性"的规定包含两个层次，第一个层次是形而上学的层次。在董仲舒看来，形而上学层次的"性"是：

> 如其生之自然之资谓之性。性者，质也。
>
> 性之名不得离质。离质如毛，则非性已，不可不察也。（以上出自《春秋繁露·深察名号》）
>
> 质朴之谓性。（以上出自《汉书·董仲舒传》）
>
> 性者，生之质也。（以上出自《汉书·董仲舒传》）
>
> 性者宜知名矣，无所待而起，生而所自有也。（《春秋繁露·实性》）

"性"就是作为一个客观事物的人性的本质，是人性未经加工文饰的本初状态，是与"文"，即后天的文饰相对立的。这个"性"承天而生，是上天赋予人在出生时具有的本能，是一种先天的生物性的自然规定性。根据董学的天人合一理论，人的这种自然规定性来自天的赋予，人是大自然的一部分，人性也是大自然的一部分。

孟子的"性"虽然也提到人的天生性，但是孟子的"性"并不包括人所有的自然规定性，只有那些具有善的道德属性的部分才可被称为性。孟子关于性的观点体现了彻底的道德主体性对于人性的规定性。可见，董仲舒首先承认人性的自然属性，已经脱离了先秦儒家孟子儒学在忽略人的自然属性的前提下用道德主体性的剪刀来先验地对人性进行善恶裁剪的做法，摆脱了这个理论误区，这是中国人性论思想发展史上无论是在方法上还是在内容上都是一次质的突破，具有里程碑意义。

通过对于性的重新定义，董仲舒表明了他对孟子儒学的先秦道德主体性的人性观的否定和批判。他反对在缺乏对性的性质进行充分探究的前提下，跳跃式地进入关于人性的道德属性的判断。从哲学史的角度来看，董仲舒的这个观点是具有超前性和科学性的，符合唯实主义的理念和原则。

（2）情

董仲舒对"性"的第二个层次的规定是在具体的形而下之上，是与"情"相对应的概念。董仲舒认为，作为人的感情和情绪的"性"与"情"有着不可分割的内在联系，"性"与"情"是处于同一个层面的对应物，它们共同构成了人性的未然性的基本内涵，是一对互动的范畴。董仲舒说道：

> 天地之所生谓之性情。性情相与为一瞑，情亦性也。……身之有性情也，若天之有阴阳也。言人之质而无其情，犹言天之阳而无其阴也。（《春秋繁露·深察名号》）

在董仲舒看来，有"性"必有"情"，有"情"必有"性"，缺其一，天赋予的人性便不完整了。"性"与"情"之间的关系体现的是阳阳互动的辩证关系，是董学的阳阳辩证法在人性理论中的具体应用和再现。如果说"性"代表着人的内在的自然规定性，那么"情"则是"性"的外在表达。人本初的"性"，通过情绪、情感等外在表现，表达着"性"的运作，体现着"性"的存在方式和行为方式。

董仲舒创造性地将阳阳辩证法引入性情论乃至人性理论开创了中国古代哲学史"以阴阳言性"的先河。[①]

（3）善

在中国古代哲学史中，"善"与"性"一样，是个标准不一的哲学范

---

① 类似的评价亦见于当代学者。参见李峻岫《汉唐孟子学述论》，齐鲁书社2010年版，第64页。

畴。董仲舒并不同意孟子儒学对于"善"的界定，为此他重新定义了"善"，也由此引出了对孟子儒学的性善论的集中批评。孟子儒学的性善论认为，万民之性只要比禽兽好一点儿就叫"善"，董仲舒则认为只有达到了圣人的高度才能被称作"善"。对董学的善的进一步分析请见下文。

2. 研究人性的方法论不同

董仲舒的人性理论包括对孟子儒学的性善论的扬弃。孟子儒学研究性善论的方法十分简单，是建立在对于人的先天的内在品质的主观感悟和内省之上的，并没有明确的哲学和方法论的自觉意识。相比之下，董学研究人性理论的方法则十分丰富。

董学研究人性理论采用了多种方法论，这体现了董仲舒对人性理论的充分重视和人性理论在董学体系中的重要地位。

（1）天人合一原则

天人合一原则既是董学人性理论的核心理念，也是董仲舒展开其人性理论的方法论。天人合一原则是统领董学的人性理论的最高理念，是天人合一理论在人性理论中的具体应用，而董学的人性理论则成为一种体系性的系统性存在，成为董学的整个哲学体系中的一个十分重要的子系统。

需要指出的是，董仲舒人性理论中的"天"的本质是自然属性的天，不是道德意义和神学意义上的天，这与其政治哲学中具有神性意志和道德属性的天是不同的。在此，董仲舒所强调的"人副天数"体现在人的物理和生理形式上，而人的物理和生理形式的规定性决定了人性的本质，是董学性情论的来源。人的性情是天道在人这个物理载体上的体现。董学的人性理论认为，"天"是人性的来源，也是人性运行的依据。

由此，董仲舒的人性理论便与董学的天人合一的形而上学凝结为一体，使其人性理论成为董学庞大体系中的系统性存在，而不再像孟子、告子等先秦哲学一样就事论事地讨论人性，缺乏形而上学的依托和根据。在另一方面，董学天人合一的人性理论也不同于荀子所主张的天人观。荀子的"天"是具有自然属性的"天"，而"天"无论是在性质上还是在功能上都与人各不相干。相反，荀子主张天人分途，甚至是人定胜天，将天与人彻底地变成了两个相互隔绝的实体。董仲舒的天人合一哲学则完全无法接受荀子的观点，他将人性理论纳入了天人合一的形而上学体系之内，意味着将天与人重新赋予了同一性。

董学人性理论的系统性存在于逻辑上决定了它与先秦百家的人性论的本质区别，董仲舒也正是依靠强大的体系性力量超越了先秦百家的人性论，使其在理论上和现实意义上都达到了新的境界。

（2）人的自然属性

董仲舒关于人的属性问题的展开是在天人合一的框架之下进行的，由于两者属于同一性的存在，"人"和"天具"有相同的属性。董学中的"天"与"人"一样有喜怒哀乐，这些确是人格神的特征，但是这并不表明"天"是宗教意义上的神秘力量。董仲舒不是通过宗教臆想，而是通过经验主义的比拟法看出天和人之间的相似性的，也就是说，董仲舒认为这种相似性是一种自然界的物质现象，具有自然哲学的鲜明特征，而不是天对人的刻意规定，董仲舒并没有说明人的生成和内在本质是天的意志的体现。在董仲舒看来，人不是上帝和神灵的创造物，而是自然界的阴阳五行运行的结果，是"天生之，地养之"的人，是物质性的人，是自然人。这与基督教神学认为上帝按照自己的形象塑造了人的说法是完全不同的。

（3）人性是三维本体论的一维

在先秦哲学中，各家各派对于人性问题的探讨都局限于伦理学范畴，道德评价几乎是唯一的视角和维度。董仲舒则突破了这个局限，第一次将人性命题提高到哲学本体论的高度上进行深刻的思辨。

在《春秋繁露·立元神》中，董仲舒说道：

> 何谓本？曰：天、地、人，万物之本也。天生之，地养之，人成之。……三者相为手足，合以成体，不可一无也。

人的地位被提高到了与天和地并举的地位，成为董学的三维本体论中的一维。不仅如此，通过董仲舒对天与人、天与地和地与人这是对对应范畴的演绎，人实际上是天地人三维中最根本的一维，是天和地的目的和归宿。这种本体论思想无论是在中国哲学史还是在世界哲学史都是革命性的哲学突破。

如果说天人合一哲学回答了天与人之间的同一性的问题，那么天、地和人共为本体之三维本体论则回答了天与人之间的地位问题，也回答了神性与人性的相互关系和地位问题。如果从世界哲学史的范围内进行横向比较的话，董仲舒对于人性地位的看法具有卓越的成熟性和超前性。同时期的犹太哲学仍然将人置于宗教的桎梏之下，人无所谓人性可言，人只是上帝的卑微附庸，人性只是上帝神行的折射，人是具有原罪的恶的载体。这种人性观统治了欧洲人的思想近两千多年之久，直到今天各种宗教价值观仍然是许多西方人的信仰。而远在公元前2世纪之时，中国的一位哲学大师便已经发现了人的真正价值，确立了以人性为核心的本体论。在董学的三维本体论中，人不是天的附庸和傀儡，而是与天享有同等地位的本体中的一极，不存在高于人性的神性；在地位上神性与人性是平级的，在功能上神性是为人性服务的。这种哲学思想以其令人振聋发聩的声音表达出了中国文明的人本主义本质，证明了中国文明的先进性和卓越性。

（4）名义论

董学的名义论是董学的天道认识论的重要组成部分，对于其人性理论也具有重要意义。董学强调名号的重要性，他对名号的强调可以分为两个层次。第一个层次是强调名号所蕴含的社会秩序。

董仲舒在《春秋繁露·深察名号》中说道：

> 名号之正，取之天地。天地为名号之大义也。
> 是故事各顺于名，名各顺于天，天人之际，合而为一。
> 是正名号者于天地。

很明显，董学的名义论是其天人合一的形而上学的有机组成部分，董学的正名观的标准是天地，而不是孔学正名论中的周礼。

第二个层次是强调在进行理论构建时必须要建立起严格的概念体系。为此，董学强调概念要有内在规定性的严格性和准确性，类似于形式逻辑中对于概念的定义过程。对于先秦哲学概念的混乱状况，董仲舒在《春秋繁露·深察名号》中评价道：

> 今世闇于性，言之者不同，胡不试反性之名。

董仲舒将董学的认识论中的名义论渗透到了对人性理论的创建之中，

这体现了董学的人性理论在方法上与整个的董学体系是具有一贯性的，其名义论和人性理论都是深深根植于其整个哲学体系的体系性存在。同时，通过名义论，董仲舒对孟子儒学的人性论进行了批评和修正。以正名的名义，董仲舒对"性"、"情"和"善"等范畴进行了重新定义。

（5）阴阳论

作为董学的形而上学方法论的阴阳论在董学的人性理论得到了运用，阴阳论在董学的人性理论中具有重要的意义。这是因为，阴阳论不仅透彻地揭示了董仲舒的人性理论，同时也在逻辑上和结构上与董学的整个哲学体系有机地联系了起来，使两者完成了无缝连接。

董仲舒的阴阳论在人性理论中的应用表现在对"贪"与"仁"以及"性"与"情"这两对范畴的定性之中。董仲舒认为：

> 人之诚，有贪有仁。仁、贪之气，两在于身。身之名，取诸天，天两，有阴阳之施；身亦两，有贪、仁之性。天有阴阳禁，身有情欲栣，与天道一也。（《春秋繁露·深察名号》）

在形而下的层面，董仲舒将人的性情比作天的阴阳，形成了性情论。所谓性情论就是人所具有的各种先天的感情和情绪特征。在《春秋繁露·竹林》中，董仲舒进一步阐述了这个思想：

> 人之诚有贪有仁，仁贪之气，两在于身。身之名取诸天，天两有阴阳之施，身亦两有贪仁之性。

而东汉思想家王充的一段引述讲得更为透彻：

> 天之大经，一阴一阳；人之大经，一情一性。性生于阳，情生于阴。阴气鄙，阳气仁。曰性善者，是见其阳也；谓性恶者，是见其阴者也。[1]

---

[1] （东汉）王充：《论衡》，上海人民出版社1974年版，第四六页。

王充的这段引述已失遗,不见于董仲舒的今存著作。但其逻辑和内涵是与董仲舒的思想一脉相承的,体现了董学的真实思想。

阴阳论赋予了董学的人性理论以辩证性,为人的内在素质的转化和升华提供了逻辑基础,而这种转化和升华来自外力的改变,这就是皇权主义的教化论。由此可见,基于阴阳论的性情论在董学的人性理论中是具有承上启下意义的重要组成部分和逻辑环节。

（6）实质论

在董学中,"实""质"等概念第一次成为人性理论的范畴,中国哲学因此也第一次以求实的方法来探究人性,这在中国人性观的发展史上具有里程碑的意义。董仲舒在《春秋繁露·实性》中说道:

> 且名者性之实,实者性之质也。

这明确地阐明了研究人性要以"实"为基础,"实"才是人性的内涵。也就是说,董仲舒不再如孟子儒学般对人性进行先入为主的道德裁剪,而是将人性作为一个实体,首先对其本身的性质进行分析,在此基础之上再进行道德判断。董仲舒的人性理论挣脱了先秦儒学道德主体性的束缚,这是一个质的提升。

董仲舒用两个概念来阐释"质"。一是善质。善质是董学独有的新概念。善质及作为其对立面的恶质是人性的本来面目,是实体构成,并不具有先天的道德属性。董仲舒认为,人性的道德属性是后天教化的结果,只有在后天社会力量的塑造和影响之下,人性才会出现善和恶等道德品质。

董仲舒创立善质这个概念是对王教论的逻辑铺垫,这与其名义论和阴阳论是相辅相成的。正是因为人性本身并不具有先天的道德属性,道德属性的形成是后天外力塑造的结果,这就为皇权自上而下地塑造人性,通过教化引导人们走向善奠定了基础,指明了方向和提供了现实可能性。

董仲舒用来阐释实质论的另一个概念是"欲",即欲望。董仲舒在《春秋繁露·度制》中说道:

> 今世弃其度制而各从其欲,欲无所穷,而欲得自恣,其势无极。

大人病不足于上，而小民羸瘠于下，则富者愈贪利而不肯为义，贫者日犯禁而不可得止，是世之所以难治也。

另外，《汉书·食货志》记录了董仲舒的另一段话：

大富则骄，大贫则忧，忧则为盗，骄则为暴，此众人之情也。

董仲舒认为，欲望是无止境的，其标准是相对的，这就需要国家出面来确定欲望的标准，防止欲望泛滥。他说道：

上下之伦不别，其势不能相治，故苦乱也；嗜欲之物无限，其势不能相足，故苦贫也。今欲以乱为治，以贫为富，非反之制度不可。（《春秋繁露·度制》）

相对于欲望，大富和大贫处于两个极端，而这两个处于极端状态下的人群正是国家需要加以重点约束和治理的对象。国家治乱的本质实际上就是管理和治理人类的欲望，防止不同阶级和阶层的人们受到欲望的支配而采取不利于国家的行为。

董仲舒建议要通过建立国家制度来有效地管理人的欲望。他认为：

凡百乱之源，皆出嫌疑纤微，以渐浸稍长至于大。圣人之道，众提防之类也，谓之度制，谓之礼节。故贵贱有等，衣服有制，朝廷有位，乡党有序，这民有所让而不敢争，所以一也。（《春秋繁露·度制》）

可以看出，虽然行文简短，但董仲舒这几段关于人类欲望的分析和论述却是十分深刻的。它们揭示了董仲舒认为人的欲望对于人类行为是发挥着支配和决定性的作用的，而国家的目的就是要管理人的欲望，使社会不至于因为欲望的失控而造成两极分化，威胁国家的稳定。而"世之所以难治"的根源和"百乱之源"正在于国家无法有效地治理大富和大贫这两种处于欲望两极的不同阶级的行为方式。这种观点正是董仲舒的国家主义的政治哲学的意识形态设计的全部根据。显然,这些独创的观点与孟子儒学试图由个人伦理学向政治领域平移其道德主体性的原则和方法有着本质的不同。

由此可见,董仲舒将人性理论完全纳入了其形而上学体系之中,并基于此而规定了政治哲学的落脚点,为"治世"开辟了一条现实主义的通途,这种理念和方法要较孟子儒学企图用其单薄的性善论来实施仁政观的简单思路深刻、合理和完善得多。

3. 人性理论的内容不同

董学的人性理论是性三品理论,在内容上与孟子儒学的性善论人性论是完全不同的。性三品理论认为人性可以分为圣人之性、斗筲之性和中民之性。

(1) 圣人之性

圣人之性是董学性三品人性理论中的最高层次,是人性所能达到的最高境界。

①圣人的构成

在董仲舒眼里,圣人是指三种人。第一种是圣王,即作为天子的皇帝。董仲舒在《春秋繁露·三代改制质文》中说道:

> 圣人生则称天子。
> 天施符授圣人王。
> 德侔天地者称皇帝,天佑而子之,号称天子。

第二种是能够建邦立制、辅佐天子的贤臣,董仲舒称之为"贤圣"。例如,在《汉书·董仲舒传》中说道:尧受命,

> 务求贤圣,是以得舜、禹、稷、鲧。

第三种通晓天道的哲人,如孔子。把孔子看作圣人则是出于现实政治的考虑,是董仲舒托孔入世、托圣入经的经世策略的表现。

在这三种人里,圣人重要是指天子,这是与董学的皇权主义在逻辑上是直接相互承接的。

②圣人之性的性质

董仲舒认为,圣人之性的本质是"配天"。董仲舒在《春秋繁露·威德所生》中说道:

> 为人主者,居至德之位,操杀生之势,以变化民。……喜怒当寒暑,威德当冬夏。故曰,圣人配天。

所谓配天,不仅是要与天产生直接的关系,还要配得上天。在董仲舒看来,只有功德两全的人才能够配天。

那么,配天与善是什么关系呢?董仲舒认为:

> 善过性,圣人过善。(《春秋繁露·深察名号》)

善要高过性,而圣人要高过善。也就是说,前面在批评孟子儒学的人性论过程中所建立起来的从善质向善的转化并不适用于圣人之性。圣人之性直接来自天,当然不再需要依靠外力来加以教化了。圣人是教化的实施者,而不是教化的接受者。由此可见,董学的圣人之性其实并不是人性,而是超越了人性的"天性",是天道在人性中的表现。

③圣人观

在董学的哲学体系中,作为其理念和逻辑的关键节点的圣人观贯穿在天的形而上学的各个方面,如天道认识论和建立在天人合一哲学之上的皇权主义等,而在人性理论中关于善的标准和性三品说中,圣人观作为逻辑节点的作用再次得到了直接而充分的展示。董学的圣人观在五经中通过《易传》找到了新的历史和哲学支点。在董学中被反复铺垫和强调的圣人观被汉武帝不折不扣地接受,成为公羊模式意识形态的组成部分。

(2) 斗筲之性

虽然在其著作中并没有看到董仲舒直接说明斗筲之性是何种之性,但是从上下文和逻辑进行推断,斗筲之性显然是指已经为恶之性,是与善相对立的、已经处于已然状态的、不可救药的道德品性。对于哪些人怀有斗筲之性,我们同样可以从上下文中得到答案。在《春秋繁露》中,董仲舒说道：

> 天之为人性命，使行仁义而羞可耻，非若鸟兽然，苟为生、苟为利而已。（《春秋繁露·竹林》）

> 天地之精所以生物者，莫贵于人。人受命乎天也，故超然有以倚。物疢疾莫能为仁义，唯人独能为仁义；物疢疾莫能偶天地，唯人独能偶天地。（《春秋繁露·人副天数》）

也就是说那些不能行仁义的人，不能被转化为善人的人，就是斗筲之人。斗筲之人是不配做人的，是不配成为天人合一的组成部分的。这里表现出道德是董仲舒进行社会秩序分类和重塑的最重要的标准之一。

（3）中民之性

中民之性是董学人性理论的核心构件，也是其人性理论与其政治哲学和教化论的逻辑结合点和过渡点，是对前两部分的理念和逻辑铺垫。

关于中民之性，董仲舒认为：

> 圣人之性，不可以名性；斗筲之性，又不可以名性；名性者，中民之性。（《春秋繁露·实性》）

也就是说，董仲舒的人性理论实质上所指的对象只是中民之性。中民之性具有可塑性，"有善善恶恶之性"（《春秋繁露·玉杯》），具有从善质向善过渡的现实可能性，是皇权可以通过教化加以改造的人。

那么中民又是指谁呢？排除了极少数的圣人和不可教化的斗筲之人之后的民众就是中民了。圣人自然是极少数的人，而已经堕入恶渊的斗筲之人在社会上也是少数人，中民实际上是社会中的绝大多数人，其中包括士人阶层、农民阶层和市民等。在中国传统社会，广大民众的认知都会在很大程度上受到识文断字的士人的左右和影响，士人阶层是中民的核心和重要组成部分。调教好了士人阶层也就基本上可以调教好广大的民众，控制了士人阶层也就基本上可以控制普遍的农民和市民了。因此，为了使皇权稳定就必须能够有效控制住社会上最为活跃和不安定的士人阶层。

董仲舒对此可谓是看得入木三分,他的人性理论就是为教化论进行理论铺垫,就是为了皇权驾驭士人阶层这个有些桀骜不驯的阶层所设计的一整套治理方案。董仲舒的中民虽然包括除了圣人和斗筲之人之外的所有人,但他主要是指士阶层,是教化论的主要对象的结论从汉武帝所制定的五经博士制度中得到了充分的证明。

(4) 性三品是个动态的概念

董学的性三品的划分并不是个阶级观念,而是个超阶级的概念。无论是在一般性的理论和社会实践中,决定阶级和阶层的标准是其经济地位,然而董仲舒的性三品理论并不是以经济地位来划分人性的,道德品质才是他划分人性和进行社会分类的重要标准。因此,在任何阶级和阶层都会有斗筲之人和中民,任何阶级和阶层中的中民都具有从善质升华到善的可塑性,因此董仲舒的性三品标准并不是静态的,而是个动态的概念。而驱动人性运动和转化的力量在于皇权,在于皇权的教化。

孟子儒学的人性论提出了"才"的概念,认为人天生有才,而天生的才实际上就是四端,事后能否成为圣人取决于后天的自我开发。虽然两者都强调人性的内在规定性,但孟子儒学的"才"与董学的"品"是不同的。孟子儒学在这里虽然也强调后天因素的重要性,但它所依靠的是君子的自我开发,而不是来自国家权力这个外部力量的教化。

在《春秋繁露》中,董仲舒对孟子儒学的人性论进行了直接而系统的批判。这些批评主要体现在对于"善质"与善的不同规定性上。

董仲舒对孟子性善论人性论的批判是通过"善质"概念的提出和严格区分"善质"和"善"两者之间的本质不同展开的。董仲舒认为天生的性是未然的,性中只具有善质,而善质还不是善本身;善质只是具有变成善的潜力和可能性,却与善有着本质的区别;而当善成为人的存在方式或者行为方式的时候,则已经超出了性的范围,变成了由外在教化而成的社会性的后天属性。对此,董仲舒说道:

> 性者宜知名矣,无所待而起,生而所自有也。善所自有,则教训已非性也。是以米出于粟,而粟不可谓米。玉出于璞,而璞不可谓玉。善出于性,而性不可谓善。其比多在物者为然,在性者以为不然,何不通于类也。卵之性未能作雏也,茧之性未能作丝也,麻

之性未能作缕也，粟之性未能为米也。(《春秋繁露·实性》)

那么什么是董仲舒眼中的善呢？

董仲舒继而说道：

> 然其或曰性也善，或曰性未善，则所谓善者，各异意也。性有善端，动之爱父母，善于禽兽，则谓之善，此孟子之善。循三纲五纪，通八端之理，忠信而博爱，敦厚而好礼，乃可谓善，此圣人之善也。(《春秋繁露·深察名号》)

孟子将善看作人天生的品质，是先天的内在规定性，并且孟子的善的标准很低，只要"爱父母"便是善了。董仲舒则认为孟子所说的善并不是善，而只是善质。善质仅是善的一种或然性，只是经验形成善的可能性，而善则是已然的，是后天的和外在的道德品行，是已经实现了的善质。董仲舒通过禾与米、瞑与觉的类比来进一步阐述善质和善之间的或然关系：

> 善如米，性如禾。禾虽出米，而禾未可谓米也。性虽出善，而性未可谓善也。米与善，人之继天而成于外也，非在天所为之内也。(《春秋繁露·实性》)
>
> 性有似目，目卧幽而瞑，待觉而后见。当其未觉，可谓有见质，而不可谓见。今万民之性，有其质而未能觉，譬如瞑者待觉，教之然后善。当其未觉，可谓有善质，而不可谓善，与目之瞑而觉，一概之比也。(《春秋繁露·深察名号》)
>
> 而谓民性已善者，是失天意而去王任也。万民之性苟信已善，则王者受命尚何任也？其设名不正，故弃重任而违大命，非法言也。(以上出自 (《春秋繁露·深察名号》))

由此可见，在董仲舒看来孟子儒学的所谓善只是善质，还不是善，如此一来便否定了孟子儒学性善论人性论的基础，打破了其合理性。与善质相对应，人的性情中同样存在着"恶质"。恶质还不是恶。善质和恶质一样都是具有或然性的自然的人类素质。

对于孟子之说，董仲舒的批判是十分认真而严肃的，将其视为是"违天命"的"非法言"，即不合法的言论。

4. 教育方法的不同

董学的性三品人性理论为后天的教化提供了必要性、可能性和可行性。董仲舒重塑善的定义一方面是提出了关于善的新思想，另一方面则将善提高到了体系存在的高度，使其具有了体系层面上的意义。善的体系性存在的意义表现在董仲舒借此概念为提出下一个重要的哲学和政治命题进行了理论铺垫，这就是"教化论"。孟子将后天的教育视为个人的自我道德熏陶和培养。这仍然是孔学的个体性原则之下的自我教育的重复。

显而易见，董学的教育观与孟子儒学是完全不同的。前者的自上而下，由外而内的教化论，后者则是自下而上，由内而外的自我教育。董学的人性理论体现的是皇权主义的教化观，这个主线贯穿于董学的天人合一的形而上学，皇权主义的政治哲学和国家主义的伦理学中；而孟子儒学体现的是个人伦理学和个体性原则，缺乏形而上学和政治哲学的支撑。两者在人性观上的这种对立折射的是它们在价值观上的本质不同。

（五）董学的皇权主义与孟子儒学的反王权观的根本对立

与孔学在理论上的支离破碎类似，孟子儒学虽然将政治哲学作为重点之一加以关注，提出了仁政观等理念，但是在体系性上仍然没有突破孔学的基本架构和价值观，这种状况在政治哲学中的表现之一就是孟子儒学在战国时期国家间竞争和战争十分激烈的时代背景之下仍然没有发展出系统的国家观和权力观。这一方面体现了孟子儒学与时代的联系仍然基本上处于脱节状态，另一方面也折射出了作为思想家的孟子在思考的敏感性和理论能力上的不足，即使与同时代的墨子相比也有所欠缺。在理念和价值观层面上，董学和孟子儒学针锋相对，两者的对立集中体现在董学以天人合一为基础的民本思想与孟子儒学提倡"革命"的民本思想之间的对立。

1. 两种不同的民本思想的对立

通过董学与孟子儒学在民本思想上的对比可以明确地显映出两者之间的本质差异。董学和孟子儒学都强调民本思想，但是两者的逻辑和方法却大相径庭，而在政治目的和政治效果上则更是南辕北辙。

民本思想贯穿于董学的形而上学和政治哲学之中。董学的形而上学为其政治哲学提供了坚实的哲学和方法论支撑。天人合一的理念就是将天和人并列，人被置于与天相同的体系地位，赋予了人最高的哲学地位，人始终处于董学天人合一哲学价值链条的最高点。

关于天和人之间的关系，董仲舒在《春秋繁露·王道通三》中明确说道：

> 天覆育万物，既化而生之，有养而成之。事功无已，终而复始，凡举归之以奉人。

这句话是十分深刻的。它表明了天人合一的基础在于共有的自然性，明确地阐述了"天"的目的性这个哲学命题，同时也明确地说明了在天人合一的理论框架之内天和人之间的相互关系和地位问题。以人为本，就是董学对天人关系所做出的明确回答。在董学中，人是自己意志的主人，人的生命就在于生命本身，没有任何游离于生命本身的任何目的和宿命。董学的"天"没有自为的目的性，而将他为作为目的性，这个他为就是人。这表明董学的天是将人作为自己的目的性的，人在天人合一中的地位是要高于天的。

同样，在董学的十端说中，董仲舒将人置为一端，赋予了天、地和人三者共同的本体地位：

> 天有十端，十端而止已。天为一端，地为一端，阴为一端，阳为一端，火为一端，金为一端，木为一端，水为一端，土为一端，人为一端，凡十端而毕，天之数也。（《春秋繁露·官制象天》）

天的十端是由天地、阴阳、五行和人构成的，而阴阳和五行是天道运行的手段和方式，是下一层次的构成，因此，十端中的本质要素是天、地和人三端。而天、地、人就是董学的三维本体论。在天、地、人三维中，人的地位在三者中是最高的，即人为本，董仲舒明确地将人定位为最终的目的和最高的地位。

由此可见，董学的天人合一哲学和三维本体论是人本主义的最高境界。在世界古代哲学史上，从来没有一种政治哲学体现出了如此高的人本主义境界，没有一种政治哲学以如此严格的人道主义作为其思想和理论的内核，没有一种政治哲学体现出了如此绝对的责任感，将国家权力的目的性从属于天下百姓的福祉，而唯有董仲舒的天人合一理论。这种以人为本的人本主义哲学在很大程度上决定了董仲舒的哲学体系和形而上学理论的先进性和合理性。也正因其具有如此的责任感和人道主义本质，董学才成为一种和谐的和进步的哲学，才能够获得崇尚道德的中国文化和中国文明的认同，才能够建立起公羊模式的这样的国家行为模式，公羊模式才能够屡次将中华民族和中国文明带入人类文明史上的最高峰。

2. 董学的天人合一的皇权主义与孟子儒学提倡革命的反王权观的唯实比较

如果说董学与孟子儒学在人性观上的本质性差异还是纯粹哲学理念上的分歧的话，那么两者在权力观上的针锋相对则体现了它们在更具现实政治意义的政治哲学上的根本分歧。

作为政治哲学的皇权主义的哲学基础是天人合一哲学和天、地、人三维本体论，在天与人的互动中董学将皇权的根基放在了民权之上，认为民权是皇权的合法性的最终来源。在董学的皇权主义的政治逻辑中，民权的表达并不是直接作用于皇权，而是通过天这个媒介来进行的，而通过天民权成为决定皇权合法性及其寿命的最后依据；作为皇权去留决定者的民权又不会直接与皇权发生理念上的对抗，两者的对抗是要通过天来表述和仲裁的，如此一来在理论层次上民权和皇权在天人合一的理念和机制之下达到了同一性和相互牵制的辩证统一。在天人合一的授权制下，民权并无法直接干预皇权，既没有这样的法理基础，也没有这样做的政治渠道，民权是通过天的意志来体现的。但是，民权并不是虚幻和无法把握的，而是强有力和具有现实性的，这就是灾异论。任何王权的更替都要通过上天取消授命才具有合法性。这种相互制衡的权力机制上下互通，左右逢源，最重要的是避免了皇权主义和皇帝制度与民众的直接冲突。这种回避是十分重要的。它使皇权与民众不发生直接的理念冲突，这不仅将皇权与民众之间在现实政治中的对抗降到了最低限度，更为重要的是它最大限度上保持了皇权主义和皇帝制度在民众之间的威信始终不受损害，保持了皇权主义的意识形态不会在具体的政治混乱和冲突中受到理论和意识形态上的质疑。在这种通盘设计之下，皇权与民众之间获得了很大的回旋余地。民众可以将国是不争的责任归咎于个别的大臣甚至是不争气的皇帝，而整个皇权主义的意识形态和皇帝制度则能够独善其身，不会受到质疑。这既为皇帝改过自新和实施改革提供了契机，也避免了为民众通过自下而上实行"革命"的借口。即使在最极端的情况出现，即通过王朝战争来重新确立皇权之后，皇权主义的意识形态仍然是其建国的蓝图，新的皇帝只要按图索骥落实既定的意识形态便可以获得合法性了。这样环环相扣的、在理念和制度上嵌入了层层缓冲机制的政治哲学逻辑便是董学的意识形态和其制度设计能够在中国被遵守了两千多年的根本原因。

相比之下，孟子儒学则提倡民众与王权之间的直接对抗，鼓励民众通过"革命"直接推翻拒绝实施仁政的王权。孟子将革命的合法性建立在民本思想之上，但他并没有提出推翻了一个王权之后该如何收场。按照孟子儒学的逻辑，新的君主应该是实施仁政的仁君，但他并没有提出这样的仁君该如何产生出来，是通过选举来建立民选政府呢，还是从贵族阶层中推举出其他的贵族出任新的君王，抑或是通过一场王权战争来确立新的王权。这些至关重要的后继设计的缺失意味着孟子儒学的政治逻辑链条的突然断裂和孟子儒学的民本思想和反王权观的不现实性。因此，孟子儒学的民本思想和反王权观只能是个制造混乱的政治观念，这体现出了孟子儒学版本的道德乌托邦主义如同孔学一样仍然具有不成熟性。因此，孟子儒学的反王权观和革命观更多的只是"愤青"的冲动言论，与理性和成熟的政治哲学和制度设计还有很长的路要走。

通过对两者的系统的唯实比较可以看出，董学的政治哲学和政治制度设计在理念和逻辑上要比孟子儒学的民本思想和反王权观更为复杂、合理和完善得多，在政治上也要比孟子直截了当的民权观更为成熟和老辣得多。

尤其需要加以强调的是，董学的政治哲学是建立在具体可行的政治体制和政治程序基础之上的，这就是一整套建立在董学基础之上的皇帝制度。以皇帝制度为核心的董学政治哲学是现实主义的和具有多方位的合理性和优越性的，体现出了董学对孔学和孟子儒学的以道德乌托邦主义为核心的政治思想的全面超越。相比之下，缺乏意识形态支撑、制度支撑和现实政治支撑的孟子儒学仍然如孔学一样只能在现实政治中不断碰壁，始终无法成为国家意识形态，也无法与国家权力进行衔接。

在战国时期，孟子儒学的仁政观和反王权观是与当时主流的政治理念和行为方式处于激烈的冲突状态之下的，可以说孟子儒学的政治理念是在冲击当时盛行的权力观，并由此而可能威胁到当时的国家存在。在战国时期，君主制是唯一的权力形态和国家形态。权力形态和国家形态在君主制上得到了统一。王权是世袭的，并不产生于民权。虽然践踏民权会使王权不稳，甚至推翻王权，但是这并不等于说王权取决于甚至仅取决于民权。过分强调民权而否定王权，而将民权置于王权之上是脱离了当时的时代现实的。

实际上，孟子儒学的反王权观是孔子的道德乌托邦主义的另一个版本。在战国的政治现实中，这个思想却是个时代性的错误，是个通向国家自我毁灭的"秘方"。在以战争作为国家间相互竞争的最重要的行为手段的时期，这是因为当时的以土地为主体的财富构成所决定的，放弃了战争在一定程度上就等于否定了国家存在的意义，等于放弃了国家的存在基础，也等于放弃了统一天下的任何希望和可能性，因此依靠所谓仁政不仅不能统一天下，反而会使国家成为竞争中的失败者，造成国破家亡的惨剧。

孟子儒学的逆时代和反时代而动的仁政观不可避免地与时代趋势顺势而为的董学正面产生冲突。孟子儒学仁政观中的民本思想、君为轻的反王权观和革命观等主要理念与董学的以天人合一哲学为基础的皇权主义政治哲学在理念上是尖锐对立的。前者提倡王权要为民权让路，民权可以通过暴力手段来推翻王权；后者主张民权来自天，只有稳固地建立在天授之上的皇权才能有真正的民权，皇权与民权在以天为媒介的互动中进行良性的而非暴力的互动。两者在权力观上的尖锐对立揭示了孔孟儒学与董学在政治理念上的根本性分歧。

作为仅次于孔学的先秦儒家思想的最重要的代表之一，孟子儒学的反王权观和革命观是不可能被汉武帝等国家权力的掌握者接纳为国家意识形态的。而这应该是董仲舒也从来没有尊奉过孟子儒学的根本原因。从个人层面来看，如果董仲舒向汉武帝推荐的是反王权的儒家思想，不但不会被汉武帝所接受，反而有可能会被旨在加强皇权的汉武帝所治罪。作为高风亮节，以安邦立国为使命的哲学巨擘，董仲舒的视角是国家主义的，一切以国家和民族的根本利益为出发点和归宿，正因如此他才会拒绝及批判孟子儒学，将其排除在自己的哲学体系之外。于是，我们后人所看到的历史事实是：无论是董仲舒、汉武帝还是他们所共同构建的皇权主义意识形态对于孟子儒学都是否定和排斥的。在很大程度上，我们可以推断，正是因为孟子儒学被排斥在国家意识形态之外，中国文明才能获得稳定的哲学基础，才能在两千多年的历史沧海中一次次地被重复、被模仿和被发展广大。

皇权如何看待孟子儒学的民本思想、反王权论和革命观从后来的明太祖朱元璋的态度可见一斑。虽然为了笼络天下读书人而不得不接受理学，朱元璋却对孟子咬牙切齿，将孟子的反王权思想和革命观从向读书人发行的《孟子》教材中剔除，编辑成了《孟子节文》。后人对此的解读都集中在对朱元璋个人的攻击上，而忽略了孟子儒学仁政观对于国家意识形态的破坏作用和与建立在董学基础之上的皇权主义意识形态的冲突。在当时历史条件下，朱元璋代表着国家的稳定，是建设性的积极因素，而孟子儒学则代表着对国家稳定的颠覆，是潜在的破坏性因素。朱元璋要铲除这个潜在的破坏性因素绝不是出于个人恩怨，而是体现了大明王朝的缔造者对于国家前途和命运的深刻思考。

3. 董学与孟子儒学在忠君观念上的根本对立

董学的皇权主义政治哲学和三纲五常的国家主义伦理学都将忠君即对皇帝的忠诚视为极其重要的理念，忠君可谓是董学政治哲学和伦理学的支柱之一。在天人合一哲学和阳阴辩证法的基础上，董仲舒认为君与臣是阴阳关系，君是阳，臣为阴，两者是一对不开分割和相辅相成的对应范畴，作为较弱一方的阴要对作为较强一方的阳绝对忠诚，同样地，作为阴的体现的臣也要对作为阳的代表的君绝对忠诚，只有这样才能体现出阴阳辩证法中的阴阳规律，皇权主义才能够得以充分落实。

相比之下，忠在孟子儒学中并不是个重要的观念，孟子儒学既没有继承孔学关于忠的观念，也没有刻意发展自己关于忠的概念，但是孟子儒学却有关于忠与君之间关系的明确理念，这在孟子儒学的反王权观和革命论中充分地体现出来。孟子儒学是绝对否定忠君的,不仅如此孟子儒学还提倡"覆君"甚至"弑君/革君"。孟子儒学的革命观是作为忠君的绝对反面被提出来的。孟子儒学极力反对忠君和革命观是由仁政观推演出来的自然结果。按照孟子儒学的逻辑,一个君王一旦不实行孟子儒学的仁政观就违背了民本思想,君王就变成了"独夫",人民便可不再视其为合法的君王,杀掉这个君王也是"合理合法"之事,而忠君更是不值一提之事。

由此可见,董学所提倡的绝对的忠君观与孟子儒学视君王为"草芥"的仁政观理念产生了正面的碰撞,是根本对立的理念。

4. 董学与孟子儒学在政治逻辑上的对立

董学政治哲学的核心是皇权主义,其政治逻辑是建立在天人合一基础之上的自上而下的国家主义理念;孟子儒学的政治观是仁政观,其核心是大丈夫伦理学向政治学的平移,是以民为本的自下而上的理念,孟子儒学代表着先秦儒家将道德主体性政治化的极端思想。

徐复观认为:"孟子在政治上谈'仁义'、谈'王道'的具体内容,只是要把政治从以统治者为出发点,以统治者为归结点的方向,彻底扭转过来,使其成为一切为人民而政治。"① 只是在当时的历史条件下,这种"超前"的道德乌托邦主义的激进观点只能在现实政治面前频频碰壁了。

可见,董学与孟子儒学的政治逻辑是背道而驰和完全对立的。两者在政治逻辑上的对立反映的是在价值观上的根本对立。

5. 董学与孟子儒学在政治制度上的根本差异

董学是个完整的蔚为大观的哲学体系,其核心是建立在天人合一哲学和阴阳辩证法之上的皇权主义政治哲学,经过董仲舒完善的皇帝制度是董学的制度支撑。董学在形而上学、意识形态和政治制度设计上形成了在理念、逻辑和价值观上环环相扣的一体性。历史事实证明,董学和公羊学的成功在很大程度上取决于皇帝制度的成功。相比之下,孟子儒学的仁政观缺乏任何形式的制度支撑。在《孟子》中最接近政治制度设计的言论体现在《梁惠王下》之中:

---

① 徐复观:《中国思想史论集》,上海书店出版社2004年版,第111页。

> 国君进贤，如不得已。……左右皆曰可杀，勿听；诸大夫皆曰可杀，勿听；国人皆曰可杀，然后察之，见可杀焉然后杀之，故曰国人杀之也。

这段话是规劝国君不要妄听人言，而要根据其行为本身来判断犯罪之人是否可杀。实际上这并不是制度设计，体现的是其民本思想，但对于孟子来说已经难能可贵了。

可见，缺乏制度支撑的孟子儒学如空中楼阁般悬浮在空中，这是孔孟儒学道德乌托邦主义的典型表现。缺乏政治制度支撑的孟子儒学仁政观只是一种破坏的思想，与现实政治脱节的革命论对于国家来说不具有可行性。

因此，董学与孟子儒学在政治制度上的差异是根本性的，体现了两者是不同层次的政治理念和成熟度。

（六）董学与孟子儒学在价值观上的根本对立

前面已经分析了孟子儒学与孔学在价值观上的同一性，这也意味着董学与孔学在价值观上的根本分歧和对立也是董学与孟子儒学之间的根本分歧和对立。相关结论可见《董学与孔学的正本清源》一书的相关章节，在此不再赘述。

（七）董学用孔而不用孟

了解了董学与孟子儒学在理念、方法和价值观上的严重对立，对于认清董学的本质以及董学与孔学和整个儒学之间的真正关系具有重要的启示作用。董仲舒对于孟子儒学的否定评价影响到了他对前儒学的看法。董仲舒采取了"托孔入世"的策略，表面上尊孔，却不是"托儒"入世，董仲舒假借孔子的名号，但推崇儒家的提法却极少见，他对孟子除了指名道姓的批判之外绝无任何的尊敬之意。董仲舒的这一立场反映出董仲舒对于先秦儒学有着深刻的理解，体现了他对于先秦儒学区别对待的理性的处理方法。

司马迁基本上承继了董仲舒对于孟子的态度，他虽然在《史记》中为孟子列传，却是与邹衍、淳于髡、荀子等其他诸多战国时期的学者一起合传，只有寥寥数笔，更多提到的是孟子失败的政治际遇，对他的评价并不高，也绝没有将其视作"亚圣"。一方面，这或许是司马迁作为董仲舒弟子受到老师观念的影响所致的结果；另一方面也是司马迁对于当时正处于构建和巩固过程中的公羊模式在意识形态大一统上的迎合和落实。

司马迁将孟子和荀子并列使得在西汉之后到宋朝之前的一千多年间，孟子与荀子的地位相同，即所谓"孟荀齐号"，都处于作为民间和历史上的学术的子学。直到宋学出现之后，出于颠覆公羊学/经学和重塑国家意识形态的政治的需要，孟子的地位才被人为地刻意拔高，直到被列为仅次于孔子的亚圣。

第 四 章

荀子哲学：作为董学先音的政治哲学

对董学与先秦儒家进行辨正和唯实比较，同样会涉及荀子哲学与孔学和孟子儒学等先秦儒家学派的比较，缺少了这一环则会影响董学与先秦儒学辨正的全面性。这涉及多个哲学思想在不同层次上的唯实比较。然而，这是一项复杂的工作。首要的难点便是对于荀子哲学的定性问题。对荀子哲学的定性问题是个中国哲学史上的一个难点和未能解决的问题。虽然荀子哲学常被视为先秦儒学的一种，却一直存在着争议。中国哲学史的主流观点认为荀子思想是先秦儒学的组成部分，荀子是在孟子之后先秦儒学在战国时期的又一位主要代表。同时也有人认为在荀子思想中出现了儒家与法家融合的倾向，荀子思想并不是正统的儒家思想。因为争议和谜团的存在，本书以"荀子哲学"来称谓荀子思想，而不是荀子儒学，避免先入为主地对其进行主观判断。

为了确定荀子哲学的性质，判断荀子哲学与孔学和孟子儒学之间的关系，尤其是确定董学与荀子哲学之间的关系，首先要确定方法论，以及根据唯实主义进行哲学体系唯实比较的理论框架和方法，并在其观念事实的基础上来加以唯实双构。唯有如此，围绕荀子哲学的各种争议和谜团才能获得澄清和解决。

第一节 荀子的生平

司马迁所著之《史记·孟子荀卿列传》是关于荀子最早的传记，也是关于荀子生平的唯实史料。但是其文甚短，只有区区二三百字，主要是荀子的一些基本信息，但如生卒年月等，都没有记载下来，以至于后世对于荀子的生平猜测不断。"有人认为荀卿约死于秦始皇统一宇内之前十二年,有人认为他死于秦始皇完成统一大业以后,尚及见李斯之入相,两说尚不能完全论定。"①

《史记·荀卿列传》载:

> 荀卿,赵人。年五十始来游学于齐。……齐襄王时,而荀卿最为老师。齐尚修列大夫之缺,而荀卿三为祭酒焉。齐人或逸荀卿,荀卿乃适楚,而春申君以为兰陵令。春申君死而荀卿废,因家兰陵,李斯尝为弟子,已而相秦。荀卿嫉浊世之政,亡国乱君相属,不遂大道而营于巫祝,信禨祥,鄙儒小拘,如庄周等又猾稽乱俗。于是推儒、墨、道德之行事兴坏,序列著数万言而卒。因葬兰陵。

根据这一记载,我们可以粗线条地梳理出荀子生平的大致脉络。荀子是赵国人,生于约公元前313年,卒于公元前238年,生活在秦国完成中国统一前夜的战国晚期。荀子直至五十岁时才出道,来到了齐国的稷下,由于在该地聚集的稷下士人中出类拔萃,三次出任稷下学宫祭酒。由于受到一些士人的排挤,荀子不得不远奔楚国,受到了战国后期著名的政治家春申君的起用,任兰陵令。在春申君被杀之后,荀子也被罢免。晚年的荀子隐居兰陵,著书立说,写成了《荀子》一书。死后葬在兰陵。有人认为荀子"寿达百岁"②。

荀子出道很晚,五十"高龄"才到稷下游学。③ 他在出道之前的师承和学习经历无人可知。从《荀子》的内容来看,其中的内容十分丰富,可以见到诸多百家思想的影响,这说明荀子或许花了大量时间来博览群书,直到中年才自学成才的。到了齐国之后荀子虽然受到齐襄王的任用,

---

① 徐复观:《荀子政治思想的解析》,《荀子二十讲》,廖名春选编,华夏出版社2009年版,第301页。

② 参见廖名春《〈荀子〉新探》,中国人民大学出版社2014年版,第29页。

③ 《风俗通义·穷通篇》载:"孙卿有秀才,年十五始来游学。""十五"应是"五十"的笔误,这从"始来"可以看出来,况且一个十五岁的懵懂少年如何能游学于人才济济、百家会聚的稷下学宫。郭沫若竟相信这本"野史",而不相信《史记》和刘向的《序录》,谬也〔参见郭沫若《荀子的批判》,《中国古代社会研究》(外二种),河北教育出版社2004年版,第640页〕。古人出道晚者甚多,孔子五十多岁才开始周游列国,亦应算一例。

但仕途并不顺畅。

据后来的考证,荀子一生有不少亮点。其一是荀子有两个著名的学生,韩非和李斯。韩非被认为是战国末期法家的集大成者,留有《韩非子》一书,在中国先秦哲学史中占有重要的一席;李斯在秦国发展,成为战国晚期和秦朝最著名的政客之一,他帮助秦始皇完成了统一中国的最后收官阶段,并在秦朝成立之后出任丞相,秦始皇许多著名的政策皆有李斯的贡献,如郡县制在全国的推广,焚书令的实施等。

其二是荀子晚年著书立说,作《荀子》流传于后世。除此外,经清朝学者的考证,荀子对于先秦经典,如"三家诗"、《左传》、《穀梁传》和《周易》等古代典籍在乱世的传承起到了重要的作用。清代学者汪中在其所著《荀卿子通论》中认为:

> 盖自七十子之徒既没,汉诸儒未兴,中更战国暴秦之乱,六艺之传赖以不绝者,荀卿也。周公作之,孔子述之,荀卿子传之,其揆一也。①

清代学者谢墉著《荀子笺释序》,认为大小戴《礼记》中许多篇章为荀子所作。

作为哲学家的荀子和作为古代文献整理者和传播者的荀子两者有着怎样的关系?荀子是否如孔子般以(部分地)恢复周礼之下的国家存在方式为自己的哲学使命?这个问题会在后文中加以考证和分析。

其三是荀子的政治生涯。荀子也曾周游列国,推广其学说,这在《史记·荀卿列传》中也有所反映。据前贤考证,荀子早年曾去燕国游说,后来去了秦国、他的祖国赵国以及齐国和楚国等国。荀子受到了秦昭王、秦国宰相范雎和齐国宰相等位高权重人士的接见,还在齐国和楚国担任官员,这说明他的学说受到了当权者一定程度的重视,其仕途要较孔子和孟子好些。但是,这并不说明荀子哲学或者他的主要理念已经被这些国家采纳,实际上,荀子在齐国和楚国担任的都是礼仪性的职位,而并非参与国家最高决策的重要官员。这说明这些国家最终都没有采纳

---

① 孔繁:《荀子评传》,南京大学出版社1997年版,第6页。

他的政治学说,他的思想也没能如愿完成与国家权力的接轨。如此一来,荀子与孔子和孟子一样都属于折戟政坛的失意者和失败者。

其四是荀子对于中国文学也作出过突出贡献。荀子本人也是个多才多艺的才子。荀子是"赋"这一在古代曾经盛行一时的文体的创建人,这个贡献使他在中国文学史上占有重要地位。荀子所著的《成相》和《赋》的内容虽然是阐释其政治思想的政论,但却是以文学体裁呈现,行文不但十分工整,还有韵律,体现出荀子高度的驾驭文字的能力。荀子所著的《赋》是中国历史上第一篇以赋为体裁的作品,具有特殊的文学价值。荀子开创的赋的文体对于汉代及之后的中国文学产生了重大的影响,荀子也因此成为先秦重要的文学家。另外,荀子的《乐论》被认为是先秦最系统的音乐理论著作,对音乐的起源以及音乐的政治和社会功能进行了深入的考察和探讨,是其礼乐理论的重要组成部分,荀子也当之无愧地成为先秦最重要的音乐理论学家之一。由于本书专门讨论哲学问题,故荀子对于中国文学和音乐的贡献只能点到为止了。

虽然司马迁的《史记·荀卿列传》是研究荀子生平的重要的唯实史料,但它并没有解决所有问题。例如,荀子的姓和名的问题。有学者考证,荀子应该姓孙,荀是对孙的方言发音,这种方言在山西和陕西一带流行,而这一带正是司马迁的故乡,所以司马迁将孙卿称为荀卿。然而,这个解释也属牵强,如果真是如此,那么《史记》中的其他孙姓历史人物如孙子、孙膑等人也应该被司马迁错记为荀子和荀膑,而实际上并非如此。这说明,如果荀子真的姓孙,那么他被司马迁记为荀子则另有原因。然而事实上,荀子姓孙是有一定根据的。在《荀子》中的《儒效》、《议兵》、《强国》和《尧问》等篇中用"孙卿子"和"孙卿"来称呼荀子;刘向在《叙录》中也称荀子为"孙卿",曾著《孙卿书叙录》。另外,司马迁仅称荀子为"荀卿",而"卿"并非荀子的名字,而只是对荀子的尊称。刘向在《叙录》中说荀子的名字是"况",荀子的真实姓名是"孙况"[①]。然而,荀子的称呼已经约定俗成,成为正统的称呼,并不影响对荀子哲学的研究。

---

① 参见廖名春《〈荀子〉新探》,中国人民大学出版社2014年版之第一章《生平和时代》。

第二节 《荀子》的成书与流传

虽然荀子哲学在先秦晚期曾为"显学"（司马迁语），但荀子的思想并没有与国家权力进行过接轨，因此作为先秦未被纳入西汉经学系统的哲学典籍，《荀子》一书能够在经历了秦始皇的焚书运动之后的两千多年的历史长河中流传至今实属不易。该书在当今以较完整的形态保存下来，其凝结着历代学者们的执着努力和大量心血。如同其他类似古籍一样，该书的流传并非一帆风顺，其中也不可避免地打上了国家意识形态的烙印。

在《荀子》的流传过程中，一些节点值得注意，现详析如下。

一 《荀子》流传历程中的重要节点

《荀子》没有被董仲舒和汉武帝列为经书，因而没有受到官方特别的重视。然而，西汉后期的皇家学者刘向和晚唐时期的学者杨倞对于《荀子》的流传起到了至关重要的作用。

（一）刘向与《荀子》

荀子晚年隐居于兰陵，专心著述，写成《荀子》一书。《荀子》在战国后期和秦汉时期曾有多种版本，① 西汉抄本录有三百多篇，其中内容多有重复。有学者认为，刘向在考阅皇家私藏时对这些抄本进行了校雠，定为三十二篇，成为今本《荀子》的基础。②

这个说法其实并不准确。作为先秦的重要典籍之一，《荀子》在创立五经的撰书运动中肯定会受到董仲舒或是董学弟子的编辑和审核，其中各种民间版本的重复和衍文应该会得到删减和修订，形成一个大致的定稿。该稿并没有被列为五经之一，但一定会与其他被编辑和修订后的先秦古籍一样被收藏于皇帝的私人书藏之中，刘向在奉旨校书时看到的

---

① 有学者认为："由于荀子弟子众多，所以编定的《孙卿书》并不止一个本子，至少当有十个以上。"《荀子》在西汉初中期被官方审阅以及刘向编定之前有多个版本是事实，但具体到"十个以上"则只是猜测。参见廖名春《〈荀子〉新探》，中国人民大学出版社 2014 年版，第 36 页。

② 参见孔繁《荀子评传》，南京大学出版社 1997 年版，第 5—6 页。

《荀子》多半是这个版本。刘向有可能根据他的理解对该书进行了再一次的删减和修订,并将其要点载录成若干要点,纳入了《别录》之中。

《汉书·艺文志》载:

> (刘向)每一书已,向辄条其篇目,撮其指意,录而奏之。

通过这种方法,刘向逐渐完成了《七略》一书,呈报给皇帝。经过皇帝的阅览和刘歆的《七略》,尤其是班固以此而形成的《汉书·艺文志》,《荀子》遂形成了与今本相若的版本而流传于后世。需要指出的是,被董仲舒、董仲舒弟子和刘向所剥离的部分已经散佚了,我们研究荀子哲学只能依靠今本《荀子》而别无他源,除非学术考古能够带来新的简帛发现。

(二)杨倞的贡献

杨倞,据其《荀子注序》所透露是唐宪宗时代之人,但是他的生平却无可知晓,因为新旧《唐书》皆无其传。杨倞以其对《荀子》一书的注释而留名。杨倞所传《孙卿子》十二卷,详加校注,这是《荀子》今传最古老的版本。杨倞校注的《荀子》具有首创之功,除此之外他的校勘和注释的详细与严谨也十分出色,后人无人能及,杨倞的校注也因此成为后人修研荀子哲学的必读。但是,需要强调的是,杨倞所校注的《荀子》是刘向所删减勘定之后的版本,杨倞虽然在校注上贡献突出,但是《荀子》一书的原文仍然是刘向本。

(三)宋儒的冷落和排斥

门派众多的宋学对于荀子哲学的基本立场是尊孟抑荀,历史上与孟子儒学并举的荀子哲学在两宋时期可谓是备受各派宋儒的鞭挞和冷落,宋儒所持观点十分偏激。北宋期间虽然也偶有对《荀子》的重校,但全面校释该书者竟无一人,所校的版本今都已失传。两宋的著名学者和考据大家,如洪迈和王应麟等人在著作中也鲜有分析和考据《荀子》的。值得一提的是在南宋嘉定年间,《荀子》根据北宋的版本得以重新校订,此本在中国也失传了。有幸的是该本流入了朝鲜半岛和日本,在清光绪十年(1884年)由日本影摹全本传回中国,《古逸丛书》被收录,成为近世重勘《荀子》的重要参考。

需要说明的是，荀子哲学在两宋的遭遇也折射出了荀子哲学与作为儒家正宗思想的孔学与孟子儒学的重要差异性，这为对荀子哲学的定性也从侧面提供了重要的参考。

在明朝以王阳明为代表的心学即王学兴起，在一定程度上修正了宋儒对于荀子哲学的偏激看法，对于荀子哲学的定位重新开始了思考。明儒对荀子的重视也有所加强，其中李贽走得最远。李贽抨击了扬孟贬荀的宋儒观点，在《藏书》中更认为荀子是"德业儒臣之首"。但是，李贽的评价其实也缺乏历史事实基础，因为荀子虽为兰陵令，却并非儒臣之首，所谓德业也无从谈起，其评价只是从一个极端走向另一个极端。

（四）清儒对《荀子》校雠学的整合

清朝的文献学和考据学在中国古代学术史中是个顶峰，诸多的古代典籍在清朝尤其是乾嘉时期得到了系统的整理和编纂，使在历史长河中散乱的古代典籍得以失而复得和旧貌换新颜，为中国文化的传承做出了卓越的历史贡献。同样地，清朝也是《荀子》一书在整理、校勘和训诂等方面取得巨大成绩的时期，可以说清朝学者从清初开始便"掀起了历史上第一个真正研究荀学的高潮"①。傅山、戴震和汪中等学者能够更加客观地看待荀子哲学，而摆脱了宋儒的偏见，对荀子哲学的性善论人性论、礼学观以及荀子对于先秦文献的传承等都给予了较为公正的评价。

清初中期的乾嘉学派对于《荀子》的版本整理、校雠和注释等文献学工作做出了十分重要的贡献，王懋竑的《荀子存校》、谢墉辑校的《荀子》、王念孙的《荀子杂志》和王先谦的《荀子集解》等书是最突出的几种。其中王念孙的《荀子杂志》"在所有校释荀书的著述中，其校释内容之多，仅次于杨倞注文。他校勘与训诂并重，其说之精密，考辨之详审，似无人可以相比"②。

嘉乾学者们的校雠成为今本《荀子》的渊源。清末的王先谦所著的《荀子集解》博采众长，将杨倞和王念孙等人的校释全部纳入其中，还加

---

① 廖名春：《〈荀子〉新探》，中国人民大学出版社2014年版，第3页。
② 王天海：《〈荀子〉校勘注释源流考》，《荀子二十讲》，廖名春选编，华夏出版社2009年版，第408页。

入自己的校释五百多条之多。"应该说《荀子集解》确实是当时最精详、最完善的《荀子》校释之书,故其后翻印之本甚多。近代以来凡注译荀书者,多以此为底本。中华书局1988年点校本通行至今。"①

（五）清末民国对荀子哲学的扭曲

从19世纪末开始对荀子哲学展开了再认识和再评估的过程,各种观点混杂其中。

在19世纪末和20世纪初的新文化运动中掀起了一场"排荀"运动。排荀运动将荀子哲学视为中国封建思想文化和传统的代表,大加挞伐。梁启超认为:"两千年政治,既皆出于荀子矣,而所谓学术者,不外汉学、宋学两大派,而其实皆出于荀子,然则两千年来,只能谓之荀学世界,不能谓之孔学世界也。"②谭嗣同认为:"两千年来之政,秦政也,皆大盗也;两千年来之学,荀学也,皆乡愿也。惟大盗利用乡愿,惟乡愿工媚大盗。"③

如果说梁启超的观点是从学术角度来批判荀子哲学,还比较"客气"的话,那么谭嗣同的话则只能算是骂街了。梁启超将汉学和宋学归结为荀学是违反中国古代哲学史的观念事实的；谭嗣同将秦政等同于大盗,将荀学等同于乡愿,这些看法不仅践踏了历史事实,也违背了观念事实,完全是汗漫之言。类似的"豪言"还出自其他人之口,如夏曾佑认为秦始皇及历代统治者都是"本孔子专制之法,行荀子性恶之旨"④。

与此相反,章太炎曾作《尊荀》一文,对于荀子哲学进行了褒奖。章太炎察觉到了荀子哲学与孔学和孟子儒学的不同之处,认为荀子哲学的价值观已经与先秦儒家思想有所不同。这是对荀子哲学本质认识的一个重大的突破。章太炎对荀子哲学的逻辑思想,即名学,进行了分析,认为荀子是战国时期名家的集大成者,其名学观点要早于西方的逻辑思想。

但是,章太炎等人对于荀子哲学的比较客观和公正的评价在这一时

---

① 王天海:《〈荀子〉校勘注释源流考》,《荀子二十讲》,廖名春选编,华夏出版社2009年版,第408页。
② 梁启超:《饮冰室合集·文集》之三,中华书局1936年版,第57页。
③ 谭嗣同:《仁学》,《谭嗣同全集》,生活·读书·新知三联书店1954年版,第54页。
④ 夏曾佑:《中国古代史》,河北教育出版社2000年版,第254页。

期并不是主流，民国时期的主流是所谓"疑古派"思潮，这个怀疑和否定中国古代史的思潮也渗入中国哲学史领域，对《荀子》进行真伪鉴定，发布了许多不着边际的观点。

从概况来看，民国时期的中国哲学史研究方法受到疑古派的严重冲击，而疑古派背后的则是西方的价值观。以西方价值观的是非为是非，以西方标准为标准，以西方的价值观和标准来评判和裁剪中国哲学史。这说明，在饱受西方价值观冲击的民国时期，在中国哲学史领域还没有发展出独立的方法论和审订包括中国哲学在内的中国文化和文明的价值观。在这种文化氛围之下，要对荀子哲学做出公正、客观和科学的研判自然是不可能的。

二 荀子哲学的唯实史料

根据唯实主义的方法，在唯实解构一种哲学思想之前一定要对相关的各种古籍文献进行全面而彻底的梳理和辨别以确定有关于它的唯实史料和唯实文献。经梳理，我们认为关于荀子生平的唯实史料是《史记·荀卿列传》。但是确定荀子哲学的唯实文献却要复杂得多。《荀子》一书是否不言而喻地是研究荀子哲学思想的唯实文献呢？除了《荀子》之外关于荀子哲学的唯实文献还有哪些呢？对这些问题的回答要加以认真地考证。

（一）历史上对《荀子》的质疑

《荀子》一书的真伪问题在唐朝之前并没有成为学界讨论的议题。唐朝的杨倞是第一个质疑该书真伪的学者。在《荀子大略注》中，他说："此篇盖弟子杂录荀卿之语，皆略举其要，不可以一事名篇，故总谓之《大略》也。"① 南宋学者王应麟在《困学纪闻》中认为："荀卿非子思、孟子，盖其门人如韩非、李斯之流，托其师说以毁圣贤。"② 这个观点被清朝学者所继承，《四库全书》认为《荀子》中的《非十二子》和《性恶》两篇可能是由李斯窜入。清末民初之时，对于《荀子》一书的质疑又达到了一个高潮。梁启超认为："荀子全书，大概可信。惟《君子》、

---

① 《诸子集成·荀子》，中华书局1954年版，第321页。
② （宋）王应麟：《困学纪闻》，孙通海校点，辽宁教育出版社1998年版，第211页。

《大略》、《宥坐》、《子道》、《法行》、《哀公》、《尧问》七篇，疑非尽出荀子手，或门人弟子所记，或后人附益也。"① 近人郭沫若认为："虽然这里面（指《荀子》）有些确实是门人的手笔，甚至有别家文字的传入；但大体上都能成为条贯，至少有百分之八十，应该是他自己所写下来的东西。"②

可见，在历史上对《荀子》一书真伪的质疑分为两个层面：一是对该书成书过程的质疑，二是对该书内容的质疑。关于第一种质疑，如前所述，从古籍的成书过程来看，这并不是什么重要的发现。除了《老子》被认为是老子亲手成书之外，先秦百家的几乎所有典籍皆是由后来的弟子和信徒收集和编辑而成。这是先秦时期著书的普遍方式。关于第二种质疑则更为复杂，因为这牵涉到对于荀子哲学本质以及它与先秦儒学之间的关系的认定。王应麟认为《荀子·非十二子》中荀子对于子思和孟子的批评不符合荀子思想的观点，以及近人吕思勉对荀子思想本质的质疑值得注意。其实，这种质疑的根源是可以通过观念唯实主义进行解释的。王应麟等人在接触到荀子本人的思想之前便接受了传统的主流说教，先入为主地将荀子哲学认定为先秦儒家思想的一部分，而当接触到《荀子》的观念事实时却发现了两者之间的冲突，即荀子哲学的观念事实并非儒家思想，于是开始从考据学的角度怀疑《荀子》一书的真伪。其实，他们应该怀疑的是将荀子哲学纳入先秦儒家的做法，即泛儒学化，是否合理。但是，这种深刻的质疑在古代的政治背景和学术传统之下是要冒天下之大不韪的，因此几乎是不可能的。

关于《荀子》一书的真伪还可以从观念事实的角度加以审视。事实上，《荀子》一书的观念事实在各章中并不相同，其概念的运用并非前后一致。其中的《王制》和《王霸》等章节中的政治观的概念使用与《荣辱》、《非相》和《儒效》等章节中存在着差异性。前者带有明显荀子哲学特征的概念，如王道型、霸道型、强权型王权等不见了，代之以没有

---

① 梁启超：《汉书艺文志诸子略考释》，《饮冰室合集》第十册，中华书局1989年版，第10页。
② 郭沫若：《荀子的批判》，《中国古代社会研究》（外二种），河北教育出版社2004年版，第641页。

荀子哲学特征的一般性词汇。誊写的错误可能会出现个别的错漏，但并不会整篇都不尽相同。对于一个具有独创性的哲学思想和体现，在论证相同的理念时使用不同的概念体系只会损害其逻辑性和体系性，相信荀子本人在写作《荀子》时不会犯下如此错误。

（二）董学与《荀子》

如上所述的在观念事实上差异性的产生不排除后人有意为之的可能性。

根据《荀子》本身所表达的理念和体现出的逻辑来看，该书在许多逻辑和理念上存在着前后矛盾的问题，并且与先秦儒家的理念也大相径庭。这些矛盾并非笔误或者误传，而是透露了后人刻意为之的痕迹。那么如何解释这个现象呢？在新的唯实史料被发掘出来之前，这将始终是个谜。

但是，从内容上看，在这些矛盾之处几乎都可以看见董学的理念，也可以看到汉武帝时期董学隆盛时期的董学修订者的影子。考虑到董仲舒在制定五经之时的在全国展开的大规模的撰书运动，尤其是作为公羊学家的刘向对《荀子》所做的大量删减和校雠，这个说法便有了根据。虽然董学弟子和刘向或许由于要考阅浩瀚的文献，编纂可能确有不够精细周到之处。《荀子》虽然最终并没有被列为五经之一，但是这样的结果是在它经历了编纂和审核之后做出的，《荀子》的定稿与董学弟子和刘向的编纂是密不可分的。

（三）《荀子》是唯一的唯实文献

虽然《荀子》一书存在着被后人尤其是在汉武帝和董仲舒时期被国家意识形态系统地重新编撰和删改的痕迹，这令《荀子》的可信性打了折扣。但是，由于古籍中关于荀子和荀子哲学的其他资料很少，无法进行交叉比较、核实和补充，在这种情况下我们将研究的重点和核心放在《荀子》一书之上，将《荀子》作为唯一的唯实文献进行研究，至于其中被重新纂修的部分则要进行谨慎的鉴别和分析，不可想当然和因循不改而导致结论的不准确和不正确。

第三节　荀子哲学的时代性

战国时期可以分为早中晚三个阶段，而每个阶段都有着不尽相同的主题和鲜明的特征。

战国时期开始于公元前475年，至公元前221年秦国统一结束。战国时期的开始以"三国分晋"和"田和代齐"为标志。战国早期的主题是各国相互争夺国家要素，如土地和人口等，各国之间的战争以争权夺利为目的。战国早期各国之间战争的规模、频率和惨烈性都较孔子所在的春秋时期大大增强。但是，战国早期的国家行为方式仍然没有定性，这种现象与各国的意识形态仍然处于探索阶段密切相关。

战国中期的开始以秦国的崛起为标志，而秦国的崛起是以商鞅变法为起点的，也就是说，战国中期以商鞅变法的公元前356年为开始年份。战国中期较为成熟的意识形态已经开始出现了，这就是秦国的商鞅模式。战国中期见证了秦国从一个地处西陲的无关紧要的备受中原大国所歧视和欺凌的小国开始一步步地发展成为战国七雄中与东方的齐国并列的两大强国之一。孟子生活在战国中期。孟子对于日益壮大的秦国和日益成熟的商鞅模式基本态度是嗤之以鼻，不屑一顾的。这说明，秦国的商鞅模式虽然在战场上和政治上已经取得了重要的进展，但是秦国的崛起还不足以让所有的思想家都加以苟同。孟子仍然要用自己的仁政观代替商鞅模式来完成统一中国的时代使命。

战国晚期开始于公元前260年，这一年秦国在长平之战中战胜了唯一一个可与秦国匹敌的另一个军事强国赵国。这在意识形态上证明了商鞅模式的无比强大和生命力，各国在哲学上关于统一中国方式的争议失去了意义。在此之后，秦在统一中国的征途上已经没有了真正的对手，秦国统一中国只是一个时间问题了。

荀子生活在战国晚期，即秦国最终完成中国统一的前夜。这个时代背景对于荀子思想具有重要的影响。从政治史来看，通过战争手段来统一中国的时代主题以极其激越的方式在整个中国大地上演着，这使得关于以何种方式来统一中国的争论变得失去了意义，也就是说，仍在试图提倡以仁政来代替战争的孟子儒学已经被时代所淘汰。荀子已经看到并且承认中国统一的大业是不可避免地要完成了，他思考的主题是通过一种相对平和及符合道义原则的方式来完成统一，并且为统一之后的国家应该如何进行治理提出建设性的方案，实际上是在尝试地提出一种新的国家行为模式。这与各国激战正酣，统一进程尚无定论的孟子所在的中期是完全不同的。虽然荀子并不反对通过战争手段来统一中国，但是他反对秦国采取"秦国式的"惨无人道的征服战争的手段来达到这个目标，在秦国即将完成对中国统一的前夜，他仍然希望能够通过"义战"来完成统一。这与吕不韦的观点是一致的。

从哲学史来看，荀子广读先秦百家各个流派，进行批评性的分析和吸收，具有融会贯通和对先秦思想进行总结的倾向。各派先秦哲学到了战国晚期已经以各自的方式开花争鸣过了，优劣尽显，先秦哲学已经到了收获的时期。荀子哲学的这两个特点与同时期完成的《吕氏春秋》颇为暗合，都试图为战国结束之后的中国政治和哲学开辟一条新路。他们是否完成了这个哲学使命则是另外一个话题。

第四节　荀子哲学的核心概念体系和逻辑主线

荀子哲学有自己独立的核心概念体系和逻辑主线，它们与孔学和孟子儒学皆不相同，即使在用词上相同或相似的范畴上它们也被赋予了完全不同的内涵，与孔学和孟子儒学形成了明确的体系性壁垒。荀子哲学与孔孟儒学在核心概念和逻辑主线上的不同体现了它们在观念事实上明确而巨大的差异性。

一　荀子哲学的核心概念

荀子哲学的核心概念颇为明了，那就是礼及由礼所派生出来的一系列概念，也就是说，荀子哲学的核心概念体系是建立在礼之上的。这从"礼"在《荀子》中的频繁出现得以反映。郭沫若说："《荀子》全书反复强调礼字"，"不见礼字的只有《仲尼》和《宥坐》两篇。"[①] 这个观察

[①] 郭沫若：《荀子的批判》，《中国古代社会研究》（外二种），河北教育出版社2004年版，第667—668页。

是符合荀子哲学的事实的。

从荀子哲学的表述上看,"礼"在荀子哲学体系中起着十分重要的作用,荀子哲学的基本理念都是围绕着"礼"来展开的。从逻辑上看,荀子哲学是要以礼为核心和主线来构建自己的哲学体系,并且要以礼来整合先秦相互争鸣的各派思想。荀子哲学的概念体系是由礼及礼的派生性概念构成的,对礼的演绎构成了荀子哲学的逻辑主线。相比于孔学中有孝、仁、礼和德等,孟子儒学中有仁、义、礼和智等诸多基本上处于同一层次的概念体系,荀子哲学的这个以单一概念为核心的特点与其他先秦哲学流派在结构上颇为不同。

荀子对礼的论述集中体现在《荀子·礼论》一文之中。该篇集中论述了礼的起源、内容、功能等方面,是先秦哲学中对礼所做的最全面和最深刻的阐释。在《王制》等篇中,荀子对群和义等礼的派生性概念进行了阐明。

从荀子对礼的阐释可以看出,荀子对礼有创新性的理解,与孔礼在理念上具有重要的差异,形成了与孔礼的体系性壁垒。为了与孔礼相区别,我们认为用"荀礼"来概括荀子哲学关于礼的观念能更准确而客观地反映荀子哲学的观念事实。

(一) 荀礼

荀子对礼进行了全方位和多层次的分析和阐释,形成了完整的荀礼理念。《荀子》中的《礼论》、《王霸》和《富国》等篇中,荀子系统地论述了礼的起源、内容、功能、目的、本质、特征等诸多方面。

1. 礼的起源

关于礼的起源,荀子在《荀子·礼论》中说道:

> 礼起于何也?曰:人生而有欲,欲而不得,则不能无求;求而无度量分界,则不能不争;争则乱,乱则穷。先王恶其乱也,故制礼义以分之,以养人之欲、给人之求,使欲必不穷于物,物必不屈于欲,两者相持而长。是礼之所起也。

荀子在此引入了"欲",即欲望这个概念,根据欲望来理解人和人的行为,这在先秦哲学中是绝无仅有的,是具有独创性和开拓性的。荀子认为，礼的起源在于化解不同人之间为了满足欲望而造成的利益和行为冲突，在于通过制定行为准则来治乱。人的行为准则的制定并不是自发性的，而是通过"先王"自上而下地完成的。也就是说，荀子关于礼的起源论述的逻辑起点在人性，由人性的个体层面进入社会学层面，再由社会学层面上升到政治学层面。可见，荀礼是个多层次和多元化的综合性概念。

2. 礼的内容

礼的内容体现在荀子的"礼三本"说之中。在《荀子·礼论》中，荀子说道：

> 礼有三本：天地者，生之本也；先祖者，类之本也；君师者，治之本也。无天地，恶生？无先祖，恶出？无君师，恶治？三者偏亡，焉无安人。故礼，上事天，下事地，尊先祖而隆君师。是礼之三本也。

在礼三本说中，天地是形而上学层次，它关乎生命的最终来源；先祖，即祖先，是伦理学和社会学层次，它关乎人的生命的直接获得；君师是政治学层次，它关乎国家的治理。在荀子看来，这三个层次是共存的关系，缺一不可，只有三者同时得到重视，人才能"安"，缺少其中之一，都会"无安人"，即无法获得安宁的生活。也就是说，荀子认为，要达到"养"的目的，人必须在形而上学、伦理学/社会学和国家政治上都恪守礼，缺一便无法实现安居乐业的目的。

3. 礼的功能

关于礼的功能，荀子在《荀子·性恶》中说道：

> 今人之性，生而有好利焉，顺是，故争夺生而辞让亡焉；生而有疾恶焉，顺是，故残贼生而忠信亡焉；生而有耳目之欲，有好声色焉，顺是，故淫乱生而礼义文理亡焉。
> 然则从人之性，顺人之情，必出于争夺，合于犯分乱理，而归于暴。故必将有师法之化、礼义之道，然后出于辞让，合于文理，而归于治。

荀子认为，如果人在自然状态下生存，那么人与人之间必将因为相互争利而陷入混乱，暴力将是主导人们行为的原则，而只有礼义能够避免这种局面的发生，用辞让和文理来代替暴力，将人类社会置于有效治理的状态之下。荀子的这个分析与英国近代思想家霍布斯的思想如出一辙，其《利维坦》①对人类的自然状态进行了相同的描述，只不过霍布斯强调的是直接的王权，而荀子强调的是礼义。在功能上两者是相同的，都起到消弭内斗，整合社会的作用。这表明，荀子哲学的礼义与王权实际上是重合的。从《荀子》的行文来看荀子在很多情况下所用的礼义其实所指的都是王权。例如，荀子说道：

> 今人之性恶，必将待师法然后正，得礼义然后治。
> 礼义生而制法度。
> 故人无礼则不生，事无礼则不成，国家无礼则不宁。（《荀子·修身》）
> 礼者，所以正身也。（以上出自《荀子·性恶》）

可见此处的礼义就是王权，礼义就是国家制度。礼同样适用于个人修养，并且是否行礼关乎事情的成败，可见荀子认为无论是在君子的个人修养上还是在国家的治理上都是不可或缺的指导原则。

4. 礼的目的

关于礼的目的，荀子在《荀子·礼论》中进一步阐释道：

> 故礼者，养也。刍豢稻粱，五味调香，所以养口也；椒兰芬苾，所以养鼻也；雕琢刻镂，黼黻文章，所以养目也；钟鼓、管磬、琴瑟、竽笙，所以养耳也；疏房、檖䫉、越席、床笫、几筵，所以养体也。故礼者，养也。

这段话阐释了荀子关于礼的目的的看法。"养"就是人的安宁生活，即安居乐业。在荀子看来，礼并不是什么玄妙的东西，而是为了人的生

---

① 参见 *Leviathan*, Thomas Hobbes, W. W. Norton & Company, Inc., 1997。

活更加舒适，即以更加舒服的方式来满足人的感官欲望而已。如此这般，礼又回到了个体的人性层面，体现了荀子哲学对于现世个体生命的关怀，而这正是荀子哲学的价值观的焦点所在。也就是说，荀子哲学并不是宗教性的，不是政治性的，而是现世的和个体性的，是感官性的和具体的。

5. 礼的本质

在礼的目的基础之上，荀子在《荀子·礼论》中进一步阐述了礼的本质。荀子说道：

> 礼者，谨于治生死也。生，人之始也；死，人之终也。终始俱善，人道毕矣。故君子敬始而慎终。终始如一，是君子之道，礼义之文也。

这句话概括地阐述了荀子哲学的生死观，也将礼与其人性论联系了起来。礼的目的在于"治生死"，这是"人道"，而人道就是爱惜生命，善始善终。同时，荀子在此也表露了其思想与孔学的不同。孔学的核心是个人伦理学，人的价值在于追求和体现道德性即孝、仁和德。荀子去掉了孔学的道德性，认为生命的目的在于平安地实现现世的生存欲望，而这才是君子之道，才是哲学和礼义的本质。

既然荀礼的本质在于生死观，那么荀礼和生死观以及道德和政治的关系又如何呢？荀子对此进行了直接的回答：

> 夫厚其生而薄其死，是敬其有知而慢其无知也，是奸人之道而倍叛之心也。君子以倍叛之心接臧、谷，犹且羞之，而况以事其所隆亲乎！故死之为道也，一而不可得再复也，臣之所以致重其亲，于是尽矣。故事生不忠厚、不敬文，谓之野；送死不忠厚、不敬文，谓之瘠。君子贱野而羞瘠。故天子棺椁十重，诸侯五重，大夫三重，士再重；然后皆有衣衾多少厚薄之数，皆有翣菨文章之等；以敬饰之，使生死终始若一，一足以为人愿，是先王之道、忠臣孝子之极也。

在此，荀子以生死观为标准重新解释了君子之道/道德和周礼的意义，体现了荀子哲学的逻辑原点在于其以生死观为核心的礼的哲学。与此同时，荀子并没有忽略社会性和国家，而是将它们视为礼的三个层次，这在其礼三本中得到了充分的体现。

荀子在方法上打破了孔学和孟子儒学的个人伦理学的道德性，开始从人性本身和社会学的角度根据事实性来重新审视和规定礼，这显然是重要的理论突破。那么，荀子关于礼的本质在多大程度上获得了突破呢？这还要再回到荀子本人对于礼的理解。在《荀子·王霸》中，荀子说道：

> 故国者，重任也，不以积持之则不立。故国者，世所以新者也，是惮（禅）；惮，非变也，改王改行也。故一朝之日也，一日之人也，然而厌焉有千岁之国，何也？曰：援夫千岁之信法以持之也，安与夫千岁之信士为之也。人无百岁之寿，而有千岁之信士，何也？曰：以夫千岁之法自持者，是乃千岁之信士矣。

这段话表明，荀子所说的礼义仍然是"千岁之信法"，即古法；荀子提倡要坚持古法，而并不认为有对其进行根本性改变的必要。这里包含着荀子对于时代政治的判断，尤其是折射出了荀子对于秦国的国家行为模式强权型王权的漠视。荀子主张对古法进行坚守，虽然他对于古法的认知与孔学和孟子儒学并不相同。

6. 礼的特征

荀子提出了"别"的概念，用以展示礼的特征。荀子说道：

> 君子既得其养，又好其别。曷谓别？曰：贵贱有等，长幼有差，贫富轻重各有称者也。（《荀子·礼论》）

可见"别"就是等级，是由个人的社会地位、年龄和经济状况所决定的差异性。在《荀子·富国》中，荀子说道：

> 礼者，贵贱有等，长幼有差，贫富轻重皆有称者也。

这个新的哲学思想不但为统一中国的方式和方法提出了见解，也为统一后的中国尝试性地提出一个新的国家行为方式进行了铺垫。

荀子用礼来重新解释历史和人性，并由此来推导出他对于现实政治的政策主张。

但是必须加以强调的是，礼并不具有形而上学的内涵和功能，礼无法成为形而上学的主体，建立在礼之上的政治哲学也就失去了坚实的哲学基础。因此在荀子哲学中荀礼是具有体系局限性的。

7. 礼的制作者

在《荀子·性恶》中，荀子说道：

> 凡礼义者，是生于圣人之伪，非故生于人之性也。
>
> 故圣人化性而起伪，伪起而生礼义，礼义生而制法度。然则礼义法度者，是圣人之所生也。

荀子认为，礼义是由圣人所制定的，是出于圣人的"生伪"，而生伪就是引导人向善，也就是说礼义是圣人为了引导人们弃恶向善所制定的规则和法度。

8. 礼与法

根据荀子哲学对礼的规定可以看出荀子眼中的礼是制约和规范人的社会行为的准则。而规范人的社会行为也是法/法律的功能，那么在荀子是如何看待礼与法之间的分工的呢？对于这个问题，荀子在《荀子·富国》中做出了回答：

> 离居不相待则穷，群君而无分则争。穷者患也，争者祸也。救患除祸，则莫若明分使群矣。
>
> 由士以上则必以礼乐节之，众庶百姓则必以法数制之。

在荀子看来，个人如果离群索居便要受穷，无法正常地生活，因此人必须要群居；但群居必须要有"分"，否则便会发生争端。因此，不得不群居的人必须要有所约束，只有这样才能形成和平相处的人类社会。礼是用来约束士以上的阶层的行为的，它们包括天子、诸侯、大夫和士人，这种约束并不一定是强制性的，是"节之"而已；法是用来针对庶民百姓的，是具有强制性的，是"制之"。这就是荀子哲学的"明分使群"说。

一些论者认为荀子是法家，强调要以法律的强制性来治国，或者认为荀子提倡礼与法并重，是"隆礼重法"①，这与荀子哲学的观念事实是不相符的。事实上，在荀子哲学中，礼的分量要远大于法，礼的功能和作用要远远大于法所起的作用，在荀子眼中法只是用来约束众庶百姓的，对于国家和社会的精英阶层即士人及以上的阶层只能用荀礼来加以约束。荀子哲学的理念是要用荀礼来治国，法只是针对下层百姓才使用的强制性的辅助性手段。

(二) 义

在荀子哲学中，义是礼的派生性概念，然而，荀子是将礼和义作为一对同向对应的概念来使用的，即两者具有相同、相似和重复的内涵。荀子经常将两者并用，称之为礼义。

在《荀子·王制》中，荀子说道：

> 分何以能行？曰：义。故义以分则和，和则一，一则多力，多力则强，强则物胜，故宫室可得而居也。故序四时，裁万物，兼利天下，无它故焉，得之分义也。
>
> 故人生不能无群，群而无分则争，争则乱，乱则离，离则弱，弱则不能胜物，故宫室不可得而居也——不可少顷舍礼义之谓也。

这段话最能体现出荀子哲学的义的功能和本质，义与礼一样是规范人类行为的重要内在规则，是人类社会之所以能够组成一个有机体，形成合力，从而拥有强大的征服自然力量的原因所在。没有了礼义，人类社会便无法组成一个有机体，便会分崩离析，处于离、乱、弱的状态，便无法在大自然中立足。

荀子经常在政治学的层面上使用义。例如：

> 仁眇天下，义眇天下，威眇天下。仁眇天下，故天下莫不亲也。

---

① 廖名春：《〈荀子〉新探》，中国人民大学出版社2014年版，第101页。

义眇天下，故天下莫不贵也。威眇天下，故天下莫敢敌也。(《荀子·王制》)

德虽未至也，义虽未济也，然而天下之理略奏矣，刑赏已诺信乎天下矣，臣下晓然皆知其可要也。(《荀子·王霸》)

夫义者，所以限禁人之为恶与奸者也。

夫义者，内节于人而外节于万物者也，上安于主而下调于民者也。内外上下节者，义之情也。(以上出自《荀子·强国》)

故礼及身而行修，义及国而政明。(《荀子·致士》)

此处的义是礼义的缩略语，代表着礼义。

如前文所析，孟子儒学的义是人内在的道德观，是四端，孟子是通过义利之辨来阐释义的内涵和理念的，这与荀子哲学的作为礼的政治范畴的义是完全不同的。

(三) 群

群是荀子哲学中的一个独创概念，不仅在荀子哲学中占有重要地位，在先秦百家和后来的中国哲学中也独树一帜。对群的分析见后文之"群论与群道"部分。

二 荀子哲学的其他主要概念

除了荀礼的系列概念之外，荀子对形而上学和人性论中的一些概念也进行了重新规定，同时荀子也提出了一些新的概念。

(一) 天

荀子哲学对于天这个常见的范畴有明确的新的观念，这在《荀子·天论》中得以集中的阐述。虽然荀子并没有直接为天下定义，但字里行间明确表明荀子的"天"就是大自然，是客观和"唯物"意义上的天，具有自然哲学的鲜明属性。在先秦哲学中以自然属性为主的天的概念并不特别，如老子哲学的天虽然神秘却已经没有了神性。关键点在于荀子对天的性质是如何进行规定的。荀子对此的阐述是明确的：

不见其事而见其功，夫是之谓神。皆知其所以成，莫知其无形，夫是之谓天。

> 天行有常，不为尧存，不为桀亡。
> 殃祸与治世异，不可以怨天，其道然也。
> 天有其时，地有其财，人有其治，夫是之谓能参。
> 天有常道矣，地有常数矣，君子有常体矣。

可见，荀子哲学的"天"失去了神性，不再是人格神，荀子的"天"完全是自然界的"天"，是没有意志的物理性的"天"，所谓天命完全是自然规律。对于天的物理属性荀子十分明确，没有任何的犹豫和妥协，这或许就是当代学者将其天论纳入唯物主义的原因。[①]

荀子哲学的"天"不再是孔孟儒学作为宿命论的天命观，这是荀子思想在具有形而上学特征的命题上与孔孟儒学的一个十分重要的分歧，明确了这个分歧对于辨明荀子哲学的本质及其与孔学与先秦儒学的关系具有重要的意义。

荀子哲学论"天"的重点在于强调天的客观运动规律的独立性，为此，荀子提出了"天职"的概念：

> 不为而成，不求而得，夫是之谓天职。

可见，天职是独立于人的客观实体，与神和人的意志不存在因果关联。

（二）性与情

"性"和"情"在孔学和孟子儒学等先秦儒家中都曾出现过，然而荀子对其注入了新的内涵，同时荀子将"性"和"情"变成了一对具有对应性的哲学范畴。

关于性，荀子说道：

> 性者，本始材朴也。（《荀子·礼论》）

---

① 荀子对天的自然哲学的理解与欧洲文艺复兴时期的自然哲学，尤其是意大利哲学家布鲁诺的哲学，十分相似，只是荀子比他们要早一千八百多年。参见［意］布鲁诺《论原因、本原与太一》，汤侠声译，商务印书馆1984年版；汤侠生《布鲁诺及其哲学》，上海人民出版社1985年版。

> 生之所以然者谓之性。性之和所生、精合感应、不事而自然谓之性。(《荀子·正名》)

荀子认为，性是事物天生的性质和状态，是事物的实体。

对人的本质的探讨是离不开对人的天生本性的探讨的。在荀子之前，包括孟子儒学在内的先秦哲学关于人性的讨论主要集中在对人性的道德属性的判断之上。荀子则在开辟了不同的思路，对于性的重新解读正是体现了这种新的思路，这具有重要的哲学意义。

关于情，荀子说道：

> 性之好、恶、喜、怒、哀、乐谓之情。(《荀子·正名》)

荀子认为，性是情的根据，情是性的情绪表现形式，两者是一表一里的关系。在《荀子·儒效》中，荀子说道：

> 性也者，吾所不能为也，然而可化也；情也者，非吾所有也，然而可为也。

荀子认为，性是人性的根本，是欲望，人是不能将欲望毫无节制地表现出来的，是要通过转化和教化才能在社会中进行合理的表现；而情是情绪，不是人所固有的，却是可以加以表达的。

荀子哲学将人的欲望和情绪加以区分，在社会条件下进行行为方式的定位，体现了其社会学的分析方法和不俗的洞见。

（三）伪

在荀子哲学的性恶论人性论中，"伪"不仅是个新的概念，也是个重要的概念。荀子将"伪"与"性"作为一对对应范畴来加以演绎，形成了性伪说。荀子说道：

> 性者，本始材朴也；伪者，文理隆盛也。(《荀子·礼论》)
> 心虑而能为之动谓之伪。虑积焉、能习焉而后成谓之伪。(《荀子·正名》)

> 人之性恶，其善者伪也。(《荀子·性恶》)

荀子认为，人的本性天生是恶的，人的善是后天形成的，这就是伪的作用。荀子还认为，伪的行使者是圣人：

> 凡礼义者，是生于圣人之伪，非故生于人之性也。(《荀子·性恶》)

可见荀子眼中的伪就是人为，是个并不含贬义的中性词。

(四) 心与蔽

心是个先秦哲学中已经变得相当普遍的范畴了，这在孟子儒学中可见一斑。但是，荀子对于心的解读却是另辟蹊径，体现了荀子哲学的独创性。荀子对于心的解读主要集中在《荀子·解蔽》之中。为了重释心，荀子首先引出了蔽的概念。

关于蔽，荀子说道：

> 故①为蔽？欲为蔽，恶为蔽；始为蔽，终为蔽；远为蔽，近为蔽；博为蔽，浅为蔽；古为蔽，今为蔽。凡万物异，则莫不相为蔽，此心术之公患也。

在荀子看来，凡万物出现了异象就都是蔽，根据荀子的理解，万物本身并不会出现异象，能出现异象的是人对万物的认识，也就是说错误的认知会导致蔽，蔽就是对万物错误的认知。而能够导致人对万物的认知出现错误的首先是人的欲望，是恶。

人要去避免和去除错误的认知，即解蔽，只能"知道"，即了解道，而要知道，唯有通过心。关于心，荀子说道：

> 人何以知道？曰：心。
> 心何以知？曰：虚壹而静。心未尝不臧（藏）也，然而有所谓

---

① 此故当为"胡"字，作"何"解。

> 虚。心未尝不两也，然而有所谓壹。心未尝不动也，然而有所谓静。人生而知之，知而有志。志也者，臧也，然而有所谓虚；不以所已臧害所将受，谓之虚。心生而有知，知而有异。异也者，同时兼知之。同时兼知之，两也，然而有所谓一；不以夫一害此一，谓之壹。心卧则梦，偷则自行，使之则谋。故心未尝不动也，然而有所谓静；不以梦剧乱知，谓之静。
>
> 未得道而求道者，谓之虚壹而静。作之：则将须道者，之虚则人；将事道者，之壹则尽；尽将思道者，静则察。知道察，知道行，体道者也。虚壹而静，谓之大清明。

也就是说，心要知道，就必须克服虚和两，即杂念和三心二意，而达到静和壹/一的状态，只有这样，心才能达到大清明的境界。所谓大清明就是人要清除杂念，排除各种心理干扰，对事物本身进行客观的认知。

由此可见，心实际上是人发挥最高认知功能的器官，相当于大脑。也就是说，荀子哲学的心是个认识论的概念，荀子是从认识论的角度来阐释心这个范畴的。这与孟子儒学将仁义礼智四种道德品质视为心的理解是完全不同的。

（五）欲

作为日常字词的"欲"是个平常的字词，在先秦已经开始流行，并且在包括儒家在内的先秦百家中也曾被使用过，但是作为哲学概念的"欲"却是由荀子来完成的。"欲"是荀子哲学体系中的基本概念，在荀子哲学的概念、理念和逻辑体系中具有重要地位。建立在"欲"的基础之上的"欲道"是荀子哲学最重要的理念基础。

1. 欲在荀子哲学中的重要地位

欲就是日常词汇中的欲望，这点在荀子哲学中并没有不同，所不同的是荀子对于欲的创造性的哲学剖析以及所赋予它在荀子哲学中特别重要的体系性地位。如果说荀子哲学具有独创性的话，那么其独创性在很大程度上是以欲的概念为基础的。虽然其他先秦哲学家也曾涉及欲这个范畴，如孔子曾说："富与贵，是人之所欲也，不以其道得之，不处也。"（《论语·里仁》）；孟子提出了寡欲说，认为"养心莫善于寡欲"（《孟子·尽心下》）；老子提出了去欲说，认为"无欲以静，天下将自定"

(《老子·第三十七章》)等。虽然老子的观点可谓深刻，但先秦百家关于欲望的观点仍然属于日常用语，并没有涉及对欲的内涵和本质的哲学挖掘，而是集中在对欲的日常使用上。从其观念事实可以看出，即使在这个更加狭隘的范畴上，其他先秦流派对于欲的理解仍然是蜻蜓点水、散乱和不成体系的。因此，在先秦哲学史上荀子是唯一一位欲以哲学内涵将其进行哲学处理的哲学家。在中国古代哲学史上，荀子哲学的欲道和董学的欲望观是最深刻和最具代表性的关于欲望的理念。

古希腊哲学也曾涉及欲望的概念，例如亚里士多德在其《论灵魂》(*De Anima*)中说："活动之所以可能是因为有一种单一的能力，即欲望的能力"，"在所有事件中，(欲望)都是活动的源泉。"[①] 但是，古希腊哲学却仍然是浅尝辄止，从未将欲望视为真正的哲学概念进行挖掘和处理，更没有赋予它以哲学体系中的体系性概念的地位。古印度思想虽然重视欲望，但仅是从宗教/佛教的视野来探讨欲望的。

上文在对荀礼进行唯实解析时谈到荀子哲学的概念体系是由礼及其派生概念构成的，然而从逻辑上看，荀礼的逻辑起点在于欲这个概念，荀礼是建立在其欲望观即欲道基础之上的。也就是说，荀子哲学的理念基础在于欲道。

因此，在世界哲学史上，荀子哲学的欲道也是最早和最成熟的关于欲望的哲学理念。尤其重要的是，荀子哲学中的欲望观并不是个可有可无的概念，而是居于其所有哲学理念的中心位置，它上接人性，下衔荀礼，再下成为君权主义的政治观和其经济观的理论基础。因此可以看出，欲望是荀子哲学的理念演绎的逻辑基础和出发点，这是最能体现荀子哲学的本质和独特性的特征之一。

2. 荀子对欲的规定

荀子认为，欲与性和情都是人的天生本质，具有客观必然性，只是欲的表现与性和情有所不同。荀子说道：

性者，天之就也；情者，性之质也；欲者，情之应也。(《荀

---

① 参见 Aristotle: *De Anima* (*On the Soul*), Penguin Books, 1986。在该书中，亚里士多德所指的灵魂和欲望是指所有生物，而不是针对人类的研究。

子·正名》)

> 天职既立，天功既成，形具而神生，好恶、喜怒、哀乐臧焉，夫是之谓天情。(《荀子·天论》)

荀子认为，人的形体是孕育欲望的产生的生理载体，是欲望的客观物质基础，只要人的外在的生理形体形成，人的欲望便会自然而然地形成。

关于欲的内容，荀子说道：

> 今人之性，生而有好利焉，顺是，故争夺生而辞让亡焉；生而有疾恶焉，顺是，故残贼生而忠信亡焉；生而有耳目之欲，有好声色焉，顺是，故淫乱生而礼义文理亡焉。
>
> 今人之性，饥而欲饱，寒而欲暖，劳而欲休，此人之情性也。
>
> 夫好利而欲得者，此人之情性也。(以上出自《荀子·性恶》)
>
> 夫人之情，目欲綦色，耳欲綦声，口欲綦味，鼻欲綦臭，心欲綦佚。此五綦者，人情之所必不免也。(《荀子·王霸》)
>
> 凡人有所一同：饥而欲食，寒而欲暖，劳而欲息，好利而恶害，是人之所生而有也，是无待而然者也，是禹、桀之所同也；目辨白黑美恶，耳辨音声清浊，口辨酸咸甘苦，鼻辨芬芳腥臊，骨体肤理辨寒暑疾养，是又人之所常生而有也，是无待而然者也，是禹、桀之所同也。(《荀子·荣辱》)

在荀子看来，人的欲望是具有多样性的，其功能就是人天生地为了维护生命存在所必需的各种生理机能。由此可以看出，在荀子眼中，欲望是人的一种天然的生理机能，具有趋利避害的本性，而人的生理器官对于外界的物质需求是自然而然的。

从这段话可以看出，荀子是从人性的角度来解释人性的，欲是人的自然生理机能，它们来自人的内在需求，而不是从宗教的或者其他力量的外在赋予。荀子是从欲望的角度来解释礼的，欲是礼的基础。同样重要的是，荀子哲学的性恶论恰恰来自人的欲望。这表明，欲的概念在荀子哲学中具有重要的地位。

荀子认为，人的欲望是"不知足"的。在《荀子·荣辱》中，荀子说道：

> 人之情，食欲有刍豢，衣欲有文绣，行欲有舆马，又欲夫余财蓄积之富也，然而穷年累世不知不足，是人之情也。

荀子所谓不知足是入木三分地挖掘出了欲望具有纵向扩展性的特点，而当不知足达到一定程度时便成为贪婪了。但是，荀子并不认同"纵欲"，因为在"欲多而物寡"的情况下，不对欲望进行节制便会产生暴力和混乱，即：

> 从人之性、顺人之情，必出于争夺，合于犯分乱理而归于暴。（《荀子·性恶》）
> 欲恶同物，欲多而物寡，寡则必争矣。（《荀子·富国》）

由此可见，不加节制的欲望是人性恶的根源，而为了克服这种人性恶就为荀礼的产生提供了必要性和必然性。于是欲望论便成为荀子哲学的逻辑主线，在这个逻辑主线的编织之下荀子哲学不仅在方法论上具有一贯性，其哲学理念也形成了体系性。

荀子认为人的欲望是具有同一性的，在此基础上荀子进而认为人性也是具有同一性的。在《荀子·王霸》一文中，荀子分析道：

> 夫贵为天子，富有天下，名为圣王，兼制人，人莫得而制也，是人情之所同欲也，而王者兼而有是者也。重色而衣之，重味而食之，重财物而制之，合天下而君之；饮食甚厚，声乐甚大，台谢（榭）甚高，园囿甚广，臣使诸侯，一天下，是又人情之所同欲也，而天子之礼制如是者也。制度以陈，政令以挟；官人失要则死，公侯失礼则幽，四方之国有侈离之德则必灭；名声若日月，功绩如天地，天下之人应之如景向，是又人情之所同欲也，而王者兼而有是者也。

这句话不仅具有重要的认识论意义，同时也具有深刻的政治哲学意义。

荀子区别了"欲"与"求"之间的不同。在《荀子·正名》中，荀子说道：

> 欲不待可得，而求者从所可。欲不待可得，所受乎天也；求者从所可，所受乎心也。所受乎天之一欲，制于所受乎心之多，固难类所受乎天也。

荀子认为，欲望是"不待可得"的自然的生理现象，是不受人的意识和理智控制的，而求即欲求则是人的主观行为，受制于可能性，人的"心计"即意识、选择和判断等是制约欲求的决定性因素，因此人的欲望和欲求是不同的，是不可类比的。

既然欲望与欲求是"难类"的，那么它们之间的关系是怎样的呢？对此，荀子在该篇中继续说道：

> 欲过之而动不及，心止之也。心之所可中理，则欲虽多，奚伤于治！欲不及而动过之，心使之也。心之所可失理，则欲虽寡，奚止于乱！故治乱在于心之所可，亡于情之所欲。不求之其所在，而求之其所亡，虽曰我得之，失之矣。

荀子认为，治乱的重点并不在于欲望的多寡，而在于对欲望的选择，即欲求。荀子这段话是有所指的。荀子在《荀子·正名》中说道：

> 凡语治而待去欲者，无以道欲而困于有欲者也。凡语治而待寡欲者，无以节欲而困于多欲者也。

荀子在此提出了先秦百家思想中关于欲望与治理之间关系的两则观点，即孟子儒学的寡欲说和老子哲学的去欲说。通过对欲望与欲求这两个范畴的解析，荀子斩断了国家治理与欲望多寡之间的因果关系，认为治国的关键在于欲求，即对欲望的选择。

荀子哲学对于欲望的理解显然是要比孟子儒学和老子哲学的观点要

深刻和合理,形成了独特的"欲道"。欲道是荀子哲学的核心理念,对于荀子哲学具有多方面的影响。欲道的经济学意义和政治哲学意义将在后文关于荀子哲学的经济观和王权部分进行进一步的唯实解析。

(六) 一/壹

在《荀子》中,"一"是个被经常提及的概念。从《荀子》的内容来看,在荀子哲学中"一"具有三个层次的含义:第一是指哲学意义上的同一性和一致性;第二是指政治上的统一;第三是指理想中的礼义,认为天下统一到礼义才是最终的一,这也是荀子哲学赋予一这个范畴的现实意义。

关于纯粹哲学意义上的"一",荀子说道:

> 故以人度人,以情度情,以类度类,以说度功,以道观尽,古今一也。(《荀子·非相》)

荀子哲学在政治观上的"一"体现在其政治主张的所有重要的方面,包括君权的形态、战争观和爱民思想等。

关于君权形态的"一",荀子提出了"隆一"的概念:

> 君者,国之隆也;父者,家之隆也。隆一而治,二而乱。自古及今,未有二隆争重而能长久者。(《荀子·致士》)

> 故曰:斩而齐,枉而顺,不同而一。(《荀子·荣辱》)

通过"隆一"这个概念,我们可以看出,在荀子眼中,君权是要集权的,这是天经地义而不容置疑的铁律,其功能是去异而得同。

荀子哲学对于"壹"的应用在其战争观中得到了创造性的体现。在《荀子·议兵》中,荀子说道:

> 凡用兵攻战之本在乎壹民。

所谓壹民就是用荀礼来管治臣民,将其凝聚成一个具有高度凝聚力的整体。

荀子哲学在政治观中的另一个重要的理念是"调一"。在《荀子·强国》中，荀子说道：

> 刑（型）范正，金锡美，工冶巧，火齐得，剖刑而莫邪已。然而不剥脱，不砥厉，则不可以断绳；剥脱之，砥厉之，则劙（割）盘盂、刎牛马忽然耳。彼国者，亦强国之"剖刑"已。然而不教诲，不调一，则入不可以守，出不可以战；教诲之，调一之，则兵劲城固，敌国不敢婴（撄，触犯）也。

调一是指国家对百姓臣民的教育，使之与国家的利益和目标相一致，与国家结成一体。可见，调一是明确的国家主义的概念，体现出的是明确的国家主义的价值观。

关于理想状态下的"一"，荀子说道：

> 壹天下。（《荀子·非十二子》）
> 一天下。（《荀子·王制》）
> 故君子结于一也。（《荀子·劝学》）
> 故曰：一与一，是为人者，谓之圣人。（《荀子·王制》）

然而必须同时看到，作为政治范畴的"一"在荀子哲学中还是比较宽泛的，还缺乏具体的内涵。在《荀子·王制》中，荀子说道：

> 夫尧、舜者，一天下也。

荀子将上古尧舜的松散的国家形态也看作"一"，这表明荀子的"一/壹"与商学的"壹/一"仍有距离，也尚未达到董学的皇权主义的大一统之下的"一"的高度。

（七）道

从老子开始"道"便成为先秦百家思想中的一个被普遍使用的范畴，而如前所述，在孔学和先秦儒学中也有关于求道的讨论。然而荀子赋予了这个范畴以不同的内涵，在荀子哲学中道被赋予了特定的政治功能。

关于"道"，荀子说道：

> 道者，非天之道，非地之道，人之所以道也，君子之所道也。（《荀子·儒效》）
>
> 道者，古今之正权也。（《荀子·正名》）

在荀子看来，"道"是指人的行为准则，更是政治行为方式，"道"是人类社会实践经验的历史总结，而不是具有先天性的、形而上学意义上的"道"。荀子哲学的"欲道"和"群道"等理念便典型地体现了荀子在哲学层面上对道的理解。

荀子也在现实主义的层面上来使用"道"。荀子将其哲学的重要理念都冠以"道"，包括其政治观中的诸多理念，如群道、霸道和王道等，都是在政治学范畴内来使用"道"的。

对此，荀子说道：

> 王者之制，道不过三代，法不贰后王。（《荀子·王制》）
>
> 欲知上世，则审周道；欲知周道，则审其人所贵君子。（《荀子·非相》）
>
> 故曰：道存则国存，道亡则国亡。

这里的"道"是王道，是指政治制度和意识形态，由于荀子经常将礼义与王制通用，因此荀子哲学的"道"就是指礼义，即荀礼。

在《荀子·强国》中，荀子的阐述更为直接：

> 道也者，何也？曰：礼义辞让忠信是也。

从荀子对于"道"的观念事实，即其对"道"的阐释和应用来看，荀子哲学的"道"基本上是社会学和政治学层次上的"道"，群道虽然有些形而上学的意义，但它主要还是社会学和政治学层次上的"道"。也就是说，荀子哲学的道是介于老子哲学的形而上学意义上的"道"和孔学中的形而下意义上的"道"之间。

（八）仁

如前所述，"仁"是孔学和孟子儒学的核心概念，荀子哲学中也经常提到"仁",但是荀子赋予了"仁"以不同的内涵,其地位也发生了改变。

在《荀子·君子》中,荀子说道:

> 故尚贤使能,等贵贱,分亲疏,序长幼,此先王之道也。……故仁者,仁此者也;义者,分此者也。

荀子在此也在谈论道德,但荀子的"仁"却与孔子的"仁"截然不同:

首先,两者的内涵不同。孔学的仁是"仁者爱人",仁是孝的社会化外展,"孝"是"仁"的内核;而荀子哲学的"仁"不见了"孝",而只是"分亲疏"和"序长幼"而已,其道德逻辑与孔学和孟子儒学已然不同,荀子哲学的"仁"的重点在于"尚贤使能"和"等贵贱"等政治性质,而不再是个人伦理学了;

其次,两者的主体不同。孔学的"仁"的主体是个人,是君子,仁代表的是其个人伦理学;荀子哲学的"仁"的主体是君王,"仁"代表的是其君权主义,是政治学。

因此,荀子哲学的"仁"和孔学的"仁"虽然在字表上相同,却具有完全不同的内在规定性,代表着不同的价值观和理念,存在着体系性壁垒。因此,切不可根据字面而望文生义,忽略了字表之后的观念事实,将荀子哲学与先秦儒学不假思索和机械地画上等号。在概念的字面表达后面挖掘出观念事实,根据观念事实来对不同的哲学思想进行唯实比较,这是观念唯实主义在进行哲学史研究的一个重要原则和方法。

第五节　荀子哲学的主要理念

先秦哲学思想经过数百年的碰撞和反思已经取得了很大的发展。作为先秦晚期的哲学思想,荀子哲学不仅在形式上更加完善,在理念上也更加成熟。理念的成熟性表现在更具有说服力内在逻辑衔接,形成了比较成熟的体系性。这些方面的进步表明,荀子哲学在哲学的成熟度上已经超越了孔学和孟子儒学等先秦儒学。荀子哲学的主要理念包括形而上学、政治观、战争观、经济观、历史观和伦理观等诸多方面,其中政治观居于核心地位。相比于孔学和孟子儒学等先秦儒家思想，荀子哲学不再以伦理学为核心，伦理学的地位变得相对较弱，被融入政治观之中。这种不同体现了荀子哲学相对于先秦儒学的独立性，而这种独立性体现出了不同的价值取向。

一 荀子哲学的形而上学观

从上文对"天"的概念的解析中可以看出，荀子哲学的"天"是自然的"天"，荀子哲学的天论就是自然天论，荀子哲学关于"天"的理念体现了自然哲学的属性。但是，在后人对于荀子哲学的天人关系的理解中更多地看到了其天人之分，往往忽略了荀子对于天人之间的同一性的论述。荀子哲学到底有着怎样的形而上学和天人观还要回归到其观念事实本身，按照观念唯实主义的方法和原则进行唯实解析。

（一）"天人同理"的天人观

在《荀子·王制》中，荀子提出了天人同理的理念。荀子说道：

> 天地者，生之始也；礼义者，治之始也；君子者，礼义之始也。为之，贯之，积重之，致好之者，君子之始也。故天地生君子，君子理天地。君子者，天地之参也，万物之总也，民之父母也。无君子，则天地不理，礼义无统，上无君师，下无父子，夫是之谓至乱。君臣、父子、兄弟、夫妇，始则终，终则始，与天地同理，与万世同久，夫是之谓大本。故丧祭、朝聘、师旅，一也。贵贱、杀生、与夺，一也。君君、臣臣、父父、子子、兄兄、弟弟，一也。农农、士士、工工、商商，一也。

这段话对于理解荀子哲学的形而上学尤其是天人观十分重要。其重要性表现在以下几个方面。

第一，天、礼和人具有同源性。生命、礼义和人/君子都产生于同一源泉，即天地，天地不仅是自然界之始，也是人类社会之士，也是政治之始。

第二，人与天的地位是相等的。这是因为人/君子是天地之参，三者是并列的，这三者共同构成了人类社会的本体，即大本。

第三，人类社会的伦理、社会秩序和行为与天的法则具有同一性。

天的法则就是人类社会的法则，人类社会的法则体现着天的法则。

（二）天人观中的"天人之分"

在荀子哲学中，天人同理规定了"天"与"人"之间在本质上的同一性，但是这并不代表"天"与"人"在地位上的平等性，在荀子眼中人在天"人"关系中更为重要的一极，这种观点表现在天人观中的天人之分的理念之中。

在《荀子·天论》中，荀子说道：

> 天行有常，不为尧存，不为桀亡。
> 殃祸与治世异，不可以怨天，其道然也。
> 天有其时，地有其财，人有其治，夫是之谓能参。
> 天有常道矣，地有常数矣，君子有常体矣。
> 故明于天人之分，则可谓至人矣。
> 从天而颂之，孰与制天命而用之？……故错人而思天，则失万物之情。
> 唯圣人为不求知天。

在此，荀子明确提出了其"天人之分"的天人关系，这是与其纯粹物理性的天的观念相呼应的。在荀子哲学的天人同理的天人观中荀子强调的是"天"和"人"的相互独立性；同时在"天"和"人"的地位中，荀子强调"人"的作用，人是天人关系中的主体。荀子更加重视"人"的作用，因此他继而更进一步地提出了人要战胜大自然，将大自然为己所用的主张。

（三）人的本体论

在天人之分的情况下，"天"和"人"哪个才是本体呢？荀子对此有明确的回答。他说道：

> 制天命而用之。
> 天地官而万物役矣。（《荀子·天论》）

也就是说，在天人关系中，人是主宰，不是人受制于天，而是人按照自己的意志来塑造天命，天命变成了实现人的目的的手段和工具，人要"官"天地即控制自然，人要"役"万物即要将自然变成人类可以随意驾驭的事物。

在《荀子·王制》中，荀子将这个理念进行了更具体的解释：

> 北海则有走马、吠犬焉，然而中国得而畜使之。南海则有羽翮、齿革、曾青、丹干焉，然而中国得而财之。东海则有紫紶、鱼、盐焉，然而中国得而衣食之。西海则有皮革、文旄焉，然而中国得而用之。故泽人足乎木，山人足乎鱼；农夫不斫削、不陶冶而足械用，工贾不耕田而足菽粟。故虎豹为猛矣，然君子剥而用之。故天之所覆，地之所载，莫不尽其美、致其用，上以饰贤良，下以养百姓而乐安之。夫是之谓大神。

大自然中的万物，包括各种动物、矿产、木材等，不管地处多么遥远，性情多么凶恶，都会被人类征服，根据人的需要而被改造和利用。这是人类存在的真实状态，是历史事实，正是建立在这种事实性基础之上，人类才能够存在和发展，才能够百姓安乐。从人类社会的发展进程来看，人类社会的物质基础的发展正是对自然环境的改造和利用的不断深入化和专业化的结果。而荀子提出的官天地而役万物的观点正是对这个规律的揭示。

从本体论上看，荀子哲学已经打破了天与人之间的平衡性，完全将人凌驾于天和自然之上，实际上是表达了人才是真正的并且是唯一的本体的观念。同时，荀子哲学的这种天人之分和人的本体论打破了中国哲学从上古流传下来的天人感应的传统。天人之间的互动和感应被斩断了，人成了天人关系的主宰者和独裁者，天和自然成了可以任由人类宰割的被动承受者，成为人类生存的舞台和背景。

从以上分析中可以看出，荀子哲学的天人关系和本体论比较复杂，在逻辑上比较混乱，形成了悖论。对两者的进一步分析可见下文。

（四）心的认识论

在先秦百家中，荀子哲学提出了系统而明确的认识论即心的认识论。心的认识论是以心为认知器官而展开的认识论理论。

1. 心与行的关系

从上文对心的概念的分析可以看出，在荀子看来心是人认知的器官，而心要知道就必须虚壹而静，达到大清明的境界。这是对心作为认知的功能的阐释。在《荀子·解蔽》中，荀子继而阐明了心与人的行为自己的关系：

> 心者，形之君也，而神明之主也；出令而无所受令；自禁也，自使也；自夺也，自取也；自行也，自止也。

心是人的行为的决定者，并且是唯一的决定者。心的决定指导着人的行为，而心并不受任何其他因素的左右。也就是说，人的认知和行为是具有内在自主性的，这里没有神的位置，这是与荀子哲学的无神论思想一脉相承的。

2. 客观世界的可知性

从心的认识论出发，荀子提出了关于客观世界的认知问题，认为客观世界是可知的。

在《荀子·解蔽》中，荀子说道：

> 凡以知，人之性也；可以知，物之理也。

这句话是说，认知是人的本性，而万物是可以被知晓的，这是事物的本质。这句话具有重要的认识论意义，它表明荀子哲学相信的是可知论，而不是不可知论或者神秘主义，也不是康德的自在之物的有限的可知论。① 正因如此，荀子哲学被认为是唯物主义哲学。能够提出如此明确的认识论思想，充分地表明了荀子哲学在认识论方面是大大地领先于孔学和孟子儒学及其他先秦思想流派的，体现了荀子哲学的独创性、成熟性和深刻性。

（五）正名论

在《荀子·正名》一文中，荀子阐述了其心的认识论的另一个理

---

① 康德认为人是能够在一定限度内了解客观事物的，是可以获得关于外部世界的知识的，但是人的知识是否就是事物的本质则是不可知的，也就是说人的认知是无法完全获得客观事物内在的"自在之物（noumenon，或 things-in-themselves）"的。

念——正名论。

虽然荀子分析名是出于政治目的,是为了纠正战国时期对于一些名词的混乱和扭曲的使用,以正视听,使政治变得更加清明,但是荀子关于"名"的观点实际上是与其认识论思想一脉相承的,再加上他的分析具有入木三分的独创性,因此其正名论是荀子哲学认识论的组成部分,同时荀子哲学的正名论也是先秦和中国古代哲学史中最为出色的分析之一。

(1) 制名论

关于名的产生,荀子提出了制名论,即关于名称/名词如何产生的观点。荀子说道:

> 名无固宜,约之以命,约定俗成谓之宜,异于约则谓之不宜。名无固实,约之以命实,约定俗成谓之实名。(《荀子·正名》)

荀子认为,名字并不是固定的,也不是由外在的力量如圣人和神规定的,而是人们在使用过程中的约定俗成而已。这种认识体现着实践论的思想,也折射出荀子哲学的社会学的视角和方法。

约定俗成是关于事物的名称的来源的一般性的规律。而对于政治和社会范畴内的名称的出处,荀子认为来自历史的传承。荀子说道:

> 后王之成名:刑名从商,爵名从周,文名从《礼》,散名之加于万物者,则从诸夏之成俗曲期。远方异俗之乡,则因之而为通。(《荀子·正名》)

荀子认为,战国时期关于刑法的名称主要是从商朝流传下来的,关于爵位的名称主要是从采取诸侯封建制的周朝流传下来的,关于礼仪的名称则主要是从《礼》流传下来的,而各种事物的散名则来源于诸夏。

荀子认为,不管名称的来源如何,都不能偏离实。荀子说道:

> 状变而实无别而为异者,谓之化;有化而无别,谓之一实。此事之所以稽实定数也。此制名之枢要也。(《荀子·正名》)

(2) 名实论

"名"虽然只是客观事物和人类行为在实践中由约定俗成而成,但是"名"一旦产生,它的影响却远大于一个单纯的名称,荀子提出了"名定而实辨"的观点,即名实论。荀子说道:

> 故王者之制名,名定而实辨,道行而志通,则慎率民而一焉。故析辞擅作名以乱正名,使民疑惑,人多辨讼,则谓之大奸,其罪犹为符节、度量之罪也。故其民莫敢托为奇辞以乱正名,故其民悫(诚实)。悫则易使,易使则公。其民莫敢托为奇辞以乱正名,故壹于道法而谨于循令矣。如是,则其迹长矣。迹长功成,治之极也。是谨于守名约之功也。(《荀子·正名》)

荀子认为,制名一旦结束,名称一旦产生,它既会对人的认知,又会对人的道德品行产生重要的影响。名乱了,人心会变坏,甚至出现"大奸"的行为;名正了,百姓会变得诚实。因此,要长治久安,君王必须要正名。

(3) 实践观

从荀子哲学的制名观可以看出,荀子哲学的认识论是现实的和社会性的,是与人的具体行为和社会实践密切相关的,这就是荀子哲学在认识论上的实践观。荀子认为,实践是认知的最后和最高阶段。

在《荀子·儒效》中,荀子说道:

> 不闻,不若闻之;闻之不若见之;见之不若知之;知之不若行之;学至于行之而止矣。

这种观点与孔学以复礼和孟子儒学以自我感悟为学习方法的认知观和学习观是完全不同的。

荀子能够认识到实践在认知过程中的重要作用,是其哲学的现实主义、经验主义和务实性的体现。

荀子哲学的认识论的实践观与西方哲学史,尤其是英国近代哲学中的经验主义,十分相似,都强调实践/经验,而不是纯粹的理性,是人的认知的来源。荀子能够明确提出此点这在两千多年前的战国时期是十分难能可贵的。

（六）无神论

荀子哲学的自然哲学属性决定了其唯物主义的倾向，也决定了其反动神学的理念。

根据天的自然属性，荀子自然得出了无神论的观念。在《荀子·天论》中，荀子这样解释自然界的异常现象：

> 星队（坠）、木鸣，国人皆恐，曰：是何也？曰：无何也。是天地之变、阴阳之化、物之罕至者也。怪之，可也；而畏之，非也。夫日月之有蚀，风雨之不时，怪星之党见，是无世而不常有之。上明而政平，则是虽并世起，无伤也；上暗而政险，则是虽无一至者，无益也。

这不仅否定了关于自然界变化的各种神话和宗教性的解释和演绎，也否定了上古以来流传下来的天人感应的传统，同时它也斩断了自然灾难和异常现象与人间政治相关联的灾异论思想，这与董学的灾异论是完全不同的。

但是，荀子却并不反对祈雨、祭拜祖先等祭祀、祈祷和卜筮行为。祭祀、祈祷和卜筮是明确的祭奠上天、鬼神和祖先的宗教行为，同时也是上古礼制的重要内容。荀子试图用儒家的孝道和君子之道来解释他对祭祀和卜筮的认可，但是这种解释明显不具有说服力。这表明，荀子为了维护他的思想中"礼"的方面，而不得不迁就祭祀中的宗教性的方面，这就使他的思想出现了内在逻辑性的冲突和价值观上的矛盾。

（七）气和阴阳

"气"是源于上古哲学的古老范畴。荀子将"气"纳入了其形而上学之中。荀子哲学认为气是世界的物质本源。荀子能够注意到并且能够有机地使用这个形而上学范畴，已经较孔孟儒学对其视而不见进了一步。

在《荀子·王制》中，荀子说道：

> 水火有气而无生；草木有生而无知；禽兽有知而无义；人有气

有生有知亦且有义,故最为天下贵也。

荀子的这句话旨在阐释其群论,然而荀子也在"不经意间"带出了其关于世界本源的观点。在荀子看来,水火等自然现象与作为草木的植物,作为动物的禽兽和人在本质上是进化的,后面的生物包含前面的事物和生物的要素,并且增加了新的要素,也就是说更高级的生物是对较低级的生物的继承和发展,由此以来作为最低级的自然现象中所包含的气便存在于一切自然事物和生物之中,气也因此被认为是自然界的基本要素,代表着世界的起源。这是荀子哲学关于世界的物质本源所做出的唯一阐述。然而,这个阐述却是十分明确的,通过它荀子表达了气是万物的物质本源的重要的形而上学观点。

阴阳在《荀子》中也曾出现,在《天论》一文中出现过三次,而在其他章节则不再有所提及。在《荀子·天论》中,荀子说道:

列星随旋,日月递炤,四时代御,阴阳大化,风雨博施。万物各得其和以生,各得其养以成。

所志于天者,已其见象之可以期者矣;所志于地者,已其见宜之可以息者矣;所志于四时者,已其见数之可以事者矣;所志于阴阳者,已其见知之可以治者矣。

星队(坠)、木鸣,国人皆恐,曰:是何也?曰:无何也。是天地之变、阴阳之化、物之罕至者也。

然而荀子并没有展开论述阴阳,也没有进一步阐述阴阳与天地之间的关系,如同对待气一样,对于阴阳也是一笔带过。这种"心不在焉"的做法显然使荀子无法建立起在思辨基础之上的形而上学理念。

荀子被认为"以善《易》著称",其易学源自子夏的门人、孔子的再传弟子子弓。① 在《荀子》中,荀子对《易》也有所引述,如:

《易》曰:"复自道,何其咎?"

---

① 廖名春:《〈荀子〉新探》,中国人民大学出版社2014年版,第246页。

《易》之咸，见夫妇。夫妇之道不可不正也，君臣，父子之本也。咸，感也。以高下下，以男下女，柔上而刚下。（《荀子·大略》）

在第二段引述中，荀子试图用《易》来解释夫妇之道，其中隐含着阴阳的理念。这也反映了荀子哲学对于《易》的立场，即以义理治《易》，而反对卜筮。但是，从荀子在《荀子》中对阴阳的有限使用可以看出，荀子并没有将《易》中的阴阳观和阴阳辩证法纳入其哲学体现之中，并没有将阴阳辩证法作为其哲学的方法论加以应用，也没有将《易》与阴阳结合起来加以复杂而深入地哲学演绎。

二 欲道

荀子哲学的主线是荀礼，而荀礼的逻辑和理念基础则是欲道。在很大程度上，荀礼是欲道的一种社会学应用和演绎。由此可见，欲道是荀子哲学的基础和真正灵魂。

荀子哲学是在先秦各种思想流派中第一个提出比较明确和系统的欲望观哲学，形成了独特的欲道。欲道在荀子哲学中的表现和应用是多方面的，它不仅是其性恶论人性论中的最重要的基础，也在其群道、政治观和经济观中得到有机的使用。欲道是荀子哲学最重要的逻辑线索和基本理念，是荀子哲学的核心和最具特色的构件。

（一）欲道的内容

荀子哲学的欲道包括对"欲"的规定和对"欲"在不同领域的应用两个层面。荀子对"欲"进行了严格而系统的规定，"欲"构成了欲道的主体，其内容可见前文之解析。

在对欲的概念的基础上，荀子强调对"欲"的使用要符合道，由此，对"欲"的使用构成了欲道的另一部分内容。荀子将欲道置于其哲学的核心位置，是贯彻其哲学体系的逻辑线索和基本理念。欲道不仅是其人性恶的人性观、社会学的群道，而且是其君权主义的政治观和系统的经济观的逻辑和理论基础。关于这些内容可见下文的相关部分。

（二）欲道在荀子哲学中的意义

荀子哲学的形而上学基础不在于天，不在于天人关系，而在于欲道，在于人性,这是荀子哲学的独创性和哲学意义之所在。欲道是贯彻于荀子哲学的理念和逻辑线索,欲道的哲学意义不仅体现在其性恶论的人性论之上,而且同样体现在荀子哲学的君权主义理念之上,荀子将欲道定位为其君权主义的哲学基础。同时,欲道也是其经济观的重要指导性原则。

关于欲道在君权主义和经济观中的地位可详见后文君权主义和经济观部分。

(三)欲道在中国哲学史中的意义

作为在中国哲学史上第一个提出了比较系统的欲望论的哲学家,荀子将欲看作人性实体的重要的组成部分。而这个观点是十分重要和具有哲学开拓性的。

如前所述,在性的基础上,荀子进一步提出欲是人性实体的结论。这在哲学史上,无论是中国哲学史还是世界哲学史之内,都是具有革命性的一个飞跃。欧洲哲学直到十八世纪末期才由英国哲学家边沁(Jeremy Bentham)提出类似的功利主义主张。而备受西方哲学史学家所倾慕和追捧的边沁的思想,在两千年之后在一些方面却仍然达不到荀子哲学的深刻度和成熟度。

三 群论与群道

如前所述,在《荀子》一书中,"群"是个经常出现的概念,在荀子哲学的核心理念荀礼中占有重要地位。荀子赋予了"群"以社会学的内涵,是荀子哲学的独创概念,在荀礼中占有重要的逻辑地位。虽然当时还没有出现"社会"一词,"群"的意思就是社会,两者是同义词。而作为荀子关于"群"的系统观点的群论和群道,实际上就是关于社会的观点,即社会观。

关于群,荀子说道:

> 水火有气而无生,草木有生而无知,禽兽有知而无义;人有气、有生、有知,亦且有义,故最为天下贵也。力不若牛,走不若马,而牛马为用,何也?曰:人能群,彼不能群也。
>
> 故人生不能无群,群而无分则争,争则乱,乱则离,离则弱,弱则不能胜物,故宫室不可得而居也,不可少顷舍礼义之谓也。

(《荀子·王制》)

而能不能兼技，人不能兼官，离居不相待则穷，群而无分则争。(《荀子·富国》)

这些话有三层意思：一是荀子从对水火、草木、禽兽和人的对比之中，得出了人"最为天下贵"的结论，也就是说荀子认为世间最为珍贵的存在是人，而不是神和上帝；二是人之所以成为"最为天下贵"的存在是因为人能"群"，即能够结成社会性，而社会性是人与动物之间最根本的区别所在；三是人的能力有限，不能将所有的事情都承担下来，因此在人群中必须要有所分工。

为了进一步说明群，荀子提出了"分"的概念。在荀子哲学中，群与分是一对对应的范畴，两者之间存在着辩证关系。关于"分"，荀子在《荀子·王制》中进行了规定：

人何以能群？曰：分。
分则和，和则一，一则多力，多力则强，强则胜物，故宫室可得而居也。故序四时，裁万物，兼利天下，无它故焉，得之分义也。故人生不能无群，群而无分则争，争则乱，乱则离，离则弱，弱则不能胜物。

分就是分工，而在群的背景之下的分就是社会分工，同时也是社会的组织原则和结构。人们能够各司其职，专务于一项，进行有效的社会分工，人类才能够结成有序的社会，才能够形成群。在两千多年前的战国时期便能够在理论上明晰地阐明社会分工对于人类社会的重要性，这是十分先进的哲学和社会学思想。

在荀子哲学中，分还有另外一个意思，那就是分散和分力。荀子将"分"与"和"作为一对对应范畴加以使用。和就是合，是指力量的整合。荀子说道：

故义以分则和，和则一，一则多力，多力则强，强则胜物。

荀子认为，人的力量只有形成合力，才能够达到最强，才能够驾驭自然，使人能够作为胜利者在自然界中立足，而要做到合力就是要将人类结成有机的社会，形成"群"。

荀子继而对群论的功能进行了进一步具体的阐释：

> 能以事亲谓之孝，能以事兄谓之弟（悌），能以事上谓之顺，能以使下谓之君。君者，善群也。君道当，则万物皆得其宜，六畜皆得其长，群生皆得其命。故养长时，则六畜育；杀生时，则草木殖；政令时，则百姓一，贤良服。（《荀子·礼论》）

> 人之生，不能无群，群而无分则争，争则乱，乱则穷矣。故无分者，人之大害也；有分者，天下之本利也；而人君者，所以管分之枢要也。（《荀子·富国》）

在此，荀子通过群论解释了孝悌，解释了君/君王的本质，即孝悌和王权之所以必要是因为它们体现了群，这就是"君道"，而君权存在的必要性就在于能够将社会进行合理的分工，在分工的基础之上管理和谐的人类社会。这种基于社会学对于道德和王权合法性和合理性的解释令人耳目一新，不仅与孔孟儒学迥异，在先秦百家中也是绝无仅有的。

荀子的"群论"具有重要的哲学史意义。它与孟子儒学的人与动物之间的区别进行了完全不同的解释。孟子认为人与动物之间的区别在于人有道德性而动物没有，这是道德主体性的一种体现。荀子对于人与动物之间区别的判断则在于人的社会性。① 这是建立在对人的存在方式的客观性的考察基础之上而得出的结论，它不仅突破了孟子儒学的道德主体性，也将目光集中在了对于人的存在的实在性的研究之上。这不能不说是先秦哲学乃至于中国哲学的一个巨大的进步。

从逻辑上看，荀子哲学的群论是荀子哲学的核心范畴和理念，荀礼的逻辑基础，正是因为"群"，人类才能够克服生理上的不足，成为世界的主宰。荀子在《荀子·王制》中说道：

---

① 马克思主义认为，人的本质是所有社会关系的总和。参见马克思《关于费尔巴哈的提纲》，《马克思恩格斯全集》（第三卷），人民出版社2001年版。

> 人何以能群？曰：分。分何以能行？曰：义。故义以分则和，和则一，一则多力，多力则强，强则胜物。

虽然人的个人生理能力并不如牛马等动物，但人能够结成群，形成合力，而人的合力则大大强于任何动物先天的生理能力，从而能够战胜动物界，成为世界的主宰。

用现代学术的标准来看，荀子哲学的"群"就是社会，群论就是社会学，它代表了荀子哲学的价值观，体现出了荀子哲学将社会学作为其方法论和价值观的观念事实。

然而，荀子哲学对于群道的理解并没有仅仅停留在社会学的层面上，他进而将君道与群道进行了无缝连接。在《荀子·君道》一篇中，荀子说道：

> 君者，何也？曰：能群也。能群也者，何也？曰：善生养人者也，善班治人者也，善显设人者也，善藩饰人者也。善生养人者，人亲之；善班治人者，人安之；善显设人者，人乐之；善藩饰人者，人荣之。四统者具而天下归之，夫是之谓能群。

在荀子看来，"能群"是君王的一种必备的素质和能力，而所谓能群就是能够爱民，也就是说，荀子哲学的群论与君道是相辅相成的。

荀子哲学以群论为代表的社会学理念不仅突破了孔学和孟子儒学，具有出色的哲学创新性，并且在先秦百家中独树一帜，在世界哲学史中也具有先进性。

四 荀礼

上文解析了荀子哲学中的礼的概念，即荀礼。实际上，荀礼不仅停留在概念层次，也是一整套的哲学理念。荀子对于礼有着深刻的历史学和社会学的综合考察，将其纳入了对于国家的整体理解之中，从而使荀礼成为其国家观的重要组成部分。

关于荀礼的功能，荀子说道：

> 礼者，治辨（办）之极也，强国之本也，威行之道也，功名之总也。王公由之，所以得天下也；不由，所以损社稷也。故坚甲利兵不足以为胜，高城深池不足以为固，严令繁刑不足以为威，由其道则行，不由其道则废。(《荀子·议兵》)
>
> 故人之命在天，国之命在礼。(《荀子·强国》)

关于荀礼的本质，荀子进一步明确道：

> 故国者，重任也，不以积持之则不立。故国者，世所以新者也，是惮（禅）；惮，非变也，改王改行也。故一朝之日也，一日之人也，然而厌焉有千岁之固，何也？曰：援夫千岁之信法以持之也，安与夫千岁之信士为之也。人无百岁之寿，而有千岁之信士，何也？曰：以夫千岁之法自持者，是乃千岁之信士矣。

这段话表明，荀子所说的礼义仍然是所谓"千岁之信法"；荀子提倡要坚持古法，而并不支持对其进行根本性的改变。

历来的中国哲学史将荀子思想划入儒家的一个重要依据是荀子思想的核心是"礼"的观念，因为礼学是孔学的一个重要内容。如在《董学与孔学的正本清源》一书中所述，礼和礼学并不是孔子的发明，而是古代的一种普遍的政治和社会实践，是古代国家的意识形态和社会道德礼仪的重要组成部分，先秦百家对于礼的理解也是五花八门，见仁见智，即使是孔子本人也并没有完全理解或者继承周礼，孔学的礼学只能被视为对于礼的一种理解而已，是孔礼，因此将儒学与礼和礼学之间画上等号是违背了历史事实的，是荒谬的。[①] 荀子的礼学观与孔子片段式的关于礼学的一些看法是没有继承关系的。荀礼是对礼进行了独树一帜的研究的荀子哲学的礼学观。

礼学观即荀礼是荀子哲学的核心内容，荀子也是先秦百家中唯一一位从哲学的深度和视角来探讨礼的思想家。荀礼也体现了荀子在哲学上的创新。

[①] 参见张珂《董学与孔学的正本清源》（下册），人民出版社 2021 年版，第 521—530 页。

如何看待荀礼是分析荀子哲学的重要内容，也是对其进行学派定位的重要标准。历来将荀子归入儒家的重要根据就是荀子将礼作为其思想的核心概念，而礼是孔学的重要概念。但是荀子哲学的观念事实却并不认同这种形式主义的望文生义式的简单推断。虽然荀子仍然使用了礼这个古老的哲学概念，却赋予了它以全新的内容，使其与孔子的礼存在着体系性壁垒。瓶子/概念是旧的，酒/内容却是全新的。我们对酒进行判断是要根据瓶子还是酒本身呢？答案不言自明。

如前所述，荀礼完全是哲学意义上的礼，是指由国家制定的各种道德规范、行为标准和国家法律等的总和，而不是如孔子一样只是狭义地特指三代的礼仪制度。因此，荀礼与孔礼是完全不同的对礼的理解。

五　性恶论的人性观

荀子哲学性恶论的人性观可以说是荀子哲学的最具特色的观念之一。在先秦和古代哲学史中尤其是在人性论史中，荀子哲学的性恶论人性观也是不可忽略的重要理念。

荀子对于其人性观也十分重视，性恶论人性观是贯彻其荀子哲学整个体系的逻辑线索和理念基础。在《荀子·性恶》中，荀子集中阐述了他关于人性的观念。

（一）性恶论的内容

通过"性"与"伪"的设置，荀子将人性分为两个层次，即作为自然属性的"性"和作为后天的、社会性的"伪"。前者属于生物性的范畴，或者属于道德和社会性的范畴。

在《荀子·性恶》中，荀子深刻地分析了作为自然属性的人性的内在构成，其核心就是欲望观。荀子说道：

> 今人之性，生而有好利焉，顺是，故争夺生而辞让亡焉；生而有疾恶焉，顺是，故残贼生而忠信亡焉；生而有耳目之欲，有好声色焉，顺是，故淫乱生而礼义文理亡焉。
>
> 今人之性，饥而欲饱，寒而欲暖，劳而欲休，此人之情性也。
>
> 夫好利而欲得者，此人之情性也。

荀子认为，包括耳目之欲在内的"欲"是人的自然属性，为了满足自己的欲望，人与人之间相互争夺，而将辞让、忠信和礼义文理等置于不顾。

在《荀子·君道》中，荀子说得更加直白透彻：

> 为人主者莫不欲强而恶弱，欲安而恶危，欲荣而恶辱，是禹、桀之所同也。要此三欲，辟此三恶。

荀子在此实际上阐明了人性以欲望为唯一指导原则的行为规律，要较英国哲学家边沁（Jeremy Bentham，1748—1832年）提出的作为功利主义最高原则的"趋利避害"[①]理论早了两千多年之久。这个观念事实毫无争辩地证明了荀子哲学和中国古代哲学的超前性、伟大性和深刻性。

（二）性恶论的论据

在《荀子·性恶》中，荀子根据"性伪说"来论证人性恶。性伪说的主要内容在于通过恶与善以及性与伪之间的对比关系来阐明性恶说。

关于恶与善之间的关系，荀子说道：

> 凡人之欲为善者，为性恶也。夫薄愿厚，恶愿美，狭愿广，贫愿富，贱愿贵，苟无之中者，必求于外；故富而不愿财，贵而不愿势，苟有之中者，必不及于外。用此观之，人之欲为善者，为性恶也。

荀子认为，人所追求的都是自己所缺少的，既然人人都向善这就表明人是缺少善的，人性是恶的。只是一种类比推理，折射出了荀子对人性的洞察力，要较以道德自觉的孟子儒学的性善论更有逻辑性和思辨性。

关于性与伪之间的关系，荀子说道：

> 今人之性，固无礼义，故强学而求有之也；性不知礼义，故思虑而求知之也。然则性而已，则人无礼义，不知礼义。人无礼义则

[①] *Introduction to the Principles of Morals and Legislation*, by Jeremy Bentham, in *Utilitarianism*, John Stuart Mill, FontanaPress, 1962.

乱，不知礼义则悖。然则性而已，则悖乱在己。用此观之，人之性恶明矣，其善者伪也。

凡古今天下之所谓善者，正理平治也；所谓恶者，偏险悖乱也。是善恶之分也矣。

荀子又从反面来加以强调，认为：

故性善，则去圣王、息礼义矣；性恶，则与圣王、贵礼义矣。

按照荀子的逻辑，如果人性本身就是善的，那么人就没有必要去追求圣王和礼义了，正是因为人性是恶的，才有圣王和礼义存在的必要性。在逻辑上，荀子的这个推论方法类似于"归谬法"。而在理念上，这是荀子批评孟子的性善论的一个重要论点。荀子认为，孟子一方面认为人性是善的，另一方面又强调先王对人们进行向善的引导，这是自相矛盾的。

（三）伪与向善的方法

荀子哲学性恶论的人性论的重要观点是"人性先天是恶"的观点以及"人性经过伪在后天可以向善"的观点。这两点构成了荀子哲学性恶论人性论的两个基本内容。许多人通常只看到第一部分而忽略第二部分，甚至将两部分对立起来，这些观点都是没有反映出荀子关于人性论的完整的观念事实，都是不全面和不准确的。

是不是所有的人都可以向善，甚至变成圣人呢？对于这个问题，荀子提出了"涂之人能为禹"的观点：

曰："圣可积而致，然而皆不可积，何也？"

曰：可以而不可使也。故小人可以为君子而不肯为君子，君子可以为小人而不肯为小人。小人君子者，未尝不可以相为也，然而不相为者，可以而不可使也。故涂之人可以为禹，则然；涂之人能为禹，则未必然也。

此处所谓"涂之人"是指大街上的芸芸众生即普通人。荀子认为，虽然普通人都有成为"圣人/禹"的潜力和可能性，但是并不是所有的人都能够成为"圣人/禹",普通人成为"圣人/禹"并不具有必然性。

既然人性是恶的,而人又是向善的,那么人如何才能克服人性中的恶来向善进行转化呢?荀子在个人和国家两个层面给出了答案。

在个人层面,荀子认为这就要学习,要向圣人学习礼义。荀子说道:

> 凡性者,天之就也,不可学,不可事。礼义者,圣人之所生也,人之所学而能、所事而成者也。不可学、不可事而在人者,谓之性;可学而能、可事而成之在人者,谓之伪;是性、伪之分也。

也就是说,人只有通过向圣人学习礼义才能够克服人性之中的恶,才能向善。而学习就是要"积伪"。关于积伪,荀子在《荀子·性恶》中说道:

> 圣人者,人之所积而致也。
> 加日县久,积善而不息。

也就是说,在荀子看来,圣人并不是一蹴而就地成为圣人,而是通过日积月累地行善,是一个由量变到质变的过程。

在国家层面,荀子认为要使民众日积月累地行善就要发挥圣王/圣人的作用。荀子说道:

> 古者圣人以人之性恶,以为偏险而不正、悖乱而不治,故为之立君上之势以临之,明礼义以化之,起法正以治之,重刑罚以禁之,使天下皆出于治、合于善也。是圣王之治而礼义之化也。今当试去君上之势,无礼义之化,去法正之治,无刑罚之禁,倚而观天下民人之相与也。

荀子认为,要向善就必须发挥国家权力的作用,通过刑罚和管治来推广礼义,达到礼义之化,而圣王之治与礼义之化甚至是可以等同的。这个观点十分重要,因为它已经有了董学教化论的影子。

（四）性恶论反对孟子的性善论

从逻辑上看，荀子的性恶论在很大程度上是针对孟子的性善论提出的，在某些方面性恶论与性善论形成了相互对立的理念。这种对应性在荀子哲学中屡有表现。荀子在《荀子·性恶》篇中就可谓是旗帜鲜明地驳斥孟子的言论。例如：

> 孟子曰："人之学者，其性善。"
> （荀子）曰：是不然。是不及知人之性，而不察乎人之性、伪之分者也。
> 孟子曰："今人之性善，将皆失丧其性故也。"
> （荀子）曰：若是则过矣。今人之性，生而离其朴、离其资，必失而丧之，用此观之，然则人之性恶明矣。

可见，荀子是根据其性伪说来有针对性地反驳孟子的性善论的。

有人认为，荀子是在与孟子斗气而"标新立异"地"勉强"提出性恶论的，[①] 这种观点低估了荀子作为哲学家的层次。事实上，荀子哲学的性恶论与孟子儒学的性善论的内涵完全不同，且有着完全不同的演绎方法和逻辑线条。孟子儒学的性善论来源于人的四端，孟子认为性善在于后天展现出四端，也就是说孟子的性善论是从人的先天的道德属性来论述人性的，是道德主体性在人性论中的反映。而荀子的性恶论则不然，它的性恶论来自性伪论，性伪论的基点在于人的欲望，而欲望是实体性的，并不具备道德属性；荀子哲学的恶虽然仍然具有道德性，但是却不再受制于道德主体性的约束，荀子更强调的是人的现实性、存在性和实体性，与孟子儒学有着不同层次的对道德的认知和运用。如果说孟子儒学是在伦理学的层面上提出其性善论的人性论的话，那么荀子哲学则是从社会学的角度来阐述其性恶论的人性论的，两者并不具有对等性，两者体现着迥异的方法论和价值观。

---

① 郭沫若：《荀子的批判》，《中国古代社会研究》（外二种），河北教育出版社2004年版，第648页。

有学者否认荀子哲学的人性论是人性本恶,① 又有人认为荀子的性恶论是一种后天的性恶论。② 也就是说,它与孟子儒学的基于先验心理学的性善论人性论并不是同一个层次上的人性论观点。这种观点是不准确的。虽然两者的推理过程是完全不同的,然而在理念上荀子的性恶论人性论是针对孟子儒学的性善论人性论而发的,具有明确的针对性,两者在理念上都是对等的。

关于对荀子性恶论人性论的哲学意义的进一步讨论可见后面《荀子哲学的意义》一小章节。

六　荀子哲学的君权主义政治观

国家是荀子哲学所关注的重要的政治范畴之一。荀子对于国家的分析主要集中在对国家的行为特征之上。虽然荀子还没有明确提出真正的国家理论,但是他对国家行为的系统分析已经触及了国家理论的一些关键命题,这使得荀子哲学的政治观在先秦百家政治思想中无论在理念上还是在成熟度上都居于领先地位。荀子对君权的剖析和归纳是深刻而系统的,形成了关于君权的比较成熟的理念,形成了君权主义的政治观。

（一）君权主义

君权主义是荀子哲学政治观的核心,而政治观在荀子哲学中占有重要地位,君权主义是最能体现荀子哲学本质的理念。

荀子哲学的君权主义具有三个鲜明的特征,它们是对时代政治的现实主义的关注,以荀礼为核心的逻辑和理念以及对君权类型的分析和归纳。荀子哲学君权主义的内容包括君王观、对王权类型的归纳和分析以及荀子对于富国强兵的规律的认识。从理念上看,王道观是荀子哲学君权主义的核心,也是最能体现荀子哲学政治理念的内容。

（二）君权的功能

荀子能够形成君权主义并且将其置于其哲学体系的中心地位,这本身就表明了荀子对君权的极度重视。但是荀子哲学君权主义的性质是什么这个问题仍然要根据其观念事实来进行客观的判断,而不能直接望文

---

① 参见鲍国顺《荀子学说析论》,台北华正书局1984年版,第12页。
② 参见吴乃恭《儒家思想研究》,东北师范大学出版社1988年版,第155页。

生义，习惯性地将君权主义与"专制"① 和"君本论"② 等直接画上等号。

在《荀子·富国》中，荀子说道：

> 而人君者，所以管分之枢要也。故美之者，是美天下之本也；安之者，是安天下之本也；贵之者，是贵天下之本也。

这段话是荀子对明分使群观的解释，阐明了君权的功能。在荀子看来，君权的功能是为了社会和国家的利益，而非自己的利益。也就是说荀子认为君权的功能在于为社会和国家服务，而不是为了满足自身的私利。

在同一文中，荀子继续阐释道：

> 若夫重色而衣之，重味而食之，重财物而制之，合天下而君之，非特以为淫泰也，固以为王天下，治万变，材万物，养万民，兼利天下者，为莫若仁人之善也夫！

这段话说得更加具体，君王享受锦衣玉食的目的是什么？没有别的，是要管理国家，治理天下，养育国民而已。

判断君权主义的另一个重要的标准是君权与道德之间的关系。虽然只有先秦儒家将道德提高到主体性的高度，然而道德观是主要的先秦思想都十分重视的命题，荀子哲学也不例外。荀子也刻意从道德/道义的角度来阐释他对于君权的规定。

荀子说道：

> 伊尹、箕子可谓谏矣，比干、子胥可谓争矣，平原君之于赵可谓辅矣，信陵君之于魏可谓拂矣。《传》曰："从道不从君。"此之谓也。（《荀子·臣道》）

---

① 上官节：《圣人化性起伪与圣王专制》，《学习与探索》，1989 年第二期。
② 游唤民：《先秦民本思想》，湖南师范大学出版社 1991 年版，第 139 页。

> 志意修则骄富贵，道义重则轻王公。（《荀子·修身》）
>
> 行一不义、杀一无罪，而得天下，仁者不为也。（《荀子·王霸》）

显然，荀子将道/道义/仁义置于君权之上，认为道德要比君权重要，明确地支持"从道不从君"的理念。从道不从君的理念剥夺了君权的绝对性，暗含着只有君权符合道德才具有合法性和权威性的原则，这个观念事实否定了荀子哲学的君权主义是君本论的观点。

对"汤武革命"的看法也折射出荀子哲学对于道义与君权的立场。对此，荀子说道：

> 汤武非取天下也，修其道，行其义，兴天下之同利，除天下之同害，而天下归之也。桀纣非去天下也，反禹汤之德，乱礼义之分，禽兽之行，积其凶，全其恶，而天下去之也。天下归之之谓王，天下去之之谓亡，故桀纣无天下，而汤武不弑君。（《荀子·正论》）

显然，荀子对于汤武革命是赞成的，认为并不是汤武取得了天下，而是天下选择了汤武；并非桀纣失去了天下，而是天下抛弃了桀纣。之所以如此只是因为道义，即违背了道义的君王失去了天下，符合道义者被天下选择。这种观点与孟子儒学的革命论的结论是相同的，然而必须看到荀子哲学的逻辑并不是前者的仁政观，而是荀子哲学的君权主义的从道不从君的内在逻辑。

荀子对于汤武行为的理解更进一步。他认为：

> 夺然后义，杀然后仁，上下易位然后贞，功参天地，泽被生民，夫是之谓权险之平，汤、武是也。（《荀子·臣道》）

荀子明确指出，汤武先弑君夺取君权再行仁义的做法平衡了暴力与道义，符合天地的规律，维护了民众的利益，是绝对正确的。荀子的这个看法十分具体而深入，可谓是切中要害，入木三分，体现了荀子对于从道不从君和上下易位的君权主义理念的坚守。

(三) 君王观

荀子认为作为君权掌握者的君王在国家政治中占有首要的重要性，为此荀子对君王所必备的素质都进行了规定。

1. 君人三大节

荀子认为，要成为成功的君王其关键在于要遵守大节和惟义，君人即君王要遵守三个大节才能够成为成功的治国者。荀子说道：

> 故君人者，欲安，则莫若平政爱民矣；欲荣，则莫若隆礼敬士矣；欲立功名，则莫若尚贤使能矣。是君人者之大节也。三节者当，则其余莫不当矣。三节者不当，则其余虽曲当，犹将无益也。(《荀子·王制》)

荀子此处所提出的安、荣和功名这三个大节就是国家的三个终极目标。从荀子的行文中可以看出，安，即安全和安宁，首先是指君王的安全和安宁，荀子认为君王要获得安就必须实现公平和爱民的政策，这样安的范围也就扩大到了臣民，因此荀子的安是指整个国家的安；荣，即君王的荣誉和名声，荀子认为君王要获得荣誉和名声就必须重视礼义和尊重士人，就必须重用贤能，只有这样才能够让自己的名声远扬，而君王的名声是指仁爱的美名，而并不是其他方面的名声；功名，是指君王要建功立业，有所作为。这三个大节具体地体现了荀子哲学的君权主义理念。

可以看出，这三个大节都是现实的政治目标，即国家的现实存在所必需的脚踏实地的，看得见摸得着的具体的政治目标，而没有如孔学的志在复古的道德乌托邦主义，也没有孟子儒学的充满道德说教的仁政观。荀子将立功名纳入了君王的三大节，更是反映了他对建功立业的重视，这是孔学和孟子儒学所没有的。我们已经看到，孔学和孟子儒学只是一味地、不顾后果地强调道德乌托邦主义和政治无为主义。[1]

---

[1] 同样在该篇中，荀子写道："孔子曰：'大节是也，小节是也，上君也。大节是也，小节一出焉，一入焉，中君也。大节非也，小节虽是也，吾无观其余矣。'"这句话并不载于《论语》，不知出处，已不可考。即使孔子曾有此言，其大节也未必与荀子同。

2. 君王惟义

君王惟义是荀子哲学君权主义的一个重要理念,与君人三大节相互呼应。荀子认为,要成为成功的君王,义居于至关重要的地位。

在《荀子·强国》中,荀子说道:

> 凡奸人之所以起者,以上之不贵义、不敬义也。夫义者,所以限禁人之为恶与奸者也。今上不贵义、不敬义,如是,则天下之人百姓皆有弃义之志而有趋奸之心矣,此奸人之所以起也。且上者,下之师也。夫下之和上,譬之,犹响之应声、影之像形也。故为人上者,不可不顺也。夫义者,内节于人而外节于万物者也,上安于主而下调于民者也。内外上下节者,义之情也。然则凡为天下之要,义为本,而信次之。古者禹、汤本义务信而天下治;桀、纣弃义背信而天下乱。故为人上者,必将慎礼义、务忠信,然后可。此君人者之大本也。

根据荀子的分析,义之所以是君王成功之本,是因为"且上者,下之师也",即上行下效,具有放大效应。如果君王不贵义和敬义,那么上至国家官员下至百姓都将"有趋奸之心矣",如此一来国家必将大乱。

(四) 荀子对王权类型的归纳

对君权/王权类型的划分是荀子哲学的君权主义的重要内容,体现了荀子对于权力类型和国家行为方式的深刻洞察。在许多情况下,荀子哲学的君权主义和整个政治观就是按照这个主线来进行逻辑演绎和延伸以及其内容展开的。

荀子将王权归纳为三种类型,即王道型、霸道型和强权型,强权型又称权谋型。荀子的这种分发与孟子将王权类型分为王道和霸道两种类型不同。孟子儒学的划分标准是绝对的道德性,是道德乌托邦主义的体现,在很大程度上是在用道德理想来裁剪时代性和事实性,参见本书的孟子儒学部分。荀子的划分则是以对于事实性的考察为基础的,对其内容的分析更加接近现实性。

这种分类在《荀子》中的《王制》和《王霸》两篇中得到了集中的阐释。荀子认为,三种类型具有不同的行为目标:

> 王夺之人，霸夺之与，强夺之地。（《荀子·王制》）

王道型王权致力于夺取其他国家的人民，霸道型王权致力于夺取其他国家的进贡即财富，强权型王权致力于夺取其他国家的土地。

荀子认为，三种类型的立国之本也各不相同，或者说君王由于选择了不同的立国之本而变成不同类型的国家。荀子说道：

> 故用国者，义立而王，信立而霸，权谋立而亡。（《荀子·王霸》）

王道型王权的立国之本是"义"，霸道型王权的立国之本是威信即别国的信任，而一个国家一旦变成了权谋型王权那么它就只能灭亡了。

1. 强权型

先分析第三个类型强权型。关于强权型国家，荀子说道：

> 用强者，人之城守，人之出战，而我以力胜之也，则伤人之民必甚矣。伤人之民甚，则人之民恶我必甚矣。人之民恶我甚，则日欲与我斗。……人之民日欲与我斗，吾民日不欲为我斗，是强者之所以反弱也。地来而民去，累多而功少，虽守者益，所以守者损，是以大者之所以反削也。诸侯莫不怀交接怨而不忘其敌，伺强大之间，承强大之弊，此强大之殆时也。

荀子认为，强权型王权的特征是使用武力来攻城略地，以战争为强大之本，但是由于失去了民心，在战争中的力量此消彼长，再加上其他国家不会忘记被打击的怨恨，强权型王权终将衰弱下去。

故而荀子认为真正强大的王权并不在于武力的强大，而在于力与德之间的平衡。荀子说道：

> 知强大者不务强也，虑以王命全其力、凝其德。力全，则诸侯不能弱也；德凝，则诸侯不能削也；天下无王霸主，则常胜矣。

只有在天下没有王道型王权和霸道型王权的前提下，强权型王权才能够做到常胜。这实际上是在说强权型王权并不是荀子所认同的王权类型。

以强权攻打别国以抢夺土地这实际上是以追求功利作为国家最重要的目标，而侵略战争只是在对外行为方面的表现。在国家内部，以功利为最高目标同样并不能够使国家长久地变得强大。在《荀子·王霸》中，荀子对此进行了分析：

> 挈国以呼功利，不务张其义、齐其信，唯利之求，内则不惮诈其民而求小利焉，外则不惮诈其与而求大利焉，内不修正其所以有，然常欲人之有。如是，则臣下百姓莫不以诈心待其上矣。上诈其下，下诈其上，则是上下析也。如是，则敌国轻之，与国疑之，权谋日行，而国不免危削，綦之而亡。

荀子认为，如果国家以功利为最高目标，那么就会忽略对义和信的重视和完善，在官员和百姓之间就会相互欺诈，国家的凝聚力就会丧失，上下级之间就要依靠权谋来相处，这就是为什么荀子将强权型王权又称为权谋型王权的原因。也就是说，强权型王权必定会过渡为权谋型王权。而一个国家一旦成为权谋型国家，它周边的国家要么轻视它，要么怀疑它，国家实力日益削弱，直到亡国。

2. 霸道型

再看第二种类型霸道型。关于霸道型，荀子在《荀子·王制》中说道：

> 辟田野，实仓廪，便备用，案谨募选阅材伎之士，然后渐庆赏以先之，严刑罚以纠之；存亡继绝，卫弱禁暴，而无兼并之心，则诸侯亲之矣。修友敌之道以敬接诸侯，则诸侯说之矣。所以亲之者，以不并也；并之见，则诸侯疏矣。所以说之者，以友敌也；臣之见，则诸侯离矣。故明其不并之行，信其友敌之道，天下无主，霸主则常胜矣。是知霸道者也。

荀子认为，霸道型王权能够打败其他诸侯靠的是网罗人才，而不是兼并土地，也就是说霸道寻求的是其他诸侯/国家的服从，而并不侵犯它们的主权；而一旦霸主开始兼并土地，它便会遭到其他诸侯/国家的反对，其霸主的地位便会受到威胁。荀子认为，霸道型王权要好于强权型王权，在天下没有统一的情况下，霸道型王权战无不胜。

在《荀子·王霸》中说道：

> 德虽未至也，义虽未济也，然而天下之理略奏矣，刑赏已诺信乎天下矣，臣下晓然皆知其可要也。政令已陈，虽睹利败，不欺其民；约结已定，虽睹利败，不欺其与。如是，则兵劲城固，敌国畏之；国一綦明，与国信之。虽在僻陋之国，威动天下，五伯是也。非本政教也，非致隆高也，非綦文理也，非服人之心也；乡方略，审劳佚，谨畜积，修战备，齺然上下相信，而天下莫之敢当。故齐桓、晋文、楚庄、吴阖闾、越勾践，是皆僻陋之国也，威动天下，强殆中国，无它故焉，略信也。是所谓信立而霸也。

从这段对霸道型王权的分析中可以看出荀子并没有否定它，而是比较客观地认为霸道型王权是介于强权型王权和王道型王权之间的类型，是以信立国的王权类型。荀子的观点与孟子儒学对于霸道的否定性的看法显然是不同的。在荀子看来，霸道型王权在德与义方面虽然并不如王道型完善，但是能够在诸国之间确立威信，威动天下，也自有其过人之处。这是对霸道型的正面评价。

3. 王道型

最后分析第一种类型，也是荀子所推崇的类型。关于王道型王权，荀子说道：

> 仁眇天下，义眇天下，威眇天下。仁眇天下，故天下莫不亲也。义眇天下，故天下莫不贵也。威眇天下，故天下莫敢敌也。以不敌之威辅服人之道，故不战而胜，不攻而得，甲兵不劳而天下服，是知王道者也。知此三具者，欲王而王，欲霸而霸，欲强而强矣。

荀子认为，王道型王权在于能够实现仁、义和威三者之间的平衡。如果能够做到这般，王道便会不劳兵甲而能够统一天下。

关于王道型王权，荀子在《荀子·王霸》中进一步引申道：

> 挈国以呼礼义而无以害之，行一不义，杀一无罪而得天下，仁者不为也，捋然扶持心、国，且若是其固也！之所与为之者，之人则举义士也；之所以为布陈于国家刑法者，则举义法也；主之所极然帅群臣而首乡之者，则举义志也。如是，则下仰上以义矣，是綦定也。綦定而国定，国定而天下定。仲尼无置锥之地，诚义乎志意，加义乎身行，箸之言语，济之日，不隐乎天下，名垂乎后世。今亦以天下之显诸侯诚义乎志意，加义乎法则度量，箸之以政事，案申重之以贵贱杀生，使袭然终始犹一也。如是，则夫名声之部发于天地之间也，岂不如日月雷霆然矣哉？故曰：以国齐义，一日而白，汤、武是也。汤以亳，武王以鄗，皆百里之地也，天下为一，诸侯为臣，通达之属，莫不从服，无它故焉，以济义矣。是所谓义立而王也。

这段话似乎较上一段的仁、义和威三者的平衡论有所倒退，更加强调的是道德的作用，人们又看到了孔学和孟子儒学道德乌托邦主义和政治无为主义的影子。所谓"行一不义，杀一无罪而得天下，仁者不为也"可谓是孟子儒学的道德乌托邦主义的翻版。

但是需要加以注意的是，荀子的王道观与先秦儒家的政治思想并不相同。事实上，荀子哲学的王道观不仅与孔学和孟子儒学强调以道德主体性为核心的道德乌托邦主义不同，还与以商学为意识形态的秦国以战争为唯一目的的秦国模式也有不同。仁和义是先秦儒学所固有的概念，然而荀子哲学的不同之处在于将仁、义和威三者并列而提，强调三者的平衡。孔学和孟子儒学以道德主体性为核心，分别提出了德政观和仁政观，但它们的共性都是仁义，都是道德乌托邦主义和政治无为主义，而绝无威的内容。相反地，秦国模式只强调威，只强调杀伐和立功，而完全无视仁和义，走向了另一个极端。相比之下，荀子将威与仁义并举，实际上是在暗指应该在立德与立功之间取得平衡，这便打破了政治无为主义，也突破了道德主体性的价值观，同时也否定了秦国模式对道德的忽视和践踏，在道德性中加入了政治现实主义的要素，提出了一种相对成熟和平衡的国家行为模式。然而，荀子哲学的政治现实主义并不彻底，先秦儒家的道德乌托邦主义仍然留有残余，这使他对秦国的以战争为核心的政治现实主义的重视程度仍显不足，而对孔学和孟子儒学的道德乌托邦主义虽然不再完全认同和推崇，却仍然无法彻底摆脱其窠臼，体现出了荀子哲学在现实主义和道德主体性这两种价值观之间的彷徨和矛盾性。

4. 王道的内涵

荀子认为，王道是理想的王权类型，对王道多有赞赏，将其称为"圣王"。在《荀子·王制》中，荀子对王道的内涵进行了细致的分析和归纳，将其分为王道之制、王道之论、王道之法和王道之用等方面。

（1）王道之制

荀子认为，王道之制指的是国家的礼仪制度和国家制定制度时所关注的核心问题。对此，荀子说道：

> 衣服有制，宫室有度，人徒有数，丧祭械用皆有等宜。声，则凡非雅声者举废；色则凡非旧文者举息；械用，则凡非旧器者举毁。夫是之谓复古。是王者之制也。
>
> 春耕、夏耘、秋收、冬藏，四者不失时，故五谷不绝而百姓有余食也；污池渊沼川泽，谨其时禁，故鱼鳖优多而百姓有余用也；斩伐养长不失其时，故山林不童而百姓有余材也。

在荀子看来，王道制度的精髓在于按照古代的规定来遵行礼仪，而在经济上则要能够根据季节的变化而保障农业生产。

（2）王道之论

荀子认为，王者之论指的是国家的奖罚政策。对此，荀子说道：

> 王者之论：无德不贵，无能不官，无功不赏，无罪不罚。朝无幸位，民无幸生。尚贤使能，而等位不遗；折愿禁悍，而刑罚不过。百姓晓然皆知夫为善于家而取赏于朝也，为不善于幽而蒙刑于显也。

夫是之谓定论。是王者之论也。

在荀子看来，国家要尚贤使能，强调德能，而不要滥用刑罚，只有这样百姓才能信任和支持朝廷。

(3) 王道之法

关于王道之法，荀子说道：

> 王者之（法）：等赋，政事，财万物，所以养万民也。田野，什一；关市，几而不征；山林泽梁，以时禁发而不税。相地而衰政，理道之远近而致贡。通流财物粟米，无有滞留；使相归移也，四海之内若一家。故近者不隐其能，远着不疾其劳，无幽闲隐僻之国，莫不趋使而安乐之。夫是之谓人师。是王者之法也。

荀子的法治观念已经超越了严刑峻法这种狭隘的法家定义，而是提出了依法管理国家经济的概念，尤其是触及了经济大一统的理念。这表明荀子哲学的现实主义特征，也表现出荀子对于国家经济重要性的深刻认识，这在先秦思想中是独树一帜的和深有远见的。

在《荀子·王制》中，荀子具体地阐述了君王应该如何通过建立恰当的国家体制来有效地治理国家，涉及了政治、经济、军事、礼仪、道德和意识形态等各个方面。这体现了荀子的政治观中的现实主义成分。

(4) 圣王之用

在荀子眼中，所谓圣王之用是指王道有效驾驭国家政治的方法。对此，荀子说道：

> 圣王之用也：上察于天，下错于地；塞备天地之间，加施万物之上；微而明，短而长，狭而广；神明博大以至约。故曰：一与一，是为人者，谓之圣人。

荀子在此处谈到了君王的境界，却并没有直接探讨权术。荀子认为，一个好的君王应该具备的境界是：他应该是个知天晓地，进退有序，不仅具有广阔的胸怀，还具有入木三分的洞察力的哲人，而最重要的是他要推行礼义。能够做到这些,这个君王便是圣王了。

（五）强国的系统性

荀子哲学的君权主义并不是个零碎的观念,也不是不同理念的拼凑和组合,而是具有统一的逻辑线索的系统性的理念。事实上,荀子划分王权类型的目的是阐明强国的国家行为方式,在荀子看来这就是王道型王权类型。那么荀子眼中的理想强国是什么样的呢?荀子对此有明确的描述:

> 君贤者其国治,君不能者其国乱；隆礼、贵义者其国治,简礼、贱义者其国乱。治者强,乱者弱：是强弱之本也。上足卬（仰）,则下可用也；上不足卬,则下不可用也。下可用则强,下不可用则弱：是强弱之常也。隆礼、效功,上也；重禄、贵节,次也；上攻、贱节,下也：是强弱之凡也。好士者强,不好士者弱；爱民者强,不爱民者弱；赏重者强,赏轻者弱；刑威者强,刑侮者弱；械用兵革攻完便利者强,械用兵革窳楛不便利者弱；重用兵者强,轻用兵者弱；权出一者强,权出二者弱：是强弱之常也。

从这段话中可以看出,根据荀子哲学的君权主义,决定国家强弱的首要因素是君王,因为君王决定着国家的基本方向和意识形态,而这决定着国家行为的各个方面,所谓"上梁不正下梁歪"。此处反映了荀子哲学的一个重要的观点,即国家的强弱是个环环相扣的系统,要成为君王、意识形态、官僚体系、兵制,当然还有经济体系等缺一不可。荀子认为,君王要垄断王权,这是强权和强国的前提。可以看出,这个观点与商学十分相似,而与先秦儒家只坚持要将君权置于道德主体性之下便万事大吉的观点,尤其是强调反王权的孟子儒学截然不同。

（六）国家政治的规律

探讨君权是荀子哲学的一个重点,这就使荀子哲学不可避免地对国家命题进行探讨,而政治观也就在荀子哲学中占有重要地位。荀子哲学的这些特征都超越了孔孟儒学对于政治的关注力度,并且荀子哲学在政治观所采用的方法论也与孔孟儒学截然不同。

荀子哲学并没有建立起真正系统的国家理论,但是他对于人的欲望的分析和对礼义起源的探讨已经间接回答了包括国家的必要性的一些关键问题。除了归纳出三种王权类型并且对其内涵和行为规律进行了总结之外，荀子试图更加全面地对国家政治的普遍规律进行分析。

1. 君权主义的人性基础

荀子哲学的天人之分和人定胜天的形而上学思想割断了天与君权之间的互动关系，天和人虽然仍然具有关联，但是天已经无法成为君权的形而上学基础了。那么荀子哲学的君权主义政治观的哲学基础又是什么呢？这就是人性。

荀子哲学认为君权主义的逻辑基础在于人性，具体来说就是人性的同一性是君权主义的形而上学基础。这种思想在先秦百家思想中是具有独创性的，也是独一无二的，这也正是荀子哲学的性恶论人性论的形而上学和政治意义所在。事实上，荀子哲学将君权主义的哲学基础置于人性论之上的逻辑是极其深刻的，具有革命性。

关于人性论与君权之间关系的分析，荀子说道：

> 万物同宇而异体，无宜而有用为人，数也。人伦并处，同求而异道，同欲而异知，生也。（《荀子·富国》）
>
> 圣人何以不可欺？曰：圣人者，以己度者也。故以人度人，以情度情，以类度类，以说度功，以道观尽，古今一也。
>
> 类不悖，虽久同理。（以上出自《荀子·非相》）
>
> 凡人有所一同：饥而欲食，寒而欲暖，劳而欲息，好利而恶害，是人之所生而有也，是无待而然者也，是禹、桀之所同也；目辨白黑美恶，耳辨音声清浊，口辨酸咸甘苦，鼻辨芬芳腥臊，骨体肤理辨寒暑疾养，是又人之所常生而有也，是无待而然者也，是禹、桀之所同也。（《荀子·荣辱》）
>
> 夫贵为天子，富有天下，名为圣王，兼制人，人莫得而制也，是人情之所同欲也，而王者兼而有是者也。重色而衣之，重味而食之，重财物而制之，合天下而君之；饮食甚厚，声乐甚大，台谢（榭）甚高，园囿甚广，臣使诸侯，一天下，是又人情之所同欲也，而天子之礼制如是者也。制度以陈，政令以挟；官人失要则死，公侯失礼则幽，四方之国有侈离之德则必灭；名声若日月，功绩如天

地，天下之人应之如景向，是又人情之所同欲也，而王者兼而有是者也。(《荀子·王霸》)

故君子之度己则以绳，接人则用抴（抴）。度己以绳，故足以为天下法则矣。(《荀子·非相》)

这段话表明：首先，人情/人的欲望是具有同一性的，是人的类的属性，只要是人，不分贵贱，都具有相同的属性；① 其次，王权的基础是人情的同一性，王权就是要满足臣民的欲望，以己推人，这是王权的最终目的。

在《荀子·君道》中，荀子再次强调了这个观点：

故由天子至于庶人也，莫不骋其能、得其志、安乐其事，是所同也；衣暖而食充，居安而游乐，事时制明而用足，是又所同也。

荀子对国家/王权的这个分析可谓是具有合理性和超前性的，一个明确而系统的国家理论已经呼之欲出了。

2. 节欲论

荀子哲学明确将人性作为其君权主义的出发点和基础，这是荀子哲学对于先秦哲学思想的重大突破，更为难得的是荀子哲学又进一步将欲道引入了君权主义，认为君权主义要通过对人的欲望的管理来治国，而这才是其君权主义的理论精髓所在。

关于欲望管理与君权的关系，荀子说道：

凡语治而待去欲者，无以道欲而困于有欲者也。凡语治而待寡欲者，无以节欲而困于多欲者也。有欲无欲，异类也，生死也非治乱也。欲之多寡，异类也，情之数也，非治乱也。欲不待可得，而求者从所可，欲不待可得，所受乎天也；求者从所可，受乎心也。所受乎天之一欲，制于所受乎心之多，固难类所受乎天也。人之所

---

① 荀子哲学关于人性同一性的观点已经被现代人类基因学所证实。通过对基因图谱的研究，人类基因学认为人的基因在不同种族之间的差异是极其微小的。

欲，生甚矣；人之所恶，死甚矣。然而人有从生成死者，非不欲生而欲死也，不可以生而可以死也。故欲过之而动不及，心止之也。心之所可中理，则欲虽多，奚伤于治？欲不及而动过之，心使之也。心之所可失理，则欲虽寡，奚止于乱？故治乱在于心之所可，亡于情之所欲。不求之其所在而求之其所亡，虽曰"我得之"，失之矣。（《荀子·正名》）

荀子认为，治乱不是要"去欲"，也不是要"寡欲"，因为欲望是人天生而来的，人要生存就必须有欲望，因此要铲除和削减人的欲望是不可能的。荀子继续说道：

故虽为守门，欲不可去，性之具也。虽为天子，欲不可尽。欲虽不可尽，可以近尽也；欲虽不可去，求可节也。所欲虽不可尽，求者犹近尽；欲虽不可去，所求不得，虑者欲节求也。道者，进则近尽，退则节求，天下莫之若也。（《荀子·正名》）

荀子认为，人的欲望是无法被完全满足的，即使是天子的欲望也是如此，而只能"近尽"，即接近于得到满足。因此君权只能对人的欲望加以引导，施行"节求"，即节欲，这才是治乱的方法。这就是荀子哲学欲道中的节欲观。

节欲观实际上是要对人的欲望至上而下地进行有效的节制，达到欲望和物质之间的某种平衡。如此一来，节求便于荀礼在逻辑上发生了关联。为了实施节求，就必须引入礼，通过荀礼来对欲望进行引导和管理，促使社会达到安定平和的状态。而这正是君权的合理性和目的性所在。荀子哲学的这个思想不仅在君权主义的政治观层面上是具有突破性的，也是其经济观的重要原则。

3. 君权在于"隆一"

对于任何一种政治观来说，提倡什么样的王权都是个核心问题，这对于荀子哲学来说同样如此。对此，荀子给出了直接而明确的回答：

君者，国之隆也；父者，家之隆也。隆一而治，二而乱。自古

及今，未有二隆争重而能长久者。(《荀子·致士》)

荀子哲学主张君权要集权，就如同家里只能有一个父亲一样，认为绝对的和唯一的君权是国家能够得到有效治理和长期存在的前提和基础。荀子认为这是历史的经验，否认此点只能带来国家的混乱和衰败，对于荀子来说这个铁律，没有任何商量余地。

4. 时代性与王权类型

从以上解析可以看出，荀子所分的这三种类型实际上是三种国家行为模式。荀子认为，强权型、霸道型和王道型三种王权类型虽有高下之分，其中王道型是最理想的类型，但是它们并不是递进的关系，也不是相互排斥的关系。荀子说道：

具具而王，具具而霸，具具而存，具具而亡。(《荀子·王制》)

这句话对于理解荀子的政治观十分重要，它体现了荀子哲学的政治现实主义的立场。所谓"具具"就是要根据不同的历史条件顺势而为，顺应时代而非逆时代潮流而行，不要将理想凌驾于现实之上，试图将现实政治塞入理想的框架之中。

在《荀子·王霸》中，荀子说道：

故君人者，立隆政本朝而当，所使要百事者诚仁人也，则身佚而国治，功大而名美，上可以王，下可以霸。

在荀子眼中，理想的君王并不是要紧紧抱住道德教条不放，而是要能够做到能上能下，在王道与霸道之间应变自如。这与孔学和孟子儒学要用既定的道德乌托邦主义来裁剪现实政治的做法是截然不同的。荀子哲学的这个立场与认为荀子主张"崇王黜霸"的传统观点是完全不同的。[①] 荀子哲学提出这个观点显然是针对孔学和孟子儒学的道德主体性而言的，是对后者的明确否定。

[①] 参见孔繁《荀子评传》，南京大学出版社1997年版，第46—53页。

5. 君王对王权类型选择的重要性

对王权类型的选择是君王的责任。因此，荀子还十分强调君王选择的极端重要性。他说道：

> 善择者制人，不善择者人制之；善择之者王，不善择之者亡。夫王者之与亡者、制人之与人制之也，是其为相县（悬）也亦远矣。

"善择者制人，不善择者人制之"这句话荀子在多篇文章中皆加以重复，足见荀子对于国家行为模式的重视。君王能否进行正确的选择关乎国家的生死存亡。荀子认为，善于进行选择的君王能够控制别人，不善于选择的君王会受到别人的控制；善于选择的君王能够成为王者，不善于选择的君王只会亡国。而所谓选择是指对这三种国家行为模式的选择。这种选择关乎国家的立国基础的不同，关乎国家行为方式的差异，也关乎国家最终命运的迥异。

在《荀子·王霸》中，荀子继续说道：

> 国者，天下之大器也，重任也，不可不善为择所而后错之，错险则危；不可不善为择道然后道之，涂薉（秽，杂草），则塞；危塞，则亡。

在此，荀子再次强调了君王的选择是关乎国家的生死存亡的关键因素。

6. 相权的重要性

相权是君权的辅助者和君权决策的执行者，代表着国家的权力体系和官僚体系中不可或缺的制度构成和力量。荀子在理论高度上对于相权的功能和重要性进行了深入的分析，将其看作君权主义的重要组成部分。荀子认为选择辅佐君王的权臣同样是一项重要的选择，因为臣僚关乎国家权力的具体实施，为此荀子强调相权的重要性。荀子说道：

> 彼持国者，必不可以独也；然则强固荣辱在于取相矣。身能，相能，如是者王。身不能，知恐惧而求能者，如是者强。身不能，

不知恐惧而求能者，安唯便僻左右亲比己者之用，如是者危削，綦之而亡。国者，巨用之则大，小用之则小；綦大而王，綦小而亡，小巨分流者存。(《荀子·王霸》)

故曰：人主不可以独也。卿相辅佐，人主之基杖也，不可不早具也。故人主必将有卿相辅佐足任者然后可，其德音足以填抚百姓，其知虑足以应待万变然后可，夫是之谓国具。(《荀子·君道》)

荀子认为，君王不能独揽大权，而要与能干的卿相共同治理国家。卿相如同君王的拐杖，越早拥有越好。这个观点已经隐约地反映出荀子哲学对国家权力的分享和制衡的认识以及对决策优化的重视。

对于君王来说，治国之法和卿相的选择成功，则国家会繁荣昌盛；选择失败，则国家处于危殆之中，甚至有亡国的危险。在《荀子·君道》中，荀子继续说道：

故道王者之法，与王者之人为之，则亦王；道霸者之法，与霸道之人为之，则亦霸；道亡国之法，与亡国之人为之，则亦亡。三者，明主之所以谨择也，而仁人之所务白也。

故与积礼义之君子为之，则王；与端诚信全之士为之，则霸；与权谋倾覆之人为之，则亡。

荀子认为，君王所选的卿相对于一个国家所选择的道路具有决定性的作用。如果君王任用了一个提倡王道的卿相，那么这个国家将采取王道的道路；如果君王任用了一个提倡霸道的卿相，那么这个国家将采取王道的道路；如果君王选择了一个错误的卿相，那么这个国家将采取亡国的道路。

选择能干的卿相还关乎君王治理国家的方式。在《荀子·王霸》中，荀子说道：

人主者，以官人为能者也；匹夫者，以自能为能者也。

主道：治近不治远，治明不治幽，治一不治二。主能治近，则远者理；主能治明，则幽者化；主能当一，则百事正。

> 主好要，则百事详；主好详，则百事荒。君者，论一相、陈一法、明一指（旨），以兼覆之、兼照之，以观其盛者也。

这句话说明了君王自身努力/勤政和善于重用能臣之间的关系。荀子认为，君王治国不能事事躬亲，而要抓住要害，以身作则，这样才能事半功倍。

在《荀子·君道》中，荀子说得更加直白透彻：

> 为人主者莫不欲强而恶弱，欲安而恶危，欲荣而恶辱，是禹、桀之所同也。要此三欲，辟此三恶，果何道而便？曰：在慎取相，道莫径是矣。

可见，荀子认为，君王和国家如果要趋利避害，就必须慎重选相，因为一国之相关乎国家行为的走向。荀子在《荀子·王霸》中进一步阐述道：

> 论德使能而官施之者，圣王之道也。

荀子对于君王的选人和用人能力是十分重视的，以至于他把具备选贤用能的能力的君王称之为"圣王之道"。

荀子以上是从君王的角度来论述相权的重要性，在《荀子·臣道》中他从臣子的角度对各种类型的大臣进行了鉴别和分析。荀子认为臣子可以分为以下类型：

> 人臣之论：有态臣者（阿谀奉承之臣），有篡臣者，有功臣者，有圣臣者。
> 故用圣臣者王，用功臣者强，用篡臣者危，用态臣者亡。

关于臣子的行为，荀子分析道：

> 从命而利君谓之顺，从命而不利君谓之谄；逆命而利君谓之忠，

逆命而不利君谓之篡。

君有过谋过事，将危国家、殒社稷之惧也，大臣、父兄有能进言于君，用则可，不用则去，谓之谏；有能进言于君，用则可，不用则死，谓之争；有能比智同力，率群臣百吏而相与强君挢君，君虽不安，不能不听，遂以解国之大患，除国之大害，成于尊君安国，谓之辅；有能抗君之命，窃君之重，反君之事，以安国之危，除君之辱，攻伐足以成国之大利，谓之拂。

故谏、争、辅、拂之人，社稷之臣也，国君之宝也，明君之所尊厚也，而暗主惑君以为己贼也。

关于臣子的忠诚，荀子也进行了分类：

有大忠者，有次忠者，有下忠者，有国贼者。以道覆君而化之，大忠也；以德调君而辅之，次忠也；以是谏非而怒之，下忠也；不恤君之荣辱，不恤国之臧否，偷合苟容以持禄养交而已耳，国贼也。

如在《董学与孔学的正本清源》中所析，在孔学中并没有臣子对于君的忠的概念。① 荀子哲学赋予了忠以孔学和先秦儒家不同的政治内涵。同时应该看到，荀子哲学的忠是臣子所应具备的素质之一，但是其地位并不突出，与后来的董学将忠提高到以三纲五常的国家主义伦理学的核心地位是不同的。

7. 荀礼的古法观

从《荀子》中可以看出，荀子对于古法颇为重视，这反映出荀子哲学具有复古的倾向。荀子哲学中一再提到的"法先王"和"法后王"之辨也折射出荀子哲学对于古法是进行过深入思考的。

（1）荀子的古法的尊重

既然君王对于国家行为模式和臣僚的选择是如此重要，那么什么样的选择才是理想的选择呢？当然是礼义，即荀礼了。

关于荀礼的功能，荀子在《荀子·议兵》中说道：

---

① 参见张珂《董学与孔学的正本清源》（下册），人民出版社2021年版，第531—539页。

> 礼者，治辨（办）之极也，强国之本也，威行之道也，功名之总也。王公由之，所以得天下也；不由，所以损社稷也。故坚甲利兵不足以为胜，高城深池不足以为固，严令繁刑不足以为威，由其道则行，不由其道则废。

关于荀礼的本质，荀子进一步明确道：

> 故国者，重任也，不以积持之则不立。故国者，世所以新者也，是惮（禅）；惮，非变也，改王改行也。故一朝之日也，一日之人也，然而厌焉有千岁之国，何也？曰：援夫千岁之信法以持之也，安与夫千岁之信士为之也。人无百岁之寿，而有千岁之信士，何也？曰：以夫千岁之法自持者，是乃千岁之信士矣。

这段话表明，荀子所说的礼义仍然是所谓"千岁之信法"；荀子提倡要坚持古法，而并不支持对其进行根本性的改变。

（2）"法先王"与"法后王"之辨

在《荀子》中曾被多次提到的法先王和法后王，然而法先王和法后王的具体所指为何人在历史上颇有争议，成为厘清荀子哲学的观念事实的一个盲点和难点。这个盲点的产生是因为在我们所看到的《荀子》版本中无法看到荀子的后王所指何人的阐述。这就为后来的学者对"后王"到底所指为何人打开了猜测和想象的大门。

历史上对于这个问题主要有五种观点。第一种是认为"后王，近时之王也"的观点，从西汉司马迁到唐代杨倞都持此观点。所谓"近时之王"即是"当今之王""当时之王"。[①] 而"当今之王"和"当时之王"就是指战国后期的成功的君王。第二种是认为荀子的"法后王"即是孟子儒学的"尊先王"，法后王是指周文王和周武王。[②] 清儒刘台拱、王念孙和民国的冯友兰、郭沫若等人都持此说。郭沫若认为荀子法后王与孟

---

① 孔繁：《荀子评传》，南京大学出版社1997年版，第39、42页。
② 孔繁：《荀子评传》，南京大学出版社1997年版，第43页。

子的"尊先王"毫无区别。① 第三种是认为所谓后王并不存在,是指虚悬的尚未出世的未来明君。此说为近代章太炎率先提出,认为:"荀子所谓后王者,则素王是;所谓法后王者,则法《春秋》是。"② 所谓素王就是指孔子。梁启雄对此说进行了进一步的延伸。第四种是否定法先王和法后王之说的存在。当代学者李泽华认为"荀子的法先王或者法后王均构不成一个理论命题,前后矛盾,混乱不堪。"③ 第五种是认为后王是指周公和周成王。近代刘师培和当代学者廖名春持有此论。刘师培认为:"开创之君,立法草创,而成文之法,大抵定于守成之君,如周之礼制,定于周公、成王是也。荀子所言后王,均指守成之主言,非指文、武言也。"④ 但是,除了第一种观点尊重荀子的本意之外,其他观点都属主观推断和演绎,都不能令人信服。荀子所说的后王到底所指为何人还要根据《荀子》的观念事实加以仔细地研判。

在《荀子·儒效》中,荀子说道:

儒者,法先王、隆礼义、谨乎臣子而致贵其上者也。

这句话说明了先王所指为何人,即先王是孔子所推崇的对象。孔子虽然并没有先王和后王之说,但"克己复礼",效法周朝在一定程度上代表了孔子复礼的政治理想。可以看出,孔子是"法先王"的人。而孔子最为敬重的礼是周礼,他最尊崇的先王是周公。也就是说,孔子所法的先王包括上古的君王,尤其是周公。

要法先王,首先要知道什么是"先王之道"。那么在荀子眼中,先王之道的内涵又是什么呢?他对先王之道的理解是否与孔子相同呢?对于先王之道,荀子有明确的规定:

---

① 郭沫若:《荀子的批判》,《中国古代社会研究》(外二种),河北教育出版社2004年版,第654页。
② 章太炎:《尊荀》,《章太炎全集》(三),上海人民出版社1984年版,第223页。
③ 李泽华:《先秦政治思想史》,南开大学出版社1984年版,第417页。
④ 刘师培:《荀子补释》,江苏古籍出版社1997年版,第948页;廖名春:《〈荀子〉新探》,中国人民大学出版社2014年版,第116页。

> 故尚贤使能，等贵贱，分亲疏，序长幼，此先王之道也。……故仁者，仁此者也；义者，分此者也。故尚贤使能，则主尊下安；贵贱有等，则令行而不流；亲疏有分，则施行而不悖；长幼有序，则事业捷成而有所休。（《荀子·君子》）

可见，先王之道在荀子哲学中并非无足轻重，而是关乎对于仁的重新定义的重要理念。但是与此同时，先王之道在荀子眼中并非最重要的，其重要性要次于后王。对此，荀子并不含糊，他说道：

> 圣王有百，吾孰法焉？故曰：文久而息，节族久而绝。守法数之有司极礼而褫。故曰：欲观圣王之迹，则于其粲然者矣，后王是也。彼后王者，天下之君也；舍后王而道上古，譬之，是犹舍己之君而事人之君也。故曰：欲观千岁，则数今日；欲知亿万，则审一二；欲知上世，则审周道；欲知周道，则审其人所贵君子。（《荀子·非相》）

> 天地始者，今日是也；百王之道，后王是也。君子审后王之道，而论于百王之前。（《荀子·不苟》）

在此，荀子明确地将后王置于先王之上。这是对后王的明确无误的赞美，也是对孔学"复礼"的原则和理念的明确而无误的否定。

实际上，如果我们考虑到汉武帝朝的撰书运动中对于先秦古籍的大规模的修订工作，考虑到荀子哲学政治观和战争观中的现实主义倾向，考虑到荀子两个最得意和出色的学生李斯和韩非都曾效力于秦国，考虑到《荀子》中所表达出的对于秦国的"矛盾"立场，考虑到杨倞点到却没有说破的"今世之王"的观点，我们可以得出这样的结论：荀子所指的后王或许就是在战国后期的最杰出的君王，那就是秦国的几代君王。这种认定是符合荀子哲学的政治逻辑的。荀子哲学认同战国时期的时代主题是实现中国的统一，而要实现统一依靠先王是无法完成的，而只有采用现实主义的方法才能完成这个使命，这就是为什么在其他百家思想尤其是先秦儒家都在极力鼓吹尊古、复古和仿古的思潮中而能发出法后王的独立观点的原因。但是，荀子的这种尊重事实和时代规律的现实主义观点与西汉初中期对于秦国的一致谴责中自然是在"政治上不正确的（political incorrectness）"，以至于在对《荀子》一书的修订过程中，包括民间献书之前和官方修订之中，将荀子对于战国后期的现实政治和秦国诸王的真实看法删除了，代之以当时流行的主流观点，这在《荀子·议兵》一文中得到了明显的体现。

当然，这种观点只是一种根据《荀子》的文本和荀子哲学的逻辑脉络所做的一种推测，是否完全是荀子哲学的观念事实仍有待进一步的考古发现来证实。如果在考古中无法发现原本的《荀子》的简帛之书，荀子哲学的法后王所指为何人和荀子对秦国的真实观点就会是无法破解的永久谜团了。

（3）荀子哲学有托古倾向

荀子哲学一方面推举古法，另一方面又将后王置于先王之上，这显然是矛盾的。然而，需要注意的是这些矛盾背后反映了荀子怎样的真正意图。

从对荀礼的观念事实的唯实解析中可知，荀礼的内容在本质上是荀子哲学所独有的，而并非古法。实际上，荀子强调古法的潜台词是荀礼就是古法，荀礼是对古法的继承，这里荀子采取的是"托古"的策略，其目的是要为荀礼披上一层古法的保护色。托古和托孔是先秦百家经常会采取的共同策略，只是荀子哲学的托古和托孔色彩在百家之中并不浓厚，只是流于形式和表面。

因此，荀子用古法来包装荀礼，但是我们不应该据此而忽略了荀礼的观念事实。荀子的托古方法也并不能据此而说明荀礼等同于孔礼，也不能据此认为荀礼与孟子儒学等先秦儒家对于礼的理解是相同的。

8. 正名论的政治意义

在上文关于荀子哲学的认识论的解析中，我们介绍了其正名论。然而，荀子提出正名论的最终目的并不完全在于阐述其认识论哲学思想，而更在于强调正名的政治意义，这与孔学等先秦哲学的取向是一致的。因此，正名论也是荀子哲学政治观的有机组成部分。

在战国时期，名称变得混乱起来。荀子说道：

> 今圣王没，名守慢，奇辞起，名实乱是非之形不明，则虽守法

之吏、诵数之儒，亦皆乱也。若有王者起，必将有循于旧名，有作于新名。然则所为有名，与所缘以同异，与制名之枢要，不可不察也。（《荀子·正名》）

荀子认为，在战国时期，无论是国家的政治法律名词，还是用来教学的学术名词，都处于混乱状态，历史上流传下来的旧名和后来出现的新名混在一起，难辨起源和实质。荀子认为这种状况对于政治是十分不利的，必须要加以正名。荀子说道：

> 异形离心交喻，异物名实玄纽，贵贱不明，同异不别。如是，则志必有不喻之患，而事必有困废之祸。故知者为之分别制名以指实，上以明贵贱，下以辨同异。贵贱明，同异别，如是，则志无不喻之患，事无困废之祸。此所为有名也。（《荀子·正名》）

荀子认为，正名可以"明贵贱"和"辨同异"，这无异于在思想上拨乱反正，在社会秩序上保持等级制，显然是个举足轻重的政治大事。

荀子哲学在政治上正名的目的是要整肃政治，拨乱反正，减少意识形态上的混乱，这是其君权主义的政治思想的有机组成部分。但是，为了达到整肃吏治和统一国家意识形态的政治目的，仅仅依靠正名显然是隔靴搔痒和杯水车薪，是远不足以达到预定的政治目的的。这也从一个方面折射出了荀子哲学的君权主义的无力性。

荀子哲学的正名论延续了从孔学开始的对正名的呼吁，虽然孔学的正名更加侧重于对礼的回归，而荀子哲学则集中于政治层面。事实上，随着历史的向前，起源于远古的许多名称都发生了变化，要么其内涵被赋予了更多的内容，要么外延被赋予了更多的功能，以至于原先的一些名称变得面目全非了，这一方面反映了时代的演变，另一方面体现了人类的生存状态和行为的进化。面对这种必然的历史趋势，提倡复古的正名论是有局限性的。

9. 君王与天子

荀子哲学的君权主义是围绕着君权而展开的，君权是国家权力，君权发布在战国时期的诸多分散的国家之中。如同战国时期的一些学派如商学等一样，荀子哲学的眼界并没有停留在君权之上，也同样投向了统一后的中国所将具有的统一的权力形态，即天下。虽然无论作为政治概念还是行为实践的皇权仍未出现，然而皇权纳入了荀子哲学的探讨范围之内。

在荀子眼中，作为政治范畴的国家与天下是两个不同的政治范畴。在《荀子·正论》中，荀子说道：

> 故可以有夺人国，不可以有夺人天下；可以有窃国，不可以有窃天下也。可以夺之者可以有国，而不可以有天下；窃可以得国，而不可以得天下。是何也？曰：国，小具也，可以小人有也，可以小道得也，可以小力持也；天下者，大具也，不可以小人有也，不可以小道得也，不可以小力持也。国者，小人可有之，然而未必不亡也；天下者，至大也，非圣人莫之能有也。

荀子认为，天下与国家是不同的政治事物，它们要求不同的政治方略进行治理。但是治理天下的新方略是什么，荀子并没有给出答案。

同样地，荀子认为，作为统治者的君权与天子也是完全不同的范畴。在《荀子·正论》中，荀子对于天子有着明确的描述：

> 天子者，势至重而形至佚，心至愉而志无所诎，而形不为劳，尊无上矣。衣被，则服五采，杂间色，重文绣，加饰之以珠玉。食饮，则重大牢而备珍怪，期臭味，曼而馈，代睪而食，《雍》而彻乎五祀，执荐者百人侍西房。居，则设张容，负依而坐，诸侯趋走乎堂下。出户而巫觋有事，出门而宗祀有事，乘大路、趋越席以养安，侧载睪芷以养鼻，前有错衡以养目，和鸾之声步中《武》《象》、骤中《韶》《护》以养耳，三公奉轭持纳、诸侯持轮、扶舆、先马，大侯编后，大夫次之，小侯、元士次之，庶士介而夹道，庶人隐窜莫敢视望。居如大神，动如天帝，持老养衰，犹有善于是者与不？

在荀子眼中，天子在地位和分量上要远在君王之上，以至于饮食起居都讲究礼仪，仪威如大神、天帝，是君王尚不能比拟的高级形态。然而，可以看出，荀子对于天子的理解仍然停留在表面上，还没有阐述出天子的真正内涵到底为何物。这种状况显示出了，在统一的国家权力缺乏实践性的前提下，荀子哲学关于天下的探讨仍然停留在纸面之上。

10. 荀子政治现实主义的不彻底性

在此，必须看到的是，荀子虽然对战国时期的国家政治的诸多方面进行了一些明智而更加深入的总结，但是他的政治观有一个重大的缺憾，那就是他对于秦国国家行为模式的忽略。① 荀子一方面看到了中国统一的即将完成，中国的政治状态将出现一个全新的历史格局，但是他仍然在回避这个统一历史进程是由秦国所主导并且会最终完成的。从历史和政治哲学层面上看，战国后期的百家思想对于当时时代性的分析在很大程度上就是对秦国的国家行为模式的分析，而对秦国政治的深入剖析就是对于当时的时代性的剖析本身。虽然秦国的虎狼之师和残酷的战争行为践踏了道德性，使六国的百姓深受其苦，但是秦国强大的国家实力和战争行为已经成为战国后期的时代主流，代表着当时的政治发展趋势。因此，直面现实和正面对秦国的国家行为方式进行客观的分析是政治现实主义所必须正视的历史事实和所采取的立场。虽然荀子哲学比孔学、孟子儒学和其他先秦百家思想具有更多的政治现实主义特征，但是由于缺乏对秦国政治的正面分析，荀子哲学仍然无法成为完全而彻底的政治现实主义。而秦国的国家行为模式和荀子对于王权类型的划分之间存在着一个悖论，这将在后文中加以唯实解析。

11. 荀子的爱民思想

荀子哲学的君权主义政治观中存在着爱民思想，这是其君权主义中不容忽视的重要内容。荀子在《荀子·君道》中说道：

> 君者，民之原也；原清则流清，原浊则流浊。故有社稷者而不能爱民、不能利民，而求民之亲爱己，不可得也。民不亲不爱，而求为己用、为己死，不可得也。民不为己用、不为己死，而求兵之劲、城之固，不可得也。兵不劲、城不固，而求敌之不至，不可得

---

① 这个结论是根据今本《荀子》做出的。今本《荀子》在多大程度上体现了荀子哲学的面貌仍然有待于简帛考古发现的进一步证实。

也。敌至而求无危削、不灭亡，不可得也。危削、灭亡之情举积此矣，而求安乐，是狂生者也。狂生者，不胥时而落。故人主欲强固安乐，则莫若反（返）之民；欲附下一民，则莫若反之政；欲修政美俗，则莫若求其人。

这段话把荀子哲学的爱民思想的逻辑和目的说得很清楚。荀子哲学提倡爱民是从君王的角度来看的，君王为了治理好国家最好的途径就是爱民，只有这样才能让百姓"为己用""为己死"，才能够抵御外敌、保持国家的存在。可见，荀子哲学的爱民思想的出发点不是个人的道德主体性，而是其君权主义，道德性体现在君权主义之中。荀子哲学的自上而下的道德观是其君权主义的重要视角和政治观的重要组成部分。

关于爱民与君王之间的关系，荀子在《荀子·强国》一文中说道：

故人君者，爱民而安，好士而荣，两者无一焉而亡。

这句话是对爱民的功利性更加直白的表述。

荀子哲学的爱民思想与其群论思想完成了对接，两者形成了相辅相成的关系。在同一篇中，荀子说道：

君者，何也？曰：能群也。能群也者，何也？曰：善生养人者也，善班（办）治人者也，善显设人者也，善藩饰人者也。善生养人者，人亲之；善班治人者，人安之；善显设人者，人乐之；善藩饰人者，人荣之。四统者具而天下归之，夫是之谓能群。

对于君王来说，群道就是要善于做到四件事，即善于发展经济，让百姓安享生息；善于管治人；善于提拔和重用有贤德的人；善于通过服饰来彰显人们的等级。能够做到这四点国民便会安居乐业，国家便会安定繁荣，百姓才会为王所用，为王去死。在此，能群与另一个荀子哲学的另一个范畴极其相似，那就是"壹"，也就是说，荀子哲学的爱民思想就是群道，就是壹民。

荀子将爱民与调一/壹的理念进行了衔接：

> 欲治国驭民，调壹上下；将内以固城，外以拒难。(《荀子·君道》)

因此，在荀子眼中壹民和调一是相辅相成和具有一体性的。

荀子哲学的爱民思想将君民关系比作御马和舟水。荀子说道：

> 马骇舆，则君子不安舆；庶人骇政，则君子不安位。马骇舆，则莫若静之；庶人骇政，则莫若惠之。选贤良，举笃敬，兴孝弟，收孤寡，补贫穷，如是，则庶人安政矣。庶人安政，然后君子安位。传曰："君者，舟也；庶人者，水也。水则载舟，水则覆舟。"此之谓也。(《荀子·王制》)

> 丘闻之：君者，舟也；庶人者，水也。水则载舟，水则覆舟。君以此思危，则危将焉而不至矣。(《荀子·哀公》)

君子御马说和君民舟水说体现了君权的基础在于民众的理念。虽然它们是荀子通过引述古籍和借孔子之口提出的，但却是首见于《荀子》之中，足以代表荀子哲学的思想。御马说和舟水说否定了君权的绝对性，提出了君权的合法性在于民众支持的观点。荀子在公元前三世纪便明确提出这个思想是具有超前性的。君民舟水说后来成为中国明智的皇帝们自谏自省经常引述的典故，唐太宗李世民对此说尤为推崇。

需要强调的是，荀子哲学的爱民思想与先秦儒学的爱民思想，尤其是孟子儒学的民本思想，无论是在出发点还是在目的上都是完全不同的，两种思想体现着完全不同的价值观。孟子儒学的仁政观将民本思想与反王权观念并存，是自下而上的民本思想，民本与王权是一对对立的范畴，从两者的地位上看，王权被降低到了民本之下。荀子哲学的爱民思想则是从王权的高度上来规定民众的地位，是自上而下的王权观，爱民是其王权观的组成部分，也就是说，爱民的本质不在于民众本身，而在于维护王权和国家的利益。而这显然是君权主义/国家主义的价值观。荀子哲学的首要出发点和归宿是王权，为了更好地实践和实现王权，民众的利益必须得到充分的关注和维护。

七 荀子的战争观

孔学对战争采取的是回避和逃避的非理性立场，孟子儒学试图将道德作为对战争进行判断的标准和尺度，但实际上对于战争的态度还是消极的，虽然也形成了战争观，但孟子对战争还是抵制和否定的，只是不得已要对无法回避的战争进行防御性的应对。孔学和孟子儒学的这两种观点都是基于道德乌托邦主义和政治无为主义的战争观，都是远远脱离实际的非现实主义的观念。相比之下，荀子哲学对于战争十分重视，不仅采取了积极的正面应对的立场，还能够从现实主义的角度发展出比较系统的战争观。由此可见，荀子哲学在战争观上与孔学和孟子儒学并没有传承性，这是前者相对于后者具有独立性的重要的观念事实证据。

荀子哲学的战争观集中在《荀子·议兵》一文中。从这篇文章中可以看出，荀子哲学的战争观的独特之处及其在百家思想中的地位。在先秦百家思想中，《孙子》是从战争的技术层面来深刻而系统地论述战争行为的，商学是从国家战略的整体高度来整合国家的战争行为的，《荀子》则是从君权主义的角度对战争行为展开了论述，使战争观成为其君权主义的政治观的有机组成部分。

（一）战争观的最高原则

荀子认为，战争的力量并不仅仅在军队本身，而在于"壹民"。关于壹民，荀子说道：

> 臣所闻古之道，凡用兵攻战之本在乎壹民。弓矢不调，则羿不能以中微；六马不和，则造父不能以致远；士民不亲附，则汤、武不能以必胜也。故善附民者，是乃善用兵者也。故兵要在乎善附民而已。

所谓壹民即"善附民"，就是能够充分调动百姓的力量以使其成为战争的准备和基础。荀子认为，一个国家的战争力量并不仅仅在于军队，而更在于国家全体民众的力量。这个观点超出了以兵论战的先秦兵家传统，与商学的全民皆兵的理念相吻合。

荀子为什么认为壹民是战争的最高原则呢？荀子说道：

> 臣之所道，仁人之兵，王者之志也。
>
> 故仁人上下，百将一心，三军同力，臣之于君也，下之于上也，若子之事父、弟之事兄，若手臂之扞头目而覆胸腹也。

也就是说，壹民就是善附民，而善附民在军事上说就是要全民皆兵，将民众完全纳入君权主义的系统之内，实现君权与国民的一体化。如何才能实现君权与国民的一体化呢？那就是仁义之道。荀子认为，只有仁者才能够形成上下一心，众志成城，具有高度凝聚力的军队；只有以仁义为本来治国才能够做到军队成为仁人之兵，才能真正做到壹民。关于以仁义治军，荀子说道：

> 陈嚣问孙卿子曰："先生议兵，常以仁义为本。仁者爱人，义者循理，然则又何以兵为？凡所为有兵者，为争夺也。"
>
> 孙卿子曰："非汝所知也。彼仁者爱人，爱人，故恶人之害之也；义者循理，循理，故恶人之乱之也。彼兵者，所以禁暴除害也，非争夺也。故仁人之兵，所存者神，所过者化，若时雨之降，莫不说喜。……故近者亲其善，远方慕其义；兵不血刃，远迩来服；德盛于此，施及四级。

这段话对于理解荀子哲学的战争观及其道德观十分重要，因为它体现出了荀子哲学与孔学和孟子儒学的重要差异。荀子哲学虽然也坚持道德的原则，但是并没有迷失于道德主体性的迷幻之中。孔学和孟子儒学对于战争持逃避和否定态度的原因在于它们认为战争都是违反道德的，是不义的，先秦儒家思想根据其道德对等性原则要求待人如己，自然不能动兵戈，这显然是道德乌托邦主义的直接表现。荀子哲学则突破了道德主体性的禁锢，认为战争的目的并不是要去争夺利益，而是要打击和遏制恶势力，只有消灭了恶势力才能够维护仁义。也就是说，荀子哲学是要通过以暴制暴的方式，而不是回避和逃避的方式来体现仁义。由此可见，荀子哲学战争观体现出了荀子哲学的政治现实主义色彩。在此，荀子哲学克服了孔学的对等道德观对于负面的和反道德行为缺乏应对的缺失和漏洞，在一定程度上克服了孔学在道德对等性上的内在悖论。

荀子哲学将壹民作为战争的最高原则意味着荀子将战争提高到了国家总体政治的高度，战争已经超出了军事领域，战争也不仅仅是简单的军队的事情。如此一来，一个国家的战争力量不仅在于军队的力量，更在于民众的力量，战争从国家军队之间的军事对抗扩展成为国家之间综合国力的较量。而要形成众志成城的强大军队只有实行王道型王权才能够做到，正因如此，荀子便将其战争观置于其国家行为模式的理论之下，与其哲学的其他部分形成了体系性的逻辑链接。

可见，荀子哲学总体性的战争观在先秦百家思想中只有强调充分调动国家资源的商学才有，而要比包括先秦儒家在内的其他先秦百家要丰富、合理和深刻许多。

(二) 战争力量的体系性

荀子认为，战争之关键在于壹民的观点已经充分表达了荀子哲学关于战争力量具有体系性和整体性的理念。关于战争的体系性和整体性的观念，荀子在《荀子·议兵》中进一步进行了引申：

> 君贤者其国治，君不能者其国乱；隆礼、贵义者其国治，简礼、贱义者其国乱。治者强，乱者弱：是强弱之本也。上足卬，则下可用也；上不足卬，则下不可用也。下可用则强，下不可用则弱：是强弱之常也。隆礼、效功，上也；重禄、贵节，次也；上攻、贱节，下也：是强弱之凡也。好士者强，不好士者弱；爱民者强，不爱民者弱；赏重者强，赏轻者弱；刑威者强，刑侮者弱；械用兵革攻完便利者强，械用兵革窳楛不便利者弱；重用兵者强，轻用兵者弱；权出一者强，权出二者弱：是强弱之常也。

在荀子看来，国家战争力量的整体性体现在如下几点。

第一，决定国家强弱的首要因素是君王，因为君王决定着国家的基本方向和意识形态，而这决定着国家行为的各个方面，所谓"上梁不正下梁歪"。

第二，国家的强弱是个环环相扣的系统，要成为君王、意识形态、官僚体系、兵制，当然还有经济体系等环节缺一不可。

第三，强大的军事力量在于士人阶层，也在于民众，因此对于士人要能够知贤善用，对于百姓要以仁爱相待，只有这样才能形成壹民的状态。

第四，对于军队的管理要奖赏分明，并且要在平时对于军械即军工企业进行研发和准备，避免在战争来临时手足无措。

第五，君王要垄断王权，这是强权和强国的前提。荀子充分认识到了君王垄断王权的必要性。在此，荀子表达了两层含义：其一是因为战争是国家政治的一部分，有什么样的王权/君权就会有什么样的战争行为，形成什么样的真正力量。对此，荀子进行了进一步的概括：

> 凡在大王，将率（帅）末事也。臣请遂道王者诸侯强弱存亡之效、安危之势。君贤者其国治，君不能者其国乱；隆礼、贵义者其国治，简礼、贱义者其国乱。治者强，乱者弱：是强弱之本也。

其二是因为统一于君的王权/国家权力才是强大的君权/国家权力，统一于君的王权是强大国家和强大军队的前提和基础。可以看出，荀子哲学充分重视和强调君权的观点与战国中期的商学和后来的董学的观点是十分相近的。

（三）战争观的战术原则

除了从国家层面和君权层面来认识战争之外，荀子对于战争的战术也有深入的认知。荀子哲学有一套完整的战争的战术原则，这就是其"六术"、"五权"、"三至"和"五无圹"的观念。对此，荀子进行了具体的阐述和说明。

关于六术，荀子说道：

> 故制号政令，欲严以威；庆赏刑罚，欲必以信；处舍收藏，欲周以固；徙举进退，欲安以重，欲疾以速；窥敌观变，欲潜以深，欲伍以参；遇敌决战，必道吾所明，无道吾所疑；夫是之谓六术。

六术是指将军要制定号令，并且要严格执行；要奖惩分明，取信于兵；后勤储备要充足周全，在四周建立牢固的军营；开拔进退要以安全为第一要务，这样才能行军迅速；观察敌情要深入，将多方面的情报加以综合性的分析；在与敌军决战时，要根据自己所知道的情况来进行部署，不能根据不明确的情报来进行盲目部署。

关于五权，荀子说道：

> 无欲将而恶废，无急胜而忘败，无威内而轻外，无见其利而不顾其害，凡虑事欲孰而用财欲泰，夫是之谓五权。

五权的权是指权衡，具体是指不能要做一件事而不考虑后路，不能急于取胜而忘记失败，不能只在内部建立权威而轻视外部，不能只看到利益而不顾损害，在考虑任何事情时都要多问几个问号，在用财时都要从容有度。

关于三至，荀子说道：

> 所以不受命于主有三：可杀而不可使处不完，可杀而不可使击不胜，可杀而不可使欺百姓，夫是之谓三至。

三至是指将军在三种情况下可以自行决断，即做事半途而废者可杀，进攻失败者可杀，欺压百姓者可杀。

关于五无圹，荀子说道：

> 敬谋无圹，敬事无圹，敬吏无圹，敬众无圹，敬敌无圹，夫是之谓五无圹。

五无圹是指要充分尊重谋略，要充分敬业，要充分尊重官吏，要充分尊重百姓，要充分尊重敌人。

对于战术原则的重要性，荀子说道：

> 慎行此六术、五权、三至，而处之以恭敬无圹，夫是之谓天下之将，则通于神明矣。

荀子认为，只要将军能够谨慎地贯彻六术、五权、三至和五无圹的原则，那么他就会成为天下最出色的将军，成为用兵如神的军事家。

在提出强兵的系列主张的同时，荀子也列出了会导致"兵弱"的原因：

> 上不隆礼，则兵弱；上不爱民，则兵弱；已诺不信，则兵弱；庆赏不渐，则兵弱；将率不能，则兵弱。（《荀子·富国》）

荀子认为，君王不弘扬荀礼，就会兵弱；君王不爱护臣民，就会兵弱；君王不遵守自己的承诺，就会兵弱；如果赏罚不明，就会兵弱；如果将帅无能，就会兵弱。

从荀子哲学的这些观点可以看出，在技术层面上荀子对于战争进行了深刻、全面而系统的研究。军事不仅是一个专业性极强的领域，在各国皆处于战争状态和信息流通十分不便的战国时期也是保密性极强的领域，非一般的书生所能详尽了解的，荀子对于军事的技术性细节有如此详尽的把握，形成了如此入木三分的理念体现了荀子对于战争问题的极度重视，也反映出他对战争问题的研究是投入了巨大的精力和时间的事实，而这对于包括孔学和孟子儒学在内的先秦儒学是无法实现的。

（四）关于秦国的观点

在秦国统一全国的前夜，讨论军事问题和形成战争观显然离不开对于秦国的研判。秦国所从事的几百年来一以贯之的，通过系统的战争统一中国的行为是这个时期时代性的不可回避的主流和重要的组成部分。作为战国晚期具有政治现实主义色彩的荀子哲学自然也无法回避关于秦国的观点。

在《荀子·议兵》一文中有两处辑录了荀子对于秦国的判断。第一处记载是：

> 秦人，其生民也狭隘，其使民也酷烈，劫之以势，隐之以厄，忸之以庆赏，䲡之以刑罚，使天下之民所以要利于上者，非斗无由也；院而用之，得而后功之，功赏相长也，五甲首而隶五家。是最为众强长久，多地以正。故四世有胜，非幸也，数也。

荀子对于秦人的特征了然于胸，认为秦国能够在四世，即四个君王之下，取得攻无不克的佳绩并不是偶然的，而是有深刻的内在原因的，甚至是命运的。在此荀子对秦国的军事实力是正面的和肯定的，并没有谴责的含义和意味。

第二处记载是：

> 李斯问孙卿子曰："秦四世有胜，兵强海内，威行诸侯，非以仁义为之也，以便从事而已。"
>
> 孙卿子曰："……秦四世有胜，諰諰然常恐天下之一合而轧己也，此所谓末世之兵，未有本统也。……今女不求之于本而索之于末，此世之所以乱也。"
>
> 兼并易能也，唯坚凝之难焉。

同样的观点还出现在《荀子·强国》之中：

> 力术止，义术行。曷谓也？
>
> 曰：秦之谓也。威强乎汤、武，广大乎舜、禹，然而忧患不可胜校也，諰諰然常恐天下之一合而轧己也，此所谓力术止也。

这段话与第一处记载是相互矛盾的。鉴于荀子并不认同秦国的国家行为模式而认为它是最低级的强权型，因此荀子对于秦国的用兵之道持有批评的态度是可以理解的。但是，这几段话一反荀子思辨性强的特点，显得逻辑混乱，不排除有错漏简的可能；而鉴于其颇有"马后炮"的嫌疑，不排除它们是后人伪作或者篡改之作。从其语气和逻辑上看更像是西汉人的言论，这与前文所认定的《荀子》很有可能受到董学弟子和/或董学的追随者的窜入和修改的判断不谋而合。

其疑点有以下根据：

首先，作为荀子的学生，李斯向老师请教秦国连续四世战无不胜的原因是很自然的，荀子对于秦国的战争行为提出疑问或者进行批评也是可以理解的，但是谴责李斯"不求之于本而索之于末，此世之所以乱也"的言论则只能发生在李斯担任秦国丞相、秦国统一全国以及秦国国内发生战乱之后,而这是不可能出自荀子本人的,因为此时荀子早已离开了人世。

其次,说秦国兼并易而守成难是典型的事后诸葛亮。荀子在世之时,秦国虽然战无不胜,但是国家仍然没有统一,楚国、齐国等大国仍然在与秦国鏖战,而胜负尚难预料,说秦国"兼并易能"显然是太超前了,而"坚凝之难"则明显是看到了秦国的速亡,荀子在世时显然也不可能看到秦国这样的历史结局。

更加明显的破绽表现在《荀子·强国》一文中。荀子说秦国"諰諰然"的原因在于"则其殆无儒邪!"众所周知,先秦儒家的道德乌托邦主义和政治无为主义的主张在春秋战国时期无数次碰壁,被各国君王拒之门外,说如日中天的、即将依靠虎狼之师而统一中国的秦国缺乏儒家思想不免有滑稽之感。这样扭曲的逻辑如果被解释为是西汉初中期或者之后的儒士所窜入更容易符合历史事实。

由此可见,出现荀子对于秦国的态度截然相反的评价这样自相矛盾的情况,其合理的解释就是后人尤其是在汉武帝和董仲舒时期的窜入和修改。

但是,令人质疑的是《荀子》在此处是否有原文,如果有的话那么这个原文又是什么呢?这在荀子以来并没有历史记录,学者也无从考证,或许只能寄托于考古发现了。根据荀子哲学的理念和逻辑,第一次的记载更能体现荀子的真正观点,这与西汉初中期弥漫于朝野的挞伐秦国的主流观点是相违背的,因此《荀子》中关于秦国更多的客观分析和肯定的言论被删除了,而窜入了第二处体现了符合秦亡之后流行起来的"政治正确性"的伪文。

八 经济观

荀子哲学对于国家有着系统性的观点,荀子哲学的社会学和充满现实主义色彩的方法论,使荀子无法忽略经济这个在国家行为中至关重要的一环。从《荀子》中可以看出,荀子哲学对于经济是十分重视的,经济观是荀子哲学关于君权主义的政治观的有机组成部分。荀子哲学对于经济的分析在先秦百家思想中是十分突出的,具有突破性,远远超过了孔孟儒学。① 荀子哲学的经济观不仅深刻而且系统，还能够根据其经济理论提出一系列有的放矢的经济政策，实现了理论与政策的结合。荀子哲学关于经济观的论述在《荀子》中的许多章节都有所涉及，而在《富国》一文中则进行了集中的论述。

（一）荀子哲学经济观的理论基础

欲望论是荀子哲学经济观的理论基础。也就是说，荀子哲学的欲望论不仅是其性恶论的人性论的基础，是荀礼的来源，是其君权主义的政治观的理论基础，同时也是其经济观的理论基础。这些都体现了欲望论在荀子哲学中的体系性的中枢地位。从方法论的角度来看，荀子是从社会学的角度来研习欲望的，具有现实主义色彩，这与荀子哲学的整体方法论是一脉相承的。

荀子关于作为经济观之欲望论基础以及它们与荀礼之间关系的论述体现在《荀子·礼论》一文中：

> 先王恶其乱也，故制礼义以分之，以养人之欲、给人之求，使欲必不穷乎物，物必不屈于欲，两者相持而长。

这段话虽然简短，却具有高度的概括性，包含着丰富而深刻的内容。具体来讲，它包含了如下几层含义。

第一，人类社会的混乱和暴力是由于欲望与物质供应的短缺造成的。这种由物质短缺所造成的各种问题成为荀子哲学经济观的社会基础。这种观点不仅是对其欲道的宏观把握和深化，实际上体现的是现代宏观经济学中的社会总需求和社会总供给之间的失衡，即总需求大于总供给的不平衡状态。

第二，作为荀礼的体现的君权是管理欲望和国家和社会经济的自上而下的绝对手段，更是实现欲道的根本方法。先王通过荀礼来治理人类

---

① 廖名春认为："荀子是我国从宏观结构上对经济制度进行了系统理论分析的第一人。其见解之深刻、影响之大，不要说孔子、孟子，就是墨子、管子及其后学，也难以与其齐肩。"（见廖名春《〈荀子〉新探》，中国人民大学出版社2014年版，第172页。）这个评价是符合事实的。在百家流派中管子思想更加强调经济，但他主要是在国家经济政策层面上来论述经济，还没有上升到经济理论的层次。

社会的混乱，而这种混乱是由于欲望与生活资料供应之间的矛盾和冲突造成的。君权通过荀礼制定了"分"即社会分工和等级制度来管理社会的经济活动来生产出更多的生活资料，并且有秩序地满足人的欲望，在现代宏观经济学中这就是国家的社会总供给概念，而荀子所强调的君权通过荀礼对经济活动进行干预和指导的观点则是对国家权力在国家经济运行中的地位问题进行了明确的回答。

第三，经济生产的目的并不仅仅是要生产资料，而是要使欲望和生活资料的"两者相持而长"。这就意味着君权在组织和管理经济活动的同时也要限制欲望的蔓延。在现代宏观经济学中，这就是社会总供给与社会总需求之间的均衡（equilibrium）概念。

第四，此处的欲望已经超出了个人范畴，而是指社会群体的欲望整体或者总体欲望，将其欲道推到了社会学的新高度，这种欲道观已经与现代宏观经济学中的社会总需求的概念十分接近了。在两千多年的先秦时期就能够明确地意识到社会整体供给和整体需求之间关系问题，并且以追求两者的平衡作为国家经济管理的政策目标，这种在当代西方资本主义宏观经济学中才出现的理念已经出现在两千多年前的荀子哲学的经济学之中，这个事实不能不令人对荀子哲学的超前性刮目相看。

（二）荀子哲学经济观的原则

对于富国之道的根本措施，荀子围绕"节用裕民"的原则，通过两个循环的道理进行了明确的阐述。

荀子在《荀子·富民》中说道：

> 足国之道：节用裕民，而善臧（藏）其余。节用以礼，裕民以政。彼裕民，故多余；裕民，则民富。民富，则田肥以易；田肥以易，则出实百倍。上以法取焉，而下以礼节用之。余若丘山，不时焚烧，无所臧之。夫君子奚患乎无余？故知节用裕民，则必有仁圣贤良之名，而且有富厚丘山之积矣。此无他故焉，生于节用裕民也。不知节用裕民，则民贫；民贫，则田瘠以秽；田瘠以秽，则出实不半。上虽好取侵夺，犹将寡获也；而或以无礼节用之，则必有贪利纠谲之名，而且有空虚穷乏之实矣。此无他故焉，不知节用裕民也。

荀子认为，富国之道在于君王节用而让百姓富裕，在于善于储藏剩余的粮草。荀子通过两个循环的道理来解释节用裕民的好处。

良性循环是指君王根据荀礼的要求节用，根据法律来使百姓富裕起来。只有老百姓富裕起来了，土地才能变得肥厚，在交易时才能够大幅度地增值。君王的剩余如果如山一样地堆积起来也是会腐烂的，而不得不焚烧掉，这样便不如将粮草分给百姓，君王还能获得仁义善良的名声。在节用裕民形成的良性循环之下，君王、百姓和国家都能够富裕起来，君王还可以获得好名声，可谓是一箭双雕的好事。恶性循环是指如果君王不知节用裕民的措施，则百姓会变得贫穷，而百姓变得贫穷，土地便会变得贫瘠，便会贬值。在君王拒绝采取节用裕民而形成的恶性循环之下，君王或许可以富裕，但是百姓和国家都会变得贫穷，君王也会获得恶名，可谓是得不偿失之举。

可见，荀子在论述经济问题时总是与君权主义相结合，使经济学与政治学有机地加以结合，这实际上已经形成了政治经济学思想的萌芽。

（三）荀子哲学经济观的主要政策

有了经济学的宏观理念和总的原则，便要落实到具体的经济政策之上了。关于经济政策，荀子在《荀子·富民》中说道：

> 轻田野之税，平关市之征，省商贾之数，罕兴力役，无夺农时，如是，则国富矣。夫是之谓以政裕民。

荀子能够分清和理顺经济观与经济政策之间的关系。这段话体现了经济政策是为了贯彻经济观的基本原则，也是后者具体体现的观点。

为了贯彻节用裕民的原则，荀子提出了一整套的经济政策。这些经济政策包括：减轻农业税，降低关卡和市场的税率，不轻易对商人阶层进行盘剥/征用，极力减少征用劳役，不要因为任何事件而耽误农时，影响农民的农业生产。

在分析了富国的经济观的同时，荀子也从反面给出了治理贫国的"秘方"：

> 上好功，则国贫；上好利，则国贫；士大夫众，则国贫；工商

众，则国贫；无制数度量，则国贫。上贫，则下贫；下富，则上富。

荀子认为，如果君王好大喜功，则国家会贫穷，因为好大喜功会发动不必要的战争，自然会挥霍国力；如果君王喜欢与民争利，则国家会贫穷；如果士大夫阶层人数太多，则国家会贫穷，因为不劳而获的人太多，劳动者便少了；如果工商阶层人数太多，则国家会贫穷，因为流通领域的人太多，劳动者便少了；如果国家没有统一的度量衡，则国家会贫穷，因为进出无据，无法量入为出。在荀子看来，君王的贫富与百姓的贫富之间是正比例的关系，而不是相互排斥的零和关系。

荀子在此再次从政治经济学的角度对经济学与国家贫富的关系进行了合理的阐述。不难看出，荀子对导致国家经济实力变化要素的观察和分析是准确而到位的。

（四）荀子提倡重农扶商

在《荀子·富国》中，荀子提出了重农扶商的思想。荀子说道：

> 故田野县鄙者，财之本也；垣窌仓廪者，财之末也。百姓时和、事业得叙者，货之源也。等赋府库者，货之流也。

此段中"田野县鄙者"是指郊外乡村，"垣窌"是指囤积。这段话不长，却提出了荀子哲学的经济理论。荀子认为，从事农业生产的乡村土地才是财富之本，而依靠囤积粮草是最无效的致富之道。虽然并没有直接提出重农的原则，但荀子提出的经济政策主要是针对农业生产的，但是从节用裕民，他的一整套经济政策和对于财富之本的看法来看，荀子显然是提倡以农为本的；同时，虽然他不提倡过度地发展商业，但对于商业也不主张采取打压政策，这从"等赋府库者，货之流也"中得到了反映。荀子哲学的这种以农业为本同时兼顾商业的经济观与商学的重农抑商，并且为了发展农业经济而不惜对商业进行打压和对商人进行政策性歧视的经济政策是不同的。

由此可见，如同其战争观一样，荀子哲学的经济观体现了现实主义的方法，其经济政策的设计是深入、准确和可行的，这与孔学轻视和鄙视农业生产，孟子儒学的不切实际的恢复井田制的经济观显然更具合理性和科学性。

九 荀子哲学的道德观

荀子哲学对于道德相当重视。荀礼提倡礼义,君权提倡仁义,这些都是道德观的体现。事实上,从以上对于荀子哲学的观念事实的唯实解析中可以看出,除了认定君王必须以礼义治国才能使国家富强之外,荀子哲学对于道德的强调贯穿于其战争观和经济观,可谓是其哲学理念的一个恒定要素。

(一) 道德性与功利性

既然荀子十分重视道德,那么荀子哲学是否如孔学和孟子儒学一样主张道德主体性呢?我们先看一下荀子对于道德的功能的阐述:

> 故仁人在上,百姓贵之如帝,亲之如父母,为之出死断亡而愉者,无它故也,其所是焉诚美,其所得焉诚大,其所利焉诚多也。(《荀子·富国》)

荀子认为,道德会让百姓拥护甚至愿意为君王而死的原因在于君王的道德性能够让百姓获利颇多。因此,道德便直接与欲道和经济观发生了关系。荀子哲学的经济观强调节用裕民,采取减税轻役的经济政策。如此一来,君王的道德性便并不在于道德本身,而在于对百姓的功利性,道德的功能和有效性被置于君权主义的功利性之下。这种观点将道德性附属于功利性的理念,突破了孔学和孟子儒学认为道德的目的仅仅在于道德本身的观点,否定了道德的先验性,从而摒弃了先秦儒学的道德主体性的根本原则。

荀子在这段话中也阐述了荀子哲学道德观的另一本质特征,即荀子哲学的道德观是国家主义的道德观,是自上而下的视角和方法,其出发点和目的都是国家利益,而不是孔学和孟子儒学的以个人为主体的、为个人服务的自上而下的个人伦理学和道德观。荀子哲学和孔学与孟子儒学在道德观上的分野体现了在方法论和价值观上的本质差异,这也是判断荀子哲学的本质和它与先秦儒家之间的真正关系的重要根据。

(二) 道德性与君权主义

从以上的唯实解析可以看出,荀子并没有机械地延续和继承先秦儒家对于道德性的定位和内涵的阐释,而是用独立的眼光对道德性进行了重新的阐释和定位,荀子的这种做法具体地体现在他对于礼等重要范畴的重新解释之上。也就是说,荀子对荀礼等范畴的重新阐释也自然体现在了道德性与君权主义之间的关系之上。荀子哲学关于道德之威的理念则最明确地表述了这种关系。

在《荀子·强国》中,荀子说道:

> 礼乐则修,分义则明,举错则时,爱利则形。如是,百姓贵之如帝,高之如天,亲之如父母,畏之如神明。故赏不用而民劝,罚不用而威行。夫是之谓道德之威。

在此,荀子明确地阐明荀子哲学的道德是君王的道德,不是君子的道德,是自上而下的道德,而不是自下而上的道德。道德的功利性在此被荀子揭示无遗。如此一来,荀子对道德性进行了重新的规定和定位,将其纳入了君权主义的政治观之中,这与孔学和孟子儒学的个人伦理学之下的道德观是绝然不同的。

(三) 荀子哲学的伦理学

伦理学是荀子哲学的有机组成部分,详见下文。

(四) 荀子哲学对于儒家的看法

从《荀子》中可以看出,荀子对先秦儒家的看法是相当复杂和多元化的,甚至是矛盾的。他一方面极力推崇儒家的创始人孔子,另一方面又对孔子的真正传人子思和孟子进行了无情的鞭挞,甚至认定他们是有罪的,这种指责在中国哲学史中是极其罕见的。对于普通的儒者,荀子则进行了划分和归类,分别进行了评价。

1. 对于儒家的看法和划分

从整体上看,荀子是这样看待儒者的:

> 儒者,法先王、隆礼义、谨乎臣子而致贵其上者也。
> (儒者)势在人上,则王公之材也;在人下,则社稷之臣、国君

之宝也。

儒者在本朝则美政，在下位则美俗。

其为人上也，广大矣。志意定乎内，礼节修乎朝，法则、度量正乎官，忠、信、爱、利形乎下。行一不义，杀一无罪，而得天下，不为也。此君义信乎人矣，通于四海，则天下应之如谨。是何也？则贵名白而天下治也。（《荀子·儒效》）

这些话反映了荀子对于理想中的儒者的看法。荀子对理想中的儒者的描绘与孔学所提倡的以道德主体性为本的春秋时期的儒家形象完全吻合，这说明荀子对于孔学伦理学的理解是准确和到位的。

然而，在经历了春秋战国的复杂演变之后，先秦儒家已经变得面目全非了，儒者分成了良莠不齐的三六九等，为此荀子不得不将儒者进行归类划分。在《荀子》中，荀子对儒家进行了两种划分。一是将其划分为俗儒、雅儒和大儒。在《荀子·儒效》中，荀子说道：

故有俗人者，有俗儒者，有雅儒者，有大儒者。

关于俗儒，荀子说：

逢衣浅带，解果其冠，略法先王而足乱世术；缪学杂举，不知法后王而一制度，不知隆礼义而杀《诗》《书》；其衣冠行伪已同于世俗矣，然而不知恶者；其言议谈说已无异于墨子矣，然而明不能别；呼先王以欺愚者而求衣食焉，得委积足以掩其口，则扬扬如也；随其长子，事其便辟，举其上客，亿然若终身之虏而不敢有他志：是俗儒者也。

在荀子看来，俗儒是衣冠不整，不懂弘扬礼义，谈吐与墨家无异，只是为了混口饭吃的庸人而已。俗儒已经不能体现真正儒家所倡导的作为道德典范的君子，却代表了儒家在战国后期严重退化甚至是堕落的事实。在《荀子·劝学》中，荀子还提到陋儒和散儒，他们都是低级的儒者，与俗儒相若。

关于雅儒，荀子说道：

> 法后王，一制度，隆礼义而杀《诗》《书》；其言行已有大法矣，然而明不能齐法教之所不及、闻见之所未至，则知不能类也；知之曰知之，不知曰不知，内不自以诬，外不自以欺，以是尊贤畏法而不敢怠傲：是雅儒者也。

在荀子看来，雅儒能够自律，遵纪守法，但并不在意儒家的道德戒律，对于《诗》《书》并不重视。雅儒虽然好于俗儒，但同样已经无法体现真正的儒家道德本质了。

关于大儒，荀子说道：

> 法先王，统礼义，一制度，以浅持博，以古持今，以一持万；苟仁义之类也，虽在鸟兽之中，若别白黑；倚物怪变，所未尝闻也，所未尝见也，卒然起一方，则举统类而应之，无所拟怍；张法而度之，则晻然若合符节：是大儒者也。

在荀子看来，大儒就是坚守古法，主张国家一统和能够统筹国家制度，博古通今，坚持礼义的儒者。

需要强调的是，通过荀子对大儒的描述可以看出，荀子眼中的大儒既不是如孔学和孟子儒学所提倡的以道德为主体性的人，也不是《大学》中所提倡的修齐治平的从儒者过渡为君王的理想人格，而是以能够有效地治理国家的政治性人才。虽然他们也要有强大的道德修养，但他们的道德修养却并不是从个人伦理学平移过来的结果，并不是按照修齐治平的模子打造出来的，大儒的道德标准完全在于坚持君权主义的道德观和对国家的有效治理的能力。由此可见，荀子眼中的大儒具有明确的国家主义取向，与先秦儒学以个体为中心和出发点的观点有着相反的价值观。

关于对这三种儒者的评价，荀子说道：

> 故人主用俗人，则万乘之国亡。用俗儒，则万乘之国存。用雅儒，则千乘之国安。用大儒，则百里之地久，而后三年，天下为一，

诸侯为臣；用万乘之国，则举错而定，一朝而伯。

显然，荀子对他们的评价也是按照国家主义的标准来进行的，是要看他们对于国家的强盛所作出的贡献。荀子在此完全摒弃了孔学和孟子儒学在个人伦理学范围内对个人道德修养的绝对关注，道德标准发生了根本性的变化。

荀子对先秦儒家的另一种划分是将儒家分为小儒和大儒。这个划分标准进一步明确了荀子哲学将国家主义的功利观来评价儒者的视角和方法。

关于大儒，荀子说道：

> 志安公，行安修，知通统类：如是则可谓大儒矣。大儒者，天子三公也。

关于小儒，荀子说道：

> 志忍私，然后能公；行忍情性，然后能修；知而好问，然后能才：公、修而才，可谓小儒矣。
> 小儒者，诸侯、大夫、士也。

荀子认为，大儒是博古通今并且能够有效治理国家的儒者，只有天子或者三公的身份才能够与他们的能力相配。而小儒的能力和品行相当于雅儒，只能做诸侯、大夫和士人，只能接受大儒的统领和统治。

荀子对于儒者的两种划分虽然在名称上有所不同，但划分的标准是相同的，都是以国家主义和君权主义的道德观为标准和准绳的。

2. 对于子思和孟子的鞭挞

荀子对子思和孟子的态度对辨明荀子哲学的本质具有重要的地位。在《荀子·非十二子》中，荀子对子思和孟子进行了评价：

> 略法先王而不知其统，犹然而材剧志大，闻见杂博。案往旧造说，谓之"五行"，甚僻违而无类，幽隐而无说，闭约而无解，案饰

其辞而祗敬之曰:"此真君子之言也。"子思唱之,孟轲和之,世俗之沟犹瞀儒,嚾嚾然不知其所非也,遂受而传之,以为仲尼、子游为兹厚于后世。是则子思、孟轲之罪也。

荀子认为,子思和孟子只是在略法先王,而并无新的思想,缺乏创新,按照荀子划分儒者的标准,他们只属于俗儒之列。而实际上他们在荀子眼中的地位比俗儒要更低更劣。荀子认为他们以孔子真传的幌子欺骗世人,已然成为罪人。

《荀子·非十二子》是荀子对于战国的六个学派的批评,包括道家、墨家、名家、儒家、法家等,而对子思和孟子的批评是最重的,唯独对他们使用了"罪"字,这种评价已经是无情而不留余地的鞭挞和彻底的否定了。事实上,从上文对孟子儒学的唯实解析中可以看出,孟子儒学与孔学可谓是殊途同归,被认定为孔学的真传是合理的,孟子儒学延续了孔学的核心和精华,虽然在内容以及演绎方法和逻辑上有所不同,但它仍然是在弘扬孔学的以道德主体性为出发点的理念和价值观,试图在战国时期如同孔子一样继续用道德乌托邦主义和政治无为主义来影响巨变中的国家政治行为。

从对两者的观念事实的唯实比较上可以看出,荀子哲学与孟子儒学在关键的理念上都处于针锋相对的对立、对抗和驳斥之中,尤其是在人性论上孟子儒学的性善论受到荀子哲学的性善论的直接抨击和否定。孟子儒学的反王权观更不被荀子哲学的君权主义所接受,孟子儒学的大丈夫伦理学与荀子哲学的君权主义的道德观同样南辕北辙。正是两者在关键性的观念事实上的根本差异的存在才使荀子认为孟子儒学是有罪的原因。

从其对儒者的分门别类的分析方法来看,荀子对于儒者基本上是持负面评价的,因为作为低端的俗儒和中端的雅儒是儒者的大多数,而大儒则凤毛麟角。荀子对于作为战国儒家代表人物的子思和孟子有如此极端负面的评价可以说是与他对于儒者基本的否定态度是直接相关的,而对于孟子的鞭挞则可谓是对于儒者否定的"点睛之笔",代表了荀子对于先秦儒家基本上否定的立场。也就是说,作为先秦儒家代表人物的子思和孟子在荀子眼中都如此地不堪,更何况其他的儒者在荀子眼中的地位了。

根据观念唯实主义的原则，将荀子哲学与孔学和孟子儒学进行唯实比较之后，我们发现，荀子对于孟子儒学的全盘否定和彻底鞭挞在很大程度上实际上是在否定和鞭挞孔学。如此一来，一个隐藏在观念事实之下的真相便呈现在我们面前，即不仅荀子哲学的基本理念和价值观与孔学和先秦儒学相对立，荀子本人也并不认为自己是儒家的，否则他不会如此颇有恶意地批判和诋毁自己所属的学派，而只有对被他认为是异己者的人才会如此痛下杀手。

3. 孔子崇拜的虚与委蛇

在鄙视和彻底否定孟子儒学的同时，荀子对于孔子却十分崇拜，认为孔子和子弓①是春秋战国时期仅有的圣人和大儒。关于孔子，荀子说道：

> 是圣人之不得势者也，仲尼、子弓是也。（《荀子·非十二子》）
> 天不能死，地不能埋，桀、跖之世不能污，非大儒莫之能立，仲尼、子弓是也。（《荀子·儒效》）

---

① 关于子弓的真实身份，历来并无定论，因为包括《论语》和《史记》中的《孔子世家》和《仲尼弟子列传》等先秦古籍都没有子弓这个人。许多学者认为子弓是指孔子的学生冉雍，因为冉雍的字是仲弓。但是这只是一种字面的推测而已。在《论语》中提到冉雍之处极少，孔子对其最为推崇的一句话是"雍也可使南面。"（《论语·雍也》）。这说明即使是冉雍也并不是孔子得意的和有影响力的弟子，既没有著作也没有值得记载的功绩流传后世。另外，在今本《荀子》的最后几章中记载了孔子与其弟子的言行，其中有子路、曾子、子贡和颜渊等孔门弟子，却没有仲弓的影子，足见仲弓在孔门弟子中的重要性要低于子路等人，子弓并非孔子的引人注意的弟子，这也从侧面反映了子弓并非仲弓的事实。有学者认为子弓是孔子弟子子夏的门人，是孔子的再传弟子，他是荀子易学思想的传承来源。这种说法最早出自东汉的应劭。但是应劭所著之《风俗通义》等书只属民间传言之汇编，并非信史，故此说难以作为唯实史料令人信服。因此，根据现有的唯实史料来看，荀子将冉雍与孔子并列为旷世大儒甚至圣人加以极度推崇是不符合逻辑的。郭沫若在《儒家八派的批判》中认为子弓或许是指"传《易》的馯臂子弓"。馯臂子弓出于《汉书·儒林传》，实际上是《史记·仲尼弟子列传》中的"馯臂子弘"的误写。即使子弓真的是传《易》的馯臂子弘，是先秦《易》传承的一个链条，那么他的地位足以与孔子并称为圣人和大儒吗？一种可能是荀子对于《易》的了解来自子弓，但是从《荀子》中可以看出，荀子不仅没有采用《易》的方法论，连阴阳都极少提及，说荀子因为通《易》而对子弓倍加崇敬显得十分牵强。那么子弓到底是何许人也呢？这又是一个中国哲学史上的谜团。

可见，荀子对孔子的评价极高，将其视为圣人和大儒加以崇拜。然而，这里有一个自相矛盾之处。在前面的引述中我们看到，荀子眼中的大儒标准是"天子三公"，是完成了与国家最高权力接轨的儒者，或者说是掌握着君权的国家最高统治者，而孔子既非三公，更非天子，与荀子自己制定的大儒标准可谓是相距甚远。如此一来，荀子对于孔子的真实态度和评价如何便产生了疑问。实际上，从荀子对先秦儒学尤其是对孟子儒学的彻底否定和无情鞭挞来看，荀子对孔子的崇敬实际上只是虚与委蛇的奉承而已。观念事实是无法撒谎的，即使是经过了巧妙的伪装。

十　荀子哲学的君子观、圣人观和伦理学

作为一个比较完整和成熟的哲学体系，荀子对君子、圣人和伦理等这些在先秦时期重要的"常规性"命题也进行了独立而深入的思考，形成荀子哲学自身的君子观、圣人观和伦理学。这些包括君子观、圣人观和伦理学等理念。

（一）君子观

关于君子，荀子在《荀子》一书中多次提到。荀子直接阐述了君子的标准：

> 故人知谨注错，慎习俗，大积靡，则为君子矣；纵情性而不足问学，则为小人矣。为君子，则常安荣矣；为小人，则常危辱矣。
>
> 君子言有坛宇，行有防表，道有一隆。言政治之求，不下于安存；言志意之求，不下于士；言道德之求，不二后王。道过三代谓之荡，法二后王谓之不雅。高之、下之、小之、臣之，不外是矣，是君子之所以骋志意于坛宇、宫廷也。故诸侯问政，不及安存，则不告也；匹夫问学，不及为士，则不教也；百家之说，不及后王，则不听也。夫是之谓君子言有坛宇、行有防表也。（《荀子·儒效》）

君子和小人之间的差别虽然如此巨大，但荀子认为君子和小人并不是天生的：

> 材性知能，君子、小人一也。好荣恶辱，好利恶害，是君子、

小人之所同也，若其所以求之之道则异矣。(《荀子·儒效》)

荀子认为，虽然君子和小人的形成都基于天生的素质，都有着与生俱来的趋利避害的欲望取向，但是由于他们所选择的道不同，导致了他们在后天巨大的差异性。这与荀子哲学的人性论是直接相关的。

在荀子看来，君子要有德行。荀子说道：

故未可与言而言谓之傲，可与言而不言谓之隐，不观气色而言谓之瞽。故君子不傲、不隐、不瞽，谨顺其身。

君子博学而日参省乎己。(以上出自《荀子·劝学》)

君子拥有这种寻常的品德自然不在话下。荀子虽然将儒者和君子共同使用而并没有对其进行比较，但是根据荀子哲学的标准可以看出君子相当于雅儒。

关于君子与圣人的关系，荀子说道：

彼学者：行之，曰士也；敦慕焉，君子也；知之，圣人也。(《荀子·儒效》)

好法而行，士也；笃志而体，君子也；齐明而不竭，圣人也。(《荀子·修身》)

不先虑，不早谋，发之而当，成文而类，居错（举措）、迁徙，应变不穷，是圣人之辩者也；先虑之，早谋之，斯须之言而足听，文而致实，博而党正，是士君子之辩者也。(《荀子·非相》)

荀子认为，圣人是知识渊博和具有智慧并且求之不懈的人，君子是真心仰慕知识和立志于体现它们的人，士人是能够将知识和智慧付诸实践并且依法而行的人。

在荀子眼中，君子的地位在圣人之下，而在士人之上。关于君子的境界，荀子说道：

故君子无爵而贵，无禄而富，不言而信，不怒而威，穷处而荣，

独居而乐。(《荀子·儒效》)

　　君子知夫不全不粹之不足以为美也，故诵数以贯之，思索以通之，为其人以处之，除其害者以持养之；使目非是无欲见也，使耳非是无欲闻也，使口非是无欲言也，使心非是无欲虑也。(《荀子·劝学》)

　　君子贫穷而志广，隆仁也；富贵而体恭，杀势也；安燕而血气不惰，柬理也；劳倦而容貌不枯，好交（文）也；怒不过夺，喜不过予，是法胜私也。

　　君子之能以公义胜私欲也。(以上出自《荀子·修身》)

可见，荀子对于君子的评价是相当高的。之所以如此，是因为君子知"道"。

关于君子与道之间的关系，荀子说道：

　　道者，非天之道，非地之道，人之所以道也，君子之所道也。(《荀子·儒效》)

可见，在荀子眼中，君子之所以有如此高的境界是因为君子体现着人间之道。对此荀子继续补充道：

　　言必当理，事必当务，是然后君子之所长也。(《荀子·儒效》)

荀子在《荀子·性恶》中的话则更加直接地阐释了君子的本质：

　　礼者，谨于治生死也。生，人之始也；死，人之终也。终始俱善，人道毕也。故君子敬始而慎终。终始如一，是君子之道，礼义之文也。

也就是说，在荀子看来，真正的君子是能够体现荀礼的人。

值得注意的是，虽然荀子对于君子极其重视，在《荀子》一书中有多处深入的论述，但是在书中却始终不见孝这个孔学的核心概念，也不见孟子儒学的舍生取义和大丈夫的字眼。荀子使用了其他的概念对君子加以表述。对此，荀子的以下话语具有代表性：

君子之求利也略，其远害也早，其避辱也惧，其行道理也勇。（《荀子·修身》）

恭敬，礼也；调和，乐也；谨慎，利也；斗怒，害也。故君子安礼、乐、利，谨慎而无斗怒，是以百举不过也。小人反是。（《荀子·臣道》）

可见，荀子眼中的君子虽然同样是追求道德和有修养的人，却是趋利避害，明哲保身的人，这与孟子儒学所提倡的舍生取义、激情澎湃的大丈夫类型的君子显然并不是一类人。

那么，荀子眼中的君子是什么样的人呢？荀子自有答案：

礼义之谓治，非礼义之谓乱也。故君子者，治礼义者也，非治非礼义者也。（《荀子·不苟》）

君子也者，道法之总要也，不可少顷旷也。得之则治，失之则乱；得之则安，失之则危；得之则存，失之则亡。（《荀子·致士》）

可见，荀子眼中的君子不再是个追求个人道德完善的人，而是一个"治礼义"的人，是"道法之总要"，也就是说君子是以效力国家推行礼义的人，其人生价值在于为国出力，而不是如孔学和孟子儒学所绝对关注的个人道德的实现。"治礼义"和"道法之总要"可以说是荀子对君子进行了长篇大论、喋喋不休的阐述之后的最终落脚点。荀子眼中的君子是君权主义范畴之内的人，是国家主义的和政治层面的人。这样的内涵才是荀子哲学所规定的君子的本质所在，这也明确地体现了荀子哲学的伦理学和价值观与以孔学和孟子儒学为主体的先秦儒学的道德主体性和个体性原则的根本性分歧。

（二）圣人观

荀子在《荀子》中多次论及圣人和圣王，这说明圣人在荀子哲学的理念中占有重要的地位，尤其是在其君权主义的逻辑链条中占有重要的一环。

在荀子看来，圣人是礼义的制定者。荀子说道：

> 凡礼义者,是生于圣人之伪,非故生于人之性也。
>
> 故圣人化性而起伪,伪起而生礼义,礼义生而制法度。然则礼义法度者,是圣人之所生也。
>
> 古者圣王以人之性恶,以为偏险而不正、悖乱而不治,是以为之起礼义、制法度,以矫饰人之情性而正之,以扰化人之情性而导之也。(以上出自《荀子·性恶》)
>
> 故曰:一与一,是为人者,谓之圣人。(《荀子·王制》)

在此,荀子将圣人与圣王等同使用。圣人的这些品行和能力与大儒相若。在荀子眼中,圣人是成为圣王的前提。在《荀子·正论》中说道:

> 故天子唯其人。天下者,至重也,非至强莫之能任;至大也,非至辨莫之能分;至众也,非至明莫之能和。此三至者,非圣人莫之能尽,故非圣人莫之能王。圣人,备道全美者也,是县天下之权称也。

荀子认为,要做圣王只有圣人才能胜任,圣王就是天子。那么荀子眼中的圣人是什么样的人呢?他与"凡人"有着怎样的关系呢?对此,荀子说道:

> 故圣人之所以同于众、其不异于众者,性也;所以异而过众者,伪也。
>
> 凡人之性者,尧、舜之与桀、跖,其性一也;君子之与小人,其性一也。今将以礼义积伪为人之性邪,然则有曷贵尧禹、曷贵君子矣哉?凡贵尧、禹、君子者,能化性,能起伪,伪起而生礼义;然则圣人之于礼义积伪也,亦犹陶埏而为之也。用此观之,然则礼义积伪者,岂人之性也哉?
>
> 故圣人者,人之所积而致也。(以上出自《荀子·王制》)

荀子的这些段落主要在两个方面具有重要意义。首先,荀子哲学中不存在任何神学的成分,圣人不是神,与宗教和神秘主义没有任何关系,这体现了荀子哲学的唯物主义和现实主义特征。其次，荀子认为，圣人不但是人，他还与众人具有相同的本性，这是天生的，圣人之所以会超过众人，这是因为圣人能够生伪/起伪，也就是说，圣人能够向善。荀子认为，生伪/起伪是个过程，这个过程叫作积伪，就是要一点点地积累伪，逐步地向善。也就是说，人是不可能一蹴而就地变成善人、君子和圣人的，向善需要一个漫长的积累过程。

（三）荀子哲学的伦理学

孔学的核心是个人伦理学，对等道德观是其最重要的原则之一。① 荀子哲学的人性论认为人性是具有同一性的，这个理念也会贯彻到其伦理学之中。但是，根据各自的观念事实，两者体现着完全不同的理念和价值观。

1. 荀子哲学伦理学的内容

荀子对君子观和圣人观的规定折射出了荀子哲学的伦理学理念。荀子认为，君子要以仁义为怀，要将义置于利之上，要做一个善良之人，这是先秦诸家对于君子内涵的普遍规定，虽然儒家思想对此更加强调，但是对君子的仁义性和道德性的期求则并不仅仅局限于儒学。荀子哲学也要求君子要有仁义性，对于君子的看法也体现着这个共性。因此，君子的仁义性并不是荀子哲学通过君子观所要表达的伦理学的全部内容。

即便同样是强调道德性，在仁义的框架之内君子的价值观也各有不同。这从孔学与荀子哲学对于仁这个范畴的不同规定可以鉴明。荀子对仁进行了新的规定。荀子说道：

> 故尚贤使能，等贵贱，分亲疏，序长幼，此先王之道也。……故仁者，仁此者也；义者，分此者也。（《荀子·君子》）

可以看出，在荀子哲学对仁的规定中不见了作为孔学的道德基石的孝，在荀子眼中仁只是要"分亲疏"和"序长幼"而已，其重点则在于"尚贤使能"和"等贵贱"等这些政治哲学内涵；荀子哲学的仁的主体是君王，仁所代表的是作为政治学理论的君权主义，与孔学的个人伦理学以君子个人实现为出发点和目的的理念和价值观完全不同。

---

① 参见张珂《董学与孔学的正本清源》（下册），人民出版社2021年版，第656—657页。

2. 道德对等性与人性的同一性之唯实比较

孔学的仁是"仁者爱人",是以孝为内核的个人道德观,体现的是其以君子个人为主体的个人伦理学。孔学的君子观和个人伦理学的本质是要完成以孝和仁为核心的君子自身的道德实现,而国家只是这种自我实现的一个外在平台;《大学》的君子观是修齐治平,这只是对孔学的个人伦理学向政治平移的翻版;孟子儒学的君子是大丈夫,奉行的是大丈夫伦理学,同样是以个人的道德实现为核心和目的。从根本上讲,先秦儒家的伦理学是道德主体性为基础的个人伦理学,其所追求的最终目的是个人的道德实现,而将政治视为君子自我实现过程中的一种边际效益而已,采取的都是自下而上的视角。相比之下,荀子哲学的君子价值却是由君子对国家所作贡献的大小所决定的,而对国家所作贡献的大小对于个人的道德修养是具有压倒性的优先性的。因此,荀子哲学的这种从国家的角度和高度来衡量君子的自上而下的视角,与先秦儒家的君子观和伦理学的标准可谓是"本末倒置"的,荀子哲学的伦理学是具有明确的国家主义色彩的伦理学。

荀子哲学强调人性的同一性,并将其作为逻辑基础来演绎作为其政治哲学核心的君权主义。但是,荀子哲学关于人性的同一性的理念不可与孔学的对等道德观相混淆。孔学的对等道德观是要打破个体之间的道德壁垒,视人如己,奉行"己所不欲,勿施于人"的忠恕原则,用别人对于自己的行为可能会产生的感受反过来约束自己的行为,这是君子对自己的一种道德对等性准则;而荀子哲学的人性的同一性则是对于人性的形而上学的抽象归纳和提炼,是不同层次的理念。在君子的个人道德层面上,荀子也提及了对等性。在《荀子·荣辱》中,荀子说道:

> 故君子者,信矣,而亦欲人之信己也;忠矣,而亦欲人之亲己也;修正治辨矣,而亦欲人之善己也。

需要强调的是,荀子伦理学在此处所提出的对等性是君子希望别人对于自己的忠信等道德原则有同等的回报,但是荀子哲学的对等性是对别人道德性的希冀和期盼,而并不是对自己进行道德约束的指导原则。孔学的对等道德观约束的是自己的行为,而荀子伦理学的对等性并不是要约束自己的行为，而只是对别人的行为的希冀和期盼。由此可见，荀子伦理学的对等性并不是孔学的对等道德观。

最能体现荀子哲学的伦理学行为原则的是载于《荀子》中的《臣道》和《正论》中的这几段话。《臣道》载：

> 争，然后善；戾，然后功；出死无私，致忠而公：夫是之谓通忠之顺，信陵君似之矣。夺，然后义；杀，然后仁；上下易位，然后贞；功参天地，泽被生民：夫是之谓权险之平，汤、武是也。

可见，荀子哲学的伦理学是君权主义的伦理学，是以功利性为核心和主导的伦理学，是将争夺杀伐置于前，而将仁义道德置于其后的伦理学，是功利为主，道德为辅，功利与道德相平衡的伦理学。

《正论》载：

> 故上者，下之本也。上宣明，则下治辨矣；上端诚，则下愿悫矣；上公正，则下易直矣。
> 故主道明，则下安；主道幽，则下危。

荀子明确阐明，"上"即君王，是"下"即臣僚和百姓等阶层之本，"上"的道德品行决定着"下"的道德品行，是由上而下的道德和价值传导路向。这与孔学的个人伦理学的路向是完全相反的。孔学认为，个人应该先成为君子，然后再影响君王，也就是说，"下"的道德品行先于"上"，位居于下的君子有责任影响和决定上的道德品行，其另一种表现形式是《大学》中的修齐治平的道德公式，都是由下而上的道德和价值传导路向。简而言之，孔学的道德和价值传导路径是由下而上的个人伦理学，荀子哲学的道德和价值传导路向则是由上而下的君权主义伦理学。因此，荀子哲学的君权主义的伦理学与孔学和先秦儒家的道德主体性和个人伦理学之下的道德乌托邦主义是截然不同的，是对立的。

十一　荀子哲学的历史观

根据观念唯实主义的理念，历史观/历史哲学是政治观/政治哲学的重要组成部分。作为具有一定体系性的哲学思想荀子哲学自然也涉及了历史观,并将其作为阐释和论证其政治观的一个维度。从《荀子》中可以看出,荀子对于历史十分熟悉,并且自觉地将历史典故应用于他对政治理念的阐述和论证之中。荀子哲学的法先王和法后王思想便是通过历史来阐述其政治思想并且能够将它们进行有机结合的一个典型,荀子在阐述其君权主义时也大量地使用历史事实和典故证据来加以论证。然而必须看到,荀子是从政治观的角度来看待历史的,因此并没有形成明确而独立的历史观。可以说,缺乏独立而系统的历史观是荀子哲学体系中的一个短板。

通观《荀子》一书,直接在哲学高度上论述历史观的只有一处,即在《王制》中的一段话。荀子说道:

> 以类行杂,以一行万;始则终,终则始,若环之无端也。舍是而天下以衰矣。天地者,生之始也;礼义者,治之始也;君子者,礼义之始也。

在此,荀子是从形而上学的高度来阐述其历史观的,体现出荀子哲学的历史观具有明显的历史循环论思想。

从这段话可以看出,荀子哲学循环论的历史观是与其法先王和法后王的观念相矛盾的。荀子认为法后王要较法先王更加现实和实际,实际上是认为法后王比法先王更加优越,这是从现实政治层面上来展示荀子哲学对于历史的看法,实际上是体现了历史进化论的思想。但是,荀子关于现实政治的具有进化论思想的观念与其主张历史循环论的哲学思想却发生了矛盾。由于荀子哲学关于历史观的论述很少,这个矛盾现象并没有得到解释和化解。①

第六节 荀子与经书传承

关于荀子与经书传承的关系需要明确两个方面的认识:其一是荀子

---

① 这或许与后人对《荀子》的裁剪相关。一旦《荀子》涉及对历史事件尤其是对秦朝的看法便会出现前言不搭后语和观点相互矛盾的现象。后人对于《荀子》中敏感的历史观的裁剪或许是造成历史观成为荀子哲学逻辑链条上最薄弱环节的原因。

与六经文本的传承关系,其二是文本传承与哲学理念之间的关系。

有观点认为:"就现有文献资料来看,将儒家的一些原始性重要著作称为'经',应起于荀子。"① 然而,这句话是不准确的。"儒家的一些原始性重要著作"应该是指《论语》、《大学》、《中庸》和《孟子》等著作,而《诗》、《书》、《礼》、《易》和《春秋》等书是古籍,儒家曾经参与修订和流传,在校雠学上作出过贡献,但它们并不是"儒家的一些原始性重要著作"。②

一 荀子与六经文本传承

关于经书,荀子说道:

> 故《书》者,政事之纪也;《诗》者,中声之所止矣;《礼》者,法之大分、类之纲纪也。故学至乎《礼》而止矣,夫是之谓道德之极。《礼》之敬文也,《乐》之中和也,《诗》《书》之博也,《春秋》之微也,在天地之间者毕矣。
>
> 《礼》《乐》法而不说,《诗》《书》故而不切,《春秋》约而不速。(以上出自《荀子·劝学》)
>
> 《诗》言是,其志也;《书》言是,其事也;《礼》言是,其行也;《乐》言是,其和也;《春秋》言是,其微也。(《荀子·儒效》)

如果这些真的是荀子所写,那么荀子与经书的关系的确是荀子研究的一个重要方面,对于先秦经学史的研究也提供了线索。

具体来讲,在《荀子》中,荀子论述和引述最多的《礼》,其次为《诗》。荀子所说的《礼》是《仪礼》。通过《荀子》对《礼》所做的诸多引述,可以发现,它们与大、小戴《礼记》中的许多文章多有重复,特别是在《劝学》、《哀公》和《乐记》等篇中,除了篇名相同之外,其

---

① 廖名春:《〈荀子〉新探》,中国人民大学出版社2014年版,第235页。
② 这个混淆折射了中国古代哲学史研究的一个现状,即受孔子圣化和泛儒学化思想的影响很深,将许多不是孔子说过的话都要归功于孔子,许多不是儒家的东西都要划归于儒学,这必然会导致中国哲学史研究的似是而非和模糊化。

内容虽然在一些地方有繁简之分，但大多是相同的。于是，这里再次出现了孰先孰后的问题。如前所述，作为汉武帝五经的参考资料，大、小戴《礼记》的出处和成书过程十分复杂，根据现有材料很难确定理念和文章的真伪和最初的出处。这种关系也涉及荀子与《乐》的传承关系。

在《诗》的传授史上，荀子被认为是个非常重要的人物。他在《荀子》中所引的《诗》出于《毛诗》、《韩诗》、《鲁诗》和《齐诗》，但也多有异文。今本《诗经》是以毛诗为原本的，汉初的河间献王曾被立为《毛诗》博士，而《毛诗》被认为是由荀子传授下来的。另外，清儒汪中认为："韩诗，荀卿子之别子也。"[①] 也就是说，《韩诗》也传自荀子。

《史记》和刘向的著作都记载荀子对《春秋》有深入的研究。有学者认为荀子与《春秋》三传都有涉。[②]

《荀子》中的《劝学》、《儒效》和《荣辱》等篇对《书》的引述达十五次之多，这表明荀子对《书》是十分熟悉和重视的。

关于荀子与《易》的关系，可见上文《荀子哲学的形而上学观》中的"气与阴阳"部分。

二 文本传承与哲学理念之间的关系

唯实主义认为，从理论上看，对古籍的保存和传播甚至修订与哲学思想本身是性质完全不同的两种学术活动。同样地，对经书的传承与哲学理念之间是无法也不可以画上等号的。经书传承属于校雠学的范畴，它与哲学创造是本质上完全不同的两件事。哲学思想的传播和传承依赖古籍，但哲学创造和哲学思想的进化并不依赖古代的思想，更不依赖古籍，虽然后者能够提供启发。新的哲学理念可以与古籍中的思想相似或者相同，但也可以不同甚至冲突，新哲学否定旧哲学是哲学理念发展的重要途径。孔学和先秦儒家大力保护古籍和将古籍作为教材，虽然折射了孔学和先秦儒家思想对古籍中的理念在很大程度上的认同，但将两者画上等号是错误的。从孔子开始，出于教学的原因，先秦儒家将一些古

[①] 《荀卿子通论》，转引自廖名春：《〈荀子〉新探》，中国人民大学出版社2014年版，第243页。

[②] 廖名春：《〈荀子〉新探》，中国人民大学出版社2014年版，第248页。

代典籍作为教材，这对于古代典籍的保存和流传以及对上古历史、思想和行为方式的传播等都起到了重要的作用。但是，在先秦时期，其他流派同样重视古代典籍，这从它们在其他流派的著作中被广泛引述得到反映。因此，将《诗》、《书》、《易》、《乐》和《礼》等古籍认为是儒家著作甚至是"儒家的一些原始性重要著作"则严重违背了观念事实和历史事实。之所以会导致这种错误的出现是与孔子圣化和泛儒学化密切相关的。而孔子圣化和泛儒学化是在董学主导下的皇权主义意识形态作伪的直接结果，体现的是古代哲学史的二重性/二元结构。①

因此，要重建中国哲学史将必须接受中国古代哲学史的二重性/二次结构，必须承认董学的决定性和基础性地位，必须打破皇权主义的意识形态作伪，就必须打破孔子圣化和泛儒学化的思维定式，必须将孔学和儒学置于符合观念事实和历史事实的地位上，要做到这些将必须以唯实主义作为方法论以事实为根据来重新审定和确立董学、先秦儒学和荀子哲学等的本质、功能和地位。

三 荀子与六经关系的可疑之处

虽然在《荀子》中的《劝学》和《儒效》等篇中多次提到荀子对于六经的评价，但是这些评价有些太过于"政治正确"了，也就是说，它们与后来的董学和皇家意识形态过于一致了。这种一致性不会是一种巧合，而是刻意的迎合。这里面有两种可能：一是董学接受、照搬或者"抄袭"了荀子的思想和做法；二是《荀子》中的这些观点被后来的董学家所窜入和修改。从哲学观念史的角度看，作为后来者的董仲舒照搬了荀子的观点是符合时间顺序的。但是，中国古代哲学史却并不仅仅是哲学观念史，而是在意识形态主导下的立体的哲学史，哲学观念从来都是皇权和国家意识形态的奴婢，是没有起码的独立性的。在先秦和西汉初期的版权法等缺乏的历史条件下，哲学观念事实的时间顺序并不受到人们的普遍重视和遵守。

另外，将六经奉为经典的理念与《荀子》中的观念事实也存在冲突。

---

① 关于中国古代哲学史的二重性/二元结构，参见张珂《董学与孔学的正本清源》（下册），人民出版社2021年版，第763—764页。

在《荀子·儒效》中，荀子说道：

> 逢衣浅带，解果其冠，略法先王而足乱世术；缪学杂举，不知法后王而一制度，不知隆礼义而杀《诗》《书》，……是俗儒者也。
> 法后王，一制度，隆礼义而杀《诗》《书》；……是雅儒者也。

虽然后人将"杀"字解读为"减少"和"降"，① 或者"不要拘泥"，② 但这些说法都不准确，无法与荀子对该字强调的力度相符。因而，与"隆"相对应的应该是"贬"。此处的《诗》《书》是所有古籍或者除《礼》之外的群经的代称。显然，既然要贬《诗》《书》，自然没有将其奉为经的必要性；既然是要贬《诗》《书》，荀子自然不会将它们提到五经博士制度的国家意识形态的高度。

在《荀子·劝学》中，荀子对礼与《诗》《书》之间的关系进行了通俗的对比：

> 不道礼宪，以《诗》《书》为之，譬之犹以指测河也，以戈舂黍也，以锥餐壶也，不可以得之矣。

显然，在荀子眼中，《诗》《书》不仅无法与礼相提并论，而且它们之间的关系甚至不可同日而语。在这种情况下，将《礼》与《诗》《书》并举为六经是不符合逻辑的。荀子对于礼与《诗》《书》关系的立场是与荀子哲学的逻辑一脉相承的。荀子哲学的礼是荀礼，荀礼是其哲学体系的核心和主线，至于其他的古籍则远无法与荀礼相提并论，这种看法折射出荀子哲学与先秦儒家的关系以及它作为独特哲学思想的定位。

第七节 荀子哲学的本质

在根据唯实主义的原则、方法和理论框架对荀子哲学的观念事实进

---

① 张觉校注：《荀子校注》，岳麓书社2006年版，第78页。
② 廖名春：《〈荀子〉新探》，中国人民大学出版社2014年版，第237页。

行了唯实解析之后，我们便可以在行为事实的基础上对其本质进行判断和定性了。很明显，荀子哲学以荀礼和欲道等概念为核心的概念体系和以君权主义为基石的理念，与以孔孝为核心的孔学和以四端论为基础的孟子儒学完全不同，置于不同理念基础之上的荀子哲学与孔孟儒学在价值观上存在着严重的分歧，先秦儒学的道德主体性已不再是荀子哲学的重要理念、逻辑线索和价值核心，先秦儒学的个体性原则已被荀子哲学的社会学和现实主义的原则所取代，而荀子哲学中以国家利益为视角的国家主义的价值取向已初露端倪，初显体系性。

一 荀子哲学的目的性和归类

从对荀子哲学的观念事实的唯实解析中可以看出，荀子赋予了其哲学以明确的目的性，这个目的性不再是道德性的，而是政治性的、国家性的和现实主义的。现实主义的政治观代替了孔学和先秦儒学的道德观成为荀子哲学体系的主体，而这个主体决定了荀子哲学的目的性。为此，荀子提出一个富国强兵的国家行为模式，这个国家行为模式的落脚点被荀子放在了君权主义之上。也就是说，君权主义体现着荀子哲学的根本理念和目的性。君权主义不仅是荀子哲学的政治观，荀子哲学的各个部分都是围绕着这个目的性而展开和推进的。虽然经过后人裁剪和修改的今本《荀子》中的内容并不完整，以及在一些节点形成了错谬，造成了逻辑链条的断裂和理念上的悖论，但从中仍然可以看出荀子哲学不仅体现了这样的目的性，而且这种体现具有连贯性和一致性。

放在与先秦百家思想进行唯实比较的背景上进行判断，荀子哲学与商学属于同一类型，两者都以政治性为目的性，都试图提出富国强兵的国家行为模式，都属于政治现实主义的国家主义的政治理论。纵观先秦百家，荀子哲学和商学与作为个人伦理学的边际效应来关注国家政治的先秦思想如儒家、道家、墨家以及与其他对政治不甚关注的思想如农家、阴阳家、兵家、庄子等流派皆存在着巨大的方法、理念和价值观上的差异性。

二 荀子哲学中的概念体系和理念的体系性

荀子哲学拥有完整而独特的概念体系，在这个概念体系之上荀子哲学成为拥有逻辑和理念核心的哲学体系。这个核心就是欲道。荀子哲学是围绕着欲道这个核心而展开的。以欲道和荀礼为主线，荀子发展出了对一些重要哲学命题的系统观点，将其哲学思想赋予了其理念以一定的体系性，也就是说，荀子哲学是具有体系性的哲学思想。

（一）荀子哲学的概念体系

除了深入而系统地探讨了荀礼的起源和本质以及他所提出的新的人性论即性恶论之外，荀子在哲学概念上还有其他的创新，提出了新的哲学概念，其中具有突破性的哲学概念创新是将欲望引入了哲学的殿堂。正是这些新的哲学概念的创新使荀子能够根据新的载体按照新的逻辑线索进行新的哲学演绎，提出新的哲学理念。荀子所作出的这些贡献使荀子哲学在先秦哲学史和中国古代哲学史上独树一帜，占有不可忽视的地位。

必须要加以强调的是，荀子的礼等概念与孔学的礼虽然在名词上相同，具有相同的形式，但是在内涵上却是有着本质区别的。荀子使用了一种"旧瓶装新酒"的方法来处理这些传统的哲学和历史概念和范畴。荀子并没有戴着孔学的眼睛来看待礼。荀子是用经验主义的视角来直视礼。礼对于荀子来说首先是个历史事实，在历史事实的基础上荀子对其进行了哲学的剖析和升华，形成了独立的、具有创造性的礼学观。如此一来，荀礼和孔礼之间便形成了体系性壁垒，它们代表着不同的哲学理念和价值观。

（二）荀子哲学的体系性

荀子哲学具有严格意义上的相对完整的体系性。从体系性上讲，除了老子哲学之外，先秦哲学中最完备的哲学体系就是荀子哲学。从在国家行为模式的构建上看，荀子哲学不如商学系统、到位、有效和有力，然而荀子哲学在理念的丰富性和完整性上却超过了缺乏形而上学和坚实哲学基础而全部集中于国家政策设计、制定和执行的商学。而孔学和孟子儒学还都不是严格意义上的哲学，还都处于前哲学阶段，因此它们还谈不上哲学的体系性，无法与荀子哲学进行有效的唯实比较。

历来都认为荀子哲学性恶论人性观是"荀子思想的逻辑起点"，[①] 这

---

① 廖名春：《〈荀子〉新探》，中国人民大学出版社2014年版，第221页。

种观点是不准确的。如前所述，荀子哲学性恶论的人性观来源于其欲道思想，也就是说，欲道才是荀子哲学的人性观及其哲学体系的逻辑起点，人性论只是欲道在人性领域的一个表现和应用。同时，欲道是荀子哲学体系的基本概念，欲道在荀子哲学的群道、荀礼、君权主义以及经济观等领域中继续得到应用和演绎，成为荀子哲学的基本逻辑线索和理念基础。这是观念唯实主义关于荀子哲学本质的重要发现，弥补了先贤对荀子哲学理解上的偏差和不准确性。

三 荀子哲学的理念

荀子哲学的概念体系是以欲道和荀礼为核心的，在此基础之上荀子展开了他对哲学体系的构建。在荀子的哲学体系中，政治观是其重心所在，君权主义是荀子哲学政治观的落脚点，而荀子提出君权主义的目的在于为战国时期以战争和混乱为特征的时代在国家层面上提供一个有效的政治解决方案。荀子在欲道基础上所提出的荀礼和性恶论的人性观等重要思想都是在为其君权主义的政治观进行逻辑铺垫和内容准备。也就是说，荀子哲学的君权主义的政治观都是围绕着欲道、荀礼和人性论等逻辑和理念展开的。

四 荀子哲学的方法论和价值观

荀子哲学是具有独创性的哲学思想。荀子哲学的独创性体现在荀子采用了新的研究方法，发现了新的哲学视角，并且以此为基础发展出了新的政治观，这使得荀子哲学在方法论、理念和价值观上都与先秦儒家产生了严重的分歧。

（一）荀子哲学对孔孟儒学的平移法的否定

荀子哲学具有单一的核心概念即建立在欲道之上的荀礼，但是荀子并没有采用孔学和孟子儒学的平移法，将荀礼简单地平移到政治领域之中。在荀子哲学中，荀礼始终具有多样性的内涵，其丰富性决定了荀礼不仅仅是个道德范畴，而是一个跨越社会学、政治学、经济学和战争学等诸多领域的具有唯实性的综合概念。从《荀子·礼论》中可以看出，荀礼具有现实性/实在性、社会性、道德性、政治性、意识形态性和周礼的特性。也就是说，荀子从一开始就是从多个维度来对礼进行内在规定的，形成了具有自己鲜明特征的荀礼，而并不像孔学和孟子儒学一样仅仅从道德的维度进行单一性的规定和想当然的推演。

荀子哲学对礼的多元化的规定方式实际上是对孔学和孟子儒学的平移法进行了含蓄的批驳和否定，使后者从个人伦理学向政治学进行自下而上平移的方法失去了可信性和合理性。这是荀子哲学与孔学和孟子儒学在哲学方法上的重要差异。

（二）荀子哲学的社会学方法论

那么荀子哲学的方法论是什么呢？从《荀子》的通篇逻辑和理念演绎可以看出，荀子哲学的方法论是社会学的方法论。虽然在当时还不可能出现社会学的学科和意识，然而荀子哲学却采用了社会学的视角，运用了社会学的一些方法。

社会学的方法是以现实的社会和社会现象为研究对象的研究方法，是一种广泛而具有可塑性的方法，在针对不同的领域时又具体化为不同的方法。在认识论领域可具体化为经验主义，在政治学领域可具体化为现实主义，在价值观上则可转化为国家主义的旨在整体控制的方法。荀子哲学的社会学的方法在很大程度上决定了其价值取向，决定了荀子哲学走向君权主义通过国家权力自上而下地来对社会资源进行统筹和分配，以及在国家的基础和平台上来满足个人需求的具有国家主义和现实主义色彩的价值观。社会学的方法旨在研究社会和社会现象，而不会漠视或者回避现实，所以它不会通过主观设定的道德观来裁剪现实而走向道德乌托邦主义的价值观。

唯实主义认为，方法论和价值观是相互渗透和难以分离的，两者的这种关系在荀子哲学中同样如此。荀子哲学的这些属性与孔孟儒学将个体性原则作为方法论，将个人伦理学作为价值取向的传统儒学在本质上是完全不同的。可以看出，相对于先秦儒学和其他学派，荀子哲学在方法论和价值观上进行了重大的哲学创新，具有国家主义色彩的社会观而不是个体性原则构成了荀子哲学的基本方法论和价值取向。因此，从出发点和方法论上看，荀子哲学与孔孟儒学便已经分道扬镳了。

具体来说，《荀子》所体现的观念事实显示，荀子哲学的方法论摆脱了孔孟儒学的道德主体性和个体性原则，继而转向了将经验主义、社会学和国家主义作为基本的研究方法，形成了独特的方法论。

1. 经验主义

在荀子哲学中并没有出现经验这个哲学概念，更没有出现经验主义这个名词，然而荀子哲学却有着经验主义的原发性的自觉，更有着对经验主义的经常性的应用。经验主义是荀子哲学的认识论方法论的重要组成部分。

荀子哲学的经验主义方法的应用具体体现在以下几个方面。

第一，认知的最后和最高阶段是实践。

经验主义对于荀子哲学的重要意义体现在了认识论之上。虽然并没有充分展开，但荀子哲学认识论中的经验主义色彩是明确的。在《荀子·儒效》中，荀子说道：

> 不闻，不若闻之；闻之不若见之；见之不若知之；知之不若行之；学至于行之而止矣。

这段话说明了荀子对于认知和实践之间的关系的认识，阐述了知行之间的统一关系，明确了实践是认知的最高阶段的观点。这种由人的具体感知逐渐向更高级的理性认知上升的观点与培根、洛克、霍布斯和休谟等近代英国经验主义哲学家的认识论观点如出一辙。

第二，学习的目的在于实践。

上述段落同时也概括了荀子哲学的学习观，阐述了荀子认为学习的方法在于自身的感知和身体力行，学习的目的最终在于实践和取得知行合一的观点。荀子哲学的这种强调感知和实践的学习观与孔子所谓从古籍中"闻道"和孟子儒学面向内心的自学即自我感悟的学习观是完全不同的。

由于孔孟儒学对于学习观的特别重视，荀子哲学与它们在学习观上的不同体现了两者在理念上存在着重要的区别。

第三，用历史的眼光来直视社会和人类历史。

如果说孟子是带着孔学道德主体性的先入为主的主观性来看待战国时期的社会状况和中国历史进程的，用先验的以道德观为主体的价值观来判断现实社会和时代性的话，那么荀子则正相反。荀子是用经验主义的方法来看待战国后期的社会和政治现象和时代性，来分析人类历史的发展进程的。荀子哲学的经验主义是其现实主义的政治观在时代问题和历史观上的具体表现。

2. 现实主义

虽然荀子哲学中的现实主义立场还不是十分彻底，在一些地方还有游移之处，但在荀子哲学中尤其是在其政治观上存在着明确的现实主义倾向却是不可忽视的观念事实和价值取向。荀子哲学中的现实主义倾向与其在时代观和认识论领域中的经验主义的方法论是直接相联和相辅相成的。荀子哲学的政治观中的现实主义取向表现在他确认了现实政治的存在，对于政治现实采取了正视的立场，不再如孔学和孟子儒学一般地采取回避的态度和以自己想象中的理想方式来裁剪和替代现实政治的道德乌托邦主义。对于现实性的尊重和以政治现实为基础来看待和分析战国后期的社会和政治状况是荀子哲学与孔孟儒学在方法论上的重要分野，体现了荀子哲学与先秦儒家的本质性差异。

3. 国家主义的要素和价值观取向

从《荀子》一书的观念事实可以看出，荀子哲学具有明确的国家主义的取向。国家主义的视角和倾向渗透于荀子哲学的各个领域、层面和理念之中，尤其体现在其君权主义和伦理学之上。如前所述，荀子对于其哲学中的国家主义的倾向毫不回避，在《荀子》中多次对其进行过直接而明确的阐述。

（1）方法论和价值观上的体现

在上文对荀礼、君权、战争观和经济观的唯实解析中方法论和价值观两者之间的关联性都得到展示。荀子哲学以社会学的方法论为核心，在其哲学中展现了国家主义的价值观倾向，这些都是荀子哲学的核心特征。荀子哲学中所体现的方法论和价值观的相互渗透和难以分离充分证实了唯实主义关于方法论和价值观相辅相成的观点。

（2）君权主义的政治观

荀子哲学已经形成了体系性，其主体是政治观。相比于除商学之外的其他先秦百家思想，荀子哲学的政治观的突破之处在于提出了比较系统的君权主义，荀子哲学对于国家权力的理解也仅次于商学，要比其他先秦百家学派更系统和深刻得多。荀子哲学充斥着现实主义色彩的具有社会学明显成分的方法论是君权主义能够形成的方法保障，同时，君权主义也是体现荀子哲学现实主义和社会学要素的重要载体。

以君权主义为核心的政治观是统领荀子哲学的主要理念，其以欲道、荀礼和性恶论的人性论为核心的概念体系和理念体系都是为君权主义进行铺垫和服务的。而被孔孟等先秦儒家置于首要位置的个人伦理学则不再是荀子哲学体系的核心，然而同时荀子哲学也并没有拒绝伦理学。伦理学在被荀子进行改造之后也被纳入了君权主义的范围之内，形成了国家主义伦理学的理念，完成了对孔学和孟子儒学的道德主体性、个体性原则和道德乌托邦主义的否定和突破。

(3)"调一"的理念

荀子提出君权主义是具有明确的目的性的，这个目的性就是要实现调一，而一是荀子对战国后期时代要求的回答。

在《荀子·强国》中，荀子说道：

> 刑（型）范正，金锡美，工冶巧，火齐得，剖刑而莫邪已。然而不剥脱，不砥厉，则不可以断绳；剥脱之，砥厉之，则劙（割）盘盂、刎牛马忽然耳。彼国者，亦强国之"剖刑"已。然而不教诲，不调一，则入不可以守，出不可以战；教诲之，调一之，则兵劲城固，敌国不敢婴（撄，触犯）也。

在此，荀子提出了"调一"的理念。调一是指国家对百姓臣民的教育，使之与国家的利益和目标相一致，与国家结成一体。调一是君权主义得以充分有效实施之后所要达到的政治目的。可见，调一是明确的国家主义的理念，体现出的是明确的国家主义的价值观。荀子所提出的调一观点已经有了董学大一统理念的雏形。

(4) 时代性的制约

荀子哲学中的国家主义倾向是明确的。然而同时必须看到，荀子哲学中的国家主义倾向仍然处于萌芽阶段，荀子还没有完全发展出完善而彻底的国家主义的方法论。例如，荀子虽然提出了调一的观点，却并没有指出采取调一的具体政策，更不知如何建立起调一的体制，这使得荀子哲学中的调一只能是一种空泛而无法落实的观念而已。

荀子哲学中的国家主义无法有效地落实为国家政策的状况与荀子所

处的时代性是密切相关的。荀子生活在战国后期,处于秦国即将统一中国的前夜,但是这个趋势毕竟还没有变成现实,秦国统一中国之后会采取何种国家行为模式,君权/王权会发生何种变化等重要的政治命题还仍然是未知数。战国后期的国家权力仍然停留在君权/王权阶段,这使得荀子哲学中的权力观也只能停留在君权主义,作为国家权力的更高阶段的皇权还没有出现,而作为杰出的思想家的荀子也无法未卜先知地预知皇权主义的出现,也无法明确地知晓未来中国统一之后的政治状况。因此,荀子哲学的政治理念只能体现出时代所赋予的不确定性,而无法超越时代的有限性。

第八节 荀子哲学的内在悖论

虽然荀子哲学在许多方面达到了先秦哲学的最高阶段,但荀子哲学仍然不是"完美"的哲学体系,仍然充斥着一系列的内在矛盾和冲突,在一些关键问题上形成了诸多的悖论。

一 天与人的悖论

荀子哲学提出了天人之分的新型天人关系,这在先秦百家中不仅独树一帜,也是对于作为整体的先秦哲学的天人观的一个巨大的哲学突破。不可否认,作为天人之分思想的延伸的人定胜天的观点是有其合理性的,但是在荀子哲学的体系框架之内,天与人之间的关系却始终没有被完全理顺。

荀子哲学的天人关系是比较复杂的。荀子一方面认为天人同理,认为天和人是具有同一性的,人性的类的特征、人类社会和国家政治等方面都来自天;另一方面又提出天人之分和以人为本体和人定胜天的观点,这实际上又将其割裂了,并且在很大程度上否定了天与人之间的同一性,更打破了两者之间的平衡,甚至将天和人置于相互对立的地位。虽然人们仍然可以辩称这种相互矛盾的关系并不能完全抹杀和斩断天人之间的关系,但是既然天与人之间存在着同一性,那又何必为了强调人的重要性要高于天而一定要将两者对立起来呢?另外,荀子在逻辑上并没有论证人对于天的超越的必要性和哲学基础,这个逻辑环节的缺失使天和人之间的分离和对立难免具有人为性和武断性。由此可见，荀子哲学无法理顺天与人之间的逻辑关系，造成了前后矛盾的状况，形成了关于天与人的悖论。

在中国哲学观念史上，天与人的悖论直到董学的横空出世才最终得以纠正，董学的天人合一哲学从此成为中国古代哲学的正统的天人观，也为中国古代哲学提供了坚实的形而上学基础。

二　荀礼的悖论

虽然荀礼是荀子哲学体系中的核心概念，荀子对礼从新的维度即社会学的维度进行了创新性的探索和阐述，对许多先秦哲学的范畴和命题进行了再阐释，形成了独特的荀礼观念，但是荀礼在逻辑上仍然不完善，在荀礼中仍然存在着内在悖论。

（一）荀礼没有形而上学基础

通过对荀礼的概念系列和对其天人论的解析可以看出，荀礼是个社会学的范畴和理念，但是荀子从未在形而上学层面上论述荀礼，这使得荀礼获得了实在性的基础的同时也缺乏坚实的哲学基础。根据荀子哲学的内在逻辑和结构，荀礼是其哲学理念的基本脉络，是其社会学方法论和君权主义价值观的基础。但是，荀子将天和人进行了人为割裂，这实际上也割裂了礼和天之间的同一性和平衡性，同时也否定了"天"是荀礼的形而上学基础。由于在荀子哲学中形成了人类社会/人与天在形而上学上的完全隔离，如此一来，天和人，形而上学和社会学形成了两条线，两条线虽然也偶有交叉，但在理念上并无纵向和横向的逻辑联系。

（二）荀礼性恶论的人性论在逻辑上无法自圆其说

既然荀子哲学否定了天是人和荀礼的形而上学基础，那么荀礼的哲学基础是其人性论吗？答案是肯定的也是否定的。根据荀子哲学的欲道和荀礼，人性在追求欲望的过程中由于各自为战而会经常性地造成个体之间的冲突，而这种冲突无法得到缓解和解决，这使得人和人之间无法进行有效的合作，在这种情况下只有通过荀礼才能缓解和消除这些冲突，使人类结成一个能够共存的社会，而能够掌握和推行荀礼的只有王权，如此看来人性论和欲望论确是荀礼的基础。然而同时，根据荀子哲学的人性论，人性生来就是恶的，人要变善只能通过后天的伪才能做到。但是，既然人性天生都是恶的，那么弘扬善的礼显然并不能直接来源于人性本身，如此一来人性论便无法再成为荀礼的来源。

由此可见，荀礼并不具有坚实的形而上学和人性论基础，由此形成了荀礼在逻辑起点和来源上的悖论。

(三) 圣人观的悖论

根据《荀子》的观念事实，我们可以看出，荀礼既不来自天的形而上学，又不来自人性本身，那么礼来自何处呢？荀子或许也发现了这个悖论，继而试图用圣人观来进行弥补。

荀子认为荀礼来自圣人，社会中的人要通过向圣人学习来获得礼，从而完成人性从恶向善的转变。荀子哲学认为，圣人是礼义的制定者，是人克服性恶并向善进行转化的关键性的枢纽，而圣人本身并不是神，而只是人，只是比众人要出色而已。圣人之所以出色是因为他能够生伪/起伪。这样，便出现了一个问题：圣人向善的智慧和力量来自何处呢？荀子对此并没有做出回答，而荀子关于圣人的一些言论却令人疑惑。荀子一方面认为圣人要不知天，即"惟圣人不求知天"(《荀子·天论》)，也就是说，圣人的向善的力量并不是来自天；另一方面，圣人既然生来也是众人之一，本身也是性恶的。如此一来，圣人的伪便没有了出处，圣人向善的力量便失去了基础。荀子说圣人也是人，每个人经过后天的伪都可以成为圣人，即所谓人人皆可成尧舜，在圣人观无法完全立足的情况下，荀子哲学在此便陷入了逻辑循环论 (the logical tautology) 之中，形成了圣人观的悖论。

另外，向圣人学礼与荀子哲学的以实践为基础的学习论发生了关联，如此便产生了新的问题：即便人们都注重从实践中学习，人性的转变就要依靠个人的自主性来完成，这就使得人性向善的转化不存在制度性的保障，失去了人性克恶向善的可靠性和可持续性。因此，在荀子哲学的逻辑链条中便缺失了一个重要的环节，人性向善的基础和方法始终无法构建完成。如此一来，荀子试图通过圣人观来克服荀礼缺乏哲学基础的悖论的努力便仍然无法得以实现，反而在这个修补过程中又由于圣人观而引发出了新的悖论，即关于圣人观的悖论，这使得荀子哲学在荀礼上的逻辑缺口越来越大。

从纯逻辑的角度来看，要破解荀礼和圣人观的悖论在于对人性论的重新解析，只要荀子承认人性除了恶之外还存在善的因素，那么人后天向善的努力便有了基础。只是荀子始终处于对孟子儒学性善论激烈的否定和鞭挞之中，似乎已然不再理性了，在这种情况下，荀子是不可能做出妥协来承认人性中具有先天的善的因素的，因为荀子知道做出如此的妥协之后他对孟子儒学性善论的挞伐便失去了完整的逻辑基础，削弱了可信性和力度，其性恶论的基础也就变得不坚实和可动摇了。因此，在妥协与悖论之间，荀子选择了后者，性恶论的人性论在成为荀子哲学的一个标志性特征的同时也为内在的悖论埋下了种子。

从中国哲学的观念史的角度来看，荀子哲学的这个逻辑缺口最终是由董学来完成填补的。董学认为，天人合一哲学是人类社会运行规律的形而上学基础和来源；同时，在社会中能够广泛推行礼和秩序的是教化论，而教化论的前提是权力观，也就是说，人性转化的问题与权力观发生了逻辑关系。董学的人性哲学认为，对于人的天生本性的改变必须通过由外而内，自上而下的方法来加以改变和改善，而这个外在的力量就是国家权力的系统的教育体系。通过国家权力有目的和有意识的指导，对人性恶的克服和对人性中的善端的发扬和壮大便有了制度性的保障，人性向善的转化便获得了可持续性，个人的向善便会变成一种社会力量，这个社会便在国家权力的促使下向善而行。如此一来，荀子哲学性恶论的人性论中无法填平的逻辑缺口便由董学彻底地克服和弥补了。

（四）尊孔与罪孟的悖论

荀子对于先秦儒家的态度是十分复杂和矛盾的，可谓是处于正负两极的对立之中。他一方面极力尊孔崇孔，将其视为春秋战国时期的"大儒"和"圣人"，是荀子对待先秦儒家的"正极"；但是另一方面却又对孔学的忠实传承人孟子进行了无情的抨击和鞭挞，以至于认为孟子是有罪的，是荀子对待先秦儒家的"负极"。认定一个思想家是圣人或者有罪，都已经走上了极端，尤其是为其定罪这在中国哲学史上是极其少见的。荀子哲学在对待孔孟上的两极态度使得后人在对荀子哲学按照"百家对号入座法"进行归类时遇到了困难，有些人根据荀子对于孔子的推崇而将其纳入儒家，认为荀子是战国后期儒家的重要代表人物；而一些人则根据荀子对"亚圣"孟子的鞭挞和否定而对其进行攻击，不仅拒绝将其纳入儒家的行列，还将其视为儒家的敌人。如此一来，荀子哲学关于儒家的立场便形成了无法调和的悖论。

实际上，要对荀子哲学的性质进行判定只能根据观念唯实主义，即以荀子哲学的观念事实作为判断的唯一依据。正是通过对荀子哲学观念事实的唯实解析，我们发现了荀子哲学的价值观与儒学存在着根本的差异的事实。这样一来，我们便挖掘出了荀子尊孔其实是虚与委蛇的，存在着欲伪托孔子的意图，而罪孟则是荀子的真实想法，代表了荀子哲学对于先秦儒家的真正立场。

(五) 法先王与法后王的悖论

如前所述，荀子在阐述其政治观时，一方面强调法先王的重要性，甚至用法先王和尊礼义等原则作为他重新定义仁的根据，另一方面又明确地指出圣王在于法后王，认为"先王之道"无以为继，法后王不仅具有可行性，后王之法比先王之道要高明。但是，在今本《荀子》中，我们看不到荀子对于后王的界定，无从得知荀子所指的后王是何许人也。这使得荀子哲学的政治逻辑链条产生了断裂，使人们无法看清荀子在这个命题上的观念事实，这种断裂使荀子哲学在法先王和法后王的问题上出现了悖论。

从《荀子》中可以看出，荀子在论证其理念时重视逻辑性，擅于通过环环相扣的演绎来得出他的结论，因此，荀子在这个相当重要的政治观命题上的逻辑缺漏显得十分突兀和不合情理，这种逻辑断裂的情况显然并不是荀子的思考和推理方式。这就不得不使人将注意力转移至《荀子》一书的文本之外，转而从后人对荀子哲学的删减和对荀子哲学的修订上来发现线索。据此，我们发现了董学对《荀子》一书进行染指的证据。

(六) 王权类型的悖论

君权主义是荀子哲学政治观的核心，对王权进行划分是其君权主义的重要组成部分。荀子哲学将王权划分为三种类型，即强权型、霸道型和王道型。荀子哲学虽然认为"具具而王，具具而霸"，并没有绝对地推崇王道而摒弃霸道，体现出了一定的政治成熟性和平衡性。但是，荀子对强权型王权的分析却并不完善，存在着回避和偏见。席卷六国的秦国显然是强权型王权类型，荀子对其进行了批评和保留，但正是这个实行强权型王权类型的秦国却是中国统一的历史进程的主导者，是中国历史新章程的谱写者。从今本《荀子》可以看出，对于秦国及其国家行为模式荀子并没有加以足够的重视，好似荀子并没有生存于秦国摧枯拉朽即将统一中国的时代，好似荀子没有注意到秦国即将成为军事上和政治上的最终胜利者的历史性的重大变革。也就是说，荀子哲学在追求政治现实主义的同时却仍然在逃避现实，仍然在受着道德教条的掣肘而选择性地忽略一些重要的事实。如此一来，荀子哲学对于秦国的忽略和对于政治现实的矛盾态度形成了荀子哲学关于王权和政治理念上的悖论。

这个悖论的根源在于荀子的政治现实主义还不完全性和不彻底性，其政治哲学仍然存在着道德乌托邦主义的残留，荀子哲学的政治理念也仍然在现实主义的政治观和道德主义的理想之间犹豫和彷徨。

同时我们不应该忽略另一种可能，即这个悖论的产生或许是荀子哲学的观念事实受到后人的改写和扭曲而产生的结果，而并非荀子哲学的本意。

（七）仁义与战争的悖论

荀子哲学对于战争是十分重视的，提出了系统而完整的战争观，战争观成为荀子哲学体现的有机组成部分。与王道与霸道和强权之间的分类相关联，荀子主张壹民和仁义之战。但是仁义和战争之间的关系是存在着矛盾的，尤其是在秦国依靠纯粹的持续性的战争手段即将统一六国的战国后期。事实上，当时六国唯一的也是最佳的选择只能是用"以毒攻毒"的方式对虎狼之师的秦国军队将国家的战争能力发挥到极致，非此而不足以抵御秦国强大战争机器的冲击。荀子哲学的仁义之战的主张仍然受到道德框框的约束，例如"不杀老幼，不猎禾稼"，"不屠城，不潜军"（《荀子·议兵》），等等，这些道德条文是充满了人道主义精神的，但当时最重要的任务是调动任何国家所有的资源和潜力以便有效地抵御强大的秦国军队的碾轧，在此危机的情况下将道德原则放在首位或者突出的地位是值得商榷的，在与秦国的惨烈战争中，在特定的战争条件下这些道德原则都有可能禁锢和妨碍军事行动的展开，在与秦国的战争中无法取得胜利。

荀子哲学关于仁义与战争的悖论表明，荀子哲学虽然在很大程度上摆脱了孔孟儒学的道德乌托邦主义和政治无为主义的桎梏，但是它们仍然在荀子哲学中留下了阴影和"余毒"，再次表明荀子哲学中的政治现实主义的不彻底性。

第九节 荀子哲学不是儒家思想

贯穿于中国哲学史的主流观点认为荀子是先秦儒家的重要代表,荀子思想是先秦儒家在战国晚期的重要组成部分。在挖掘出荀子哲学的概念体系、理念和理论的观念事实基础之上,我们便可以根据唯实主义的方法、标准和原则对荀子哲学的本质进行唯实重构,以确立荀子哲学真正的性质和属性。而这种定性包括荀子哲学与儒家思想的真正关系和在中国哲学史中的准确定位。

荀子哲学是不是儒家思想?这个看来早已被定性的问题绝不是个多余的问题。作为新的哲学方法论的唯实主义自然要对历史上的传统问题进行重新审视,即所谓新方法会发现新问题,更何况关于荀子哲学是否儒家思想的判断在历史上始终是存在争议的。要真正认定荀子哲学的本质,厘清它与孔孟儒学之间的关系是必须加以明确回答的问题。而事实上,如何对荀子哲学的性质进行定性是中国哲学研究史中的一个难点,也是一个尚未加以科学地解决的盲点,对此各种说法甚多,至今众说纷纭。在这种情况下,我们更要严格贯彻唯实主义的方法和原则,对荀子哲学进行基于观念事实的科学的唯实解构,对荀子哲学进行准确的定性分析和判断,最后得出客观而科学的结论。也就是说,如同对董学和孔学和其他先秦儒家思想的唯实双构一样,要根据唯实主义的原则和标准对荀子哲学进行唯实解构,只有这样荀子哲学的真正面目才能最终浮出水面,才能建立起可信的中国古代哲学史。

唯实主义认为,判断一种哲学思想的本质的唯一方法是根据建立在观念事实之上的价值观,这个方法和原则对于判断荀子哲学的本质同样是适用的。通过对荀子哲学的唯实解构,我们发现,一直以来的传统主流观点将荀子哲学纳入先秦儒家范围,这种做法是不准确和不正确的。鉴于荀子哲学与孔学和其他先秦儒学在观念事实、方法和理念上完全不同,尤其是它们的价值观完全不同,因此,荀子哲学与孔学和其他先秦儒学是不同质的。也就是说,荀子哲学是独立的哲学思想,而并不是儒学的一种。

一 历来对于荀子哲学的主流"归类"的方法及基础

传统中国哲学史的研究方法主要是"先秦百家思想对号入座法",研究的对象是中国哲学的观念史,其正统结论是认为儒家思想是中国古代哲学史的主体,而在泛儒学化泛滥的情况下,中国古代哲学史在很大程度上就成了一部儒学史。如今,这种对号入座和泛儒学化的方法仍然被错误地应用于对荀子哲学的定性分析中。但是,如果我们按照唯实主义的方法来对荀子哲学进行归类和排队的话,就会发现我们很难为它找到一个合适的座位。

(一)儒家

虽然有将荀子哲学纳入法家或者其他流派的观点,但是从古至今的主流观点是将荀子哲学纳入儒家,荀子哲学也始终被认为是先秦儒家思想的组成部分之一,荀子被视为是儒家思想在战国后期的重要代表人物。

将荀子纳入先秦儒家的重要依据之一是《韩非子·显学》。在该文中,韩非子说道:

> 自孔子之死也,有子张之儒,有子思之儒,有颜氏之儒,有孟氏之儒,有漆雕氏之儒,有仲良氏之儒,有孙氏之儒,有乐正氏之儒。[①]

这段话对先秦儒学的流派进行了概括和总结,在传统的中国古代哲学史和儒学史中十分著名,被认为是先秦儒家传承的不刊之论。但是,在根据历史事实对其进行检验时便会发现其中存在着不少的错漏。

其一是在这个排列中曾子儒学的缺失。作为孔子晚年最重要的弟子的曾子是孔子去世之后最重要的继承人,是被认为接过了孔子衣钵的传人,曾子在孔子去世后在鲁国坚持讲学,对于先秦儒学的传承产生了十分重要的影响,可在此却并没有被列入。如前所述,根据其观念事实来看,曾子儒学与子思儒学不应该是同一分支。因为如果是同一分支的话按照古人的原则一定会把老师曾子置于弟子子思之前来命名这个分支,

---

① (战国)韩非:《韩非子校注》,张觉校注,岳麓书社2006年版,第671页。

而不是相反。

其二是子夏的缺失。从《论语》和《史记》的记载中可以看出，子夏是孔子最著名的弟子之一，孔子去世后子夏返回晋地传授孔学，对孔学的传承和推广以及儒家典籍的流传同样起到了重要的作用。郭沫若也发现了子夏的遗漏，认为是韩非将子夏视为法家的创始人，故没有将其列入。① 至于郭沫若的观点也是令人商榷的，这是另一个问题。

其三是颜氏之儒的列入。颜氏显然是指颜回。颜回是孔子最得意的弟子，在《论语》中多有记载，但颜回早亡，死于追随孔子周游列国的路上。根据《论语》和《史记》等古籍的记载，颜回长于品德，其安贫乐道的精神和"孔颜之乐"的生活方式被孔子高度赞赏，但是古籍中的颜回只是个循规蹈矩的底层读书人，并没有记载颜回任何突出的观点和理念。即使在周游列国途中颜回会收些弟子，但人数肯定也不会多，并且由于其早亡影响也不会大，因此将颜氏之儒列入一派是不妥的。

其四是孟氏之儒的列入。一般认为孟氏是指孟轲即孟子。但孟子的时代已是战国中期，距孔子去世的春秋后期已有一百多年的间隔。韩非记载八家之分的原意是指在孔子去世之后不长时间里对孔学的传承情况，将孟子儒学列入显然打破了这个原则。如此一来，韩非划分儒家八分的标准便产生了混乱，所谓八家之分变得不可信了。

其五是孙氏之儒的所指。一般认为孙氏是指荀卿即荀子，因为荀子本姓孙。但有学者并不同意这种观点，认为在孙之前漏写了"公"字，即孙氏之儒应该是"公孙氏之儒"。② 公孙氏应该是孔子的七十二弟子之一的公孙尼子。《汉书·艺文志》便载有"《公孙尼子》二十八篇"，可惜该书已佚失。然而，公孙尼子这种观点无法得到旁证和附证，是无法成立的。因此，孙氏之儒应该是指荀子。但是，荀子生活的年代已经在战国晚期，距孔子去世已有二百多年之久，无法反映孔子去世之后的儒家传承情况。由此可以看出，根据韩非的划分将荀子哲学列入先秦儒家一支的根据是牵强和无法令人信服的。

其六是韩非子划分的标准是所谓传承法，而不是观念事实。传承法

---

① 郭沫若：《中国古代社会研究》（外二种），河北教育出版社2004年版，第573页。
② （战国）韩非：《韩非子校注》，张觉校注，岳麓书社2006年版，第672—673页。

存在极大的主观臆断的空间，为不实之言和道听途说留有余地，是不严谨和不科学的，在方法上可以做一定程度上的参考，却不足为信。

可见，韩非所谓孔子之后儒家八家之分在划分原则和方法上是十分混乱和随意的，并不是严格的学术性划分，并没有准确地反映出孔子去世之后孔学的传承情况。因此，韩非的观点只能作为参考，而不能作为哲学史和儒学史严格的标准。

但是，将荀子哲学视为儒家的观点仍然是近现代哲学史的主流。比较有代表性的是梁启雄的观点："荀子是儒家大师，他论政仍然以'礼治'、'德治'或'人治'为主导思想，然而他是赵人，当然受到三晋法术家思想的影响。"① 还有李泽厚的观点："荀子或被视为法家，或曰儒法过渡人物，或'很明显地可以看得出百家的影响'，然而按传统说法他是儒家，比较起来，仍然更为准确。但因为传统的说法是儒家自己的，便经常突出他与孔孟正统特别是孟子的歧义与对立。其实，荀与孔孟的共同点，其一脉相承处是更为基本和主要的。荀子可说上承孔孟，下接易庸，旁收诸子，开启汉儒，是中国思想史从先秦到汉代的一个关键。"② 但是，李泽厚并没有提出他做如此判断的根据，而从其行文来看并不是根据荀子哲学的观念事实来做出判断的，仍然是在采用传承法。

这种观点实际上只是陈陈相因的对一种不准确和不正确的传统观点的传承。它置荀子哲学在观念与理念上与孔孟儒学存在着巨大的体系性壁垒的事实于不顾，更忽略了荀子哲学在价值观上与孔孟儒学的根本性的分歧和对立，而硬要将前者纳入儒家的"小鞋"，是违背了唯实主义的原则的。在百家相互借鉴甚至融合的战国后期，荀子哲学吸取一些儒家思想是合情合理的，但这并不等于因此荀子哲学就是儒家思想了。判定一种哲学思想的本质也不是哲学家主观的观点，唯一的根据只能是观念事实。

（二）异端思想

出于推举孟子的目的，宋儒对荀子哲学发起了围攻，进行了颇具极

---

① 梁启超、郭沫若等：梁启雄之《荀子思想评述》，《荀子二十讲》，廖名春选编，华夏出版社2009年版，第147页。

② 梁启超、郭沫若等：李泽厚之《人的族类特征》，《荀子二十讲》，廖名春选编，华夏出版社2009年版，第207页。

端性的批判和排斥，直至斥其为异端思想。宋儒对荀子的抨击和鞭挞主要集中在他与孟子儒学的对立尤其是与孟子的性善论人性论针锋相对的性恶论人性论，他的罪孟论和将其弟子李斯视为秦始皇焚书坑儒的幕后策划者等问题上。

欧阳修、司马光、王安石、程颐和朱熹等南北宋儒的代表人物都对荀子哲学的性恶论进行过激烈的抨击。程颐认为：

> 荀子极偏驳，只一句性恶，大本已失。①

程颐的一句"偏驳"颇能代表宋儒对荀子的评价。说荀子哲学"偏"是因为它已经偏离了孔孟儒学的轨迹，没有资格成为儒家思想的一部分；说其"驳"则表明北宋的理学家对于荀子哲学还无法盖棺论定，知其不是儒家思想却不知其为何种思想，只能用一个"驳"字加以排斥了之。

朱熹虽然不同意苏东坡认为荀子并不是要刻意与孟子的性善论作对而提出性恶论的观点，但对荀子进行了多方面的贬斥。他对弟子们说道：

> 不须理会荀卿，且理会孟子性善。②

在尊孟的时代背景下，处于孟子儒学另一端的荀子哲学受到各派宋学大儒的排贬是必然的。他们不仅直接攻击荀子哲学本身，更将这种攻击进行泛化，将荀子作为一些历史事件的"陪绑"，进行鞭挞。其中最典型的就是作为宋学重要流派之一的苏学的代表人物苏轼了。在《荀卿论》③中，针对荀子本人，苏轼评价道：

> 荀卿者，喜为异说而不让，敢为高论而不顾者也。其言愚人之所惊，小人之所喜也。

---

① （宋）程颢、程颐著：《二程集》，中华书局1981年版，第262页。
② （宋）黎靖德编：《朱子语类》（第八册），中华书局1986年版，第3254页。
③ （宋）苏轼：《苏轼文集》（第一册），中华书局1986年版，第101页。

在此，苏轼将荀子哲学与愚人和小人画上了等号，属于骂街了。

针对李斯，苏轼说道：

> 彼李斯者，独能奋而不顾，焚烧夫子之六经，烹灭三代之诸侯，破坏周公之井田，此亦必有所恃者矣。彼见其师历诋天下之贤人，自是其愚，以为古先圣王皆无足法者。不知荀卿特以快一时之论，而荀卿亦不知其祸之至于此也。
>
> 其父杀人报仇，其子必且行劫。荀卿明王道，述礼乐，而李斯以其学乱天下，其高谈异论有以激之也。

苏轼将秦始皇焚书坑儒的责任归咎于李斯，又将李斯的所为归咎于他的老师荀子，于是荀子变成了焚书坑儒的罪魁祸首，于是乎，荀子成为与秦始皇齐名甚至更恶毒的历史罪人。苏轼直称荀子哲学为与满嘴仁义道德的孔孟儒学格格不入的"异论"，荀子哲学显然是被排除在儒家之外的。

苏轼的这种极端的言论并不是个别的，而是当时的主流观点。理学家朱熹对于这种逻辑也给予了支持。朱熹说道：

> 如世人说坑焚之祸起于荀卿。荀卿著书立言，何尝教人焚书坑儒？只是观它无所顾忌，敢为异论，则其末流便有坑焚之理。[①]

朱熹认为，虽然荀卿并没有直接提出焚书坑儒，但他为其学生或者信徒提供了焚书坑儒的理论基础。

不难看出，宋儒的这些激烈的讨伐实际上已经拒绝承认荀子哲学为儒家思想。南宋的理学家朱熹继承了程颐的观点，只是他更进一步，将荀子哲学纳入申韩之列。申韩即申不害和韩非，他们的思想流派是法家。法家思想在宋朝被视为异端，朱熹将荀子哲学列为法家不仅否认了它是儒家的组成部分，同时也将其纳入了异端之列而进行严厉的贬斥。

被纳入异端的荀子哲学成为历史上许多恶行的承担者，这种思想在

[①] （宋）黎靖德编：《朱子语类》（第八册），中华书局1986年版，第3256页。

清末民初的新文化运动中再次沉滓泛起，荀子哲学再次成为中国传统文化的"代言人"而受到抨击和鞭挞。

（三）法家

朱熹将荀子纳入法家与申韩并举的观点虽然不是主流，但一直以来影响不小。这种认定的主要根据是荀子的两个著名的弟子李斯和韩非都是法家的代表人物。

但是这种说法是不准确和不正确的。荀子哲学不属于法家的判断是根据荀子哲学的观念事实所做出的。荀子哲学的核心理念是荀礼，荀礼是贯穿荀子哲学的逻辑线索，荀礼的方法论，如社会学、经验主义和现实主义等，也是整个荀子哲学的方法论。荀子哲学是"隆礼"的政治哲学，相比之下法的地位是要低于荀礼的，法只是荀礼的补充，只适用于"众庶百姓"，而不适应于士人等精英阶层。说荀子哲学"重法"是对的，只是重法无法与隆礼相提并论，因此认为荀子哲学"隆礼重法"是不准确的。

（四）杂家

郭沫若的观点在近现代学者中也具有一定的代表性。郭沫若在《荀子的批判》中说："要之，荀子的思想相当驳杂，他的寿命长、阅历多、涉猎广、著述富，是使其驳杂的一些因素。书非成于一时，文非作于一地，适应环境与时代自然不免有所参差。但他并不纯其为儒，而是吸取了百家的精华，确是无可否认的事实。因此我觉得他倒很像是一位杂家。"① 郭沫若的观点实际上是继承了宋儒程颐对于荀子哲学的"驳"的评价，进而将其定性为杂家。虽然郭沫若抓住了荀子哲学非儒家思想的特征，但却仍然无法对其进行准确的定性，因为杂家是不足以说明荀子哲学的本质的。

二　对荀子哲学进行定位的方法论弊端

唯实主义认为，一直以来对荀子哲学准确和正确定位的失败有两个层面的原因：一是有效的方法论的缺失，二是无法对其哲学的观念事实

---

① 郭沫若：《荀子的批判》，《中国古代社会研究》（外二种），河北教育出版社2004年版，第668—669页。

进行准确的把握。实际上,这两个层面的原因是相辅相成和相互制约的,正是因为有效方法论的缺失才会导致无法对其哲学理念进行准确的把握,而对其哲学的观念事实的不准确的把握也妨碍了对于有效的新的方法论的探索。

历来对荀子哲学进行定位所采取的方法是中国哲学史上占据主导地位并且至今仍然流行的"先秦百家思想对号入座法",简称"百家对号入座法"。在《董学与孔学的正本清源》和本书前文对百家对号入座法已有阐述,由于这种方法对中国哲学史的影响巨大,因此作者认为在此有必要对其进行进一步的解析。

所谓百家对号入座法就是根据一个思想或者观点纳入先秦思想的各种主要流派之中,尤其是儒家、道家和法家之中,各种分析以对某种思想进行"归类"为起点和目的,同时这种归类也被视为是哲学分析的终点,即在对某种思想完成归类之际便是对其分析结束之时。

(一)百家对号入座法的弊端

虽然百家对号入座法从古至今一直是中国哲学史研究的居于主导地位的分析法,但它并不是一种客观和科学的哲学史研究法。在根据唯实主义的方法和原则将这种方法也当作一种观念事实来加以唯实解构之后,我们发现这种方法存在以下弊端。

第一,现行的对先秦百家思想的归类是否准确。

从现有先秦典籍和史料来看,在先秦时期和统一之后的秦朝并没有对先秦百家进行系统的划分,第一次对先秦百家流派进行明确划分的是司马迁的父亲司马谈。司马迁在《史记·太史公自序》中说:

> 太史公仕于建元、元封之间,愍学者之不达其意而师悖,乃论六家之要指。

《六家要指》将先秦思想划分为六个流派(六家),即阴阳家、儒家、墨家、法家、名家和道家。或许由于司马迁在史学界的崇高地位,《史记》中的这个分法也成为后来中国哲学史对先秦百家思想进行归纳的最终版本,再也没有改变和质疑。

事实上,按照观念唯实主义的标准,这种划分既不全面也不准确。

首先，这种划分是不全面的。

先秦思想的一些重要流派都被遗漏在外，如商学、兵家、农家、庄子思想以及黄老思想等并没有被列入其中，实际上兵家、农家、庄子思想对于先秦哲学、文化和社会等各个层面都具有重大的影响，并不亚于名家和道家思想，而商学更是在先秦百家中最具现实影响力和在政治上最成功的思想，是秦国统一中国的意识形态基础。在战国晚期逐渐形成的黄老思想是假托黄帝和以老子政治思想为基础的政治思想，在西汉初期曾作为非正式的官方意识形态主导了几朝的国策，在中国哲学史和政治史上也是不可忽略的。因此，将商学和黄老思想排除在六家之外是不全面的，未能反应战国时代的历史事实和观念事实，是缺乏不公正性和客观性的。

其次，这种划分是不准确的。

作为历史事实，战国时期的政治和历史主旋律是秦国的崛起和它所进行的按部就班和明确有度的统一战争，秦国空前的政治和军事成功的哲学和意识形态基础是商鞅的哲学即商学。或许是由于统一后的秦朝因实行暴政而遭到普遍的反对和它的迅速败亡，秦国成为学界、政界和民众之间的反面教材，在西汉前期的所有政客和文人都以批评、批判和总结秦朝的侥幸为己任，不但要与秦国划清界限，更在思想上与商学划清界限，提秦朝和商鞅而色变。在这种情况下，在其历史功绩被一并抹杀的同时，作为一个政治哲学流派的商学也被打入冷宫，无人敢于提及。商学自然不会出现在《六家要指》之中。将商学排除在六家之外体现了西汉初期对于商学深刻的歧视，是对历史事实的回避。在战国后期获得一定程度重视的法家只继承了商学的部分思想，即强调依法治国的方面，在思想深度和广度上和价值观上都与商学不可同日而语。因此，从西汉开始的历史上对商学的忽视和对其历史功绩的漠视实际上是意识形态作伪的一种形式。

有鉴于此，我们必须要跳出从西汉初中期开始流行的"政治正确性"和意识形态偏见，在两千多年之后的今日早已经摆脱了西汉初期的政治氛围和利益纠葛，应该完全根据先秦各家思想的观念事实来对其进行定性、划分和归类。根据唯实主义的归零法，根据其观念事实来对先秦百家思想进行客观、准确和科学的重新分类是中国哲学史不能回避的一项重要工作，而在这种唯实主义的方法、标准和原则之下，传统的对先秦百家思想的划分法自然要受到重新的审视和定位。

第二，先秦百家对号入座法的基本价值观是儒家思想。

虽然号称先秦有百家思想，但先秦百家对号入座法的基本价值取向是儒家思想。这种方法不仅以孔孟儒学为中国哲学正统，更是以孔孟的是非为是非。例如，宋儒对于荀子哲学的排贬正是根据孔孟儒学的道德标准作为是非标准来评判的结果。宋儒认为荀子哲学所提出的君权主义理念与孔孟儒学的道德乌托邦主义相对立与冲突，拒绝承认荀子哲学是正统儒家思想。清末的新文化运动对荀子哲学的鞭挞则走入了另一个极端，将荀子哲学的君权主义视为儒家思想专制的代表，同样对其发起了讨伐。可见，百家对号入座方法在对哲学思想的判断和定性是多么地难以令人信服。对于荀子哲学的这两种极端定性却有着共同的特性，那就是它们都在延续了中国古代哲学史的皇家官方立场。

第三，百家对号入座法滋生泛儒学化。

在长达两千多年的中国传统文明时期，皇家的官方立场就是传统的皇权主义意识形态，它对各种学派的观念事实和历史事实进行系统的作伪。皇权主义意识形态的作伪和泛儒学化相结合便不可避免地滋生了泛儒学化和将孔子圣人化的理念和做法。泛儒学化以孔孟儒学的标准作为是非判断的标准的思维定式，在中国哲学史中蔓延。泛儒学化不顾古代哲学的观念事实，处处都要与孔学和儒家发生关系，以孔学和儒家的小鞋来衡量和定制各种思想和哲学。但是，这种观点和方法是错误的，它不仅将孔孟儒学凌驾于其他先秦思想之上，不仅无法作为准确而有效的中国哲学史研究方法论，更无法反映中国古代哲学史二重性/二元结构的原貌，而对于董学在中国古代哲学史中的核心和主导地位视而不见则更是违反了唯实主义的事实性原则的。

第四，对先秦百家思想进行对号入座的根据是靠不住的。

历来在使用百家对号入座法时的一个潜在的规则是：只要确定了某个概念和观念与百家思想中的一个之间建立起了关系，便可将前者归入后者之中，对它的研究便得出了定性的结论，研究工作基本上就可以完满地画上句号了。事实上，这种潜在的规则并不是哲学史研究的科学、公正和全面的方法。完成与先秦百家流派的对号入座并不意味着哲学史研究的结束，甚至也够不上开始。因为百家流派并不能是哲学的原则，起码古代的和现有的对于先秦思想的理解并不能涵盖所有哲学和哲学史研究的命题和原则。根据观念唯实主义，对哲学观念、思想和流派的定性只能根据它们的观念事实作为对其价值观定性的唯一标准。而价值观才是最能体现哲学本质的内核所在，而对观念事实和价值观的把握正是百家思想对号入座法所缺乏的。

第五，对百家思想对号入座法的应用是不可靠的。

缺乏对观念事实和价值观的把握使得百家对号入座法无法获得可靠性。然而，即使对这样的不可靠的方法，许多对哲学史的研究也往往把握和驾驭不好，只能流于形式，根据主观的理解在概念层次上进行简单的比较，而不去进一步挖掘在相同或者相似的概念和范畴之下被赋予的不同内涵和意义，这样难免产生望文生义和浮躁的弊端，从而使哲学史研究与准确性、科学性和公正性相去甚远，使哲学史研究变成了一锅夹生饭。宋儒和清末新文化运动对于荀子哲学性质的两个极端的判断典型地体现了百家对号入座法的不可靠性。

（二）对百家对号入座法的重新定位

百家对号入座法并不是个准确、成熟和值得信赖的中国哲学史研究法，将其视为中国哲学史唯一的或者重要的研究方法体现了中国哲学史在方法论上的贫乏，而这使中国哲学史的研究始终处于隔靴搔痒和似是而非的模糊状态之下，不足以挖掘出中国古代哲学思想宝库的真正珠宝。虽然有如此弊端，但也不应该完全将其抛弃。因为所谓百家对号入座法实际上是一种粗略的类比法和比较法，虽然十分粗放，但只要使用得恰当和谨慎，将其视为唯实主义的一种辅助的方法和思路。也可以将其纳入唯实主义的唯实比较法，作为一种观念唯实主义方法论的辅助方法而加以使用。

对于泛儒学化的做法则要加以限制，杜绝言必称孔子和将孔子圣化的流弊。要尊重哲学思想的观念事实，将观念事实作为对哲学思想进行判断的唯一标准。

三 荀子哲学与孔学等先秦儒家思想的本质区别

根据观念唯实主义，一个后来的学派与前一个学派之间是否存在继承关系，要根据其建立在观念事实之上的核心价值观来判定。因此，即使是从儒学的角度来看，荀子哲学与孟子儒学的深化和扩展孔学的走向完全不同，出现了方法、概念和理念偏离以及在核心理念上否定孔孟儒学的倾向。更为重要的是，荀子哲学的价值观是君权主义的价值观，这与以孔学和孟子儒学为代表的"正统"的儒家思想已然相去甚远，各方面的相互冲突使两者已经不可同日而语和相提并论了。

其实，宋儒们的看法对于认清荀子哲学的本质是具有启发性的。宋儒认识到了荀子哲学的性恶论的人性论等观点与孟子儒学已然完全不同的观念事实，认为这是有悖于圣人的，因此断定荀子哲学要么是儒门异端，要么是不属于儒家。宋儒的判断标准是孔孟儒学的道德乌托邦主义原则，是为了构建所谓道统序列，他们的观点虽然偏激，却是看到了它与孔孟儒学的本质区别，体现了将荀子哲学强行纳入儒家是十分勉强的认知。

从荀子哲学的核心概念、目的性、方法、理念等方面，尤其是从价值观上看，荀子哲学都与先秦儒家思想存在本质上的区别。荀子哲学虽然汲取了孔学的一些理念，但它也同样吸取了其他先秦学派的营养，而相比于它对其他先秦学派中的营养成分的吸收，荀子哲学的独创性则更加引人注目。荀子哲学在方法论上的创新以及其独特的理念表明荀子哲学已经全方位地摆脱了先秦儒学的窠臼。如前所析，荀子哲学在概念体系、核心理念，如天道性命观、人性论、王权观、伦理学、战争观等方面都与孔学在本质上不同，荀子哲学在很多方面已经完成了对孔孟儒学的否定和超越。

在各种不同中，价值观的不同是具有根本性的。而除了价值观之外，荀子哲学与先秦儒学在方法论上的区别是十分明显和深刻的。荀子哲学的基本的方法论来自社会学，荀子对荀礼以及其他相关概念的解析正是社会学方法的应用。荀子哲学的这个特征决定了荀子哲学与先秦其他哲学流派在方法论上的不同之处，也明确地证明了荀子哲学的方法论与孔学的伦理学和孟子儒学的以先验心理学为基础的人性论是不同的。

唯实主义认为，不同的方法论会得出不同的哲学理念，方法论是判断两种思想的本质的最重要的标准和根据之一。荀子哲学的基本方法论是社会学方法，孔孟儒学的方法是先验的道德评价，两者是完全不同的。

而荀子哲学以社会学为基础的方法论自然会得出与依靠先验道德评价为方法的孔孟儒学迥异的理念,而对它们的观念事实进行系统的唯实比较也恰恰验证了它们之间在理念上的不同和针锋相对。①

荀子一改孟子对礼基本上置之不理的做法,重新对礼产生了兴趣。但是如前所述,荀子的礼已不是周礼,也不是孔礼。荀子虽然尊重古礼,但是荀子将礼作为一种历史上的政治和道德制度加以审视,形成了独特的荀礼。作为荀子哲学的核心概念和理念,荀礼有着与孔学完全不同的规定性。荀礼并不是为了要在任何意义上的复古铺平道路,而是要通过荀礼来重新解释王权、伦理学等范畴,荀礼实际上是荀子哲学的现实主义的理念载体和其哲学体现的重要组成部分。

与孔学与孟子儒学以道德主体性和个人伦理学为出发点和核心不同,荀子哲学的核心是政治观,而不再是伦理学,更不是个人伦理学。从更深层次上看,荀子哲学政治观的基础同样不再是个人伦理学。孔孟儒学的政治观是其个人伦理学的延伸和平移,其核心和基础是个人伦理学,荀子哲学则否定和打破了这个方法,采取了完全相反的路向,其政治观的基本逻辑和基础是以人性论和荀礼为核心的社会学,荀子哲学的伦理学是以君王为主体的,是自上而下的,这些显然都是明确的国家主义倾向。

以此为基础,荀子哲学与孔学和孟子儒学自然会有不同的价值观。荀子哲学的使命不是个人和君子的道德自我实现,而是要在现实主义基础之上正视和构建富国强兵之策,在个人的道德理想被纳入国家政治之后,君子的道德理想已经与国家政治发生了脱钩,不再被主观地混为一谈了。不仅如此,荀子哲学也确实提出了强调治国的系统性的一套国家行为模式,这就是其以君权主义为基础的一系列政治理念。

孔孟儒学的方法论是绝对的个体化原则,其价值取向是以道德主体性主导之下的纯粹的个人伦理学,是个体化原则的社会化。相比之下,荀子哲学的方法论已经超越了道德主体性和个体性原则,而进化到了经验主义和现实主义,呈现出了明确的社会学和唯物主义的倾向,其价值

---

① 本书既是唯实主义在董学与先秦儒家思想所进行的唯实比较上的应用,同时也是对唯实主义的方法和原则的验证。事实上,这两方面的工作都得到了完美的实现。

观也因此具有了明确的国家主义的取向。

在《荀子》中，我们看不到荀子关于要弘扬孔学和儒家思想的任何言论，这与孟子在《孟子》中直言不讳地宣称要继承孔子的衣钵形成鲜明的对比。从主观上看，荀子对于儒家思想并没有认同感，并没有将自己视为儒家弟子，将自己的哲学视为儒家思想的组成部分。无论是从荀子的逻辑和行文上看，还是荀子对孟子儒学等儒家思想提出直接否定的态度来看，都表明荀子并没有要继承和发扬光大先秦儒学的立场。荀子的主观的自我定位折射出他对于儒家思想的疏离感和抗拒感。

在中国古代哲学史上，两宋的程朱理学"挺孟斥荀"，在将孟子抬高为"亚圣"的同时，将荀子打入冷宫，斥之为异端思想，极尽排斥之能事。以继承了孔孟道统自居的程朱理学显然是看到了荀子哲学与孔孟之道在理念和价值观上的激烈冲突而加以贬斥。这也从反面反映了荀子思想并非儒家思想的事实。

在肯定荀子哲学的优点及其创造性的同时，我们也要看到它的不足之处。虽然荀子哲学以政治理念为核心建成了比较完整的哲学体系，但它在诸多方面仍然不够成熟。根据观念唯实主义的原则，一个哲学思想和观念是否成熟首先要看它内在的体系性是否完善，而是否完善的标准就是其逻辑性；同时，根据历史唯实主义的原则，一个哲学体系十分成功也要看它是否能够解决时代所面临的困境和危机。以此标准来衡量，荀子哲学的政治观在体系性上仍然有所不足，其政治观的哲学基础和形而上学基础仍然脆弱，并且并没有为解决时代的问题提供切实可行的良策。其次是要看其创新性。荀子哲学的政治观在哲学和思想观念层面上许多方面都超越了先秦政治思想，尤其是孔孟儒家的藩篱，具有明显和突出的创新性，但是它仍然没有达到老子哲学在体系上的逻辑性和完整性，在政治观上也没有能够独立支撑一种新型的国家行为模式的高度，这是它上与商学思想，下与董学的本质性的差异所在。最后是要看其制度设计。荀子哲学提出了君权主义，这是它在先秦百家思想中独树一帜的鲜明表现，是其思想的卓越性的体现，但是在君权主义的政治理念之下，荀子哲学并没有提出具有创新性的制度设计，尚缺乏现实的可行性，这一点与孟子儒学十分相似。缺乏可行的制度设计一方面使其政治理念缺乏足够的具体支撑，另一方面使其政治现实主义不够彻底，以至于在现实政治中仍然缺乏具体的可实践性，这与商学和董学能够提出具体而可行的国家制度设计和实用的操作性又拉开了差距。因此，荀子哲学的政治思想仍然处于政治观念的层面上，还无法全面上升到成熟的政治哲学的高度之上。

四 作为独立哲学思想的荀子哲学

对于荀子的评价和对荀子哲学的归类再次暴露了中国哲学史在进行哲学体系评价时在方法论上的贫乏。荀子哲学中虽然有些观点与孔孟儒学相近，荀子却是从不同的价值判断标准得出的，个别观点的相近掩盖不了价值取向上的分野，荀子赋予了礼等哲学概念以全新的解释，其内涵与孔孟儒学完全不同，在荀礼与孔礼之间存在着明显的体系性壁垒。因此，将荀子哲学纳入先秦儒学是不准确和不正确的，这个判断有待重新评估，以纠正和澄清荀子哲学的归类和定位这个在中国哲学史尤其是先秦哲学史上的又一个误区和盲点。

根据观念唯实主义的方法和原则，判定一个哲学与另一个哲学之间是否具有同一性，或者说是否属于同一个流派，其标准在于其观念事实，更在于基于观念事实之上的价值观，因为价值观才是哲学的本质和灵魂所在。这个方法和原则有利于厘清历史上的国家权力和意识形态对于哲学思想的作伪和政治化的利用，有利于在剥离了各种利害关系之后完全根据哲学思想的观念事实来断定其本质和确定其在历史上的定位。这表明，唯实主义的方法和原则对于将哲学始终作为皇权主义奴仆的中国古代哲学史的去伪存真具有重要意义，这当然也包括对于荀子哲学的定性以及与孔学和先秦儒学之间的关系的定位。

如前所述，荀子哲学中确实有一定的儒家因素，荀子对于孔子也有溢美之词，但荀子哲学对于儒家的态度基本上是否定、蔑视，甚至是充满了敌意的，这点在《荀子》中表现无遗，是荀子哲学无法抹杀和忽略的观念事实。同时也要看到，荀子哲学中也有许多其他学派的因素。荀子哲学中具有明确的法家思想的要素，他的君权主义强调依法治国，主张礼法兼容，这点可以从荀子的两个最出名的学生即李斯和韩非的主张和行为中反映出来。因此，荀子哲学中具有儒家因素和尊孔的言辞并不能说明荀子哲学是儒家的令人信服的证据。

从荀子哲学构成的权重上看，荀子虽然也强调道德的重要性，但道德不再具有道德主体论的核心作用，况且荀子哲学的伦理学完全是另一种性质的伦理学，即它不再是孔孟儒学的个人伦理学，而是君权主义之下的具有国家主义色彩的政治伦理学。由于前文已有唯实解构，此处不再赘述。

一些学者将荀子视为"杂家"，或者是掺杂融合了法家等诸家思想的儒家，虽然只是看到了表面现象，还没有把握住荀子哲学的本质，却也认识到了荀子思想与正统儒学的重要差异性，体现了对观念事实的一定程度的尊重，较主流观点是有所进化的。

从本书对荀子哲学的唯实解析中可以看出，虽然荀子哲学仍然有道德理想主义的残留，其现实主义并不彻底，但是荀子哲学的基本的方法论和价值观已经将其与孔学和孟子儒学划清了一道明确的界限，形成了自成一派的哲学流派。这是观念唯实主义通过对荀子哲学的唯实解构所发现的一个重要的观念事实。

荀子哲学的独创性不仅反映在与先秦儒家的唯实比较之上，通过将荀子哲学与同在战国晚期的其他先秦思想相比同样能够折射出荀子哲学所具有的独创性。《吕氏春秋》是战国晚期另一种具有影响力的思想流派。在中国即将完成统一的前夜，两者虽然都试图对先秦哲学进行阶段性的总结，并且都将重心置于统一后的国家政治行为，但后者只能对先秦思想的存量进行归纳，而并无理念和理论上的创新性。相比之下，荀子哲学则提出了君权主义的政治观，为统一后的国家行为提出了系统的政治理念，在吸收先秦百家思想的营养的基础上提出了自己独特而系统的思想。能够提出独创性的理念和理论是荀子哲学较同期的《吕氏春秋》更加出色的重要原因。

五 荀子思想是先秦哲学的一个高峰

在战国后期，儒学作为一个学派的影响力日益式微。前儒学，即被董学改造之后的儒学，已经处于分崩离析的状态，出现了难以为继的倾向。韩非在《韩非子·显学》中便将战国末期的儒学归纳为八个分支，可见先秦儒学已经陷入支脉蔓延的混乱状态了。在这个时期出现的荀子所肩负的使命并不是要再次整合和统领儒学，而是要思考如何面对时代主题，为解决时代的危机提出整体的方案。从儒学发展的视角来理解荀子显然是降低了作为思想家的荀子的思想境界和他与时代的深刻关联。

荀子哲学是在对包括儒家思想在内的先秦各派思想进行扬弃的基础之上形成的，其中的儒家思想仍然占有较大的比重，研究荀子哲学要避开儒家思想的影响也是不客观的。如果要对荀子哲学在战国后期的时代背景下的功能和目的进行一次评估的话，那么可以说荀子哲学代表了先秦思想所能达到的理论最高峰。荀子已经将先秦哲学发展到了极致，并且提出了一些超越时代的理念和理论，将先秦思想的内涵扩展到了其他先秦流派所不曾达到的境界。在从先秦观念史的视角进行对荀子哲学进行审视时，我们会发现，荀子试图站在更高的哲学和政治高地上来整合先秦各派思想，并且在此基础上努力为战国后期统一中国的时代主题的实现提供一套政治方案。

但是，荀子哲学在战国末期仍然无法与现实政治完成对接，仍然停留在观念史的层次上，仍然是个"失败"了的哲学思想。荀子哲学的再次失败也说明了荀子哲学具有内在的局限性是无法克服的，它的理念和方法上的不彻底性妨碍了它上升为国家意识形态。

第十节　荀子哲学与董学的唯实比较

对荀子哲学进行唯实解构的最重要的一点是挖掘出它与董学的关系，这同时也是荀子哲学研究的难点。理顺了荀子哲学与董学之间的关系对于董学和荀子哲学都具有重要的意义，不仅能够真正澄清荀子哲学的本质，也是进一步深刻理解董学的渊源和本质的重要一环，在这个过程中许多中国哲学史的谜团便可以迎刃而解，许多一直困扰中国哲学史的难题也可以找到准确而可信的答案。

荀子哲学和董学之间的比较是跨时代的比较，他们所处的不同的时代有着不同的时代主题和旋律，不同的危机和任务。荀子生活在中国即将完成统一的前夜，这使得荀子哲学的时代背景与孔子和孟子不同，时代的主题不再是在"黑暗中"摸索中国文明的新的价值观、发展方向，也与其他的百家思想探讨富国强兵之策和如何完成中国的统一不同，在秦国统一进行到收尾阶段之时，荀子哲学所关注的重点转移到了如何在统一之后有效地治理国家。从这点来看，荀子哲学与董学肩负着近似的政治哲学使命。然而，荀子与董仲舒之间隔着一个秦朝、楚汉战争和西汉初期的意识形态的失落期，两者处于完全不同的时代，这使得两者在逻辑和布局上又存在着重要的差异性。

董学和荀子哲学的比较是唯实比较，是按照唯实主义的方法和原则的指导下进行的。这与董学和孔学以及与曾子儒学、《大学》《中庸》和孟子儒学的比较所采取的方法和原则是相同的，都遵循相同的理论框架，都是唯实主义在中国哲学史领域中的具体实施和应用。

一　两者存在诸多共性

荀子和董仲舒都是中国古代哲学史上的巨擘，都是具有独创性的哲学家。他们都饱览群书，对先秦百家都做过深入的研习，都试图整合先秦哲学，并在此基础之上来提出自己的哲学思想和哲学体系，来应对中国（即将实现）统一的政治现实，并给出自己的答案。共同的使命感和目的性赋予了他们的哲学许多共性。

（一）相同的政治目的性

从观念事实的角度来看，虽然荀子哲学和董学在思想的力度、深度、幅度和逻辑结构等方面并不相同，然而它们都十分重视政治哲学，以政治哲学作为各自哲学的核心领域，只是前者没有真正完成对先秦百家思想的整合和真正构建出完整的政治哲学体系，而后者则有效地整合了先秦百家思想，对它们进行了深入而系统的扬弃，并且按照自己的逻辑和原则提出了具有牢固形而上学支撑的、基础深厚的政治哲学体系，不仅解决了当时的政治难题，出色地完成了时代所要求的目的性，也为统一后的中国文明指明了前方的道路。

（二）体系性上的突破

相比于先秦时期的其他百家思想，除了春秋晚期的老子哲学之外，荀子哲学在体系性构建方面是最突出的一种思想体系，代表着先秦哲学在体系性构建上的突破和新的高度。然而，在其思想的上游，荀子哲学天人之分的观点却割裂了天与人之间的关系，忽略了阴阳和五行等先秦哲学的重要范畴和观念，这些特色和不足使其哲学失去了形而上学基础，也致使其哲学的体系性并不完整和完善；在其思想的下游，荀子哲学并没有提出新的政策设计和制度支撑，这使得荀子哲学的政治观丧失了现实可行性。

相比之下，董学无论是在哲学体系的构建上还是在对中国哲学、政治和国家行为模式的设计上都达到了其他学派无法比拟的高度，在多个哲学领域达到并占据着制高点。董学在哲学上的体系性是博大精深和蔚为大观的，其成就更是达到了历史性的、革命性的突破，不仅在中国哲学史上绝无仅有，即使是在世界哲学史上也是登峰造极的，而董学作为一种国家和文明的意识形态达两千多年之久更是在世界文明史上无与伦比的。或许古希腊的亚里士多德在纯粹哲学理念和体系上的成就在一些方面可与董学相比较或者相提并论，但是他的哲学从来没有变成一个国家的官方意识形态，更没有指导一种文明形态在两千多年的历史进程中多次达到世界文明史上的高峰。

(三) 价值取向上的相同

唯实主义认为，从整体的把握上，要对两种哲学思想进行唯实比较首先要厘清各自完整而系统的观念事实，其次是要在这些观念事实基础之上挖掘出它们的价值观并进行比较，只有这样才能真正断定两者之间的关系。在将荀子哲学的观念事实挖掘出来之后，便要比较荀子哲学与董学在价值观上的异同，这不仅是断定两者本质的重要的阶段，也是对荀子哲学进行定性的决定性步骤。

根据其观念事实，我们看到荀子哲学的价值观具有明确的国家主义取向，这主要体现在其君权主义的政治观中。荀子哲学判断事物的标准在于国家和君权，所追求的是国家利益的最大化，而不再追求个人价值的实现，是自上而下的价值观。荀子哲学的核心不再是（个人）伦理学，而是社会学和政治学，伦理学服从于社会学和政治学，而不是相反，这与孔孟儒学的价值取向是完全不同的。荀子哲学摒弃了孔孟儒学的道德主体性，开始转向现实主义，用现实主义的眼光来看待客观事物和时代的政治问题，而摒弃了孔孟儒学的道德乌托邦主义、道德万能论和政治无为主义。

同样地，董学的价值观是典型和系统的国家主义政治哲学，它体现在以天人合一哲学指导下的完整哲学体系的各个层面和子系统之中，形成了蔚为大观的总系统。董学是个以天人合一哲学为枢纽和以政治哲学为核心的庞大的哲学体系,其逻辑线索和价值观自始至终都是皇权主义的,天人合一、皇权主义和国家主义决定着董学的价值取向,董学的价值观是自上而下的,其(个人)伦理学是其政治哲学的组成部分,其功能是由皇权主义的原则所主导的。

二 两者的差异性

虽然荀子哲学和董学存在以上的共性,然而两者之间的差异也是十分突出的。从董学的生成中我们可以看到,作为重要的先秦百家思想流派的荀子哲学是董学进行吸纳整合和系统扬弃的对象之一。

(一) 不同的时代性

荀子和董仲舒处于迥异的时代,他们处于不同的时代精神之下。在时间维度上的差异加上两人在哲学功力上的个人因素使董学和荀子哲学具有深刻的差异性。

如前所述,荀子的时代处于秦国统一全中国的前夜,大统一虽然呼之欲出却仍然是未来式,是个还没有完成的时代主题,皇权这种新的权力形态还没有出现。战国时期是个充斥着各种危机的时代,对于战国各国政府、学界还是百姓来说,对于危机的最终解决方案有着共识,那就是全国的统一。虽然秦国的武力统一本身对于六国来说就是个最大的危机和灾难,但是从长远和全国的角度看,中国统一却是众望所归的历史趋势,是各个阶层的民众所认同和期盼的未来,这种广泛的共识使全国统一在意识形态上具有确定性。

董仲舒的时代则完全不同。中国的大统一已经是完成时,从分裂到统一的过程已经完成了两次,尤其是作为国家权力最高级形态的皇权已经出现,皇帝制度也已经被建立。但西汉初期却在各种危机的重压之下而惴惴不安。政治上的危机来源于秦国和楚汉战争完成了的全国统一面临着崩溃的危险,西汉通过楚汉战争虽然勉强地继承了秦国的大统一的政治遗产,但是对于这种大统一的状况能否维持以及如何加以维持无论是国家还是学界都处于迷失状态。皇权虽然已经产生,西汉的开国皇帝们照猫画虎地继承了秦朝的皇帝制度,却无法全面地继承秦朝商学的意识形态,皇权和皇帝制度竟然转向了提倡小国寡民和无为而治的老子哲学思想来寻求政治支持,这种令人匪夷所思的权力形态与意识形态想脱离的状况是西汉初期陷入深刻的意识形态危机的反映和结果。来自北方强悍的匈奴的欺凌、掠夺、侵略和羞辱已经常态化了，西汉朝廷却对此束手无策。国家上下对于未来都处于迷失和不安之中，这种状态反映了西汉初期深刻的意识形态危机。如何化解国内外的政治和意识形态的危机是西汉初中期的时代命题和难题，也是董仲舒所要承担的时代使命。如何在哲学上理解和支撑皇权和如何构建新的国家制度，是他思考和着手加以解决的核心问题，董仲舒也正是以皇权为核心来构建和展开他的庞大的哲学体系的。

时代性的不同必然使荀子哲学和董学具有不同的视野、内涵、逻辑和解决方案，这种时代性的不同渗透在两者的哲学思想的每一个角落。

（二）政治哲学的形而上学基础不同

荀子哲学和董学的形而上学基础是完全不同的。事实上，荀子哲学的自然主义的天论与董仲舒哲学的天人合一理论是对立的。

虽然荀子哲学也有天的概念，然而荀子哲学在强调天人之分时也否定了先秦时期的灾异观念，也形成了与董学在天人关系上的差异。

与董学一样，荀子哲学也强调"知天"。荀子说道：

> 知其所为，知其所不为矣，则天地官而万物役也，其行曲治，其养曲适，其生不伤，夫是之谓知天。（《荀子·天论》）

也就是说，荀子哲学的知天在于控制、征服和驾驭自然，这与董学的天人合一哲学之下的志在将人的行为与天道相适应，建立天人之间相辅相成的和谐关系，强调天人一体性的天道认识论是截然不同的。

荀子哲学将天与人之间的关系进行了割裂，提出了天人之分和人定胜天的理念，人的地位超越天成为本体，因此作为荀子哲学的政治哲学的君权主义不可能以天作为其形而上学的基础。荀子哲学将君权主义的形而上学基础建立在了人性论之上，体现了荀子在社会学上的开拓性和洞见。

与荀子哲学不同，董仲舒再次将天与人统一了起来，将上古的天人感应理念升华为天人合一的完整理念并以此为基础和核心建立起了完整而庞大的哲学体系，也就是说董学根本的哲学理念和逻辑是天人合一哲学，天与人形成了同一性，天是其以皇权主义为核心的政治哲学的形而上学根基和逻辑演绎主线。

荀子哲学与董学在天人关系上的对立有着双重的哲学和政治意义。其一，在中国意识形态和政治史上，荀子哲学的这种"唯物主义"的思想并没有受到继承和发扬，官方的意识形态拒绝接受这种思想，因此荀子的思想并不是中国传统文明的意识形态的组成部分；其二，在学术界里这种观点同样没有受到重视，在儒家思想的持续性的排挤之下，荀子哲学仍然无法成为中国哲学的主要思潮。

因此，那种认为董仲舒的公羊学思想在学术上继承了荀子的观点是不准确的。虽然在个别的细节上，董仲舒与荀子的观点表现出一定的一致性，但在哲学的基本走向和理念基础上，公羊学与荀子的思想是南辕北辙的。

（三）不同水平的哲学逻辑和体系构建

从哲学体系构建的角度上看，荀子哲学和董学并不在同一个档次之上，后者远远高于前者。由于在上游缺乏坚实的形而上学，在下游缺乏具体的制度设计和政策贡献，荀子哲学既没有形成一个严格的在逻辑上令人信服的哲学体系，也没有形成由统一的逻辑主线牵连而成的理论整体。荀子哲学内部的逻辑和理念的相互矛盾、悖论和冲突之处并不少见，这恰恰是其思想在体系性上的不完整，理念上的不够成熟和缺乏统一的逻辑整体的表现。从哲学体系的标准来衡量，荀子哲学可以说仍然还是个半成品。

相比之下，董学则是一个在体系上完整、在结构上错落有致、在逻辑上环环相扣的一个完整的哲学体系，其天人合一和阴阳五行的形而上学、天地人的三维本体论、皇权主义的政治哲学、三统三正的历史哲学、性三品的人性论、国家主义的伦理学和在这些理念统领之下的教化论等子系统都按照同一的逻辑线索在展开和运行，相互之间互相支撑和证明，形成了一个严密的整体，逻辑通畅一致而鲜有包括荀子哲学在内的其他哲学思想中经常出现的悖论。故而，董学不但是在世界哲学史范围内成熟的哲学体系，而且是前无古人后无来者的卓越的哲学体系，是堪称完美无双的人类哲学思想的结晶。

(四)君权主义与皇权主义

荀子哲学的核心是其政治观,政治观的核心是君权主义,君权主义体现了荀子哲学的最终目的性,凝结了荀子哲学的价值观;董学的核心是其政治哲学,作为政治哲学系统理念的皇权主义体现了董学的最终目的性和使命,凝结和体现了董学的价值观。

虽然荀子哲学的君权主义与董学的皇权主义在国家主义的方法和价值取向上具有共同性和一致性,但是两者在深度和体系性上存在着巨大的差异。这些差异具体体现在概念体系的构成上、形而上学的基础和理念的内涵和外延上,在国家权力的绝对性和唯一性上,在制度支撑和具体政策层面上等重要的方面。从哲学观念史的角度来看,这些差异性体现了两者在定位上的不同层次性和本质上的不同;从现实政治的角度来看,这些差异性也体现了两者在治国理念和方法上的不同。

(五)应对士人阶层的办法不同

荀子和董仲舒都认识到了士人阶层的重要性,两人在各自的著作中都反复论述和强调了士人阶层对于国家和社会的重要的影响力,但是两位不同时代的哲学家所提出的治理士人阶层的措施却是完全不同的,这种不同性典型地体现出了两者政治现实主义的彻底性和哲学成熟性及深度上的差异性。

在《荀子·致士》中,荀子说道:

> 川渊深而鱼鳖归之,山林茂而禽兽归之,刑政平而百姓归之,礼义备而君子归之。故礼及身而行修,义及国而政明;能以礼挟而贵名白,天下愿,令行禁止,王者之事毕矣。
>
> 川渊者,龙鱼之居也;山林者,鸟兽之居也;国家者,士民之居也。川渊枯则龙鱼去之,山林险则鸟兽去之,国家失政则士民去之。

荀子认为,只要君王有德行,行礼义,士人就会依附拥戴他。这在理念上是十分空洞的,在措施上是十分苍白无力的,与孔学和孟子儒学的道德乌托邦主义和政治无为主义仍然十分相似。可见,对于如何招纳和利用士人阶层,荀子实际上是一筹莫展,没有具体办法的。

相比之下，董仲舒则提出了一整套归化和驯化士人阶层的哲学理论和有效的政策措施，这就是他在对孔学的有机改造和融合的基础之上而提出的作为落实其教化论的具体措施的五经博士制度。通过五经博士制度，董仲舒为桀骜不驯的日益游离于国家权力体现之外的士人阶层铺平了一条取得功名，进行自我实现的捷径，即只要能够按照皇帝的意愿认真学习五经，即《诗》、《书》、《礼》、《易》和《春秋》，通过国家的考核，就可以成为国家官员，获得国家和社会的认可，获得高官厚禄。五经博士制度的实施彻底归化了士人阶层，将其纳入了国家政治体系，为国家提供了源源不断的优秀并且可控的人才，从而解决了困扰西汉初期皇帝制度的一个关键性的结构性困局，也一劳永逸地解决了皇权主义与社会精英阶层之间进行有机互动和进行结合的合理方式，消除了皇帝制度内部的一个不安定因素和潜在威胁，使中国文明获得了空前的凝聚力。

对待士人阶层的不同应对措施体现了荀子哲学和董学之间的差异性，体现了荀子哲学的君权主义的有限性和董学的皇权主义的成熟性之间的差距，也再次充分地证明了董学对于包括荀子哲学在内的先秦百家思想进行的超越和整合是成功的，也再次证明了董学在中国古代哲学史中的地位。

（六）政治现实主义的彻底性不同

荀子哲学和董学虽然具有相同的价值取向，即都是以国家和政治为重的自上而下的价值观，然而两者在价值观的彻底性上又是有差距的。虽然荀子也试图在功利性和道德性之间建立起某种平衡，然而荀子哲学中的道德色彩仍然较浓，这与它的政治现实主义的不彻底性是相辅相成的。

相比之下，董学对政治现实主义的理解和运用可谓是达到了极高的程度。董学的皇权主义在立功和立德这两种截然不同的亚国家行为方式之间建立起了结构性的平衡，并且使基于立功和立德的两种亚国家行为模式之间能够根据时代主题和国家状态的变化和不同而进行自如的转换，这是董学在政治哲学上最重要的突破和成就之一；董仲舒看透了孔学和儒家的道德主体性的弊端和弱点，但并没有因此而将其摒弃，而是将其有机地纳入了自己现实主义的政治理念和举措之内，将其打造为教化天下士人阶层的利器，将孔学的道德观纳入了董学的现实主义的政治哲学设计之中。由此可见，董学对于孔学的道德主体性的扬弃不仅仅体现在哲学观念之上，更体现在对国家意识形态的改造和国家行为的使用之上，可谓是大师级的现实主义政治设计者。

三 荀子哲学是董学的一次预演

荀子哲学并没有达到董学的高度，除了作为哲学家在个人能力上的不同之外，时代性的制约也是个重要的因素。然而，通过对荀子哲学的唯实解构不难看出荀子哲学在关键性的原则和方法上与董学具有"异曲同工"的相似性，在一些方面可以被看作先秦哲学向董学进化的一次预演，可以看作中国古代哲学从孔学、儒学和先秦百家子学向董学过渡的一个重要的中间环节。如果说荀子哲学仍然是一个半成品的话，那么董学则是一个成熟的作品。然而，任何成熟的作品都要经过进化和发展的历程，而不会一蹴而就。在董学的成型和成熟中，我们也能看到荀子哲学所起到的启发性和过渡性的作用。

从政治理念上看，荀子哲学的君权主义和董学的皇权主义具有逻辑上的进化性。荀子哲学中一些仍然处于初期阶段的理念在董学中都被成熟化和系统化了，例如荀子哲学君权主义中所强调的"一/壹"以及"一制度"和"壹民"等概念和理念在董学中被发展成为皇权主义下的大一统理念和制度。在荀子哲学中的仍然不够彻底的现实主义的政治逻辑和理念在董学的政治哲学中都得以明确化、系统化和深化，荀子哲学中的悖论在董学中都得到了化解和理顺，荀子哲学中的种种不成熟之处在董学中都得到了克服和弥补。在方法论和价值观上，荀子哲学开始摆脱孔孟儒学去寻找新的理念和逻辑，荀子发现了新的方向，如社会学的视角和现实主义的政治观，却没有达到目的地，而董学就是荀子哲学所要寻找的目的地，并且走得更远，即董学进一步设计出了符合时代性和现实性的具有实用性的国家行为模式和政治制度和政策。

因此，我们可以认为，如果说作为先秦时期最出色的哲学家之一的荀子，是第一个试图总结和整合先秦百家子学的哲学家并且最终功亏一篑了的话，那么董仲舒则是最终完成了对先秦百家子学思想进行系统的扬弃和整合并为之画上了历史句号的哲学巨人。

四 董学对荀子的肯定

董学超越荀子哲学就如同它超越所有的先秦百家一样,在哲学主题上完成了先秦哲学的使命,在逻辑上终结了先秦哲学的探索,在政治上完成了对各种方案的讨论。正是由于对哲学使命的认同以及在方法论和价值观上共同的方向性,使董仲舒在先秦百家思想中对荀子哲学另眼相看,并给予了荀子哲学特别的关注和赞许。

据刘向等人记载,董仲舒曾"作书美孙卿",遗憾的是这本书失传了。董仲舒对于孟子和荀子的态度可谓是"抑孟挺荀",他对荀子的肯定态度与批评和贬抑孟子的态度形成了鲜明的对比,这显然是董学对于两者所体现的不同的价值观所做出的明确评判。

五 《荀子》中的董学痕迹

根据观念唯实主义的方法和原则来通观和研判《荀子》一书,可以发现其中有许多与该书的时代性不符、内容上的错位和逻辑上的断层,而在理念上与后来的董学多有相符和相似之处。根据其在方法论和价值观上的观念事实呈现,人们不能不将该书与董学进行合理的联系。事实上,《荀子》中的许多逻辑断层和理念缺失只能通过它与董学的关系的角度才能做出令人信服的解释。

(一)对秦国的评价

荀子关于秦国的评价在《荀子》中是不完整和前后矛盾的。对这种现象的分析可见上文荀子哲学战争观中的"关于秦国的观点"部分。

(二)法先王和法后王上的逻辑缺失

如前所述,《荀子》中提及了法先王和法后王的观念,荀子虽然认为法先王是重要的,但是他认为法后王更具有现实性,因此要重于法先王。法先王和法后王之说与荀子对秦国的评价是直接相关的。从荀子哲学的现实主义方法和理念来看,法后王的观念应该在荀子哲学的政治观中占有比较重要的地位,但是在今本《荀子》中法后王所指的"后王"却无从查考,不知所指何人,这对于具有高超逻辑思辨能力的荀子来说是不可想象的。因此,很有可能的情况是后人在编辑《荀子》时有意删减了荀子对于法后王的论述。之所以会出现这种情况是因为荀子的法后王观念与西汉初中期的"政治正确性"相左，而这很有可能是与荀子对于秦国的评价相关。也就是说，为了符合后来皇权主义的政治正确性，后人，尤其是汉武帝朝的公羊学家和古籍的编定者，在重新编辑《荀子》时不惜对该书中的"敏感"和"越轨"之处进行了删减，以致斩断了荀子哲学的逻辑链条，造成了荀子哲学原貌的残缺。

（三）对五经的论述

《荀子》中的有关章节对于五经的描述同样呈现出十分可疑之处，对其唯一合理的解释只有从它与董学的关系上来考察才能做出合理的解释。

《荀子·儒效》中载：

> 圣人也者，道之管（枢纽）也。天下之道管是矣，百王之道一是矣，故《诗》《书》《礼》《乐》之归是矣。《诗》言是，其志也；《书》言是，其事也；《礼》言是，其行也；《乐》言是，其和也；《春秋》言是，其微也。

《荀子·劝学》中载：

> 学恶乎始？恶乎终？曰：其数则始乎诵经，终乎读《礼》；其义则始乎为士，终乎为圣人。真积力久则入，学至乎没而后止也。故学数有终，若其义则不可须臾舍也。为之，人也；舍之，禽兽也。故《书》者，政事之纪也；《诗》者，中声之所止也；《礼》者，法之大分、类之纲纪也。故学至乎《礼》而止矣，夫是之谓道德之极。《礼》之敬文也，《乐》之中和也，《诗》《书》之博也，《春秋》之微也，在土地之间者毕矣。

这里是把《诗》、《书》、《礼》和《春秋》等书并列，作为圣人之道和学习的标准教材，而将这些书定为所谓圣人之道和士人学习的标准教材是在汉武帝根据董仲舒的建议建立起五经博士制度之后才形成的，先秦时期虽然儒家弟子也会学习这些经典，但他们学习的更重要的经典是孔子的《论语》和孟子的《孟子》等直接的和正统的儒家之书。这里不提《论语》和《孟子》而只提五经，显然是西汉后人（汉武帝朝的古籍编定者）窜入的证据。

（四）《荀子》中的最后五章

《宥坐》、《子道》、《法行》、《哀公》和《尧问》等是今本《荀子》第二十卷中的五章，都是关于孔子的言行的，对《论语》中的有关章句进行了引申。但是，这几章与《荀子》中的内容和逻辑明显不符，显然是由外人或后人勉强追加上去的，这个观点也在古今学者中取得了共识。这五篇文章中的内容不见于其他史料记载，对孔子言行的解读也与《论语》原意不符。例如，《宥坐》试图重新解读孔子的父子相隐的观念，试图要用国家主义和法治的逻辑来否定孔子基于孝道的父子相隐的观念，这明显是篡改了孔学的本意；《子道》试图重新解读孝道，这也背离了孔学的孔孝观念；等等。

因此，由于背离了孔学思想轨迹，这几章则不能作为研究孔学的唯实史料，而由于后人窜入和粉饰的痕迹过于明显它们也无法被视为是荀子哲学的组成部分。

窜入这几章的目的应该是要加重孔学在荀子哲学中的比重。而这对于后人将荀子哲学纳入先秦儒家思想或许起到了巨大的作用。由于这几章是非荀子本人之作，是被外人强加上去的，因此而将荀子哲学强行纳入先秦儒家思想便成了"强扭的瓜"。这种状况的出现只有通过董仲舒的"托孔入世"的策略和"罢黜百家，独尊孔术"的政策才能给出合理的解释，是公羊学通过董学的原则对先秦典籍进行重新修订的体现。

另外，在这几章中记载了孔子与其弟子的言行，出现的有子路、曾子、子贡和颜渊等孔门弟子，却没有仲弓的影子，可见仲弓在孔门弟子中的重要性要低于子路等人，这从侧面折射出子弓并非仲弓的事实，加重了荀子所推崇的子弓是何人的迷局。

六 董学与荀子哲学都是独立的哲学体系

通过对董学与荀子哲学的唯实解构，我们发现它们都是名副其实的独立的哲学思想体系，都不是孔学的延伸，都不是儒家思想的分支和组成部分，也都不是孔学和儒家思想在不同时期的代表。

虽然两者都在不同程度上借鉴和吸取了孔学和先秦儒学的一些成分，但这种吸取和借鉴是哲学观念事实历史发展的必由之路，古今中外任何哲学思想的诞生都不是凭空而生的，都是建立在对前人思想的扬弃基础之上的。虽然自古以来董学和荀子哲学都被置于儒家的标签之下，但这种状况并不符合它们的观念事实和价值观，其中受到了皇权主义意识形态作伪的巨大扭曲和左右。因此，在已经脱离了传统中国文明形态一百多年之后的新时代，我们必须要摆脱传统文明价值观和意识形态的窠臼，用科学、客观和公正的视角来研究中国古代哲学史，构建起新的中国哲学史大厦。而这正是唯实主义和本书的使命所在。

除了政治因素的强力作伪之外，缺乏对哲学思想进行客观而科学的方法论也是对荀子哲学和董学进行不准确和不正确定位的技术上的根源。盛行了两千多年的先秦百家对号入座法显然无法再继续作为中国哲学史研究的主要的甚至是唯一研究方法。这种方法缺乏可靠的哲学根据，已明显不适合于中国古代哲学史的研究，中国古代哲学史的重构必须要将其置于补充的方法加以借鉴性使用。

第十一节　荀子哲学的意义

经过对荀子哲学的唯实解构，可以看出，荀子哲学的观念事实，尤其是其欲道、人性论和政治观，和研究方法在先秦哲学中达到了新的高度，而荀子哲学的独特定位和理念，尤其是与董学的承前启后的关系，使其在先秦百家思想中占有特殊的地位。

荀子哲学出现在秦国统一中国即将完成的战国末期，一个历时几百年的列国纷争的混战时期即将结束，一个真正统一的中国即将出现在天地之间。荀子敏锐地意识到了即将到来的历史性变局，荀子哲学在许多方面就是对一个即将过去的时代所进行的总结，为一个即将到来的新时代进行政治观上的准备。因此，荀子哲学与以寻求强国方略和统一之术为己任的战国时期的其他百家流派是具有不同的定位和历史使命的。

一　荀子哲学整合先秦思想的失败

处于全国统一前夜的战国晚期在先秦哲学观念史和政治史中都具有同特殊地位，出生在战国晚期的荀子则敏锐地捕捉到了时代特征，荀子哲学在先秦哲学史和政治史中都深深地留下了自己的痕迹。从哲学观念史的角度看，荀子哲学力图在对先秦百家思想进行整合的基础上提出新的哲学思想。

(一) 整合先秦思想的努力

生活在战国晚期的荀子有条件学习和考察先秦思想的其他流派，并且对其进行批判和吸收，这是时代所赋予的特殊的可能性。荀子确实意识到了这个时代所赋予的可能性，并将其付诸了行动。荀子哲学实际上是荀子对先秦各派思想进行总结和整合的一次努力，荀子哲学中的杂家倾向已被一些荀子哲学的研究者所发现，而杂家倾向实际上正体现了荀子哲学欲整合先秦百家思想的理论尝试的并不十分准确的反映。

从《荀子》中我们可以看出，荀子哲学吸收了上古哲学中的天人感应的理念，并且试图将这一理念作为其哲学体系的形而上学基础。只是荀子将天和人割裂了，这实际上便在逻辑上无法将天和人在哲学上有机地统一起来，天便无法成为人类社会的基础。虽然在今本《荀子》中我们无法看到荀子对商学和秦国的完整看法，但从荀子哲学的立意和逻辑上我们仍然可以感受到商学对荀子哲学的影响。

荀子哲学对孔孟儒学的扬弃是具有典型性的。荀子哲学对于礼问题的关注不能不受到强调礼的孔学的影响，虽然荀子哲学的荀礼与孔学的孔礼在逻辑、内容和功能上是完全不同的，但这恰恰折射出荀子哲学对于礼这个问题上对于孔礼的扬弃。虽然荀子对于孟子儒学持激烈的否定立场，但孟子儒学的性善论的人性论对荀子哲学的性恶论的人性论仍然起到了启发作用，促使荀子对人性论问题进行了更为深刻的思考。这种反思和反动性的思考反映了哲学观念史进化的规律，即对前人的观念事实的否定可以激发和促进后来哲学理念的发展。

荀子哲学在理论上与以孔学和孟子儒学为核心和代表的先秦儒家思想清楚地划清了界限。荀子哲学放弃了孔孟儒学的道德主体性，也不再以伦理学的原则和标准来判断和裁定现实政治，开始由道德乌托邦主义向现实主义进行过渡。在具体的政治层面上，荀子不再如孔子和孟子般试图从道德万能论和政治无为主义的视角来评判和切入政治问题，而是开始能够正视时代的政治现实性，通过经验主义和现实主义的方法来探讨现实政治问题。同时，荀子哲学也并没有照搬商学的过分强调国家行为的功利性而忽略道德性的理念和行为方式，而是要在功利性和道德性之间找到一个平衡点，这个平衡点就是其政治观中的君权主义。从荀子哲学对孔孟儒学的态度和做法上可以看出荀子是要站在孔子和孟子这两个巨人的肩上来构建自己的哲学体系的努力。

（二）荀子没有发现整合先秦哲学的理论内核和逻辑主线

在与孔孟儒学和其他先秦思想划清界限的基础上，荀子哲学试图另辟蹊径来整合先秦百家思想，为此他提出了君权主义的政治观。然而，荀子哲学的君权主义并没能有效地完成对先秦百家思想的整合。这主要体现在两个方面。

其一是君权主义缺乏有效的形而上学支撑。

关于荀子哲学的形而上学问题，前文已有解析，此处只概略回顾，不再详细赘述。

荀子哲学摒弃了历史上的天人感应的观念，斩断了天与人之间的逻辑联系，而试图用强调社会性的荀礼和人性论作为其政治理念的基础。但是经过荀子改造之后的荀礼和人性论并没令人信服，社会学和人性论并没有能够有效地代替形而上学的功能，荀礼仍然无法摆脱礼，其性善论的人性论陷入了与业已失信和失效了的孟子儒学的性恶论的争拗之中。可以说，荀子斩断天人关系割裂了荀子哲学与先秦许多范畴和思想观念的继承性，对荀子哲学的独创性和体系性造成了重大的损害。

其二是荀子哲学的君权主义理念缺乏有效而具体的政治制度设计和政策支撑。

一种政治思想在缺乏形而上学支撑的情况下是否能够成为独立的国家行为模式，对一个国家和时代产生巨大的甚至是决定性的影响呢？答案是肯定的。一个典型的例子正是发生在战国时期，那就是以商鞅为代表的商学。商学并没有形而上学基础，而是集中于国家的制度设计和政策实施。然而，由于商学的制度设计合理、有效，各种政策措施切中要害，符合秦国国内和国际的政治现实，在秦国得到了有效的实施，成为战国时期最具执行力和影响力的国家行为方式，根本性地改变和决定了那个时代的政治行为方式。商学成功的例子说明，政治上的执着和国家行为的执行性是可以弥补政治理念和体系上的不足和残缺的。①

相比之下，荀子哲学的君权主义虽然脱离了孔孟儒学的道德乌托邦主义和放弃了商学极端的功利主义，开始用现实主义的视角以具有平衡性的价值观来直视政治问题，但是荀子并没有提出独特而鲜明的政治举措。君权主义强调德治、法治的政治思想在孔孟儒学和商学/法家思想中古已有之，它强调君权的功利性为先，这在商学的思想和秦国的国家行为中已经付诸实施两百多年了。因此，从整体上看，荀子哲学的政治主张将功利性和道德性加以融合和平衡，虽然在理念上有重要的意义，但对于具体的国家行为实践却有不痛不痒之感，缺乏鲜明的个性。

荀子哲学在整个先秦百家思想中是处于高位的，虽然在体系性方面比不上老子哲学，但已经好于其他的先秦思想了。然而，荀子哲学却似乎缺少一个真正的主心骨，缺少真正的灵魂。作为其思想核心的荀礼并没有赋予其哲学以主心骨和灵魂，仍然显得力度不足。与之前的商学和后来的董学相比，荀子哲学尤其显得如此。

二 荀子人性论的哲学意义

荀子哲学性恶论的人性观在中国古代哲学史，尤其是人性论观念史上具有重要的地位。荀子哲学获得了中国人性史观上具有突破性的成绩，在方法论和哲学意义上其深刻性都要较孟子儒学的性善论人性论略胜一筹。

（一）荀子第一个提出了人性实体的概念

荀子哲学性恶论人性论对于性进行了新的规定，尤其重要的是它提出了欲的概念，并且对其进行了较为深入和系统的解析。在荀子之前，中国哲学关于人性的讨论主要集中在对人性的道德属性的判断之上展开。荀子哲学则开辟出了完全不同的思路。

在中国人性史上，荀子哲学对"性"进行了深入的剖析和重新规定，

---

① 商学并不注重与先秦百家在理论上的争辩，而是完全将精力集中于行动之上，商学注重国家行为的执行力的特征，在一定程度上说明了为何作为战国时期最为成功的政治制度和国家行为模式却没有在先秦哲学观念史中获得一席之地的这种反差。秦人的争辩都在刀剑上，而不在口舌上。

这在中国人性史观上具有十分重要的意义。性就是事物的性质,是事物的实体。对人的本质的探讨是离不开对人的性的探讨的。

有学者认为,荀子哲学的性的概念包括"情、欲、知、能"等子概念。① 这个概括放大了性的内涵,超出了荀子哲学对于性的规定,是不准确的。荀子哲学的性包括情和欲,情和欲是性的内容,而"知"和"能"则是对它们的使用,它们虽然与情和欲相关,却属于外化的实践和应用领域,在哲学上应该对它们加以区别。

(二) 欲道

虽然荀子哲学性恶论的人性论与孟子儒学的性善论的人性论一样仍然是对人性的道德判断,但荀子判断的根据不再是孟子儒学的道德先验论,而是社会学方法下的欲道。也就是说,荀子哲学的人性论是建立在事实性基础之上的,与孟子儒学人性论的道德先验论具有完全不同的哲学基础。如前所述,荀子认为,每个人为了满足自己的私欲而去与其他人争斗,造成了社会上的混乱,也就是说人性恶是自然状态下的人性状态,而为了遏制和消除人性恶就必须通过君权来实施荀礼,在人群中形成"分",使人们从事不同的工作。在分的状态下,人群能够专注于自己的工作,相互配合,整个社会才能形成和谐有序的状态。

(三) 人性的同一性

荀子认为,人性是具有同一性的。他说道:

> 万物同宇而异体,无宜而有用为人,数也。人伦并处,同求而异道,同欲而异知,生也。(《荀子·富国》)

> 圣人何以不可欺? 曰:圣人者,以己度者也。故以人度人,以情度情,以类度类,以说度功,以道观尽,古今一也。

> 类不悖,虽久同理。(以上出自《荀子·非相》)

> 凡人有所一同:饥而欲食,寒而欲暖,劳而欲息,好利而恶害,是人之所生而有也,是无待而然者也,是禹、桀之所同也;目辨白黑美恶,耳辨音声清浊,口辨酸咸甘苦,鼻辨芬芳腥臊,骨体肤理辨寒暑疾养,是又人之所常生而有也,是无待而然者也,是禹、桀

---

① 廖名春:《〈荀子〉新探》,中国人民大学出版社2014年版,第84页。

之所同也。(《荀子·荣辱》)

荀子哲学的同一性是彻底的，认为圣人和所有人一样都有相同的欲望。荀子哲学的欲望同一性具有重要的意义，这为他的君权主义的政治观和经济理论提供了哲学基础。进一步的论述，详见前文关于君权主义和经济观的章节。

孔学中也有关于人性同一性的观点。孔子曾说："性相近习相远。"然而这句话在理论深度上是无法与荀子哲学关于人性的同一性相提并论的。作为后来者的荀子对人性的认识显然要超过了孔子。

(四) 荀子哲学的人性观起到了承上启下的历史作用

荀子哲学性恶论的人性论在理论上，上接孟子儒学性善论的人性论，是可以自圆其说和独立成论的。人性论是荀子哲学思想中最为闪光的部分之一。

荀子哲学的人性论对于中国人性论史和哲学史的另一个重大的贡献是启迪了董仲舒的人性论，可以说起到了承上启下的历史作用。

关于荀子哲学与董学的人性理论的关系，可详见前文，在此不再赘述。

三 荀子哲学是先秦哲学的理论高峰

从纯粹的中国古代哲学观念史的角度来看，在先秦百家思想中，荀子哲学确是一个最高峰之一，这是不可否认的事实。相较于绝大多数的先秦百家思想，荀子哲学的理念更加深刻、成熟和合理，具有了一定的实在性和系统性，并创造性地将社会学的视角和方法引入了其哲学思考之中。方法上的创新使荀子哲学能够突破先秦早期思想的藩篱，不再从先秦一元的、特定的和狭隘的道德视角来审视和判断一切，能够提出新的理念和价值观，为其哲学思想树立了多元化和实在性的价值标准。

荀子哲学对于以孔学为核心的先秦儒家的突破尤为具有哲学意义，它摆脱了其道德主体性和个体性原则，摒弃了其以伦理学的价值标准来衡定政治学的价值取向，扭转了从下而上地看待和衡量国家行为的方法。荀子哲学不再恪守其要用主观的和个人主义倾向的道德原则来裁剪现实政治，摆脱了其在缺乏客观性和合理性前提的情况下来要求时代按照它们的道德原则来运行的乌托邦主义，而是开启了按照现实主义的原则和方法来看待世界现实，开始了政治观与时代政治在理念上的对接。

由于其内在的不完善性，如体系性上的残缺和理念和逻辑上的各种悖论的存在，在哲学观念史的层次上，荀子哲学并没能真正完成对先秦百家的整合。然而，这并不妨碍它作为一座高峰耸立在先秦哲学史的百家之中。从其与时代政治的关系上看，荀子哲学虽仍然没有完成与国家权力的真正接轨，但它的政治理念已经承接了与新的政治现实相协调和相适应的内容，要较先秦儒学和墨家等思想更加具有合理性，更符合时代主题。这些都表明，荀子哲学的一些原则、理念和方法为中国哲学史上划时代的革命的到来，即董学的横空出世，进行了理论和政治上的铺垫和准备。在许多方面上，荀子哲学为董学的出现进行了一次哲学上的铺垫和预言，而这才是荀子哲学在中国哲学史上的最重要的意义。

第十二节　小结

在孔子去世之后，其弟子四散于各地，一些人以讲授孔学和古典文献为生，这导致了孔学呈现出不同的形态，开始了从孔学向儒学的转变。孔学之后的儒学或者后孔学的儒学呈现出多元化的状态，而经过历代的传承和沉淀，曾子儒学、子思儒学和孟子儒学是其中比较有影响力的。由于版本和传承的混乱，尤其是功利因素的渗入，后世的先秦儒学研究可谓是众说纷纭，出现了各种程度和方式的误解和曲解，形成了层层累积的作伪，使其成为中国先秦哲学史的一个难点和盲点。本书以唯实主义为方法论，致力于发掘、发现和复原先秦儒学的观念事实，并在这些观念事实的基础上将先秦儒学与孔学和董学进行系统而深入的唯实比较，以便从新的方法论和视角呈现出先秦儒学的价值观和本质，对围绕着先秦儒学的层层累积的作伪、误解和谜团进行去伪、澄清和破解，重构它们与孔学和董学的真实关系，为先秦儒学的去伪存真提供新的思路。

从时间和地域上看，由于曾子是孔子的直传弟子，作为鲁国人的曾子在孔子的故乡鲁国传授孔子的思想，曾子儒学是与孔学最为接近的。曾子儒学严格继承了孔学的道德主体性和个体性原则的核心价值观，在理念和行为上切断了向社会和政治的过渡的努力之后，完全退守到了个人伦理学的层面上。如此一来，作为孔学外延的道德乌托邦主义也在曾子儒学中消失了。可以说，曾子儒学成了单纯强调孝悌的纯粹的个人伦理学。从伦理学价值观的角度来看，曾子儒学是缩小版的孔学。作为春秋后期共同时代背景下的伦理学，曾子儒学向缩小版的孔学的转变也充分体现了孔学在当时的时代背景下趋于式微的过程，体现了孔学在将个人价值观在社会上进行政治化的平移失败之后而不得不转向内向和保守的状态。时代性和地域性的相同也应该是曾子儒学虽然在理念上十分保守，却能够经得起时间的考验，能够流传于世的重要原因之一。《孝经》是曾子儒学最重要的文献，它体现了孔学的核心价值观，也反映了后孔学的先秦儒学向保守性和内向性的转变。但是，今本《孝经》的文本却不一定是曾子儒学家传的版本。今本《孝经》的内容渗透着董学的理念。这表明，在汉武帝时期确立五经博士经典的过程中，虽然《孝经》最终并未被列为五经之一，却受到了董学的重新编撰，获得了高度的重视。这或许与西汉建国伊始便"以孝立国"的意识形态有关。

子思儒学相传是孔子的直系孙子子思参与完成的，体现了孔系的真传思想。虽然这种说法很有可能只是一种伪托和附会，但无论从先秦儒学的观念史上看，还是从宋朝理学出现的"四书"来看，子思儒学仍然是先秦儒学研究不可忽视的一个重要组成部分。子思儒学的时代背景已经与孔学不同，是在战国时期产生和展开的。由于后世对子思的生平所知甚少，关于子思儒学的研究集中在了存在诸多考据学和校雠学疑点和盲点的《中庸》和《大学》两本书之上。其实，《中庸》和《大学》原本并不是书，而只是附在作为五经之一的《礼记》之后的两篇文章。从文章的行文和构成上看，《中庸》是一篇没有完成的半成品，其内容繁杂，头绪众多，体现了多元化的思路。从哲学路向上，《中庸》试图另辟蹊径，按照新的概念如"诚"等来构建孔学所缺失的形而上学。虽然这种努力并没有完成，但这已经赋予了《中庸》在先秦儒家典籍中最具哲学思辨性典籍的地位了。董学对子思儒学的渗透体现在《中庸》和《大学》的内容、版本和部分理念之上。在理念上，《中庸》有明显的被董学渗透的痕迹，应该是在修订过程中突然停止，而作为附件被置于《礼记》之后。《中庸》可能被董学寄予了更高的希望，但是对它的编纂和修订却半途而废，留下了个历史谜团。同时，《中庸》和《大学》中存在对孔学理念的总结和深化的努力，尤其是其中掺杂着的"修齐治平"理念。修齐治平是力图将孔学的个人伦理学平移至政治领域的道德乌托邦主义理念的再现，并且将道德乌托邦主义进行了人格化的包装。正是因为《中庸》和《大学》在头绪纷杂的内容中掺杂着孔学的个人伦理学和道德主体性的政治理念，才为后世学者留出了再塑造和再发挥的可能性，在宋朝与《论语》和《孟子》共同被列为四书。

孟子儒学同样是在孔子的故乡鲁国发展起来的儒学思想，但是时代背景已从春秋后期进入了战国中后期，诸侯之间的统一战争成为了时代主题。孟子儒学与曾子儒学都忠实地继承了孔学的道德主体性和个体性原则的基本价值观，但在理念和行为上两者可谓是处于相对于孔学的两极。与曾子儒学的内敛、保守和退守不同，孟子儒学采取了比较激进的向外扩展的方式来发展孔学，大大地强化了个人介入政治的努力，以更大的气魄欲将个人伦理学平移至政治舞台。孟子儒学在扩展了孔学的既有理念的基础上，也提出了一些新的理念，填补了孔学在一些领域的空白。在理念上，孟子儒学发展了孔学的仁义观和仁政观等观念，将孔学的个人伦理学推进一步，提出了大丈夫伦理学，而更重要的是孟子儒学在孔学没有明确涉及的一些重要领域提出了自己的理念，尤其是人性论、王权观和战争观等。但这些理念都是在孔学的价值观框架之内完成的，也就是说，在孔学的道德主体性和个体性原则的价值观范围之内，孟子儒学在诸多方面都忠实地继承了孔学的衣钵，并进行了发展，并没有越"雷池"一步。而这也表明，孟子儒学强化了孔学的道德乌托邦主义的色彩。在行为方式上，孟子也与孔子十分相似，他同样曾周游列国，寻求将其个人伦理学政治化，实现君子与国家权力的衔接，但结局也与孔子相同，都以失败而告终。先秦儒学的道德乌托邦主义在现实政治面前再次被击碎。从文本来看，《孟子》一书没有受到董学的明显的渗透，而保持了其本色。由于董仲舒对孟子儒学持明确的批判和否定的立场，在确立五经博士典籍的过程中自然会将其排除在外，不会对其进行修改而试图将其纳入董学体系。

经过唯实主义的原则和标准的检验，曾子儒学、子思儒学和孟子儒学被称为先秦儒学是没有问题的。它们的观念事实表达出了孔学的核心价值观。虽然这些先秦儒学在对待个人伦理学的立场上有程度和方法上的不同,或保守内敛,或外放张扬,或向纯哲学方向努力,但这些外延和方式上的不同并不能撼动它们与孔学分享共同的价值观的根基。

对荀子哲学的定位一直是中国哲学史的一个悬案。唯实主义的原则和标准的应用有助于我们发现荀子哲学的观念事实,从而根据其观念事实对其进行正确和准确的定位,并且厘清它与儒学与董学之间的真实关系。通过将荀子哲学的观念事实与孔学和董学所进行的唯实比较,我们不难发现《荀子》一书的观念事实所表达的理念和价值观与孔学和先秦儒学是不同的,将荀子哲学称为先秦儒学的一种是不符合观念事实的,是不准确和错误的。从价值观上看,荀子哲学摆脱了孔学和儒学的道德主体性和个体性原则,也远离了孔学和先秦儒学中的道德乌托邦主义,开始从现实主义的立场出发,以全新的社会学的宏观视角创造性地分析问题,提出了诸多新的哲学理念,扩展了思路,体现出了巨大的开拓性、独创性和进步性。方法论和价值观上的不同使荀子哲学在许多重要的节点上与孔学和先秦儒学是南辕北辙、相互对立和正面冲突的。这些与孔学在观点上的对立在《荀子》一书中俯仰皆是。从纯哲学的角度上看,荀子哲学在结构上和理念的思辨性上都达到了相当高的层次,形成了一种准哲学体系,在各个不同的领域之间形成了一定程度上的相辅相成的系统性和统一性。荀子哲学的这些属性都表明它在哲学上已经全面地超过了先秦儒学。荀子哲学不仅与先秦儒学拉开了距离,还在思路上与其他的先秦哲学皆有不同,它是以政治哲学为核心的特立独行的具有一定系统性的哲学思想。荀子哲学的观念事实表明,一些重要的观念尤其是在政治哲学上荀子哲学与董学颇为相近。荀子哲学和董学虽然在各自的形而上学基础上有所不同,但在现实的权力观上具有理念上的发展性和逻辑上的承前启后性。在中国古代哲学观念史和中国古代政治和历史发展的脉络的层面上,我们可以看到荀子哲学在理念和政治上为董学的历史性到来进行了准备和铺垫。而后来政治局势的巨大变化,即秦始皇统一中国和汉武帝重建皇帝制度,最终为董学的诞生提供了时代的必要性和必然性。总而言之,与董学具有内在逻辑关联的荀子哲学为董学的出世发出了先声,具有独特而重要的哲学意义。而这才是荀子哲学真正的哲学史定位和历史价值。

主要参考书目

（战国）韩非：《韩非子校注》，张觉校注，岳麓书社2006年版。

（战国）墨翟：《墨子集诂》（上下册），王焕镳撰，上海古籍出版社2005年版。

（战国）商鞅：《商君书校注》，张觉校注，岳麓书社2006年版。

（战国）尸佼：《尸子译注》，（清）汪继培辑，朱海雷撰，上海古籍出版社2006年版。

（东汉）班固：《汉书》，中州古籍出版社1996年版。

（东汉）王充：《论衡》，上海人民出版社1974年版。

（汉）贾谊：《新书校注》，阎振益、钟夏校注，中华书局2000年版。

（汉）刘向、刘歆：《七略别录佚文·七略佚文》，（清）姚振宗辑录，邓骏捷校补，上海古籍出版社2009年版。

（汉）陆贾：《新语校注》，王利器校注，中华书局1986年版。

（汉）扬雄：《法言义疏》（上下），汪荣宝撰，陈仲夫点校，中华书局1987年版。

（清）陈立：《白虎通疏证》（上下册），吴则虞点校，中华书局1994年版。

（清）陈寿祺：《五经异义疏证》，曹建墩点校，上海古籍出版社2012年版。

（清）黄宗羲：《明儒学案》（修订本），沈芝盈点校，中华书局2008年版。

（清）皮锡瑞：《经学历史》，周予同注释，中华书局2008年版。

（清）皮锡瑞：《经学通论》，中华书局1954年版。

（清）苏舆：《春秋繁露义证》，中华书局1992年版。

（清）王聘珍撰：《大戴礼记解诂》，中华书局1983年版。

（宋）陈淳：《北溪字义》，中华书局1983年版。

（宋）程颢、程颐：《二程集》（上下册），王孝鱼点校，中华书局1981年版。

（宋）黎靖德编：《朱子语类》（共八册），中华书局1986年版。

（宋）李觏：《李觏集》，王国轩点校，中华书局1981年版。

（宋）欧阳修：《欧阳修全集》（全六册），李逸安点校，中华书局2001年版。

（宋）石介著：《徂徕石先生文集》，陈植锷点校，中华书局1984年版。

（宋）苏轼：《苏轼文集》（共六册），中华书局1986年版。

（宋）王安石：《王荆公文集笺注》（上中下三册），李之亮笺注，四川出版集团/巴蜀书社2004年版。

（宋）王应麟：《汉制考·汉艺文志考证》，张三夕、杨毅点校，中华书局2011年版。

（宋）王应麟：《困学纪闻》，孙通海校点，辽宁教育出版社1998年版。

（宋）周敦颐：《周子通书》，上海古籍出版社2000年版。

（宋）朱熹：《四书章句集注》，中华书局1983年版。

（唐）韩愈：《韩昌黎文集注释》（上下册），阎琦校注，三秦出版社2004年版。

（魏）王弼著：《王弼集校释》（上下），楼宇烈校释，中华书局1980年版。

（西汉）董仲舒：《春秋繁露校释（校补本）》（上下），钟肇鹏主编，河北人民出版社2005年版。

（西汉）司马迁：《史记》，浙江古籍出版社2000年版。

［意］布鲁诺：《论原因、本原与太一》，汤侠声译，商务印书馆1984年版。

陈戍国：《春秋左传校注》（上下），岳麓书社2006年版。

陈戍国：《礼记校注》，岳麓书社2004年版。

承载：《春秋穀梁传译注》，上海古籍出版社2004年版。

金永译解:《周易》,重庆出版集团/重庆出版社2006年版。
李民、王健:《尚书译注》,上海古籍出版社2004年版。
李泽厚:《论语今读》,生活·读书·新知三联书店2004年版。
汤侠生:《布鲁诺及其哲学》,上海人民出版社1985年版。
汪受宽:《孝经译注》,上海古籍出版社2004年版。
王钧林、周海生译注:《孔丛子》,中华书局2009年版。
王利器校注:《盐铁论校注》(上下),中华书局1992年版。
王维堤、唐书文撰:《春秋公羊传译注》,上海古籍出版社2005年版。
杨柳桥:《庄子译注》,上海古籍出版社2006年版。
杨天宇:《仪礼译注》,上海古籍出版社2004年版。
杨天宇:《周礼译注》,上海古籍出版社2004年版。
张觉校注:《荀子校注》,岳麓书社2006年版。
张珂:《董学与孔学的正本清源》,人民出版社2021年版。
张珂:《唯实主义》,人民出版社2020年版。
张玉春等译注:《吕氏春秋译注》(上下),黑龙江人民出版社2003年版。